清

国学经典文库

图文珍藏版

五千年风云变幻　八万里驰骋纵横

中华宫廷秘史

孙桂辉◎主编

线装书局

图书在版编目（ＣＩＰ）数据

中华宫廷秘史：全4册 / 孙桂辉主编. —— 北京：
线装书局, 2014.6
 ISBN 978-7-5120-1386-5

Ⅰ.①中… Ⅱ.①孙… Ⅲ.①宫廷 – 史料 – 中国 – 古
代 Ⅳ.①K220.6

中国版本图书馆CIP数据核字(2014)第087866号

中华宫廷秘史

主　　编：孙桂辉
责任编辑：杜　语　高晓彬
装帧设计：博雅圣轩藏书馆 Boyashengxuan Cangshuguan
出版发行：线装书局
　　　　　地　址：北京市西城区鼓楼西大街41号（100009）
　　　　　电　话：010-64045283　64041012
　　　　　网　址：www.xzhbc.com
经　　销：新华书店
印　　制：北京彩虹伟业印刷有限公司
开　　本：710mm×1040mm　1/16
印　　张：112
彩　　插：8
字　　数：1360千字
版　　次：2014年6月第1版第1次印刷
印　　数：0001 – 3000套

定　　价：598.00元（全四册）

秦朝版图

秦始皇嬴政

秦始皇秘史

千古一帝秦始皇，是首位完成华夏大一统的铁腕政治人物，建造了首个多民族的中央集权国家，是古今中外第一个称皇帝的封建王朝君主。但他一直是一个备受争议的谜一样的人物，诸如他的身世，他的真面目……

汉高祖刘邦

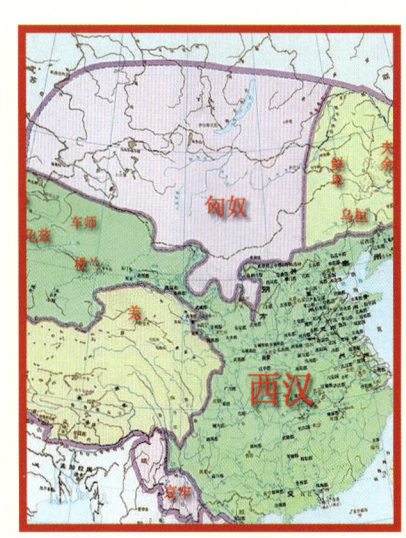

西汉版图

刘邦秘史

汉高祖刘邦是中国历史上第一位平民皇帝，他从小被父亲称作"无赖"，而且生性喜欢酒和女人。那么，性情放浪的刘邦是如何成为一位叱咤风云的开国君主的呢？他到底斩没斩白蛇？鸿门宴项羽为什么没杀他？……

隋朝版图

隋文帝杨坚

杨坚秘史

隋文帝杨坚是中国历史上一位功不可没的圣君。他是怎样掌握大权的？又如何得享一夜风流？他与后妃之间有着怎样的情爱关系？有着怎样的悲惨结局？……不是秦皇，不是汉武，西方人为什么偏偏看重他？

唐太宗李世民

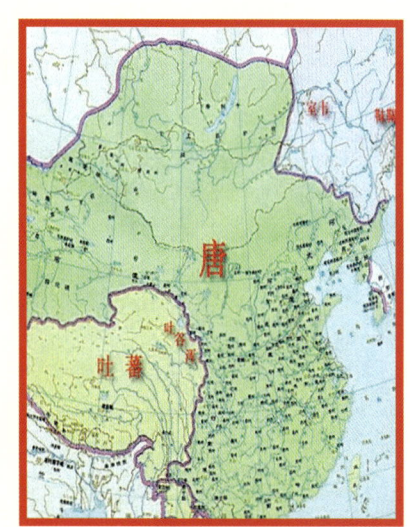

唐朝版图

唐太宗秘史

雄才大略的一代英主、盛唐开国之君唐太宗李世民为何发动政变杀害了皇太子李建民和四弟李元吉？他是服丹而亡的吗？……在开创了大唐盛世"贞观之治"的同时，也为我们留下了众多的难解谜团。

北宋版图

宋太祖赵匡胤

宋太祖秘史

宋代开国之君赵匡胤是如何发动"陈桥兵变"黄袍加身的？政变成功后又如何兵不血刃地解除心腹大将们的兵权的？时值壮年的宋太祖因何英年早逝？"斧声烛影"到底隐藏了怎样的谜底？……

元太祖成吉思汗

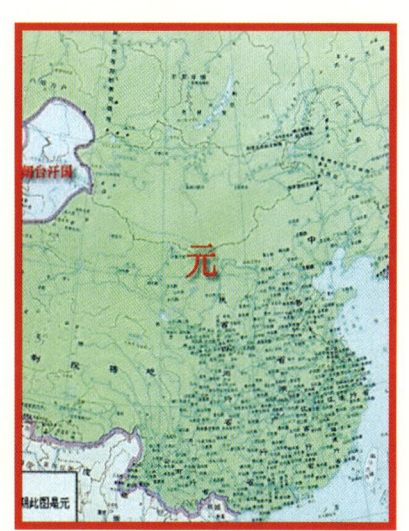

元朝版图

成吉思汗秘史

元太祖成吉思汗用战马踏出一条中国通向世界文明的新路。他的名字是怎么来的？他在童年为什么杀亲兄弟？他的死因是什么？他的陵墓在哪里？……一连串的疑问给这位蒙古帝国的开创者蒙上了一层神秘的面纱。

757年	张巡、许远守睢阳；郭子仪等收复长安、洛阳。
763年	安史之乱结束。
880年	黄巢进长安，建立大齐政权。
907年	朱温称帝，建立后梁。唐朝亡，五代时期开始。
916年	契丹耶律阿保机称帝。
923年	李存勖灭后梁，建立后唐。
936年	石敬瑭借契丹兵灭后唐，建立后晋，割让燕云十六州。
946年	契丹灭后晋。
947年	契丹改国号为辽。刘知远称帝，建立后汉。
951年	郭威称帝，建立后周，后汉亡。
954年	高平之战，周世宗大败北汉。

960年	赵匡胤称帝，建立北宋，后周亡。五代结束。
1004年	寇准保宋真宗亲征，宋辽澶渊之盟。
1038年	党项族元昊称帝，建立西夏。
1084年	司马光完成《资治通鉴》。
1115年	女真族完颜阿骨打称帝，建立金朝。
1125年	金灭辽。
1127年	金兵攻入东京，北宋亡。宋高宗即位，南宋开始。
1141年	宋金绍兴和议。次年，岳飞被杀害。
1234年	蒙古灭金。
1271年	忽必烈称帝，定国号为元。
1279年	元军攻占崖山，南宋亡。
1283年	文天祥就义。
1368年	朱元璋称帝，建立明朝；明军攻入大都，元亡。
1403年	燕王朱棣进应天，建文帝下落不明。
1449年	土木堡之变；于谦率军保卫北京。
1565年	戚继光、俞大猷基本肃清倭寇。
1616年	努尔哈赤建立后金。
1636年	李自成称闯王。后金皇太极称帝，改国号为清。
1644年	李自成建大顺，入北京，明朝亡；吴三桂降清，清兵入关。
1662年	郑成功收复台湾。
1681年	康熙帝平定三藩之乱。
1689年	中俄订《尼布楚条约》。

1690、1696、1697年	康熙帝三征噶尔丹。
1782年	《四库全书》修成。
1840～1842年	第一次鸦片战争。
1842年	《中英南京条约》签订，鸦片战争结束。
1844年	《中美望厦条约》、《中法黄埔条约》签订。
1851年	金田起义，太平天国建立。
1856～1860年	第二次鸦片战争。
1858年	清政府与英、法、美、俄签定《天津条约》。

1860年	清政府与英、法、俄签订《北京条约》。
1864年	天京陷落，太平天国运动失败。
19世纪60～70年代	中国民族资产阶级产生。
19世纪60～90年代	洋务运动。
1883～1885年	中法战争。
1894～1895年	甲午中日战争。
1895年	中日《马关条约》签定。
1901年	《辛丑条约》签定。
1905年	中国同盟会成立。
1911年	黄花岗起义。
1911年10月10日	武昌起义。
1912年	（民国元年）中华民国成立。
1912年	清帝退位。

北宋版图

宋太祖赵匡胤

宋太祖秘史

宋代开国之君赵匡胤是如何发动"陈桥兵变"黄袍加身的？政变成功后又如何兵不血刃地解除心腹大将们的兵权的？时值壮年的宋太祖因何英年早逝？"斧声烛影"到底隐藏了怎样的谜底？……

元太祖成吉思汗

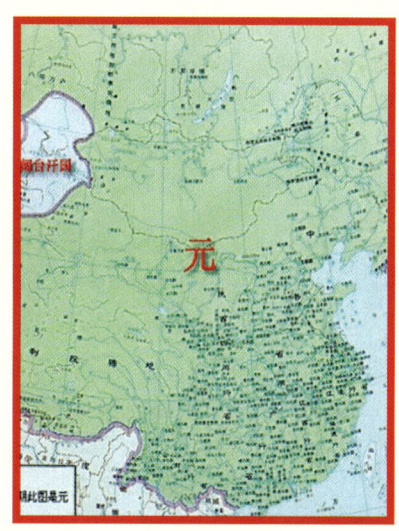

元朝版图

成吉思汗秘史

元太祖成吉思汗用战马踏出一条中国通向世界文明的新路。他的名字是怎么来的？他在童年为什么杀亲兄弟？他的死因是什么？他的陵墓在哪里？……一连串的疑问给这位蒙古帝国的开创者蒙上了一层神秘的面纱。

明朝版图

明太祖朱元璋

朱元璋秘史

雄霸天下的乞丐皇帝朱元璋有着惊天动地的不世伟业，但背后却隐藏着种种谜团，如他的画像究竟哪种版本才是他的真实面貌？另外还有其"夺取江山之谜""君臣是非之谜""宫廷之谜""葬陵之谜"……本部分将一一为你解答。

清太祖努尔哈赤

清朝版图

努尔哈赤秘史

清王朝的奠基者努尔哈赤是一位中华历史上伟大的政治家、军事家，他的一生充满了传奇色彩，更给世人留下诸多研究、演绎的话题，如其坊间传述的身世之谜、姓氏之谜、传位之谜、杀子之谜、死因之谜……

中国历史大事简表

前238年　　秦王嬴政亲政。
前227年　　荆轲刺秦王失败。
前221年　　秦王改称始皇帝，建立郡县制。
前210年　　秦始皇死，李斯、赵高立二世皇帝。
前209年　　陈胜、吴广起义，刘邦、项羽起兵。
前207年　　巨鹿之战，项羽大破秦军。
前206年　　刘邦灭秦，刘邦被封汉王。西汉纪年开始。
前202年　　楚汉战争结束，项羽自杀，刘邦称帝。
前196年　　汉高祖杀韩信、彭越。
前188年　　吕太后临朝。
前180年　　吕太后死，陈平、周勃迎汉文帝即位。
前167年　　缇萦上书，汉文帝废除肉刑。
前133年　　汉武帝诱匈奴兵至马邑，汉、匈之间战争开始。
前119年　　卫青、霍去病大败匈奴，匈奴退至大漠西北。
　前87年　　汉昭帝即位，霍光辅政。

前33年　　　呼韩邪单于到长安，王昭君去匈奴。
公元8年　　　王莽建立新朝，西汉亡。
　23年　　　昆阳之战，刘秀大破王莽军，新朝亡。
　25年　　　刘秀建立东汉。
184年　　　张角领导黄巾军起义。
196年　　　曹操迎汉献帝迁都许城。
200年　　　官渡之战，曹操大战袁绍。
208年　　　赤壁之战，孙权、刘备联军大破曹军。
214年　　　刘备进占益州。
220年　　　曹操死。曹丕称帝，国号魏。东汉亡。
221年　　　刘备称帝，国号汉，史称蜀汉。
229年　　　孙权称帝，国号吴。
265年　　　司马炎废魏帝，建立西晋，魏亡。
280年　　　东晋灭吴。
308年　　　匈奴人刘渊称帝。
316年　　　匈奴刘曜攻占长安，西晋亡。
317年　　　司马睿在建康即位，东晋建立。
383年　　　淝水之战，苻坚大举进攻东晋失败。
420年　　　刘裕建立宋朝（刘宋），东晋亡。南北朝开始。
479年　　　萧道成称帝，建立南齐，宋亡。
493年　　　北魏孝文帝迁都洛阳。
502年　　　萧衍称帝，建立梁朝，南齐亡。
550年　　　高洋建立北齐，东魏亡。
531年　　　杨坚称帝，建立隋朝，北周亡。

589年　　　隋灭陈，统一中国。
605年　　　隋建东都，开凿大运河。
613年　　　隋炀帝再征高丽失败。杨玄感反隋。
617年　　　瓦岗军占领兴洛仓，李渊太原起兵。
618年　　　李渊称帝，建立唐朝；隋炀帝被杀，隋亡。
621年　　　李世民平定东都。
626年　　　玄武门之变，唐太宗即位。
629年　　　玄奘赴天竺取经。
630年　　　唐灭东突厥。各族君长尊称唐太宗为"天可汗"。
641年　　　唐文成公主和吐蕃松赞干布结婚。
683年　　　唐高宗死，武则天临朝。
690年　　　武则天称帝，改国号为周。
712年　　　唐玄宗即位，次年任姚崇为相。

757年	张巡、许远守睢阳；郭子仪等收复长安、洛阳。
763年	安史之乱结束。
880年	黄巢进长安，建立大齐政权。
907年	朱温称帝，建立后梁。唐朝亡，五代时期开始。
916年	契丹耶律阿保机称帝。
923年	李存勖灭后梁，建立后唐。
936年	石敬瑭借契丹兵灭后唐，建立后晋，割让燕云十六州。
946年	契丹灭后晋。
947年	契丹改国号为辽。刘知远称帝，建立后汉。
951年	郭威称帝，建立后周，后汉亡。
954年	高平之战，周世宗大败北汉。

960年	赵匡胤称帝，建立北宋，后周亡。五代结束。
1004年	寇准保宋真宗亲征，宋辽澶渊之盟。
1038年	党项族元昊称帝，建立西夏。
1084年	司马光完成《资治通鉴》。
1115年	女真族完颜阿骨打称帝，建立金朝。
1125年	金灭辽。
1127年	金兵攻入东京，北宋亡。宋高宗即位，南宋开始。
1141年	宋金绍兴和议。次年，岳飞被杀害。
1234年	蒙古灭金。
1271年	忽必烈称帝，定国号为元。
1279年	元军攻占崖山，南宋亡。
1283年	文天祥就义。
1368年	朱元璋称帝，建立明朝；明军攻入大都，元亡。
1403年	燕王朱棣进应天，建文帝下落不明。
1449年	土木堡之变；于谦率军保卫北京。
1565年	戚继光、俞大猷基本肃清倭寇。
1616年	努尔哈赤建立后金。
1636年	李自成称闯王。后金皇太极称帝，改国号为清。
1644年	李自成建大顺，入北京，明朝亡；吴三桂降清，清兵入关。
1662年	郑成功收复台湾。
1681年	康熙帝平定三藩之乱。
1689年	中俄订《尼布楚条约》。
1690、1696、1697年	康熙帝三征噶尔丹。
1782年	《四库全书》修成。
1840～1842年	第一次鸦片战争。
1842年	《中英南京条约》签订，鸦片战争结束。
1844年	《中美望厦条约》、《中法黄埔条约》签订。
1851年	金田起义，太平天国建立。
1856～1860年	第二次鸦片战争。
1858年	清政府与英、法、美、俄签定《天津条约》。

1860年	清政府与英、法、俄签订《北京条约》。
1864年	天京陷落，太平天国运动失败。
19世纪60～70年代	中国民族资产阶级产生。
19世纪60～90年代	洋务运动。
1883～1885年	中法战争。
1894～1895年	甲午中日战争。
1895年	中日《马关条约》签定。
1901年	《辛丑条约》签定。
1905年	中国同盟会成立。
1911年	黄花岗起义。
1911年10月10日	武昌起义。
1912年	（民国元年）中华民国成立。
1912年	清帝退位。

前　言

从夏朝到末代皇帝溥仪退位,中国共经历大小朝廷 83 个,皇帝 397 位,王 163 位,帝王总数为 559 位。而在这些王朝中最为人们熟知的无非是秦、汉、隋、唐、宋、元、明、清这八大王朝。当我们想要了解这些神秘的历史时,以探索的精神轰然打开历代"宫廷"的大门,才发现饱经沧桑的华夏民族竟蕴含那么多难解的神秘与玄妙,演绎那么多精彩的辉煌与神奇……每段宫廷秘史的背后无不隐藏着一段震古烁今的重大历史事件,极大激发着人们探索未知世界的好奇心与求知欲。

秦王政天纵英才,灭六国,成一统,定度量,合钱币,修长城,建阿房,创下千秋基业……

汉高祖刘邦出生于黔首之间,斩白蛇,揭竿而起,战霸王,定约法,除权臣,四夷臣服,定下大汉的基石……

隋文帝杨坚,金刚转世,甲胄世家,顺应天意,灭后周,平天下。惩奇吏,尚节俭,信佛道,修造化……

唐太宗李世民英武盖世,玄武门之变,得帝位,定边关,轻刑罚,重农桑,国有明君,朝有忠臣,外有良将……

宋太祖赵匡胤黄袍加身,杯酒释兵权,巩固大宋基业……

神女后裔,一代天骄成吉思汗,统一蒙族各部,收匈奴,平女贞……

明太祖朱元璋发迹于寺庙之间,崛起于行武之中,大明由此而起……

清太祖努尔哈赤统一女贞,七大恨伐中原……

在浩浩荡荡的历史长河中有无数帝王将相纵横捭阖,成就惊天动地不世伟业的光辉业绩;亦不乏英雄豪杰慷慨悲歌,演绎可歌可泣的千古传奇;当然也有众多奇人异士,游戏风尘,窥视着大千世界的神秘绮丽;还有红粉佳人,情海生波,演绎着梦幻人生的悲欢离合。

这些正是我们这套《中华宫廷秘史》所要探讨和论述的主题,本套丛书融学术性、知识性、和通俗性为一体。编者在编写过程中力求使每篇谜文综合诸家所长、汇各派之优,介绍疑案的来龙去脉,引导读者一起思考、一起探索。全书结构严谨,脉络清晰,文笔生动富丽,浅显而生动地把纵横人类历史近两千年的那班帝王社会寄托的宫廷描写出来,不失为一部寓教于乐的历史画卷。

目　录

国学经典文库

秦汉秘史

一

汉宫秘史

国学经典文库

秦汉秘史

中华宫廷秘史

秦宫秘史

孙桂辉 ⊙ 主编

线装书局

第一章 大秦帝王篇

家喻户晓的秦始皇，因完成统一大业而名垂千古，因实施暴政遭千古骂名。秦王朝只存在了15年，他的万世皇帝梦也就破灭了，可皇帝制度、皇帝意识影响了中国几千年。不仅始皇帝的身世、生平、功过引人注目，连废落在骊山脚下的始皇陵也因众多未解谜团而备受关注。

鸟图腾的秦族

当散布在各地的大小部落，争先恐后地向新共主周武王表示效忠尽诚时，蜚廉所率领的嬴姓军团却决心负隅顽抗，誓死效忠故主。

古中国四大图腾族

中国的传统历史学家，都习惯把所有的部族归之为黄帝的后代，其实这是很值得商榷的。严格的说，中华民族是多种族的大融合，从整个历史发展来看，早期的中国大概可分为四大图腾族：

一、东方黄河下游的鸟图腾族，后来有移居太行山以西关中地带者，如舜及秦国，也成为后来凤图腾族的祖先。此一图腾族最大的特色是从事行商式的经济活动，过着逐水草而居的生活。

二、生活在中原地区的是以太阳或火为图腾的部族，他们以农事为主，活动力远不如鸟图腾族，长年来散居于中原及较西方的关中、岐雍地区的黄土高原一带，早年的神农氏（或称炎帝）、后来的周王室、刘邦的汉王朝都属于此，"天子"的观念便是由此部族发展出来的。

句芒神

三、中原之南方，黄河及长江流域间居住的是以兽类或蛇类为图腾的部族。此一图腾族以狩猎为生，因此战斗力旺盛，活动范围也相当地广泛，从伏羲氏开始，黄帝、春秋战国时的楚国，以及项羽在楚汉相争时所率领的楚国，都应属这一图腾族的后代。日后的龙及麒麟的象征，应属于此部族的图腾所发展出来的。

四、中原西南地区，蛇图腾族的西北方，居住着以水为图腾的部族。他们深知水性，擅长于水利工程，由于政治情势或工作上的需要，他们移居于黄河及长江下游地区，春秋时期的越国应属此图腾族的后代。海龙王、河神、龟神的传说，便可能是此图腾族所发展出来的。

如果仔细观察《史记》中的记载，我们可以发现秦国的祖先及商王朝的祖先同属于鸟图腾族的后代。《史记·殷本纪》记载："殷契，母曰简狄，有娀氏之女，为帝喾次妃，三人行浴，见玄鸟堕其卵，简狄取吞之，因孕生契。"《秦本纪》记载："秦之先帝，颛顼之苗裔，孙曰女修，女修织，玄鸟陨卵，女修吞

秦代夔凤纹瓦当

之,生子大业。"两族的祖先在神话传说中,同是其母吞玄鸟之卵而生的,不正表示他们是鸟图腾族的后代吗?

《秦本纪》继续记载道:"大业生子大费,大费佐舜调驯鸟兽⋯⋯大费生二子,一曰大廉,实鸟俗氏,二曰若木,实费氏,大廉玄孙曰孟戏仲衍,鸟身人言⋯⋯"以上可见,似乎所有的记载都和鸟有关,秦国的祖先应属鸟图腾族中的重要部族,应无疑义。

由于同属于鸟图腾族,费昌时,嬴姓部落便都归入商汤旗下,击败原来的天下共主夏桀王,建立了殷商王朝。他们的子孙以后在商王朝中似乎也都拥有极高的地位。《史记》记载:"仲衍之后,遂世有功,以佐殷国,故嬴姓多显。"仲衍之玄孙中谲,并曾担任商王朝西方边疆的防卫司令,"在西戎,保西陲",建立了相当大的功绩。

纣王聪明反被聪明误

之后经过四百多年的坐拥"天下共主"宝座,以鸟图腾族为中心所建立的殷商政权日益僵化,已无法再有效地适应周围客观情势的变化。商朝末代共主殷纣王,是位天才型的首领人物,"资辨捷疾,闻见甚敏,才力过人,手格猛兽,知足以拒谏,言足以饰非,矜人臣以能,高天下以声"。(《史记》)但却因为条件太好了,使他以为天下人"皆出己之下,好酒淫乐,嬖于妇人"。

过分的自信及霸道,使殷商王朝逐渐失去中原地区中西部一带部落首领的支持,特别是原先便已势力庞大的太阳图腾族对他的威胁更大。

为了消除心理压力,殷纣王计诱并谋害了中原地区部族的领袖九侯及鄂侯,并囚禁西方新兴的太阳图腾族首领西伯姬昌。在殷纣王的朝廷里,九侯、鄂侯、西伯号称三公,在决策上有举足轻重的地位。三者同居于中原的中部地区及西区,在权力结构上却有相互牵制的功用,使殷商王朝的政权更为巩固。

西伯被囚禁后,镇守在国内的各部落首领大为震惊,以长子姬伯考为主,组成营救团,千方百计以重金及美女贿赂殷纣王周围重臣,并积极表示西伯对殷王室的忠诚与毫无野心。姬伯考还为营救活动牺牲了自己的生

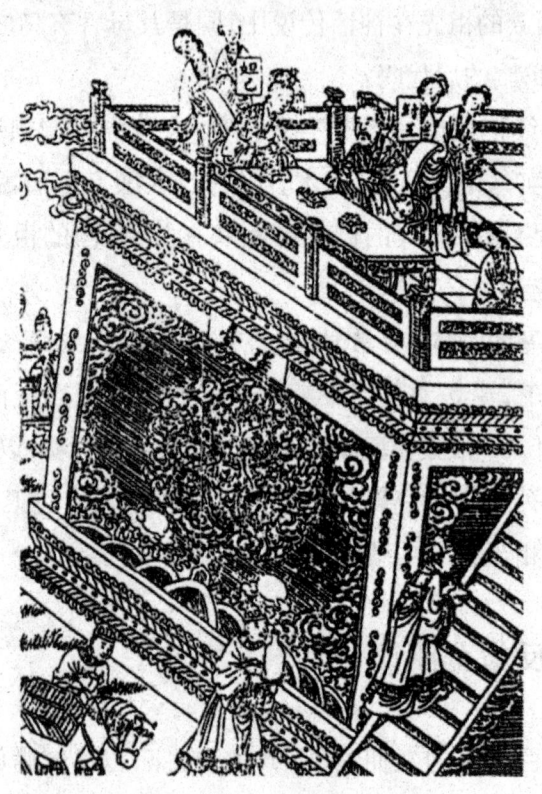

纣王在瑶台饮酒作乐

命。殷纣王自以为西方诸侯已在他的高压政策下诚服,乃释回西伯姬昌。西伯姬昌侥幸回到根据地周部落后,立刻展开反殷王朝的军事行动。他获得以智谋著称的鸟图腾族小部落首领姜尚的协助,开始结合反对殷纣王的

各大小部落,原先被设定用来牵制西伯的九侯、鄂侯等力量,也因痛恨殷纣王的残暴而投入了西伯的周部落阵营中。唯一位于周部落东南方,属殷王朝死党,用来监视周部落的崇部落,反而被完全孤立了,不久便被周部落的军队消灭了。而姬昌的重要谋士就是大器晚成的姜尚。

姜尚的策略,是充分利用殷纣王的过度自信。因此表面上诚服,背地里却积极活动,将中原及西方地区的大小部落彻底集结,以逐步孤立并包围殷王朝。在力量尚未足够时,他一再劝阻西伯姬昌及其继承人姬发过早表明立场,以免殷纣王警觉而使计划遭挫。

九年以后,天下诸侯已有三分之二归入西军阵营,不顾姜尚的阻谏,年轻气盛的姬发率领了八百诸侯集结于盟津,准备向殷王朝发动总攻击。

这时候,殷王朝的作战主力便是以蜚廉、恶来父子为首的嬴姓部落。鸟图腾族在中国的文明发展甚早,传说神话中的有巢氏可能便是由鸟图腾族当权的天下共主,他们的文化程度为四大图腾族中最高者;加以居住在中原东方的渔盐地区,便以行商等经济活动为部族发展的基础。

鸟图腾族的国防部长

商业行动以和为贵,这种部族一向缺乏战斗力,因此便由部族中最善于养马的嬴姓部落来负责部族的防卫及对外作战的任务。久而久之,嬴姓部族便成了鸟图腾族的作战团体。

在古代必须以武力作为生存基础的社会中,这种类似国防部长的地位,自然使嬴姓部落的首领成为殷商王朝的第二号人物。殷纣王即使再如何骄傲、残暴,对这个王朝战斗团体的首领仍非常尊重。嬴姓部落的首领蜚廉领导着本部军团,护卫鸟图腾族发源地的黄河下游地区,其子恶来则领导殷商王朝的禁卫军团,镇守商王朝的京城朝歌。

在盟津集结的西军八百诸侯,很快便发现殷王朝仍拥有强大的作战能力。身为总参谋长的姜尚于是力劝姬发暂时撤回军队,以免新组成的阵营遭到无谓的损伤。

两年后,殷商王朝本族发生内讧,王子比干被害,箕子被囚禁,纣王已面临众叛亲离的危机。姬发再度以姜尚为东征军总司令,二会诸侯于盟津。殷纣王也召集东方阵营的效忠诸侯,在牧野摆开了会战的阵势。

由于殷纣王的战略一再犯错,双方在牧野附近展开数次接触战后,大部分原属东军的几个大部落便纷纷倒戈,加入西军阵营,例如作战力极强的苏部落及黄部落,都投入西军转而成为攻击殷商王朝的主力。最后连商王朝本族的数位鸟图腾大部落首领,也纷纷向西军投诚了。大会战前夕,情势已完全逆转,一向歌功颂德、"忠君爱国"的殷王朝文武重臣,立刻"西瓜靠大边",纷纷落井下石,欲置故主于死地,以和新兴的天下共主大搞其公共关系。

牧野大会战后,东军迅速崩溃,以周部落为主的大军已兵临殷王朝首都朝歌城下。在殷商王朝的存亡关头,唯一坚守岗位、护卫殷王朝的,只剩下鸟图腾族的第二号人物——蜚廉的部落。西军攻入朝歌时,蜚廉长子恶来率领殷王朝禁卫军浴血死战,直到全军覆没后殉职,勇武过人的殷纣王,也率领妻妾自焚而死。历经四百多年天下共主的殷商王朝到此完全崩溃,周王朝正式统领中国的政治舞台。

周武王

盘肠血战，誓死效忠

当散布在各地区的大小部落，争先恐后地向新共主表示效忠时，除了殷王室本族出身的伯夷、叔齐避居首阳山，誓不屈从周王朝外，只有蜚廉所统领的嬴姓残余战斗军团仍守住东边鸟图腾族的发源地，并决心负隅顽抗到底。面对周武王姬发及姜尚的不断招降，蜚廉不为所动，誓死效忠故主。

周武王在不得已之下，乃率领新王朝的各部落联军，向东发动歼灭战。由于人数不成比例，在敌众我寡的情势下，蜚廉率领残余部属向海边撤退。西军一路追杀，蜚廉下令最后的残余部属一字排开，进行决死的盘肠血战。一直到全军覆没，蜚廉仍凭其个人武勇力战突围而出，在西军的追赶下，奔上了霍太山。他依照鸟图腾族的礼俗，为故主殷纣王设坛祭拜后，在敌军的团团包围下，从容地自杀而死。周武王姬发怜其忠勇壮烈，特颁赐石棺，并葬之于霍太山上。

使秦成帝业的王中王秦昭王

昭王得范雎，废穰侯，逐华阳，强公室，杜私门，蚕食诸侯，使秦成帝业。

——李斯《谏逐客书》

秦昭王是一个能礼贤下士，知人善用的君主，他为秦国开创了一个全新的局面，可以说，正是因为有了秦昭王的努力，建立了一个强大的秦国，才使得秦始皇在短时期内能够席卷六国，统一天下。

公元前307年，秦武王去世，年仅23岁。因为秦武王没有子嗣，经秦昭王之母宣太后同意，加上舅舅魏冉鼎力相助，公元前306年，秦昭王被扶上了王位。

秦昭王在位长达56年之久，他在位期间，彻底削弱了楚国、赵国的国力，为秦国打开了统一天下的大门。

当时，秦昭王只有19岁，宣太后大权独揽长达四十余年，直到公元前

266 年。

秦昭王手下,有魏冉、范雎、蔡泽等能人。

宣太后是秦惠王之后,秦惠王死时 46 岁,宣太后也不过三十多岁,她把持朝政四十多年,很多事情难以尽叙。她是一个政治手腕很强的人物,为了稳定西方少数民族,给义渠国君作情妇长达 30 年,还生下了两个儿子。公元前 272 年,义渠君价值用尽,被宣太后杀死。

魏冉是秦昭王的舅舅,长期主持朝政。秦昭王七年首次为相,先后为相四次,长达 28 年。举荐大将向起,是他的一大功劳。

司马迁曾说:"秦国往东面扩大疆土,削弱诸侯,曾经称帝,天下稽首向秦,这是穰侯魏冉的功劳。"

镶嵌龙纹方壶

在秦昭王的政治生涯中,值得大书一笔的是范雎。

范雎是魏国人,字叔,少有大志,刻苦攻读,企图游说诸侯,谋取富贵荣华。他先想游说魏昭王,但因家中贫困,无钱打开门路,只好委身于魏中大夫须贾,做一个食客。

范雎是个智谋之士,司马迁的《史记》给他立传,讲述了不少故事,下面的传奇故事,足以证明他的足智多谋:

魏昭王派须贾出使齐国,范雎作为随行人员同行。齐襄王对乐毅联合魏、秦等国,率领大军攻打齐国,差点灭齐之事耿耿于怀,几个月之后才接见魏国使者。

齐襄王责问须贾:"过去我们齐国先王与魏国君主联合伐宋,声气相投,关系很好。但是到了燕国攻打齐国的时候,魏国出兵助燕。寡人想到此事,无不痛心疾首!今天又用虚情假义来引诱寡人,你们魏国反复无常,叫我怎么相信呢?"

须贾面红耳赤,无言以对。

范雎在旁代答道:"大王说的话不太合乎情理。齐先君闵王约我先君伐

梁十九年鼎

宋,本来是奉周王之命,并且约好三分宋国之地。上国背约,独吞宋地,反而侵略我国,这是齐国失约于我国;诸侯害怕齐王骄暴无厌,才被逼迫随燕攻齐。济西一战,五国同仇敌忾,难道仅仅是我们魏国吗?但是,魏国没有随燕攻打临淄,那是对齐国的礼让。如今大王英才盖世,准备报仇雪恨,光大前人事业;魏王以为大王可重振齐桓雄风,树威王大旗,补齐湣王过失,创莫大功业,所以派人恢复齐、魏关系。大王只知责人,不会反思,重蹈覆辙,唯恐难免!"

齐襄王很是惊讶,忙说:"这是我料事不周。"又站起来问:"这位先生什么人?"

须贾说:"门客范雎。"

齐襄王目视左右良久,礼送须贾一行回到公馆,下令厚加款待。

齐襄王又私下派人对范雎说:"齐王倾慕先生才能,欲留齐国重用,希望不要推辞。"

范雎一口回绝:"我与使者一起出国,却不一同回去,岂能如此无情无义?"

使者回报,齐襄王更加敬重,派人送来黄金十斤和牛肉美酒。范雎坚辞不受。使者再三申明齐王命令,坚决不肯带回;范雎万不得已,坚决退回了黄金,只收下牛肉美酒,使者叹息离去。

早有人将此事告知须贾。

中华宫廷秘史

须贾叫来范雎责问："齐国使者找你干什么？"

范雎说："齐王赐我黄金十斤，牛肉美酒，我不敢接收，推辞不过，退回黄金，留下牛肉和美酒。"

须贾说："赏赐不及使者而单独给你，你必然与齐国私通。"

范雎将详情细说一遍，须贾并不相信。齐、魏和好，须贾与范雎一起回国。

须贾对魏相魏齐说："齐国要留下范雎做客卿，又赐给黄金、美酒牛肉。我怀疑他泄漏魏国机密。"

魏齐盛怒，召集宾客，抓来范雎审问。

魏齐喝问："你怎敢泄漏国家机密？"

范雎跪在台阶下说："小人不敢这样做！"

"你与齐国没有私情，怎么要重用你？"

"齐国留我，确有其事，但我坚决不答应，现在回到了魏国。"

"为什么接受黄金、牛肉、美酒的赏赐呢？"

"使者强求，我万不得已留下牛肉美酒；黄金十斤，实不敢受，望相国明察！"

魏齐勃然大怒："卖国之贼，还敢巧言多辩。接受牛肉美酒之赐，难道平白无故！"

魏齐下令将范雎捆绑起来，加力痛打，非要招认私通齐国不可。

范雎被打倒在阶下，口中分辩："我确实没有私情，招供什么？"

魏齐更加恼怒："给我往死里打，免得留下祸根！"

下人的鞭子、竹板雨点般落下，把范雎牙齿都打掉了。范雎血流满面，难忍疼痛，呼天喊地，鸣冤不已。宾客见相国盛怒，没人敢劝。魏齐一面劝宾客饮酒，一面喝令下人加力痛打。从辰时打到午时，午时打到未时，范雎遍体鳞伤，血流满地，肋骨断裂，大叫一声，昏死过去。

过了一会儿，左右人说范雎断气了。

魏齐走下台阶，只见范雎齿折肋断，体无完肤，直挺挺地躺在血泊之中。便骂："卖国贼死得好，看将来谁敢卖主求荣。"

魏齐命令下人用席子把范雎卷起来，扔进厕所内，令宾客撒尿浇他，死了也不让他做个干净鬼。

不觉天色已晚，范雎苏醒过来，思量着自己的处境，睁眼偷看，只见一人守在他身旁。他轻轻长叹一声，那人忙跑过来察看。

范雎说："我伤势严重，纵然一时苏醒，料也绝难活命。你能让我死在家中，再见父母妻子一眼，死也甘心。家有数两黄金，全部用来酬谢。"

卫士贪图黄金，说："你仍然装死，我进去请示相国。"

卫士走进屋内对魏齐说："厕所里死人腥气熏人，把他扔了吧！"

魏齐及众宾客早已大醉，随口说："扔到郊外喂狗去吧！"

骆驼人擎灯　战国晚期

卫士趁夜深人静，偷偷把范雎背回家中。妻子儿女相见，自有一番感情折磨。范雎忙让家人取出黄金酬谢，又让卫士将席子扔到郊外僻野之处。

卫士走后，范雎忙对妻子说："魏齐恨我到了极点，虽知我死，但恐有疑心。我乘他酒醉，侥幸逃回。明日找不着尸体，必然四处搜查。我有结拜兄弟郑平安，快连夜送我到他那里，不能走漏半点风声，待我伤好后再作计议。现在家中急替我发丧，以断绝魏齐对我死的疑心。"

他的妻子速派仆人通知郑平安，自己急急忙忙给范雎清洗包扎伤口，喂些酒饭。郑平安及时赶来，把范雎背走，躲藏起来，精心调治。

次日，魏齐酒醒，果然怀疑，派人去察看范雎尸体。

可察看人回来报告："昨晚把他扔在野外无人之处，现在那里只剩草席，尸体怕是被野兽叼走了。"

魏齐又派人去范雎家中察看，只见全家披麻戴孝，怀疑始解。

范雎躲在郑平安家中养伤，经过郑平安精心调理，身体渐渐恢复，郑平安和他一起藏进山中，范雎改名张禄。

自此范雎消失，世间只剩下张禄。

秦宫秘史

半年以后,秦昭王派王稽出使魏国,住在公馆中。郑平安按范雎计划,扮成驿卒,侍候王稽。郑平安为人机敏,反应灵活,很得王稽喜欢。王稽以为,郑平安这样的人必定有出众的朋友。

王稽私下询问:"你们魏国地灵人杰,你可知有隐居贤人?"

郑平安说:"贤人凤毛麟角,又不是野兔小鼠,哪有那么多!可惜啊,半年多前,有个范雎,此人有经天纬地的计谋,神鬼不测的妙算,见微知著,料事如神……"

王稽忙问:"这人现在哪里?"

"半年前,遭人诬陷,被相国活活打死了。"

"可惜啊,这个人没有到秦国,不能施展才能,反死于鞭笞之下。魏国之人,不是逃亡他国,就是含冤而死,怎么能不衰败呢? 难道你就不认识另外贤能之士?"

战国时期的战马

郑平安缓缓地说:"我有一位同乡张禄先生,与范雎是好友,才能与范雎一般。"

"既然有如此贤人,怎么不请来与我相见?"

"张禄在国都有仇人,白天不敢走动。如果不是这样,这人早已是魏国大官了,哪里会等到今天?"

"晚上来也无妨,我在此恭候。"

晚上,郑平安带着扮成驿卒模样的范雎——张禄,在公馆中拜会王稽。

王稽与范雎讨论天下大事,范雎言简意赅,洞察精微,条理清楚,句句打入王稽心中,事事如在眼前,活灵活现。

王稽高兴地说:"先生非等闲之人,岂能久居乡村野地。和我投奔秦国,必然大用。"

范雎说:"我有仇人在魏国,此地不可久居,如蒙使者不嫌,相烦引荐,不胜感谢。"

王稽屈指掐算:"我五日之后,使事可完。先生先去三亭岗无人之处等我,那时一同前往,不知可否?"

范雎点头称谢而回。

五天后,秦使王稽完成使命,告辞魏

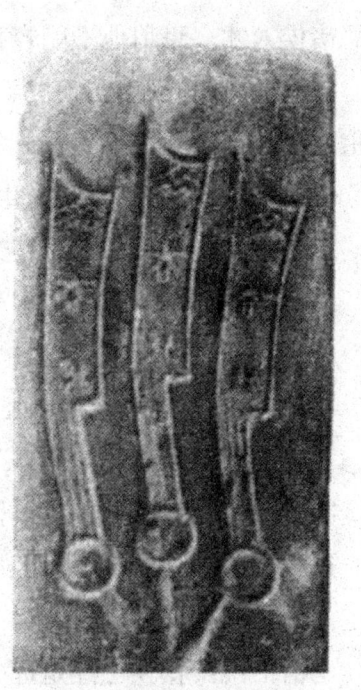

齐刀币陶范 战国

王回国,群臣送至郊外,方一一辞去。王稽一行,车驾一到三亭岗,就四处张望,生怕错过了张禄。突然林中走出两人,正是张禄和郑平安,王稽大喜,如获至宝,邀上同车而行。一路饮食睡觉乘车,形影不离,说话投机,彼此敬重。

逶迤来到秦界,范雎心中十分欢喜,从此以后他真是死而无尸,活而无名的"亡人"了。

遥望湖关,阵阵尘土飞起,车马从西奔驰而来,仪仗不凡。

范雎忙问:"来人是谁?"

王稽看了看说:"丞相穰侯东巡郡邑。"

穰侯名叫魏冉,是秦昭王母亲宣太后的弟弟,秦昭王年幼即位,宣太后独断朝政,任魏冉为相国,封穰侯,二弟也封华阳君,一同执掌国政。秦昭王亲政,但太后依然掌握国政,秦昭王畏惧太后,又封弟弟公子悝为泾阳君,公子市为高陵君,以便分散太后权力。穰侯、华阳君、泾阳君、高陵君,秦国称为"四贵",但是穰侯权大,无人可及。

范雎对这些情况自然了如指掌,忙说:"穰侯专掌秦国大权,妒贤嫉能,

秦宫秘史

厌恶诸侯人才。恐怕他不能容我,我先在车箱中躲藏一下。"

范雎躺在车底,盖上条被子,如无人一般。一会儿,穰侯车驾已到面前,王稽下车迎接。

穰侯也下车相见,说:"先生为国辛劳,可钦可敬。"

二人立在车前,互致问候,交换情况。

穰侯问:"近来东方有何大事?"

"没有!"

"先生没有携带诸侯宾客吧? 这帮人油嘴滑舌,四处游说,谋取功名富贵,其实,成事不足,败事有余。"

"我不会携带这种人入秦。"王稽坦然而答。

过了一会儿,穰侯车驾已经走远,范雎从车箱里钻出来,下车往路边就走。

王稽忙说:"穰侯已经走远,先生依然可以同车而行,何以躲避?"

"我在车中偷看穰侯面相,此人眼白多而斜视。这种人生性多疑,反应迟缓,刚才说话之时,已经产生疑心。一时没想到搜查,但很快后悔,必来搜查,不如躲避一下,以防不测。"范雎说着,与郑平安急忙步行,往前去了,而王稽车驾在后缓缓而行。

大约走了10里左右,后面蹄声大震。

二十余骑飞马而至,追上王稽车仗说:"我们奉丞相之令,担心大夫携带说客,特来查看,大夫不要怪罪。"

军卒在车中搜索一遍,没有发现外来之人,转身飞马而去。

王稽望着远去的骑兵,叹息说:"张先生真智谋之士,料事如神,我远远不及。"

王稽下令驱车飞驰,又走五六里,追上张禄、郑平安,邀请他们上车同坐,一起回到咸阳。

王稽朝见秦昭王,奏报使魏情况,然后说:"魏国张禄先生,智谋超群,天下奇才。他谈到秦国形势危如累卵,有安邦定国之策,我把他带回来了。"

秦昭王说:"说客常常夸夸其谈,投人所好,先让他住在客舍里吧!"

王稽按照秦昭王旨意自去安排,范雎只得留在秦国等候召见。

范雎在秦国等候秦昭王召见，整整等了一年多，依然杳无音信。

一天，范雎闲得无事在咸阳街头漫步，看见穰侯征兵文告，私下问一位老人："相国征兵，要讨哪国？"

老人答："伐齐国夺纲寿。"

"齐国有兵犯境吗？"

"没有，齐国现在很怕秦国，哪里还敢以兵犯境。"

范雎感到有趣，忙说："秦、齐两国，东西相隔，中间夹着韩、魏两国，齐兵又不犯境，何苦长途跋涉征伐齐国？"

老人看见四周无人，压低声音说："征伐齐国，并非昭王本意。因为陶山在丞相封地之中，而齐国纲寿离陶山很近，所以，丞相令武安君白起为将攻占那里，企图扩大自己的封地。"

范雎回到客舍之中，反复思量，觉得这是一个很好的机会，如果不趁此进献自己的良计，恐怕将来再难寻找时机，于是奋笔疾书，给秦昭王写了一封信：

羁居外臣张禄，冒必死之罪，斗胆上书秦王殿下：

我听说，"圣明君主治理国家，有大功者必赏，有奇能者必用；功劳大俸禄重，功劳多爵位尊，才显者官位高"，所以缺才少德之人不会得到重用，才强德胜之人不会被人遗弃。如今我在客舍静候大王召见已经一年有余，空耗大王钱米，心中时常发愧。如果大王认为下臣可用，恭请在百忙之中抽点时间，听听我的浅见，看看我是否可用；如果认为我一无所取，空留下臣徒费钱粮，不如放臣归去。俗话说："庸主赏赐自己所爱之人而惩罚自己所憎之人；明主就不会这样，赏赐必然是有功之人，惩罚必然是有罪之徒。"外臣的胸膛不能跟斧头比硬，腰杆不能与快刀比利，哪里敢拿诬诳之言去迷惑大王呢？即使觉得我出身低贱而不值得尊重，怎么不细细地想想权重之臣也会欺骗大王呢？

外臣听说……宋有结绿，梁有悬黎，楚有和璞，这四种名玉，都是土生土长的东西，就连好的玉工也认为是顽石，但是最终却成为天下共传之宝；然而，大王所要抛弃的这个人，难道就对国家一点儿作用都没有吗？

外臣听说，善于发展家庭的大夫，必然取之于国，善于壮大国家的君主

秦宫秘史

必然取之于诸侯。

　　……外臣恳请大王用游观之闲，允许我拜见大王，说不说在我，听不听在大王。如果一语无用，请即杀戮。不要因为轻视小人，连举荐我的人都受到轻视……

男子像烛台　战国

　　秦昭王早已经把张禄忘得一干二净，见到范雎的信件，心中十分喜悦，突然想起"秦国形势危如累卵"之语，忙向王稽表示歉意，命专车迎接范雎。

　　秦昭王还未到宫，范雎先至，望见秦昭王车马远来，假装不知，故意往巷道里走。

　　官员追上来说："大王已经来了，你还在跑什么？"

　　范雎故意说："秦国只有太后和穰侯，哪里有大王！"仍继续往前走。

　　正争吵时，秦王驾到，询问为何争论，官员将范雎的话如实相告。秦昭王也知范雎言中之意，并不发怒，迎范雎进宫，以上客之礼待之。范雎再三谦让。

　　秦昭王说："寡人一直忙于义渠之事，且暮得听候太后之意。而今义渠已灭，寡人得以面见先生，不要嫌弃寡人不敏，望受上宾礼。"

　　范雎依旧辞让。当日看见这一幕的官员，没人不为范雎的举动变色易容。

秦昭王屏退左右,宫中只有他和范雎二人。

秦昭王又一次大礼相求,说:"先生有什么话教导我吗?"

范雎只是"唯唯"而答,不再言语。如此情景几次出现。

秦昭王又说:"先生最终不肯教导寡人吗?寡人不配听到您的教诲吗?"

范雎说:

我不敢这样想。外臣听说,姜太公当年在渭水河边钓鱼,有幸遇到周文王,那个时候,他们的交情很浅。不久,因为一句话就被周文王拜为太师,同车共载而回,这是他的言谈打动了文王。最终采用他的谋略灭商兴周。假使文王疏远姜太公,不跟他深谈,这说明周无天子之德,而文王、武王就不可能完成王者之功。

而今下臣是一位羁留他乡之人,与大王相交很浅,而我所要谈论的事情都是安邦定国的大事,处在骨肉之亲中间,我虽然情愿效忠大王,但是不知大王喜不喜欢听。所以大王多次询问而我多次不敢回答。我不是害怕而不敢直言进谏。

我知道,今天在这儿说话,明天就可能被杀,但是我绝不逃避。大王果真听臣之言,死亡我不害怕,逃亡我不忧虑,遍体生疮而披发变狂,我不认为可耻。五帝之贤最终是死,三王之仁最终是死……死亡,人人都不能避免。

处在必然的大势之中,能够为秦国出谋划策,这是我一生的最大愿望,我又有什么畏惧的呢?

伍子胥橐载而出昭关,夜间行走白天躲藏,到了陵水,无法谋生,只好膝行匍匐,鼓腹吹箫,在吴国乞讨,最后辅佐阖闾,使阖闾成为春秋一霸。

如果我能够像伍子胥那样为大王出谋划策,就是把我关押幽禁一辈子,我也心满意足了,我又害怕什么呢?

箕子、接舆用生漆涂在身上成为癞子,披头散发,装疯弄傻,对国家毫无好处。如果我像箕子、接舆这样而有益于秦国,也是我的无尚光荣,我凭什么感到耻辱呢?

我真正害怕的是,我死了之后,天下之士看到我尽忠而死,因而缠足不前,没有人愿意投奔秦国。而大王上怕太后之威严,下被奸臣所迷惑,这样,大则社稷倾覆,小则自身难保,这才是我最害怕的。

秦宫秘史

至于说到穷愁潦倒之事,屈辱遭羞之举,死亡逃命之患,我的确不敢忧虑。我死了秦国能够大治,这样死亡比活着更有意义!

秦昭王说:"先生切切不可担心。秦国如此偏远,寡人如此愚笨,而先生辱没自身屈驾至此,是上天让寡人烦扰先生而保存先王留下的基业啊。寡人能够听到先生的教诲,是上天看在先王的份上而不想抛弃寡人。先生用不着担心。事情无论大小,上到太后,下到大臣,恳请先生毫无保留地说出来,不要有什么担心。"

春秋时期的方壶

范雎倒身下拜,秦王也倒身下拜。

范雎说:

大王的秦国,是一个四面有天险的强国。北有甘泉、谷口,南带泾河、渭水,右靠陇山、蜀岭,左临函谷、阪地;勇士百万,战车千乘;形势有利,出则夺取诸侯之地;形势不利,退则守卫国家之土;这是帝国之邦。秦国百姓,勇于公战,怯于私斗,这是能够统一天下的百姓。大王兼有此二者,岂有不统一天下之理?

秦兵之勇,车骑之众,用这个去征服诸侯,就像用天下的名犬去追赶笼中的囚兔,完成霸王之业不过举手之劳。但是没有一个称职的大臣为你谋划。至今闭关自守,不敢用兵中原,这是穰侯不忠于秦国,大王的谋略有所缺陷啊!

秦昭王再拜说:"愿闻寡人谋略的缺陷。"

但是,宫中之人多在偷听,范雎有些害怕,另外初次见面,交浅而谈深,恐怕话不投机,断绝今后进言之路,于是他决定先谈国家之事,由外再内,不要一口吃个胖子。

他继续说:

穰侯越过韩国、魏国去攻打齐国的纲寿,这是出谋不周。出兵少了,奈何不了齐国;出兵多了,有伤秦国国力。从前魏国假道赵国而攻打中山,虽然攻下了中山,但是中山最后仍归赵国所有。齐湣王曾派大兵攻打楚国,破军杀将,辟地千里,但是齐国一尺一寸的土地都没有得到。不是不想得到,而是地形决定了不可能占领。诸侯看到齐国疲惫,君臣不和,发兵攻打,齐国差点儿亡国。所以,齐国大破楚国,而得利者是韩、魏两国,这就是所谓"借贼兵而赍盗粮"。

大王不如远交而近攻,得到一寸土地就是大王的一寸土地,得到一尺土地也就是大王的一尺土地。而今天放弃近攻而去远攻,这难道不是很荒唐吗?

从前中山的国土方圆五百里,赵国独自并吞,功成名立而利益尽收,天下诸侯奈何不了赵国。而今韩国、魏国,地处中原之地,是天下的枢纽。大王欲霸诸侯,一定要首先掌握中原之地,凭借这个去威胁楚国和赵国。

楚国强大,秦国就联合赵国;赵国强大,就联合楚国,让他们互相牵制。如果秦国联合楚国和赵国,齐国只好主动联合秦国。齐国与秦国联合,韩国、魏国自然也就成了秦国的臣仆了。

秦昭王说:"我本来早就想联合魏国,但是魏国是一个反复无常的国家,我不想联合它,先生认为我应该怎么办?"

范雎说:"大王派使者去联合它,并送上金银珠宝。如果不行,就割地贿赂。再不行,就派兵攻打它。"

秦昭王大喜,拜范雎为客卿,参与军事谋划,号为张卿。用他的计策东征韩、魏两国,制止白起伐齐。

《史记》的这些描写,让人读起来都惊心动魄。

公元前271年,范雎初见秦昭王,先为客卿,后来经过几次游说,秦昭王四十一年推倒魏冉为相,封应侯,从政达26年之久。他对秦国统一运动的最大贡献是为秦昭王制定"远交近攻"的战略构想,彻底打败了赵国,对秦昭王的贡献是从魏冉等人手中夺回了君权。

秦昭王时代,是秦国大打翻身仗的时代。秦昭王不仅仅是秦国历史上的一位关键人物,也是中国历史上的一个关键人物,他继往开来,承前启后,把秦国统一大业变成了一种必然趋势。

秦昭王军事攻势、政治攻势双管齐下，不断打击韩、魏、赵、齐、楚，夺取大片土地，特别是长平一战，消灭了最为善战的赵国主力，彻底打开了通向统一的大门。

公元前278年，秦昭王任命白起为将，攻破楚国都城鄢郢，焚毁楚国祖坟。楚顷襄王兵败如山崩，不敢复与秦战，迁都于陈。秦国以郢置南郡，封白起为武安君。

公元前273年，秦昭王派白起攻打魏、赵，败魏军于华阳城下，斩首15万，赶赵军入黄河，溺死2万，胁迫魏国、韩国共同攻打楚国。

秦昭王在位长达56年，政局稳定，国家发展，立下了辉煌战绩，成了"王中之王"。

秦始皇是私生子还是真天子

嬴政生于邯郸，他的母亲赵姬先后与吕不韦和子楚同居，那么他究竟是吕不韦的儿子还是子楚的儿子？《史记》明确记载说他是吕不韦的儿子。即是说，吕不韦的政治投机不仅使自己执掌秦国权柄，还让自己的儿子当上了秦国国王，这是真实的吗？

秦咸阳宫遗址

秦始皇嬴政是吕不韦的私生子的故事，自六国统一起，便广为流传。对故事的真实性，两千年来争论不休。

据说，当吕不韦发现在赵国邯郸为人质的子楚是"奇货可居"者，决心投资可获利无数的政治后，先是有意结交处于窘迫境况中的子楚，为之谋划，获得子楚"如君策，请得分秦国与君共之"的郑重承诺，然后去秦国通过华阳夫人，立子楚为太子安国君的嗣子。从此吕不韦与子楚的交情，越加深厚。

吕不韦本是一个非常成功的商人，对如何投机获利，颇有心得。他结交子楚，原本仅想帮助子楚获得秦国君位，从而可操纵秦国政治权柄，获得比经商更大的利益。但是，当子楚已有可能被立为嗣子，其最初的政治投机目的已几乎唾手可得时，商人对利益贪得无厌的本性唆使他有了更大的野心：他不仅本人要操秦国的权柄，还要将秦国君王的位置谋之于他的后人。

赵姬

吕不韦花重资买来邯郸歌伎赵姬，与之同居，三个月后，赵姬怀孕。吕不韦实告赵姬说："我打算谋取强秦天下，因此娶你，待你有娠，进献给子楚。子楚现在质于赵，没有妻子。如果生子是男，子楚必会立为嗣子。子楚过世后，此子必然登基，你我夫妻凭此而取秦之天下！"赵姬应允。

隔日，吕不韦设宴请子楚。珍馐百味，盈满筵席，笙歌舞女两边排立。酒到半酣，令赵姬盛妆出来劝酒。子楚见赵姬云鬓轻挑，娥眉淡扫，玉步轻移，香风袭人，禁不住目眩心迷，神情恍惚，只顾偷眼相窥。赵姬也秋波宛转，与他对视后娇羞不语，有意挑逗。赵姬上前敬酒，子楚接酒，左顾右盼，目不舍离。正好吕不韦"醉酒"在席间打瞌睡。子楚便去拉赵姬的袖子。赵姬若瞋若喜，半推半就。不防座上"拍"的一声，接着便听见吕不韦厉声呵斥:"你敢调戏我的姬妾么?"子楚慌忙回头看,见吕不韦怒气冲冲地站在座前,顿时吓得魂飞天外,只好跪地求饶。

吕不韦又冷笑说:"我与君交好多年,不应如此戏侮,即使爱我的姬妾,也可直言相告,何必鬼鬼祟祟?"

子楚听了,顿时转惊为喜,向吕不韦叩头哀求:"子楚身质此处,客馆寂寞,欲求赵姬为妻,若蒙见赐,此后若得富贵,势必图报。"

吕不韦沉吟半天。子楚又说:"在下生当衔环,死定结草,誓不敢忘!"

吕不韦假装生气地说:"女人如衣服,既然殿下中意,就送给你,谈什么报答呢。"吕不韦将他扶起来,让赵姬坐在子楚的座侧,一直饮到深夜,才让赵姬陪伴子楚上车,同返客馆。

子楚得到赵姬之后,与她日夕绸缪,不觉八月有余,赵姬产下一子,生得隆准长目,方额重瞳,并且生来就有牙齿。因孩子的生日是正月元旦,便取名为赵政(正)。这个孩子就是后来的秦始皇。

按照以上说法,秦始皇就应当是吕不韦的私生子。这一说法,真有点使人难以置信。可是,大史学家司马迁在《史记·秦始皇本纪》中对这一说法却有很明确的记载:

司马迁

秦始皇帝者,秦庄襄王子也。庄襄王为秦质子于赵,见吕不韦姬,悦而取之,生始皇。以秦昭(襄)王四十八年正月生于邯郸。

如果说这一段记载尚未明确说明秦始皇为吕不韦之子的话,那么,在《史记·吕不韦传》中对这件事的记载就更详细了:

吕不韦取邯郸诸姬绝好善舞者与居,知有身。子楚从(吕)不韦饮,见而说(悦)之,因起为寿,请之。吕不韦怒,念业已破家为子楚,欲以钓奇,乃遂献其姬。姬自匿有身,至大期时,生子政。子楚遂立姬为夫人。

司马迁是位严谨的史学家,他的记载是如此言之凿凿,清晰明了,难道还能令人怀疑吗?吕政者,始皇名政,是吕不韦幸姬有娠,献庄襄而生始皇,故云吕政。

经裴骃这么一解释,再一次证实了司马迁的记述,更使人们笃信不疑。打那以后,包括司马光的《资治通鉴》在内的诸多史家也都一遍又一遍地重复着这个带有传奇色彩的故事。于是,秦始皇为吕不韦私生子的说法,千百年来绵延相传,似已成为难以更移的定论。

然而,历史自有它的真实面目,即使像《史记》这种极具权威性的著作,终究也只是"一家之言",不会也不可能没有缺失之处。秦始皇为吕不韦血脉的这一说法,历史上不断有人表示怀疑,开始时只是小声议论,大概害怕

秦庄襄王墓

为这位暴君公开说话。到了明代,有个名气不大的史学家汤聘尹终于憋不住了,他在《史稗》一书中对此公开提出挑战,认为秦始皇是私生子的记载是"战国好事者为之"的胡说八道,根本没有可靠的依据。另一位史学家梁玉绳也有类似的看法,他在《史记志疑》中解释说:司马迁之所以写"姬自匿

有身，至大期生子政"，这样写的目的就是"别嫌明徵"，表示该传说并不可靠。不能认为司马迁把这件事当成了史实，而应看作他在实际上持保留态度。梁玉绳的这种说法比较委婉，但明眼人一看便知，他不同意秦始皇是私生子的传统说法。

除此之外，明代著名学者王世贞也认为《史记·吕不韦列传》记载此事不可相信。他在《读书后记》中提出了两点见解：一、这是大阴谋家吕不韦故意编造的故事，其目的在于抬高自己的身份和地位，并暗示秦始皇能让其长久富贵。一旦遭遇不测，还可陷他这位"皇子"于不义不孝不仁不礼的难堪境地。二、这种说法很可能出自吕氏门客和被秦所灭的六国贵族遗老遗少之口，他们诬骂秦始皇是私生子，用来发泄难言的私愤，并使天下的人知道秦国在事实上比六国先亡。

这些说法当然也是一家之言，并未引起更多人的注意，也无人就此置评，遂使这一争论延续下来。到了当代，这个问题引起了郭沫若先生的兴趣，他经过考证，在《十批判书·吕不韦与秦王政的批判》中发表了这样的观点："历史上有好些伟大人物往往是私生子，例如孔子是私生子，耶稣也是私生子。秦始皇之非凡，也正好像为私生子增加了光荣。"但是，关于秦始皇是私生子的传说，"其本身实在是可疑的"。他具体提出了三点理由：第一，关于秦始皇是私生子的记载，为何仅见于西汉年间的《史记》一书，而不见于专记战国及秦时期杂史的《战国策》？如若司马迁记载属实，为何在他之前没有其他任何一点旁证？第二，吕不韦导演的这件事，与《战国策·楚策》上所载的春申君和女环的故事如出一辙，情节类同小说，由此推测，可能是西汉初年吕后称制时，吕氏之族如吕产、吕禄等辈故意编造出来的谣言，意在抬高吕氏家族的地位，为执掌国家权柄制造理论依据。第三，《史记·吕不韦列传》的记载也经不住推敲，有自相矛盾之处。比如，上文说子楚夫人（即嬴政母亲）为邯郸歌舞姬，到了下文怎么又变成了"子楚夫人，赵豪家女也"，二者的出身和政治地位如此悬殊，究竟哪个为真？文中还说"姬自匿有身，至大期生子政"，这里的"大期"，到底是多长时间？据东晋人徐广说是大过十二个月，三国蜀人谯周说是大过十个月。若说不足期生产还有问题，既是过了十二个月或十个月，足以说明嬴政是子楚的骨血，怎么会是吕不韦之后呢？

有人赞同郭沫若的这一观点，并补充解释说：绝大多数私生子都因其母不能善待胎儿而导致早产，既然赵姬早就怀上了吕不韦的孩子，怎么会在归于子楚十多个月后才产下嬴政？这明显违背人的生育规律。更何况赵姬真要有孕在身，一般需要四十多天甚至两三个月才能确知，她在归于子楚后应不足十个月就会分娩，不可能再向后拖延更长时间。就算初产妇有"揽月"（即推迟分娩）的可能，但也不会有如此漫长的"大期"，由此推算嬴政应是子楚的儿子，而非吕不韦的血脉。

从现代医学关于妇产科学的实践和理论研究的观点看，赵姬怀孕的"大期"如果是十二个月，事实上根本是不可能的。正常胎儿在母体内的时间应是 280 天（即 40 周，所谓的"十月怀胎"是以 28 天即一次月经周期为计算单位的），但是胎儿的出生时间往往与 40 周这个概数有一定的差距，医学上将妊娠满 37 周到 42 周期间出生的胎儿均称为正常足月儿。如果超过 42 周还没有分娩，则是"过期妊娠"。过期妊娠的胎盘，由于逐渐退化，绒毛间腔变窄，绒毛的合体细胞层下，出现广泛纤维蛋白沉积而发生梗塞和钙化现象，即所谓"胎盘老化"；胎盘功能衰退，胎儿脐静脉血中氧的饱和量下降，只及正常时期的二分之一，因此供给胎儿的氧气和营养逐渐减少，而此时胎儿越加成熟，对缺氧的耐受能力越差，因而死亡率将大大增长。据研究，妊娠 43 周时产儿死亡率为正常的 3 倍，44 周为正常的 5 倍，所以，现代医学将妊娠 44 周作为最后期限，届时未能正常产出者均将采用手术取出胎儿。

所以，赵姬如果所怀的是吕不韦之子，其妊娠的"大期"倘若是十个月，那么在子楚看来就应当是早产儿，早产儿与足月儿的区别是很大的，子楚不可能不怀疑其来历；倘若"大期"是十二个月，在医学上是根本没有可能的，那就只有一个结论，这个胎儿是在与子楚同居之后才有的。秦始皇是吕不韦的私生子一说，完全是因为秦始皇是一代"暴君"，得罪了太多人，那些恶毒诅咒他的人所编造出来的。据考证，这一说法最早是出现于秦王政八年（公元前 238 年）在其弟长安君成矫叛乱后的讨秦檄文中，所以说它是编造的不是没有理由。而编造这一故事又确实有充分的资料来源：赵姬确实是在先与吕不韦，后与子楚同居后生下嬴政的；赵姬与吕不韦先有同居关系，

当子楚死后，身为秦国太后的赵姬仍"时时窃通吕不韦"，他们二人之间是不折不扣的情人关系；吕不韦任相国后，嬴政是将其称为"仲父"的；吕不韦帮助子楚成为秦国国君的事实充分说明他是一个大阴谋家，因此将有孕在身的赵姬送与子楚更体现出他的阴谋。

其实，如果说秦始皇确实是吕不韦的私生子，那么应当说知道此机密的只有赵姬与吕不韦二人，当嬴政尚未充任秦国国君时，他们肯定不敢暴露这一"秘密"，否则吕不韦的政治投机将彻底失败；而当嬴政执掌国柄后，要处死吕不韦，赵姬为何不对秦始皇说出这一秘密以挽救吕不韦的生命呢？既然吕不韦、赵姬都没有说出这一秘密，其他人又是从什么渠道得知的呢？

因此，说秦始皇并非吕不韦的私生子，他的确是子楚的儿子即秦王室的正统血脉，理由十分充足。那么，一些史书将秦始皇说成是吕不韦的儿子，目的何在呢？人们对此进行了分析，认为这有四种可能：

其一，如果嬴政确系吕不韦之子，那他就不是秦王室的真正嫡传。当时反秦的嬴政的弟弟长安君成娇就"造反有理"了，认为自己血管里流的才是秦王室的血，就会得到原来秦国的王公贵族的支持。

其二，如果嬴政确系吕不韦之子，那么齐、楚、燕、韩、赵、魏六国被秦所统一，就可以变个说法，不是"秦灭六国"，而是"六国先灭秦"了。因为"六国"之人吕不韦不动千军万马，只靠一条诡计，就能把自己的儿子弄上秦国的王位，夺了秦的江山。这样，六国的亡国之愤，就可烟消云散了。

其三，如果嬴政确系吕不韦之子，也可能是吕不韦有意公开自己"仲父"的真实面目。因为他的死对头，获得太后支持的长信侯嫪毐势力强大，吕不韦想除去他，必须争取秦王嬴政的支持。泄露自己与嬴政的父子关系，其必会念及骨肉之情，对自己大大有利。

其四，如果嬴政确系吕不韦之子，那么，灭秦的汉代之人，似乎更是大行天道，伸张正义了。因为不但秦的暴政使得天怒人怨，而且秦王内宫竟这样污秽，甚至会扯到秦始皇的祖父、父亲之死都有可能被人所害。秦亡甚速，真是自食其果了。

以上四种可能，其实也可以反过来说，即嬴政本非吕不韦之子，而成娇、六国贵族后人、吕不韦、灭秦的汉代人，为了达到自己的某种目的，也可以根据嬴政与吕不韦之间的特殊关系而编造出嬴政是吕不韦私生子的谣言来。

又有人认为，关于嬴政是吕不韦私生子的说法，事实上是根本不可能成立的。理由有三：

其一，认为吕不韦并未策划过秦始皇从出生到登基的一连串阴谋。他们说，当秦昭襄王还在位时，就想方设法让子楚当皇孙，已经够反常的了，何况还只能把希望寄托在尚不知男女还只在赵姬腹中的胎儿"太玄孙"（即嬴政）的身上，这也太渺茫了。下这么大的赌注，不是神人就是傻瓜！而吕不韦既非神人也不是傻瓜，他是精明的商人，唯一能说得通的理由，就是断无此事。说实有其事，只不过是后人据已发生过的史实刻意编排而已。

其二，赵姬的孕期，值得研究。如果说赵姬是吕不韦献给子楚的有孕妇人，那她到子楚身边后，孩子只会不及期而生，怎么会是"大期"甚至超过十二个月呢！子楚又怎么会不知晓呢！如果是与子楚同居十个月或十二个月后生出嬴政，那么此孩子的生父就只能是子楚而非吕不韦。

其三，从赵姬的出身看，也大有问题。《史记·秦始皇本纪》记载说，秦灭赵之后，秦王嬴政亲临邯郸，把与赵姬母家有仇怨的，尽行坑杀。既然赵姬出身豪门，她怎么能被吕不韦所买，又先做吕不韦之姬妾再被献给子楚为妻呢？如果赵姬只是"邯郸诸姬绝好善舞者"，一名出色的优伶，那又哪儿来那么多的仇家呢？这样，说她肚里怀着吕不韦的孩子又成为子楚妻子的事当然也就只能存疑了。

卜德在《中国的第一个统治者》一书中对此有进一步的讨论。他认为，《史记》中关于嬴政是吕不韦私生子这一描述中的关键是不寻常的怀孕期，而这样的话是一个不知其名的人加在《史记》之中的，为的是诽谤秦始皇，说明他政治和出生的非正统性。而要做到这点，即不仅要把他说成是私生子，而且是商人（在传统上商人被后世儒生列为社会最低的阶层）之子。这行插入的文字取得了明显的效果，因为直到近代为止，确实没有多少人对秦始皇是私生子这一说法提出怀疑。虽然学者们早已证实《史记》确有被后人篡改处，清代著名史学家赵翼在《廿二史札记》中就辟专章作《史记有后人窜入处》，但确实尚无证据证明《史记》对秦始皇出身的记载是被篡改过的。

但是,史学研究往往不能以某一说为绝对结论。由于关于秦始皇是吕不韦私生子的传统说法根深蒂固,要彻底推翻这一流传了两千年的观点肯定异常艰难。有的人就对郭沫若提出的疑问进行了试解:其一,《战国策》作为一部杂史,作者的视野有限,不可能包容当时人们的所有策论与言论。秦始皇的这段出身隐私,同样属于机密消息,知道的人数有限,很有被漏记的可能。况且《史记》中的另一些记载在《战国策》中也找不到踪迹,其他史料亦无旁证,但不能因此怀疑司马迁的记载不实。其二,春申君与女环的故事确实和司马迁的这段记载十分相似,这或许是种巧合。横看竖看历史,相似与巧合的事例很多,并不值得奇怪。另外,吕不韦这样的计谋不是他的独家发明,焉能判断其他投机政客不用这种移花接木的办法? 只是因为秦始皇的名声太大而使这一计谋更加有名,不能因为历史上有类似事例就怀疑秦始皇的出身事实。其三,司马迁前面说吕不韦献给子楚的为邯郸歌舞伎,这与下文的"赵豪家女"并不矛盾。所谓"赵豪家女"完全可能是"邯郸诸姬绝好善舞者",至于此姬的出身和地位,司马迁可能不大清楚而且也没有必要详加解释,只要她能讨得子楚的欢心就足够了。其四,关于"至大期生子政"也不是没有可能。古人认为,胎儿十二个足月内分娩为"大期",吕不韦完全有足够的时间策划这一阴谋,不论赵姬怀上的是男是女,他都可以借以获利。作为颇有政治头脑的投机商人,吕不韦怎么会放过这种坐收巨利的良机? 就是他把赵姬送给了子楚,谁又敢保证二人没有偷情的机会?

看来,两千年来的历史疑案,今人是无论如何也不可能形成统一的观点了。

客观而言,在秦始皇究竟是不是吕不韦私生子这个问题上,关键的知情人第一是赵姬,第二是子楚,第三是吕不韦,第四是嬴政本人。但统观四人言论行为:子楚终生未疑嬴政是其血脉,否则他不会将王位传于嬴政而非成蟜;赵姬和吕不韦在吕不韦被赐死的危急关头也未打出此牌以救其性命;嬴政亲手结束吕不韦的政治生涯及性命,未见其施恩。那么,倘若他们四人都不知道的如此核心机密,其他人又从何而知呢! 这就只有一个结论:嬴政绝非吕不韦的私生子!

不过,即使秦始皇的出身真的如司马迁所说,也不必觉得奇怪,因为出

身不能自己选择。秦始皇就是私生子也并不是他的过错,更不能因此而否定他的历史地位及功绩。当然,依照中国传统观点看,不论是什么原因,作为私生子总不太光彩,更何况"千古一帝"的伟大人物?秦始皇在历史上是以"暴君"而记载于书的。而对"暴君",人们总希望给他安上一些哪怕是莫须有的"罪名"让他遗臭万年。或许,这正是解开秦始皇是否是吕不韦私生子这个疑难问题的一把关键钥匙。

秦始皇为何能实现大一统

尽管有韩国派水利专家郑国去秦国的"疲秦"之法以及韩非亲自去秦以图"存韩",尽管有燕太子丹派荆轲去行刺秦王,但是这些企图阻挡秦统一天下的行动,却都无法阻挡历史车轮的向前发展。

伐暴乱而建仁义,用战争消灭战争

公元前 251 年,在位长达 56 年之久的秦昭王逝世,孝文王即位,子楚被立为太子。赵国为了表示祝贺,才将 9 岁的秦始皇和他母亲送回秦国。他从此由战争难民变成了金枝玉叶。但处境的改变,并不能抹去他幼小心灵中所留下的阴影,公元前 249 年,秦始皇的爷爷病死,父亲即位,大赦天下,消灭东周。年轻的他,一定会感觉到战争胜利的兴奋,也会联想到战争失败的悲鸣。

公元前 247 年,其父病逝,年仅 13 岁的秦始皇被命运之神推上了秦王的宝座,虽然朝政大事都由吕不韦主持,但是这位早熟的少年国王,天下发生的一系列战争和大事,自然经常牵动着他的心。秦国照样年年对外发动战争,对内平定叛乱。16 岁那年,他派少年甘罗出使赵国,轻取赵国河间 5 城,他知道了战争不仅有武斗还有文斗。

公元前 239 年,其弟长安君叛秦降赵,朝廷内部争权夺利的斗争,更使这位已经 21 岁的国王感到权力的重要。因此,他刚一挂剑亲政,就雷厉风行地镇压谋乱,罢免了吕不韦的相位,大权独揽。

秦始皇陵一号兵马俑坑出土的陶俑原状

　　秦始皇终于走到了历史的前台,他继承了祖宗给他留下的可观财富,这笔财富除了广袤的土地、强大的军队以外,还有那自秦国开创基业以来所形成的各种制度和文化传统。这些财富与秦始皇这个独特个体相结合,这种结合再与东方六国的自私腐败相联系,秦始皇很快完成了统一中国的历史重任。

　　公元前230年,秦王政十七年,韩王安九年,内史腾率兵伐韩,虏韩王安,韩国亡,秦置颍川郡。

　　公元前228年,秦王政十九年,王翦大军伐赵,俘赵王迁;公子嘉潜逃至代,自立为代王。

　　公元前226年,秦王政二十一年,王贲伐燕,攻破燕都,燕王喜逃往辽阳,斩太子丹献秦求和。

　　公元前225年,秦王政二十二年,王贲伐魏,引黄河水和汴水灌大梁,虏魏王假,魏国灭亡。

　　公元前224年至公元前223年,王翦、蒙武伐楚,攻入楚都寿春,楚国灭亡。次年灭掉了苟安一隅的燕王喜和代王嘉。

　　公元前221年,秦王政二十六年,王贲挥师入齐,虏齐王建。

　　这就是秦始皇统一中国的大概过程。

　　秦始皇生生死死,总是离不开那硝烟弥漫的战场,听不完厮杀拼打的吼声……他自邯郸城中呱呱坠地，就开始吮吸充满血腥的秦赵硝烟，倾听哀民的哭吼。当时长平大战刚刚结束，说客苏代游说秦相范雎，秦国答应赵、韩两国割地求和的请求。可是，赵国听信虞卿之谋不给秦国土地，不久秦昭王又派五大夫王陵攻打邯郸，秦、赵战火又起。这场战火一直烧到他3岁。这一年，秦国大举进攻并围困赵国首都邯郸，赵国盛怒，准备杀他父亲秦质子异人。幸得吕不韦以重金收买赵军守将，才逃出邯郸，回到离别多年的秦国。可是秦始皇和他母亲赵姬却被留在邯郸城里。从此他和母亲过着东躲西藏的战争难民生活，成天担惊受怕，他不会不萌生厌恶战争的情结。外面的战事，对于一个本该无忧无虑的孩子来说，应该是不闻不问，但是由于他的特殊身份，战争的各种变化，无时无刻不影响着他的命运。

秦始皇正式走上历史舞台，就以他的手中权柄，指挥着"两路大军"，开始了扫荡六国的战争。明里的军队猛烈打击敌人，暗中派间谍无形瓦解敌营。五战赵国，一战燕国，一战魏国，二战楚国，一战齐国，十场大战，无数小战，15年间消灭六国，实现了秦国先人几百年的愿望。秦始皇非常相信战争和间谍的运用，完全是为了消灭战争。韩国本来已经臣服，但是他还是信奉战争才是最后征服的手段，因此派兵攻占韩国的最后一块土地，俘虏了韩王安，建置颍川郡。

秦始皇在挥手之间统一天下，除了祖宗留下的那一份基业，所谓"奋六世之余烈"，还有他的雄才大略，所谓"振长策而御宇内"。秦始皇自有对战争的独特看法，他认为战争是祸水，是暴戾，但是又必须用战争去消灭战争。

春秋时期有人解释"武"字，谓之"止戈为武"，这就是用战争去消灭战争。秦始皇有一个重要的战争谋臣尉缭，在《尉缭子》一书中主张以战去战，伐暴乱而建仁义，达到"外无天下之难，内无暴乱之事"。

他统一天下，巡游国内，在《峄山刻石》中为自己歌功颂德说：

攻战日作，流血于野，自泰古始。世无万数，陀及五帝，莫能禁止。

《瑯邪刻石》中接着说：

乃今皇帝，一家天下，兵不复起。灾害灭除，黔首康定，利泽长久。

他一笔扫掉千古帝王，把自己的战争观点表达得淋漓尽致。

他是这样说的，也是这样做的。他平定六国之后就"收天下兵，聚之咸阳,销以为钟鐻(类,乐器),金人十二,重各千石,置廷宫中",李白诗曰"收兵铸金人,函谷正东开"者也。

秦始皇为了保住他的战争成果,"使蒙恬北筑长城而守藩篱,却匈奴七百余里,胡人不敢南下而牧马,士不敢弯弓而报怨"(贾谊《过秦论》语)。正因为秦始皇有这种战争思想,为了"拯万民于水火",他的战争就披上了正义战争、进步战争的合理外衣。当时的山东六国,已经完全成为专制割据的腐朽势力,失去了继续存在的合理性,特别是像齐君那样的统治者。

秦始皇虽然有了如此强有力的用兵理论依据,打着伐无道、诛暴戾的旗号,但是战争不是游戏,"仗要一仗一仗地打,敌人要一个一个地消灭"。于是他制定了消灭六国的顺序和方法。战争的顺序依旧是秦昭王时期范雎已经明确提出的"远交近攻"的战略构想,由弱到强,由近到远,从韩国为臣,到齐国归附,十年之间,"六王毕,四海一"。

秦始皇的心灵上充满了对战争的厌恶,但是他又不得不使用战争的手段去消灭战争,这就是他最终企图建立一个万世相传的清平世界的梦想。秦始皇网罗天下精英,放手使用战争人才,采用武力打击和智力瓦解相结合的手段,在短短的十多年间,以霹雳闪电般的速度消灭了六国势力,一统天下,建立起了一个偌大的帝国。

秦始皇统一了天下,其原始动力在于:数百年的大秦帝国的传统,天然的地势形胜,强大的军队,充足的给养,农战的政策,再加上他的战胜一切的性格。如果不是秦始皇,中国的统一进程虽然也会实现,但是不知还要经过多少时间,或者几个世纪。正因为他是一部天生的消灭战争的机器,因而他才是一部名副其实的战争机器。

不拘一格用人才,文臣武将纳入麾下

公元前238年,秦王政除掉嫪毐、吕不韦后,吕不韦原舍人李斯、魏国人尉缭便成了他的重要辅政大臣。

在秦始皇的政治生涯中,李斯是一个主要人物,现在看看他的来历:

秦昭王末年,一位年轻人风尘仆仆,长途跋涉,从家乡楚国上蔡(河南上

李斯

蔡县)来到楚国兰陵县(山东省巷山县附近兰陵镇),拜著名帝王术大师荀况学习本领,这人就是李斯。

司马迁《史记·李斯列传》说:

李斯者,楚上蔡人也。年少时,为郡小吏,见吏舍厕中鼠食不絜,近人犬,数惊恐之。斯入仓,观仓中鼠,食积粟,居大庑之下,不见人犬之忧。

于是李斯乃叹曰:"人之贤不肖譬如鼠矣,在所自处耳!"

李斯从厕中鼠和仓中鼠那里得到启发:"人之贤不肖,譬如鼠矣,在所自处耳。"所以他企图通过向荀子学习帝王术来改变自己的地位。

李斯天性聪敏,学习刻苦,再加名师精心点拨,为后来在秦始皇手下效力打下了坚实的基础。荀子本来是儒学大师,可李斯只看重帝王之术,对于儒家礼法并不重视。只致力于研究管仲、申不害、商鞅等人的著作和思想,学到了一身封建专制所必需的本领。

与其他纹饰的瓦当一样,都是赞颂秦王朝,歌颂秦始皇统一六国大业的思想在建筑艺术中的反映。它们所附着的宏伟建筑虽已荡然无存,但大量的瓦当展示了当年的繁华。

李斯学成,反复思考自己将要到何处去。他认真分析天下形势,认为楚考烈王昏庸无能,不会有什么好的前程,山东六国兵弱国危,不是建功立业的地方,于是他决定到秦国去。

李斯去告辞他的老师时说了一段意味深长的话,全盘托出他为了摆脱

卑贱困境，不顾一切，唯利是图的内心
世界。

《史记》是这样描写的：

（李斯）辞于荀卿曰："斯闻得时无
怠，今万乘方争时，游者主事。今秦王
欲吞天下，称帝而治，此布衣驰骛之时
而游说者之秋也。处卑贱之位而计不
为者，此禽鹿视肉，人面而能强行者耳。

秦　太阳纹瓦当

故诟莫大于卑贱，而悲莫甚于穷困。久处卑贱之位、困苦之地，非世而恶利，
自托于无为，此非士之情也。故斯将西说秦王矣。"

在李斯的灵魂深处，"诟莫大于卑贱，而悲莫甚于穷困"，因此他要到秦
国去，以便摆脱自己卑微的处境。

公元前247年，李斯改换门庭，成为秦相吕不韦门下的一位舍人。他很
快得到了吕不韦赏识，被推荐给秦王政为郎，因而趁机游说秦王政继承祖宗
余烈，统一天下，称帝而治。李斯得到了秦王政的赏识，被拜为长史。实际
上，此时李斯已经从吕不韦的门下又投到了秦王政的门下。

从此，李斯经常为秦王政出谋划策。李斯建议秦王政采取军事打击与
离间收买贿赂东方六国的战略措施，进一步削弱山东各国的实力。秦王政
采纳了李斯的主张，很快又拜他为客卿。

客卿是春秋战国时代的一种职位，级别为卿，而受到客礼相待。秦国历
史上很多外来人才都曾经荣获这种职官之位，商鞅、张仪、范雎等人的情况
就是如此。李斯终于由一名楚国布衣成为大秦座上宾。

晴朗的天空，突然飘来一团乌云。

正当李斯春风得意青云直上的时候，有一件事给李斯带来了危险，同时
也给他提供了一个机遇。

公元前237年，秦王政将他的母亲从雍城接回咸阳不久。由于秦国军
事打击和收买两手齐动，山东诸侯，特别是韩、赵、魏三国的大片国土成了秦
国的郡县。六国统治者惊恐不安，十分害怕素有并吞八荒之心的虎狼之秦。
地处天下枢纽的四战之国的韩国尤甚。昏庸无能的韩王安投秦王政喜爱大

兴木土之好,制定了一条自以为能够"疲秦"之计。他派韩国水利专家郑国为间谍,游说秦国修一条从中山(陕西泾阳西北)到瓠口(陕西泾阳县西)的大渠,引泾注洛,灌溉农田,企图用这种方法来消耗秦国的人力和物力,致使秦国无力东进。这项对秦国来说十分有利的工程开展起来,快要完成的时候,郑国是间谍的事情暴露出来了。秦王政正讨厌吕不韦等外国人,如今又出了一个郑国,不禁勃然大怒,将郑国逮捕入狱,加上秦国王族的支持,下令驱逐所有在秦国的外国人。

李斯虽然得到秦王政的赏识,但他却不是秦国人,自然在驱逐之列。李斯不甘心就这样失去自己的大好前程,于是斗胆向秦王政献上了有名的《谏逐客书》。

李斯的这一篇《谏逐客书》,从历史到现实,充分论证了外国人在秦国历史上所建立的丰功伟绩,批评了秦王政重物欲轻人力的错误思想,张扬铺排,笔锋犀利。秦王政"乃除逐客之令",派铁骑快马一直追到骊山脚下,恭请李斯回到咸阳,官复原职。从此李斯成了秦王政的主要谋臣。秦王本来十分痛恨郑国,但是郑国也有自己活命的妙计,他辩称,水渠修成了,对秦国有很大好处,与其杀他,不如让他继续主持修完大渠。

秦王政听从了郑国的辩解,继续让他主持修筑这条"郑国渠"。这项全长三百余里的水利设施,使4万余顷"泽卤之地"变成了沃野良田,关中因此更加富庶,有力地支持了统一六国的战争。

秦始皇历来被当成是暴君的典型,独断专横的代表,其实未必如此。秦始皇因为韩国间谍修"郑国渠"一事下令驱逐天下之宾客,但是李斯一份奏书《谏逐客书》,秦始皇立即收回成命,李斯因此直上青云,并且听从郑国的辩解,让郑国继续修建"郑国渠",使得秦国在征伐六国的战争中有足够的后勤储备。事实证明,这些举措是完全正确的。秦始皇大胆采纳李斯、尉缭的计谋,使得秦国的统一战争几乎是一帆风顺。名声并不出众的王翦,因为秦始皇的大胆使用,成为秦国一代名将。李信轻敌大败于项燕,秦始皇虽然愤怒,但是依旧给予充分信任。他自己有了决策失误,能够勇敢承认。由于不听王翦之谋,导致李信大败,秦始皇知道是自己失误,亲自到王翦住地承认错误,礼请王翦挂帅,表现出一个政治家博大的胸怀和勇气。他指挥千军万马去征服了 300 万平方公里的土地。但一生中，只在灭赵之时去了邯郸一次，那主要是为了报幼年之仇，除此以外，从未亲自带兵打仗。可是由于他用人得当，很快实现了统一。

这不禁让我们想起成吉思汗和拿破仑。成吉思汗出生在一个没落的草原贵族家里，从小就在草原上闯荡，最初靠 9 匹马起家，经过几十年的南征北讨，马蹄踏遍欧亚大陆，建立起了一个亘古未有的草原大帝国。但是，如果我们去追寻这位天可汗的帝国疆域，却很难找到一个准确的边际。而且，就在他的手里，统治也只具有象征意义。而秦始皇却在天下置郡县，实行集权管理。他所创立的版图，建立的制度，为后人遵循。真是"千古一帝"！

成吉思汗的子孙们攻打南宋小王朝，足足打了半个多世纪，而南宋王朝只相当于一个楚国。秦始皇扫荡六国，只用了十多年时间。

秦始皇坐在金銮宝殿上指挥千军万马去战斗，而成吉思汗却是亲骑战马，弯弓搭箭，抢刀横槊，一个个地去砍杀敌人。

拿破仑是欧洲乃至世界上杰出的军事战略家，他当上法国皇帝，也是靠军事起家的，他首先进攻普鲁士和奥匈帝国，接着又跟普鲁士、奥匈帝国、英国、荷兰、西班牙欧洲联盟大战，虽然取得了胜利，但是最终在滑铁卢一战失败，当了囚徒。

一世英雄的拿破仑，与秦始皇相距约 2000 年，但是他没有能够统一与中国差不多大小的欧洲，所以欧洲成了一个四分五裂的地区。目前欧洲正在致力建立欧洲经济共同体，可见统一是何等重要。和中国大小差不多的欧洲，几千年没有出现一个统一的能人，所以才有今天这个样子。由于拿破仑的失败，欧洲变成了分裂的欧洲；由于秦始皇的成功，中国变成中华大帝国。成吉思汗和拿破仑，是否可望秦始皇项背？

大胆接纳和使用外来人才，是秦国的一个传统。整个大秦帝国，为相之人绝大部分是六国人，可谓"不拘一格用人才"。

由于秦始皇正确的战争思想、战略方针和用人谋略，很快扫荡六国，建立了中国第一个统一王朝。赫赫功勋，永世不灭。

中华宫廷秘史

从弱处开刀，首先夺取"天下之咽喉"

秦王政把征服的利刃首先指向了韩国。选择韩国动手，嬴政是经过深思熟虑的。

首先，韩国被誉为"天下之咽喉"，是秦军向东推进的必经之路，历来都是兵家必争之地；其次，在当时山东六国中，韩国的实力最为弱小，所以韩国理所当然地成为秦国统一六国的首选目标。

由于韩国对于秦国重要的战略位置，早在秦惠王时期，张仪就制定了"下兵三川""挟天子以令天下"的灭韩主张。

韩、赵、魏三国由晋分裂而来，三个国家中，韩国管辖着今山西省东南部、河南省中部的地方，它领土最小，实力最为薄弱。

韩国的国都最初在平阳（今山西临汾县西），后来相继迁至宜阳（今河南宜阳西南）、阳翟（今河南禹县）。公元前375年，韩哀侯灭掉郑国后迁都于郑（今河南新郑）。

内政方面，韩国大权一直被宗室贵族公仲、公叔等人把持，国君没有权力，从而导致政治腐败，国力一天不如一天，整个国家处在风雨飘摇之中。

亲政后的秦王政更是励精图治，使得秦国的实力大大增强，有了向外扩张的条件和基础，而和他相邻的韩国则是江河日下，沦为当时比较弱小的国家。彼弱我强，秦军大军压境，韩国的处境岌岌可危，昏庸无能的韩王安惶惶不可终日，但他毫无办法，只能坐等韩国的灭亡。

公元前231年魏国被迫向秦献地，韩国也被迫把仅存的一部分南阳土地献给秦国，这当然不是秦国所想要的，他要灭掉韩国，铲除他统一路上的绊脚石，于是秦王发兵攻韩，韩国成了秦国歼灭六国的第一个战略目标。

公元前230年，秦王政下令内史腾率秦军就近灭掉韩国。面对勇猛无比的秦国军队，韩国上下如惊弓之鸟，没有组织有效的抵抗。秦军势如破竹，很快就攻陷韩国首都新郑，韩王安成了秦军阶下囚，韩国成为六国中第一个灭亡的国家，韩国灭亡后，秦把韩国所属的土地设置为颍川郡，纳入大秦的版图。

大兴间谍战，推行连横战略

韩国被灭，赵国灭国之灾难免。赵国是战国七雄之一，也是仅次于秦国的强国，赵国曾产生了一大批著名的将领和名士，廉颇、蔺相如、赵奢、李牧都是人们耳熟能详的名字。可以说赵国是兵强马壮，面对强大秦国的威胁，赵国成为东方六国的当然领导者，赵国曾多次和其他诸侯国组成合纵联盟，给秦军重大打击。自秦开国以来，赵国是他们最大的敌人，势必除之而后快。

秦灭赵之战，总共进行了 5 次，而最终的胜利还是靠被秦国收买的赵相郭开诬陷李牧后取得的。可惜项羽一把大火，秦国进行战争，包括间谍战的资料化为灰烬，使后人难以稽考。

秦国打败六国，大量运用间谍战，而东方六国运用不多，有人推测秦国正是通过与少数民族犬戎等的交往从波斯学来的。秦始皇能够在很短时间消灭地盘数倍于己、兵力数倍于己的东方六国，各个击破的战略方针是至为重要的。同时，也得利于秦始皇采纳李斯和尉缭的谋划，使用间谍的策略，开动第五纵队，瓦解六国联盟，离间六国及其内部君臣关系。秦国所害怕的是诸侯联合，而最希望的是诸侯互相斗争。早在秦始皇亲政以前，李斯就向秦始皇建议派遣间谍用金钱去收买天下诸侯重臣、名士，能用金钱收买的就用金钱收买，不能用金钱收买、不接受贿赂的，就派刺客暗杀。吕不韦早年为异人谋回秦国之策，就是用金钱开路，果然马到成功。李斯曾为吕不韦舍人，也在吕不韦那里学得几招。

秦国历史上使用这类间谍方式可谓屡见不鲜。范雎巧计令廉颇被撤职，吕不韦行贿叫信陵君魏无忌被猜疑，可谓比比皆是。秦国在统一中国的进程中，间谍战发挥了极大的作用，使秦国很快扫荡了六国，建立起中国第一个统一王国。

尉缭是魏国人，秦王政撤销逐客令之后不久来到咸阳，经李斯推荐面见秦始皇，尉缭献计说：

"以秦之强，诸侯譬如郡县之君，臣但恐诸侯合纵，翕而出不意，此乃智

伯、夫差、闵王之所以亡也。愿大王毋爱财物,赂其豪臣,以乱其谋,不过亡三十万金,则诸侯可尽。"

尉缭之计,对于秦国来说,可以称作"金钱连横",通过培养和收买东方六国诸侯重臣,破坏六国合力攻秦。后来的事实证明,尉缭之计的确发挥了极大作用。而对六国来说,这条计可谓凶残歹毒,骂几遍"始作俑者,其无后乎",都难解心中万分之一的恨。

秦王政十分赞同尉缭的单一诸侯不足虑、诸侯联合就会对秦构成极大威胁的战略构想,四处派出行贿间谍,离间诸侯之间和诸侯内部的关系,互相内耗,减轻秦军的正面军事压力。

秦国拥有不少勇冠三军,身先士卒的将士,因为秦国是以斩首多少而论功行赏的,但是缺乏运筹于帷幄之中、决胜千里之外的战略大师。将才

孙膑

不少,缺乏帅才。尉缭的出现,对于秦始皇制定军事路线和军事战略,无疑具有重要意义。

尉缭是秦始皇时代的一个具有传奇色彩的人物。司马迁在《史记》中对他只有很简单的记述,他的生平一直是个谜。《汉书·艺文志》最早著录了一本叫作《尉缭子》的书,列在杂家和兵家之列。作为一本军事著作,早在公元前1世纪就已经流传于世,受到历代兵家的重视。但是南宋以来,学者们开始怀疑《尉缭子》的真实性,认为是后世人伪造,假托尉缭之名。20世纪70年代初期,山东临沂县银雀山发掘了两座汉墓,出土了大量经考证属于西汉前期的汉简,其中有《孙子兵法》《孙膑兵法》《六韬》《尉缭子》等。从而说明司马迁记载不虚,历史上的确有这样一个叫尉缭的人。

《尉缭子》共5卷24篇,篇幅不大,但内容却很丰富。全书包括战争观

念,战略战术的运用,军队的训练、管理和指挥。全书对战争规律进行了深入的探讨和认真的总结。

《尉缭子》猛烈抨击了战争的残暴和惨烈。破坏社会秩序,人民流离失所,正是战争的直接后果。必须以战去战,伐暴乱而建仁义,因而必须用正义战争去消灭非正义战争。这样他为秦国统一天下找到了合理的战争依据。

从战争本身来说,《尉缭子》强调"人和"为战争胜利的首要因素。同时军队要明法审令,士兵、上下级之间要互相承担连坐责任;军队的后勤保障是战争取得胜利的重要保证。提高将、帅素质,注意战争机动、灵活。

大概正是由于尉缭的这些军事才能,所以秦王政给了极高的礼遇。尉缭作为军事战略家,不仅有出色的谋略,而且还有观人的本领。秦王政"衣服饮食与缭同",而尉缭却认为"秦王政"居约易出人下,得志亦轻视人。我布衣,然见我常身自下我。诚使秦王得志于天下,天下皆为虏矣。不可与久游"(《史记》语)。因此逃亡而去。秦王政发觉后,派人追回,强留在秦国,并且正式任命他为国尉。

国尉是武装力量的首职,负责全国武官任命奖罚升降。国尉不算很高爵位,但是具有十分重要的作用。秦国历史上,这一职位都由军事家担任,秦昭王时期的国尉一职就是著名军事家白起担任。由此可见秦王政对尉缭的重视。

吕不韦因为嫪毐之事受到牵连,李斯因而主持全国的政事,李斯与尉缭的政治见解和军事谋略相同,所以《史记》说,秦王政"用其计策,而李斯用事"。

秦王政手下除了李斯、尉缭这样的战略家,还有王翦父子,蒙氏祖孙和青年将军李信、杨端和等能征善战的将领。

秦王政执政的时候,一次,赵惠文王想要进攻燕国,正好苏秦之弟苏代在赵国,听说这件事后,苏代认为进攻燕国对赵国不利,于是他就给赵王讲了一个故事:

臣来赵国时路过易水岸边,看见一只河蚌张开蚌壳晒太阳,一只鹬发现了它,于是就去啄河蚌的肉。河蚌迅速地把嘴闭上,夹住鹬嘴,就这样相持不下。

鹬说:"今天不下雨,明日不下雨,你就会渴死。"

河蚌也说:"我今天不放你,明天不放你,你就得饿死。"

河蚌和鹬都互不相让,僵持在那里。这时候,来了一个渔夫,伸手把鹬、蚌都抓住了,一个都没有逃脱。

苏代以此劝赵勿伐燕,以免强秦坐收渔翁之利,赵惠文王听完这个故事,放弃了攻打燕国的打算。

尽管赵国处处小心,但秦国时刻都在准备着进攻赵国,并且经常对赵国进行骚扰,致使赵国的实力一天不如一天。在统一六国的前夕,秦王政就作了充分的准备,要先给赵国一次重大的打击。这样做的目的,是秦国害怕先灭掉韩国后,促成赵、楚、魏等国联合攻秦,便采取了"舍韩攻赵"的战略。

秦派内史腾任南阳假守,认为大举发兵逐一歼灭六国的时机已经完全成熟。秦王政改变了分兵攻魏、攻楚的战略,集中全力多次进攻赵国。虽然秦军曾两次被赵国名将李牧打得大败,当秦王得知赵军确已遭到重创,"亡卒数十万,邯郸仅存"时,认为既定的战略目的已经达到。由此,统一六国的战争拉开了大幕。

秦王政对赵国的内政外交进行了全方位的分析和判断,他敏锐地发现,赵国存在着各种各样的矛盾,在国内,赵国的君臣之间互相猜忌、官员之间钩心斗角,国内形势一片乌烟瘴气;在对外政策方面,赵国长期与东北邻国燕国水火不相容,经常是刀兵相见,时断时续的战争使得两国的实力日益下降。燕赵两国之间的战争,就是一场鹬蚌相争。赵国的一切变化,是秦国非常愿意看到的,对他们非常有利。

这时的赵国,也今非昔比。原来的赵国是战国后期六国中最强大的国家,曾组织过最后一次合纵抗秦。公元前 260 年,秦赵长平大战,赵国丧师四十余万,元气大伤,赵国的有生力量遭到了毁灭性的打击。当然,赵国君民并没有失去信心,他们想光大自己曾有的辉煌,和强秦一较高下。

公元前 251 年,为庆祝长平之战领导者秦昭王的死,燕王喜便派遣他的国相栗腹带着五百金去邯郸,拜见赵孝成王,对赵国表示祝贺,这样做的目的,是为了加强两国之间的关系,避免不必要的冲突。这种做法,对赵、燕两

鸟兽纹高足鼎　战国

国来说,是一件双赢的事。可有的时候,人们往往贪心不足,燕国就有这种心态。栗腹在赵国发现,经过长平之战后的赵国,青壮年大多在战争中死去,国内都是一些老弱病残,没有一点战斗力。栗腹看见这种情况,认为燕国消灭赵的良机来了。回到燕国后,他把这个好消息报告给了燕王喜,并建议燕王乘机攻打赵国,燕王喜听了栗腹的报告,不假思索地就决定派兵进攻赵国。

　　然而让燕王想不到的是,赵国虽然军队的人数少,却有很强的战斗力。燕军虽然人数众多,但是没有战斗力。栗腹的部队被名将廉颇打得大败,苏秦所率领的燕军也被赵国大将乐乘打败,赵军乘胜追击五百余里,将燕都团团围住,燕王喜只得和赵国签下城下之盟。但是,赵、燕两国的关系还是时好时坏,给了秦国很多可乘之机。

　　公元前245年,赵悼襄王即位,这是一个昏庸的国王。他上台后,重用其亲信乐乘,削弱大将廉颇的权力,并让乐乘取代廉颇的职位。廉颇也不是好惹的,他一怒之下,率领部属把乐乘打跑,自己也投奔魏国去了。廉颇是赵国的中流砥柱,他的出走,给赵国造成了巨大的损失。赵悼襄王这是自毁长城。

　　两年后,赵国又发动了对燕国的战争,这次赵国派出的大将是李牧,李牧率兵连克燕的武遂(今河北徐水县遂城)和方城(今河北固安县南)两座城池。燕王喜也不甘示弱,派名将剧辛攻打赵,他想乘廉颇不在赵国的大好时机,给赵军以重创。赵国则派名将庞煖为将,一举歼灭燕军两万人,连剧

王翦

辛也未能幸免。

赵燕之间不断的攻伐,加速了两国衰亡的步伐,坚定了秦王政吃掉赵国的决心,于是,在秦王的精心策划下,一场空前的战争开始了。

庞大的战争机器一旦开动,当然就少不了得力干将的操纵,王翦就是其中的佼佼者。

王翦是频阳东乡(陕西省富平县东北)人,《史记》说他"少而好兵,事秦始皇"。《新唐书·宰相世系表》为王翦排出一个显赫的家世,说他是周王室贵胄。这可能难免有乱认祖宗之嫌,但从王翦后来建立的功勋来看,他也绝非等闲之辈。

王翦首次作为秦军主帅是公元前236年,也就是秦王政亲政后的第二年。这个时候,秦国名将蒙骜、王齮等相继去世,秦王政大胆起用名声不大但身经百战的大将王翦为秦军主帅,让他担当起统一六国的重任。

王翦根据秦王政的战略部署,把军事矛头指向秦国的劲敌赵国。

公元前236年,秦王政十一年,从赵国传来一个很重要的消息,赵、燕两

王翦墓

国又开战了,赵国派大将庞煖领兵攻打燕国,接连拿下燕园几座城池,并且继续向燕国腹地推进,大有亡燕的趋势。如此大规模的军事行动,肯定要派出大量的军队出国作战,这就会造成国内兵力空虚。秦王政敏锐地看到了这一点,正是秦国出兵的大好时机,鹬蚌之争,渔翁得利。秦王政当机立断,派王翦和桓齮、杨端和两军以声援燕国为借口,率秦军猛烈进攻赵国。果不其然,赵国境内兵力空虚,面对强大秦军,只能是坐以待毙,根本无法组织有效的抵抗,致使秦军长驱直入。王翦率军进攻上党地区,很快攻占了赵地阏与、橑杨(今山西和顺县)和(今山西左权县)。桓齮、杨端和所率秦军也很顺利地占领了赵国的河间六城。不久,桓齮又攻占了邺(今河北磁东)和安阳(今河南安阳),上党郡和漳河流域已完全为秦军所控制。

捷报频传,秦国君臣兴奋不已。通过多次的战争考验和执政的实践,使得年轻的秦王慢慢地成长起来。这次秦赵之战,充分表明了秦王捕捉和把握机会的能力是很强的,他善于分析各方面的情况,运用各国之间的矛盾关系,主动出击,发动迅猛的攻势,最终取得了胜利。这些素质,对于一个指挥统一决战的最高统帅来说,是必不可少的。

公元前 234 年,秦王政挟秦军一往无前的气势,利用赵国的颓废之势,再一次出兵攻赵。大将军桓齮担当了此次重任,桓齮不负众望,迅速挥师东进,行动迅速,包围了赵国的武城(今河北磁县西南)和平阳(今磁县东南),并对其发起猛攻。平阳和武城位于赵国首都邯郸南面的漳水边上,一东一西,是到邯郸的必经之路,战略位置非常重要,扼邯郸南方要冲,为门户所在,地理位置十分重要,如果这两个地方失守,那邯郸就将没有屏障可守,可以说是危在旦夕。赵王急调 10 万精兵,派大将扈辄前去救援平阳。秦赵大军在平阳城外展开了激战,赵军全部被歼,将军扈辄也死于非命,秦军取得了决定性的胜利。

廉颇

平阳大战是秦赵最后一次大战,赵国的有生力量在这次战役中遭受到了毁灭性的打击,再也没有能力组织起对秦军的战斗。捷报传来,秦王政兴奋不已,他决定亲临前线,鼓舞士兵斗志,一举拿下赵国。他命令桓齮率军继续向前推进,翻越太行山,并一举拿下赤丽、宜安(今河北藁城西南)等地方。

秦王的这次战略意图十分明显，主要是攻占邯郸以北的军事重镇，把邯郸外围的障碍清除。这次秦军的胜利，与以前秦军在邯郸以南所取得的战果遥相呼应，构成对邯郸城的南北合击之势，为最后攻取邯郸创造条件。对于自己的处境，赵王十分清楚，被秦军夺去的土地是不可能再夺回来了，邯郸的后方不允许有任何闪失，否则，赵国就真的完了。

当务之急是先稳定后方，任命一员文韬武略齐备，并且忠心为国的大将为统帅，只有这样才有可能保存赵国。赵国的历史上出了不少人才，有很多人都能担当大任，但是这几年国运不济，人才也严重匮乏，于是赵王想到了老将军廉颇。

《史记·廉颇蔺相如列传》有这样一段记载：

赵孝成王卒，子悼襄王立，使乐乘代廉颇。廉颇怒，攻乐乘，乐乘走。廉颇遂奔魏之大梁。其明年，赵乃以李牧为将而攻燕，拔武遂、方城。

廉颇居梁久之，魏不能信用。赵以数困于秦兵，赵王思复得廉颇，廉颇亦思复用于赵。赵王使使者视廉颇尚可用否。

廉颇之仇郭开多与使者金，令毁之。赵使者既见廉颇，廉颇为之一饭斗米，肉十斤，被甲上马，以示尚可用。

赵使还报王曰："廉将军虽老，尚善饭，然与臣坐，顷之三遗矢矣。"

赵王以为老，遂不召。

乐乘跑了，老将廉颇也只好留下"廉颇老矣，尚能饭否"的千古哀叹，扈辄在平阳大战中被杀，伐燕回来的庞煖也失去了锐气，没有能力再披挂上阵。赵王经过反复权衡，冒着匈奴乘机进犯的危险，急调"北边良将"——李牧出任大将军一职，全面担负抗击秦军的重任。

李牧，史书上说他是"赵之北边良将也"，他率军镇守雁门（郡治在今山西右玉县西），以抵抗匈奴的骚扰。李牧是一个难得的将才，在抵抗匈奴方面，他有一套自己独特的战略战术，那就是坚守边关，以逸待劳，不主动和匈奴交战。这样几年下来，边关都是固若金汤。但此时却产生了一些流言蜚语，说李牧胆小，害怕与匈奴交战，这些话传到赵王耳里，赵王也认为李牧是一个胆小鬼，于是就撤了李牧的职，另外派人镇守边关。

新的守关将军果然和李牧不同，凡匈奴来进攻都出关迎敌，进行面对面的战斗,这种做法的后果就是赵军失去屏障保护,对匈奴的作战往往是败多胜少。赵军伤亡惨重,边关的形势一天不如一天,连边民正常的生活都保证不了。面对这种情况,赵王又想到了李牧,他请李牧出山,镇守边关。李牧对赵王说:"大王一定要我镇守边关,我还是要用以前的做法,请大王不要反对,只有这样我才能接受命令。"这个时候,赵王没有更好的办法,同意了李牧的要求。

李牧走马上任后,还是用以前的坚守策略,这样一来,匈奴军队虽然经常来犯,但都是劳而无功,赵的北方又成为铜墙铁壁,坚不可摧。然而守边将士不愿意这样长期处于被动,纷纷向李牧要求主动出击,攻打匈奴,赵军群情激奋,士气高涨。李牧见时机已经成熟,于是挑选精锐士兵 5 万余人、弓箭手 10 万人,又挑选战车 1300 乘、战马 300匹进行操练、演习。李牧又让牧

青铜器 镶嵌龙纹盖豆 赵国

民把牲畜赶出来,以此吸引小股匈奴骑兵来抢夺,李牧率军出战,却佯败而退,诱敌大军深入。匈奴人果然中计,单于率大军来攻,李牧早已设好伏兵,左右两翼合围匈奴军队,一举歼灭匈奴十余万,并且灭掉了匈奴檐褴、东胡部,迫使林胡族归附赵国。这以后十余年间,匈奴闻李牧之名而胆丧,再也不敢骚扰赵国北方,赵国边陲得到了安宁。

赵王任命李牧为大将军后,李牧果然神勇无敌,不负众望。他率军进攻宜安,与秦国大将桓齮在肥(今河北藁城市西南)展开激战。战国后期,秦军一直所向披靡,没有谁能够与其抗衡。秦军将士也非常骄傲,根本不把六国的军队放在眼里,但这次和李牧作战,秦军才明白遇上了真正的对手。桓齮虽然也是一个难得的将才,他多方组织秦军抵抗赵军进攻,但和李牧比起来,无论是战略还是战术,桓齮都不是对手。

这一战,赵军把秦军打得丢盔弃甲。桓齮侥幸捡了一条命,但他再也不敢回秦国,因为他是秦国近年来第一个遭到如此惨败的将领,秦王军法甚严,回到秦国一定会被杀头,所以他只好去投奔燕国。

李牧这次取得了对秦军的胜利,使赵国暂时免除了亡国之祸,成功地破坏了秦王南北合击的战略布署。但是,秦王政是不会善罢甘休的,他统一的决心决不会因为一时一地的失利而动摇。加上秦军的有生力量并没有因为这次战争受到什么损失,战略主动权仍然牢牢掌握在秦王手中。赵国的灭亡只是时间的问题,统一天下的进程不会停滞。

公元前232年,秦王政十五年,秦国决定再次进攻赵国。秦军兵分两路,一路攻到了漳水流域的邺,另一路兵马到达太原,并从这里向邯郸后方的番吾(在今河北磁县)发动猛攻,企图再次形成南北合击邯郸的战略态势,赵国的处境十分危险。国家危亡在即,赵王迁再次任

穿袍服的将军俑　秦

命已受封为武安君的李牧为主帅,率领赵军抵抗秦国的侵略。李牧再次证明了他高超的指挥才能,领兵直抵番吾,在这里和秦军展开激战,又一次把强大的秦军打败,免除了邯郸在短时间受到腹背受敌的困境。

在李牧的领导下,赵军再次战胜秦军,究其原因,除了主帅李牧的高超军事指挥才能外,还有一个原因,那就是赵国在面临灭国之灾之时,军民齐心合力,同仇敌忾,将士个个奋不顾身,置之死地而后生,就是这个道理。

秦王政没有想到,秦军还会受到赵国如此强大的抵抗,秦国对整个战局已经失去了控制。秦王政决定调整战略部署,放弃先行灭赵策略,恢复执行既定的先行灭韩、剪除秦心腹之患的战略方针。与此同时,秦王政也在寻找时机,除掉李牧这个劲敌,赵国军队就会群龙无首,那统一战争的进程就会

大大加快。

公元前 230 年，秦王政十七年，韩国灭亡，成了秦国的颍川郡。而这个时候，另外一个消息也传到了秦王政的耳朵里：就在秦灭韩的同时，赵国发生了罕见的大地震，从乐徐（今河北满城县西北）以西，直到平阴（在今山西省阳高县南），房屋大部分被损坏，土地开裂，形成了一道东西宽 130 米的裂缝。地震过后，赵国又闹起了多年未遇的大饥荒。国内处在一片恐慌之中，百姓中间流传着这样一首歌谣："赵为号，秦为笑。以为不信，视地之生毛。"这可是攻赵的最好时机，秦王政当然不会放过，决定乘机灭了赵国。

公元前 229 年，秦王政十八年，年轻的秦王再次抓住战机，第三次命令各路秦军进攻赵国。秦军兵强马壮，士气高昂，分别由王翦和杨端和率领。王翦率上党秦军由西向东，抵达井陉（今河北省井陉县），再由北向南，对邯郸构成威胁；杨端和率河内（今河南省黄河以北地区）秦军由南向北，直扑赵国都城，把邯郸团团围住。

赵长城遗址

这个时候的赵国，天灾人祸纷至沓来，连年用兵，加上地震、饥荒，使得百姓怨声载道，军队得不到应有的补充。而在王族内部，各种矛盾也凸现出来，并且不断激化，整个国家摇摇欲坠。赵王迁唯一可以依托的，只有大将军李牧，于是赵王派李牧和将军司马尚领兵在邯郸城外抵抗秦军。李牧面对进攻凶猛的秦军，他运筹帷幄，身先士卒，把进攻邯郸的秦军牵制了一年之久，就连王翦这样的名将，也对他没有办法。

　　秦王政当然不会让这种情况持续下去，李牧成了秦国统一路上最大的绊脚石，前两次战争都是秦军被打败，这一次又是李牧在制造麻烦。秦王十分明白，李牧是军事奇才，要正面和他作战，不会捞到半点好处。因为连王翦都拿他没有办法，更何况其他人。长久围困邯郸，虽然可以困死李牧，但这需要时间，况且当时各方面的情况都不允许秦军长时间与李牧僵持下去。因为时间一长，其他国家就会团结起来，形成合纵同盟，共同对付秦国，那样一来，形势对秦国就非常不利。

　　秦王政明白，当务之急是如何除掉李牧，扫清进军路上的阻碍。然而，强攻是行不通的，只能智取。于是秦王派人进入邯郸，用重金贿赂赵王宠臣郭开。郭开是一个势利小人，他收受秦国贿赂后，就到赵王跟前说李牧的坏话，说李牧要率兵叛逃，要赵王赶快采取行动。赵王迁本来就是一个昏庸之辈，听到郭开的话，便信以为真，就下令免除李牧的职务，

　　王翦又派人潜入邯郸游说赵王，派赵葱和颜聚两个不懂军事的人取代李牧。李牧知道两人不是秦军的对手，为了赵国的安危，他拒绝交出兵权，但赵王迁没有体谅李牧的一片苦心，暗中派人把李牧处决了。

　　赵王迁的举动，帮了秦王的大忙。秦王政略施小计，花些小钱，就拔掉了使几十万秦军都束手无策的大钉子，让秦国又一次踏上了统一的征程。

　　李牧被杀，秦军在王翦及杨端和的指挥下，重新对邯郸发动了猛烈的攻势，不到三个月，就全歼赵军，赵葱也死在乱军之中，邯郸被攻陷。秦军在东阳（今邯郸以北、太行山以东地区）俘虏了自毁长城的赵王迁以及颜聚。只有赵公子嘉逃往代郡，在一些宗室大臣的拥护下自立为代王。就这样，战国一雄的赵国灭亡，秦王政在以邯郸为中心的地区设立了邯郸郡，正式把赵地纳入秦的版图。赵王迁被押往秦国，秦王将其放逐到房陵（今湖北省房县），据说他后来满怀亡国之痛，作"山水之讴"以寄托故国之思，其感情之悲，让闻者莫不流涕，只是悔之晚矣。

　　公元前228年，秦王政十九年，灭赵的战役刚刚结束，秦王政回到了阔别23年之久的邯郸城。他出生在邯郸，可以说，这里是他实际上的故乡，他对这里有一种特殊的感情。童年的秦王政在邯郸城里生活了9年，那是一

段艰难的岁月，儿时的他为了躲避赵人的迫害，曾随母亲一起东躲西藏地在邯郸城里乞讨过活。但命运和他开了一个大大的玩笑，从一个小逃犯一跃而成为赵人的新主宰，故地重游，肯定感慨万千。

秦王政进入邯郸以后，流放赵王迁，把当年母亲赵姬家的仇人全部杀光，总算出了一口儿时的恶气。

灭掉赵国以后，秦国的土地几乎包括了整个黄河中上游，一统天下的政治格局已经形成。

唯才是举，成就少年甘罗

赵亡以后，燕国成了秦国攻击的又一个目标。

燕国与周王同为姬姓，第一任君主是周武王的弟弟召公奭，定都蓟（今北京西南），领土相当于今天的河北省北部，辽宁省西南部，山西省西北角，东北与东胡接界，西及西南与赵国、中山国接壤，南临黄海、渤海，与齐国相邻。燕是周王室东方最重要的三大诸侯国之一，地位很高，为一等侯国。燕国地处边远，很少发生战争，从春秋到战国期间，一直占有燕山和太行山北端夹角地带，燕国的土地面积与齐国相差无几，但是地旷人稀，一直都没有真正地强盛过，都是在其他大国的夹缝中生存。

赵国是战国时期比较强大国家，也是秦国的主要敌人，秦赵之战，以赵国的彻底失败而告终。赵国的灭亡，让秦王政看到了胜利的曙光，更加坚定了他统一六国的决心，灭掉赵国后，他就下令军队马不停蹄地向北推进，直指燕国。

秦军的这一举动，让燕国措手不及，他们当然不会坐等灭亡，企图进行最后的挣扎。领导燕国进行抵抗的，就是历史上大名鼎鼎的燕太子丹，这个太子丹和秦王政可能还有一段特殊的恩怨情仇呢。

史书记载，燕太子丹早年也曾被送到赵国为质子，而秦王政当时也在邯郸，不过他是一个政治小难民，处境比太子丹更加恶劣。同是"天涯沦落人"，邯郸街头，两人可能一起嬉戏过，或许有一些儿时的感情，但这种感情可能太遥远和太朦胧了，因为当时秦王政回到咸阳时不过九岁，而燕太子丹

应该十六七岁，年龄上的差别，注定他们不会有更深的交情，即便有一点，可能随着时间的推移，也会全忘了。他们没有想到，后来两人的关系走到了水火不容的地步，这可能是一种历史的巧合。

秦王政回到咸阳颇费周折，燕太子丹回到燕国也不容易。回到秦国不久，年仅13岁的秦王政就登上了国君的宝座，由于年幼，大权掌握在相国吕不韦手中，吕不韦也是一个雄心勃勃的人物，他虽然没有像嬴政那样统一六国的雄心，但他想让秦国更加强大，要达到这个目的，唯一的办法就是灭掉其他的国家，扩大自己的势力范围。在吕不韦的主持下，秦国制定了先拿赵国开刀的战略方针。但是此时燕国依附赵国，这对秦国攻赵极为不利。

这时候，有一个叫蔡泽的人站了出来，蔡泽可是来历不小，只凭一张嘴就让名相范雎拱手让出相位，自己则一步登天，成为秦昭王的相，但没过多久他就称病辞职，被秦王封为刚成君，他是战国后期著名的社会活动家。

蔡泽向秦王献计说："赵、燕两国连年争战，结仇很深，燕国这时依附赵国，乃事非得已。请求大王派我出使燕国，我会说服燕国送质称臣，以此孤立赵国，然后联燕伐赵，借机占领河间之地。对秦国来说，这种好处是巨大的。"

于是秦王就派蔡泽出使燕国。蔡泽到了燕国，凭着他三寸不烂之舌，和燕王喜达成了一个协议，那就是燕派太子丹入秦为人质，秦国派一名大臣作燕国的相。

公元前244年，燕国送太子丹到秦国做人质。秦相吕不韦准备派将军张唐去燕为相。张唐是秦国大将，曾带兵打败过赵国，赵王对他恨之入骨，欲食其肉，寝其皮，悬重金要他的人头。而要去燕国，赵国是必经之路，张唐很害怕，所以就装病请辞，吕不韦也知道张唐的苦衷，所以不好强求，回到家一副心事重重的样子。这种神态被他身边一个叫甘罗的人发现了，甘罗是原秦国旧相、名士甘茂的孙子，虽然只有12岁，却聪明绝顶，很有智慧。

甘罗看见吕不韦一脸不高兴的样子，就问："大人遇到什么不如意的事了吗？说出来看我有没有办法帮你解决。"于是吕不韦将自己让张唐去燕为相的事说了出来，表明现在自己很烦恼。

甘罗说："就这么一件小事，让大人生这么大的气？我愿意替你去说服张唐。"

吕不韦还在气头上,大声对甘罗说:"我亲自去请他都没用,你一个小孩子顶什么用!"

玉璧 战国

甘罗说:"古时候,项橐七岁就能开导孔子,我现在已经十二岁了,您应该叫我去试一试,不行了再骂不迟,怎么动不动就骂人?"

于是吕不韦就让甘罗去说服张唐,甘罗把去燕国的利害关系给张唐一说,张唐只好答应去燕国走一遭。

甘罗成功说服了张唐之后,又去对吕不韦说:"张唐虽然听了我的话愿意去燕国,那是他没有办法,他还是非常害怕赵王。现在还需要请大人借十乘车给我,我先到赵国为张唐打通关节。"

吕不韦上奏秦王政:"故相国甘茂有一个孙子,名叫甘罗,年纪不大,但从小受到家庭的熏陶,十分的聪慧。我请张唐去燕国为相,他因害怕赵王而不肯去,但甘罗一出马,张唐就愿意去了,还跑来向我承认错误。甘罗现在又请求去赵国,为张唐疏通关系,请大王为他准备车马。"

于是秦王政就召见甘罗,只见甘罗身体修长,眉清目秀,很讨人喜欢。秦王非常高兴,同意派甘罗出使赵国。

吕不韦又说:"赵王可不是好惹的,你怎么跟他说?"

甘罗说:"我自有办法,只要临机处事就行了。"

秦王很赞成甘罗的想法,命令给甘罗准备车马和仆从。

秦、燕结盟的事早已传到赵国,如果秦、燕和好,将会对赵国构成极大的威胁。赵悼襄王这时就像热锅上的蚂蚁,正在想应对之策。突然听说秦国派使臣甘罗到赵国来了,心想事情可能有转机,于是就亲自到城郊迎接。

没想到甘罗竟是一个乳臭未干的少年郎,赵王心中大惑不解,心想秦国怎么会派一个毛孩子来,但是又不好发作,于是问甘罗:"我听说有一个姓甘的人曾经为秦国打通三川之地,他跟使者是什么关系?"

甘罗说:"那是我爷爷甘茂,曾做过秦国相国。"

赵王又问:"那小先生今年多大年纪呀?秦国难道没有没有人了吗,难道没有年纪大一点的人可以用吗?"

面对这种挑衅的话语,甘罗也不甘示弱,大声说:"当年孔子的老师项橐才七岁,我今年已十二岁!我们秦国人才济济,只是秦王用人,都是量才录用,要看事情的需要,年高望重的,就能担当重任;年少才疏的只能做些小事。我因为年纪太小,没有多大的能力,所以只能做出使赵国这样的事。"

赵王见甘罗思维敏捷,说话很有力度,而且咄咄逼人,再也不敢小看他,于是便转入正题问:"先生这次到赵国来,不知道有什么事,还请先生多多指教。"

甘罗说:"我这次是为了挽救赵国,来充当和平使者的。燕王已把太子丹送到秦国当人质,秦国将派张唐将军出任燕国丞相,这件事大王应该知道了吧?"

赵王说:"这些事我都知道,那又能怎么样呢?"

甘罗说:"事情再明白不过了,赵国夹在秦国和燕国之间,两国联合,对赵国不会有什么好处。如果秦燕联盟,团结一心,赵国就会腹背受敌,那对赵国将是很大的威胁。"

甘罗接着说:"秦国的意图很明显,是为了得到河间地区的土地。但由于强大的赵国在中间是一个阻碍,只有联合燕国,才能得到秦王想要的东西。但是如果秦、赵两国能够通好,互通有无,把燕国孤立,那大王就可以放开手来对付宿敌燕国,到那个时候,秦国是不会出兵救燕的,大王就可以得到更多的利益。"

赵王急忙说："秦国已经和燕国联合,会背燕亲赵吗?"

甘罗说："秦国之所以要和燕国联合,完全是为了得到河间地区的土地。大王现在的出路只有一条,那就是满足秦王的这个愿望,割河间地区的五座城池给秦国。至于秦、燕结盟的事,我会让秦王送回太子丹,秦国也不再派张唐到燕国为相。秦、赵可以结成联盟,那样一来,面对强大的赵国,燕国只能是俯首称臣,河间之地的五城又算得了什么呢!"

赵悼襄王慑于秦、燕联合的巨大威胁,权衡利弊,最终还是满足了甘罗的要求,把河间五城的图纸交给秦国,并且赠送甘罗许多贵重礼品,求他促成秦、赵和好。

甘罗用他的智慧,不费一兵一卒就说服了赵王,甘罗成功地完成使命回到秦国,秦王亲自接见了他。

秦王政高兴地说："秦国领土,居然是由一个孩子得来的,你的智慧比你的身材高大得多了,真是不简单。"

于是秦王政封甘罗为上卿,并且把原来甘茂的所有田宅赐还给甘罗,另外还给了他很多的赏赐。秦王下令张唐不去燕国为相,张唐因此对甘罗感激不尽。

第二年,赵国大举进攻燕国,夺取城市30座,秦国按兵不动,于是赵国又将11座城地献给秦国,秦王兵不血刃增添大片土地,甘罗之力也。

荆轲未遂的刺杀行动,彻底激怒了不可一世的秦王,他任命王翦为统帅,调拨精锐兵马,准备一举拿下燕国。

王翦率大军围攻燕国都城蓟,奄奄一息的燕国只得联合逃往代地的赵太子嘉,凭借易水和易水以西山地设置防线,抵御秦军的进攻。王翦的秦兵正面攻击与侧翼迂回相配合,燕代联军自然不堪一击。

公元前226年10月,秦军攻克燕都。燕王喜和太子丹率残部退守辽东郡(辽宁辽阳市),秦将李信率兵穷追不舍,燕军处境十分危急。代王嘉建议燕王喜杀死太子丹,以此取悦秦国,换取退兵。可怜为国为民的太子丹,最后却落得个身首异处的下场。

区区太子丹的首级,秦王当然不会放在眼里,他要的是整个燕国。

公元前 222 年,秦军占领辽东,俘燕王喜,燕国退出历史舞台;同年,秦军攻占代地,虏代王嘉,赵国彻底灭亡。

追穷寇,卧榻之侧岂容他人酣睡

燕国被消灭之后,秦王政立即下令回师攻打魏国,开始了新一轮的统一之战。

魏国是由春秋战国时期强大的晋国分化而来的一个国家:

公元前 681 年,晋国有一个叫毕万的人为国立下军功,晋献公重重赏赐了他,封他为大夫,把魏地(今山西芮城北)奖给他,这就是后来魏国的雏形。毕万之予魏犨曾辅佐晋文公,多次得到晋文公的封赏。到了晋悼公时期,魏犨之孙魏绛又献和戎之策,使得晋国免除了后顾之忧,魏氏亦因此成名,一跃成为晋国的豪门贵族。在此后相当长的一段时间里,晋国的内部各大夫争斗不断,但魏氏凭借雄厚的力量,在历次斗争中都没有受到损害,反而实力大增。

魏后来又联合赵、韩两族,共同灭掉了大贵族智氏,由于魏氏所占的领地是原晋国土地,所以晋国灭亡后,有的史书又用晋来称魏。魏文侯时期,魏国被周威烈王封为诸侯,与韩、赵瓜分晋国,成为一个独立的诸侯国。魏文侯统治时期,魏国成为中原第一强国。

战国时期的魏,是一个很重要的国家。魏文侯时,著名的法家先行人物李悝在魏国主持变法,著有《法经》,实行"尽地力之教"的方针。所以,魏国是战国时期各国变法的策源地。后来又有著名的西门豹治邺、吴起变法。众多的人才得到重用,使魏国的实力大增,成为别人不敢小觑的诸侯国。战国初期的魏国,还占有黄河以西秦国的土地,称为河西之地。

一个国家的衰败往往是瞬间的事。魏惠王时期,商鞅来到魏国,请求在魏国主持变法,但魏惠王却没有重用商鞅。商鞅见自己的才能在魏国得不到施展,就去秦国寻找机会,秦孝公慧眼识英才,让商鞅在秦国全面主持变法,由于实行了富国强兵的商鞅变法,秦国开始强大起来。在和魏国的战争中,不仅把魏国的河西之地据为己有,还迫使魏国迁都,即从安邑(今山西夏

国子鼎　战国　齐

县西北)迁到大梁(今河南开封西北)。从此以后,魏国国势日衰,经常被秦国蹂躏。

秦庄襄王时期,魏国出了战国四君子之一的信陵君魏无忌。信陵君是一个很有才能的人,他曾多次率领诸侯联军打败秦国的侵略,使得秦国不敢大张旗鼓地进攻魏国。于是秦王就使反间计,离间魏国君臣关系,魏安釐王是个昏庸的君主,他不做任何调查,就对信陵君产生了猜忌,信陵君抑郁而死。信陵君死后,秦国更加肆无忌惮地大举进攻魏国,魏国的处境十分危险。

面对秦军的进攻,魏国上下束手无策,这时有人出了一个主意,贿赂秦太后男宠嫪毐,让嫪毐取悦秦王之母赵姬,以此减缓秦国的攻势。然而人算不如天算,年轻的秦王政掌权后,随即对嫪毐、吕不韦一党给予毁灭性打击。看来,魏国想求得一时安宁的路是走不通了。

公元前231年,秦王政十六年,魏国向秦献地称臣,把大片土地献给了秦,只剩了都城大梁周围及其以东少部分土地,名义上的魏国暂时保留了下来。

但是,形势发展之快是让魏国没有想到的,秦国的铁骑旋风般灭掉了韩国、赵国,随后又灭了燕国。现在秦王可以腾出手来对付魏国了,虽然此时魏国已完全成为秦国的附庸,对于这种情况,秦王政当然不满意,卧榻之侧,岂容他人酣睡?他要的是全天下的每一寸土地,他决不允许魏国以任何形式存在。

中华宫廷秘史

公元前 225 年，秦王政二十二年，秦国派遣王翦之子王贲率领大军攻魏。这时的魏国，早已是秦国的囊中之物，已无险可守，连有效的抵抗都无法组织，全体军民只有困守孤城大梁。魏国现在是内无兵卒，外无援军，已是"无可奈何花落去"，只能坐以待毙。

王贲大军把魏都大梁团团围住，夜以继日地攻城。魏国在魏王假的领导下，倚仗大梁城高池深，凭坚固守，苟延残喘。

王贲在拼力攻城的同时，开始观察地形，他了解到，黄河从大梁西边流过。两千多年前黄河就成了一条地上河，从城西流过的河流还有发源于荥阳的汴河，所以大梁又叫汴梁。大梁城虽然固若金汤，但地势低矮，而城西的黄河堤防，高出大梁城墙，如果黄河水灌入，城墙就会被冲垮，大梁就会不攻自破。王贲当然不愿秦军有更大的伤亡，他决定水淹大梁城。

青铜壶　秦

于是王贲开始开凿灌城渠，不久两条大渠完成，可能是天意灭魏，连日瓢泼大雨，一时间，黄河水暴涨。

机不可失，于是王贲下令决堤灌城，没用几天，大梁这座历经五代百余年的繁华名城变成了一片汪洋，大梁城内哀鸿遍地……

《史记·魏公子列传》有"屠大梁"的记载。从这三个字可以看出，当时是何等的惨状。魏王假应该不会忘记信陵君魏无忌曾经对他的忠告："决荥水灌大梁，大梁必亡！"（《史记·魏世家》）现在这个预言变成了现实。

魏国灭亡后，秦在魏地设置砀郡，正式纳入秦国的行政区划。

然而对魏的战争并没有结束，现在秦王要做的，是平定魏的附庸属领地——安陵，地仅 50 里。就是这个小小的安陵，却让秦王颇费周折，还发生了唐雎刺秦王的事件。但安陵君死后，最后秦军还是攻下了安陵，也就标志着魏国的彻底灭亡。

魏国的灭亡也是大势所趋,非人力可挽救。魏国灭亡后,秦王政加快了他的统一步伐,楚国成为下一个目标。

确定目标,随时拨正前进的方向盘

消灭魏国之后,秦王政又把目光转向了那个地大物博的大楚。事实上,楚国完全可以成为秦国最为难啃的一块骨头,成为秦国统一中国的最大障碍。

一直以来,战国时期的楚国都是一个举足轻重的国家。周武王建立周王朝后,开始分封天下,封熊绎为子男爵,封地在楚(今湖北省境内),因其文化落后于中原地区,所以又被称为荆蛮。周夷王时期,周王室已无力控制各国诸侯,楚在这时便自立为王,后来由于害怕被周征讨,又自去王号。周平王东迁后,国力更是江河日下,楚武王从此称王,建都郢(今湖北江陵西北纪南城)。

到了春秋时期的楚庄王,曾经称霸一时,终于"评选"上了一次霸主,做了楚国历史上最为辉煌的一次美梦。但是楚国的君王一直没有显现出他能够像秦国那样统一中国的壮志和雄心。只是由于地理环境的因素,楚国一直是地盘很大的一个大国,管辖今四川省东部、湖北省全境,江西、湖南和安徽三省大部、陕西东南部、河南省南部以及江苏省的北部中部。拥有这样辽阔的土地,是其他国家望尘莫及的。但是他的主人却向来没有真正觉醒,而此时已经面临着覆灭的命运。

咸阳宫中,35 岁的秦王政志得意满,目光炯炯,威风凛凛。他正在与年轻将领李信和老将军王翦研究攻灭楚国的军机大事。李信年少壮勇,曾经孤军深入,千里追击燕王喜和燕太子丹,最后献上燕太子丹首级,秦王政"以为勇贤"(《史记》语)。

秦王问李信:"将军估计,讨伐楚国,需要用多少兵力?"

李信说:"20 万足够了!"这个说法很合秦王的心意,他根本没有把楚国放在眼里。

秦王又问王翦。

王翦回答："没有60万肯定不行,李信只要20万人进攻楚国,肯定不能胜利。"

秦王认为王翦老了,做事比较胆小,缺乏年轻人的勇气。可能秦王是一个年轻人,李信也是一个年轻人,所以秦王看上了李信。公元前225年,秦王任命李信为主帅,蒙武为副将,率领20万军队进攻楚国。

楚国自公元前278年被白起攻破鄢、郢之后,迁都淮阳,收兵自保,50年间,国势虽曾一度有所恢复,但是依旧是地大而兵弱。公元前253年,五国联兵攻秦失利,楚考烈王又急忙迁都寿春(今安徽寿县西南),企图避开秦国兵威锋芒。秦国攻破韩、魏、燕、赵之时,楚国依旧是一个南方大国,仍然占有现今河南省东南及南部、山东南部、湖北省东部,江苏、安徽、江西、浙江各省,但是由于楚国统治集团已经彻底腐败,无法逃避覆灭的命运。

楚国故都遗址

在李信攻打楚之前,公元前226年,王翦之子王贲曾率兵攻楚,结束了楚国50年不被进攻的历史,夺取楚国十余座城池,拉开了灭楚的序幕,可见楚国的确兵弱将寡。但是,李信还是低估了楚国的力量,要彻底消灭楚国,还没有那么容易。

公元前225年,李信带领20万秦军进攻楚国。战争开始初期,秦军的进攻还算顺利，捷报频传，李信攻打平舆（今河南平舆县北），蒙武攻打寝（今河南沈丘东南），都取得了重大胜利。李信攻下平舆后，又挥兵前进，很快就攻下了申城。于是李信命令蒙武在城父（今河南襄城西）和自己会师，一起向郢城进攻。

面对秦军新一轮的攻势，楚王负也在做准备，拜项燕（就是后来西楚霸王项羽的爷爷）为大将，率兵 20 万抗击秦军。在得知李信大军正从申城开来的情况后，楚军在项燕的率领下，水陆并进，项燕把楚军主力集中在寿春以北、淮河北岸一带，命副将屈定在鲁台山一带埋伏七处人马，准备在此和秦军决战。

李信率军一路急行，不久就遇上项燕的主力部队，秦楚军队展开激烈战斗，真是一场恶战，只见战场上飞沙走石，难分胜负。这时候，屈定的七处伏兵突然杀将出来，这让秦军始料不及，7 个都尉被杀，秦军抵抗不住，大败而逃。项燕乘胜追击，楚军几天连续追杀，秦军伤亡惨重，项燕尽夺楚国失地。

蒙武听到李信大败而逃的消息，急忙把军队撤回赵国。这次李信伐楚以失败告终，楚国获得了暂时的喘息。

用人不疑，关键时刻敢于授大权

秦王政听说李信大败，怒气冲天，即刻削去李信官爵和封地。但立即反思，李信的失败，都怪自己没有听从王翦的意见。于是马上撤销了对李信的处置，官复原职，仍加重用。这时王翦已赋闲在家，于是秦王亲自去请王翦重新出山。

秦王对王翦说："将军说得对，我不应该轻敌，导致李信 20 万大军被楚军打得大败。现在楚军又在西进攻秦，将军虽然有病，但现在形势很危急，还请老将军出山相助。"

王翦推辞说："老臣已病入膏肓，不能担此重担，还请大王另选贤能。"

秦王说："这次出征，只能由你带兵，请你一定不要推辞！"

王翦说："大王如果真的要用老臣，那我要的 60 万人马一个都不能少。"

秦王笑着说："我听说，在古代军队的编制中，大国可以拥有三军，中等国家有二军,而小国只能有一军。而且这些国家在对外作战的时候,军队并不是倾巢而出,而是要在国内保证一定的军力,以免国内空虚,被别人偷袭。就是不可一世的霸主们,他的军队也只有千乘战车,就是一辆战车按 75 名士兵计算,也达不到 10 万人。现在将军一次要调动 60 万大军,前人是真的没法和你比!"

王翦说:"现在和古人打仗有很多不同之处,古人行军打仗,先要约定时日,摆开阵势,作战时候步伐还有一定的规定,所以伤亡不会太大。还有一个原因,那时候打仗,只是伸张正义,不是以攻占土地为目的,实际上是一种礼战。而现在就不同了,各路诸侯都是虎视眈眈,以攻取土地为目的,这样就加大了战争的残酷性,所以没有大规模的军队是不行的。楚国是一个幅员辽阔的大国,没有足够的军队,是无法取得胜利的。60 万还是保守估计,这个数目不能再少了。"

秦王无奈地说:"将军戎马一生,见解深刻,就按将军说的办。"

于是秦王拜王翦为大将军,让他率 60 万大军出征,蒙武再次担任副将。誓师出兵的那天,秦王亲自到灞上,为王翦送行。

王翦拿着酒杯对秦王说:"大王喝完这杯酒,臣有个请求。"

秦王一饮而尽说:"将军请讲!"

王翦拿出一张竹简,对秦王说:"请大王把这些地方赐给微臣。"

秦王一看,竹简上面开列了几处咸阳周边的田产住宅。

秦王一看笑着说:"将军若胜利归来,还愁荣华富贵不得吗?"

王翦说:"我已经是风烛残年,恐怕时日不会太多,还是乘我在世的时候,请大王多给一点赏赐,我再把它传给子孙后代,这样就可以惠及后世了。"

秦王听王翦这么一说,就答应了王翦的请求,赏给他良田千亩。

王翦率大军行至关外,又派人赶回咸阳向秦王索要园池数处。

王翦当然也没有让士兵闲着,而是每天让士兵作投石和超距的训练。所谓投石,可能就是现在掷铁饼一类的运动,方法是将 12 斤重的石块,放在直立的木头上击出,把石块击出 300 步远就是胜利;如果能徒手把石块掷到 300 步远,则更是厉害。

副将蒙武很不理解王翦的做法："老将军的请求，是不是太多了，有点过分吧！"

王翦微微一笑，悄悄地对蒙武说："秦王是一个了不起的君王，有远大的志向，但难免有多疑的思想。现在我手中掌握了60万军队，这可是整个秦国的军队啊。如果我起二心，那对秦王可是巨大的威胁，所以我要那么多的赏赐，是向秦王表明，我是为子孙后代着想，以此安慰秦王，我不会对他构成威胁。"

蒙武赞叹地说："老将军真是远见卓识，只要稳定了后方，取胜就有把握了。"

在以往的战争中，君臣互相猜疑的事层出不穷：老将廉颇在长平大战初期，坚守不出，秦军进退不得，秦王政略施小计，就让赵王撤了廉颇的职，结果40万赵军全军覆没；后来李牧惨遭赵王杀害，赵国灭亡，也是同样的原因。

有了这些前车之鉴，不得不使王翦深谋远虑，要取得胜利，首先就是要把后方稳固好，事实证明，王翦的做法是正确的。

秦王政自然明白王翦的一片苦心，那么，他有什么反应呢？

《陕西通志》和《富平县志》有一则耐人寻味、生动有趣的材料：

王翦大军正在行进，秦王政特使率领一支队伍飞驰赶来，开念秦王诏书，将年仅20岁的公主许配给将军王翦，哪里追上，哪里成婚。年逾花甲的老将军，一时间成了36岁的秦王政的乘龙快婿……

富平就是王翦家乡，材料有一定可信度，可见秦王政也是费尽心机的。

战争是残酷无情的，战场容不得半点柔情，王翦一夜夫妻恩爱之后，留下这个已经变成少妇的少女，跨上高头大马，挥动秦王政亲赐宝剑，指挥着他的60万大军向南推进……

青铜矛

王翦当然知道秦王的用意，他坦然接受了秦王的一切赏赐，也更加努力地指挥秦国大军进攻楚国。

秦宫秘史

楚国大将项燕听说王翦率60万大军来犯，把情况迅速报告给楚王负，楚王又派出20万大军，由将军景骐带领，协助项燕抗击秦军。

公元前224年，王翦率领秦军一举攻克陈（淮阳）、陈以南地区及平舆一带的楚国城池。攻下这些地方后，秦军就安营扎寨，修筑工事，坚守不出。

项燕每天派人挑战，可秦军就是坚守不出，这种情况让项燕以为，是不是王翦年老体弱，胆子变小了，不敢与楚军交战。

而王翦却让士兵休养生息，每天大摆宴席，王翦自己也与士兵同吃同住，将士们对王翦都很感激，纷纷表示愿意为他效力。这样一歇就是几个月，将士们实在忍耐不住，纷纷请求出战，而王翦总是不许。他天天让士兵练习"跳高"，就是放一根离地几尺高的横木，士兵从上面跳过，然后分出胜负。王翦每天派人登记士兵的胜负情况，了解士兵训练的强度。

王翦还发布命令，不准士兵到楚军占领区去砍伐木头，如果有楚国人误入秦军营地，还要用酒食款待。王翦的这些做法充分表明了他没有进攻的打算，秦楚两军就这样对峙着。楚将项燕一直找不到战机，虽然进攻了几次，但就是没有效果。项燕看到这种情况，认为王翦不会进攻，因此放松了警惕。

没过多久，寒冷的冬季到来了，楚国士兵经受不住寒冷，项燕看到这种情况，准备把军队撤回国内，等开春以后再作决战。秦兵却很耐冻，机会终于来了，王翦召集军事会议，讨论对楚作战的问题。

秦军将士听到要打仗，个个兴奋不已，秦军士气大振，于是王翦挑选出2万平时投石超距的士兵，组成一支骁勇的部队；然后又另外组织一支先锋部队，下令各路军队从不同方向发起进攻，全面攻打楚国。

项燕率领的楚军正准备东撤过冬，哪料到会遭到秦军的突然袭击，一时间阵脚大乱，只能仓促应战。秦军将士早已憋足了劲，个个奋勇杀敌，楚军哪儿见过这种阵势，被打得七零八落。真是兵败如山倒，楚军被打得落花流水，副将屈定战死，项燕、景骐率领残兵败将向东逃走。王翦一路率兵截杀，取得了决定性胜利。

楚军撤退到蕲南（安徽宿县南），王翦率军和楚军展开了一场恶战，大将军项燕战死，楚军群龙无首，一片混乱，更是让秦军任意踩蹋。

《史记·白起王翦列传》这样说：王翦大军"乘胜略定荆地城邑。岁余，虏荆王负刍，竟平荆地为郡县。因南征百越之君。"

公元前222年，经过两年左右的战争，王翦的灭楚大军攻占楚国都城寿春，楚国正式宣告灭亡。秦国在这里设置楚郡。接着秦军又乘胜出击，征服了百越之地，在此设置会稽郡。

随着强大楚国的灭亡，标志着秦国已基本完成了统一大业。

王翦消灭楚国、百越之地，班师凯旋，咸阳城外，秦王迎出30里，对王家父子褒奖有加，赐赏黄金千斤及其他财物。

对于这些赏赐，王翦概不接受，他还把出兵时索要的财产全部交回，自己回到老家颐养天年，当然，那位可爱的小公主，他却带在身边。

一气呵成，收官之战更须谨慎

秦王挟灭楚的余威，开始了亡齐的收官之战。

秦王在王翦大军与楚军决战的时候，又派王翦之子王贲、大将李信剿灭了赵、燕余党。楚国灭亡的消息传来，秦王下令王贲、李信率军消灭唯一幸存下来的齐国。

齐国是一个历史悠久、幅员辽阔的国家，齐国的开国之君是鼎鼎有名的姜子牙。到了齐桓公时期，齐国的国力达到了前所未有的高度，齐国从此傲立诸侯，齐桓公振臂一呼，应者云集，成为春秋第一霸。

临淄是齐国首都，更是战国时期东方最富庶的工商业城市，居民达7万户之众，这在当时应该算特大城市，苏秦曾经说过临淄是"车毂击，人肩摩，连衽成帷，举袂成幕，挥汗成雨，家敦而富，志高而扬"，形象地描述了临淄的繁华和富庶，由此也可以见证齐国的强大。

临淄作为齐国的首都已有六百三十余年的历史，经过多年的营造，临淄城已是一座规模宏大的城市，内外城总面积达六十多平方公里，并修筑了长达2万余米高大宏伟的城墙，城墙上有11道宽敞的城门，把城内和城外有机地连接起来。齐王宫是由很多建筑组成的建筑群，看上去雄伟瑰丽，蔚为壮观。整个建筑群代表了战国时期中国建筑艺术的最高水平。

另外，临淄还是战国时期著名的文化中心。齐威王、宣王时期，临淄就是学术和教育中心，营造和推动了百家争鸣、百花齐放的局面，并由此诞生了著名的稷下学宫。临淄城南有稷山，南门名稷门，位于附近的学宫因名稷下。当时许多有识之士来此批评时政，交流学术，其中如孟子、邹衍、荀子、淳于髡、田骈、接予、慎到、环渊等都是名扬天下的饱学之士。这些人之所以来到齐国，是因为当时齐国各方面的环境都比较宽松，为各家各派思想的发展、融合提供了一个平台，大家在这里可以畅所欲言。这样一来，齐国的各个方面也得到了长足的发展。

公元前386年，齐国内部出现变故，权臣田氏完全取代姜氏，姜齐变成了田齐。田氏代齐，新兴地主阶级完全掌握了齐国政权。齐威王即位后，广开言路，锐意改革，使齐国国力大增，睥睨群雄，"一览众山小"。连后来众王之王的秦昭王想要称帝，也不得不拉齐湣王共同加冕，成为战国中后期的两霸。

四王冢

但齐湣王是个昏庸无能的君主，在当时群雄逐鹿，狼烟四起的局面下，他看不清形势，不知道秦国已成为山东六国最凶险的敌人，对其他国家的合纵抗秦政策阳奉阴违。齐湣王对秦、赵两大强国皆怀有很深的戒心，所以他首鼠两端，时而联赵攻秦，时而联秦伐赵，为了一小点利益，他还经常兴师动众攻打其他小国。

看到齐国的这种情况，秦国认为有机可乘，于是就联合韩、赵、魏以及燕国，共同出兵攻打齐国。公元前284年，在燕国将领乐毅的率领下，秦、韩、赵、燕、魏五国联军开始进攻齐国，联军在济西和秦周接连打败齐国军队。随后，乐毅单独率领燕军进攻齐国首都临淄，并很快攻下临淄城，不到半年时间，乐毅率军连续攻下齐国七十多座城池，齐国基本上灭亡。最为可笑的是，亡国之君齐湣王逃到其他国家，还要摆大国之君的架子，于是被卫国赶走，邹、鲁两国不准他入境，最后被楚国人淖齿杀死。

齐都遗址，位于今山东省淄博市，兴建于西周。

齐湣王虽然被杀，但齐国并没有真正的灭亡，齐国大将田单在孤城即墨大摆火牛阵，出奇制胜，挽救了奄奄一息的齐国。然而齐国经此一役，元气大伤，百姓流离失所，哀鸿遍野，社会经济遭到毁灭性打击。更为可悲的是，面对自己的处境，齐国君臣还是胸无大志，不思进取，沉湎于纸醉金迷。这样的国家，哪有不灭亡的道理。

这时统治齐国的是君王后，她本是齐国莒地太史敫的女儿。齐湣王被淖齿杀死后，他儿子法章改名换姓，如丧家之犬，实在没有办法，只好到太史敫家做雇工，以此隐藏身份。太史敫之女见他相貌堂堂，却遭此不幸，很同情他，于是就经常给他一些帮助。危难之中见真情，法章见她待自己很好，就把自己的身份告诉了她，于是法章就娶太史敫之女为妻。后来法章被齐大臣找到，拥立为襄王，太史敫之女也被册立为王后，被称为君王后，后又生子建。

公元前265年，齐襄王死，君王后的儿子田建继承王位。由于建年幼，君王后成了齐国实际的统治者，而她采取的政策是自保，大肆贿赂秦国，不与诸侯联合。正中了那句话，六国灭亡，非兵不利，战不善，弊在赂秦。秦赵长平之战期间，赵国向齐国求援，而齐国当政者却坐视不理，错过了联赵抗秦的好时机，齐国这样做的后果，是40万赵军被坑杀，齐国也失去了赵国这个屏障，完全暴露在秦军的进攻视野之下。

君王后去世后，后胜做了齐国国相，就是这个后胜直接导致了齐国的迅速灭亡。秦庄襄王和秦王政当政时期，都多次派人到齐国贿赂后胜，后胜得到秦国很多金银财宝，对于和其他诸侯国合纵抗秦，他毫无兴趣，坐看其他国家相继灭亡。

此后的齐国君臣一直是骄奢淫逸，坐享其成，战备松弛，国防形同虚设，真可谓是躺在安乐窝里等待灭亡。

公元前221秦王政二十六年，韩、赵、燕、魏、楚五国相继灭亡，秦王政命将军王贲、李信率领胜利之师从燕国南下，全面发动对齐国的进攻。结果当然是显而易见，王贲、李信大军长驱直入，如入无人之境，临淄很快陷落，齐王建投降，齐国宣告灭亡，秦国在齐地设置齐郡(辖今山东淄博市东)、琅邪郡(辖今山东胶南县东南)。

通过秦王政艰苦卓绝的努力，秦国终于横扫六国，建立了大一统的中国，秦王政也如愿以偿地成为中华第一大帝。

"始皇帝"命名之谜

秦王嬴政统一六国后，在空前广阔的领域里建立了地主阶级的政权。为了巩固国家的统一，秦王嬴政采取了一系列重大措施以健全和巩固新建的政权。

统一六国的兼并战争完成后,长期割据所形成的各地差异依然存在。秦王嬴政以巩固统一为核心,以秦国的制度为蓝本,在政治、经济、文化等各个领域均实行了全面改革,从而创立了空前庞大和统一帝国。

树立"皇帝"的至上权威

秦王政二十六年(公元前221年),统一六国的战争刚一结束,秦王嬴政就宣布了吞并山东六国的正义性和合理性:因为韩、赵、魏、楚背叛盟约,而燕、齐敌视秦国,所以要全部消灭,并归于秦。而这一空前功业正是自己"以眇眇之身"来完成的,因此要更定名号,树立权威。

据《史记·秦始皇本纪》记载,群臣在讨论中,以丞相王绾为首的大臣们议论再三,认为"昔者五帝地方千里,其外侯服夷服,诸侯或朝或否,天子不能制。今陛下兴义兵,诛残贼,平定天下,海内为郡县,法令由一统,自上古以来未尝有,五帝所不及",建议选用古代最尊贵的称号"泰皇",称"命"曰"制","令"曰"诏",天子自称为"朕"。秦王嬴政认为自己的功劳已经超过了中国历史上的三皇五帝,"德兼三皇,功高五帝",因而弃用"泰皇",而将"三皇"与"五帝"的"皇帝"二字连起来,自称"始皇帝",后继者可沿称二世皇帝,三世皇帝,以至万世。从此,中国历史上有了"皇帝"的称号,秦王嬴政也就被称为秦始皇。

阳陵铜虎符

"皇帝"一词,在外国人心目中,与国王、君主同义,没有什么本质的不同。但是在中国,皇帝和国王是有严格的区别的,"皇帝"在"王"之上,是比"王"更高的统治者。这是中国所独创,发明"皇帝"这个词的秦始皇,不仅有对这个词的发明权,更制定了维护皇权的一系列规章制度。

皇帝是帝国的最高首领,整个帝国都是属于他的,其地位和权力至高无上,朝廷和地方的主要官吏都由皇帝任免。皇帝自称为"朕",命称为"制",令称为"诏",行使权力的凭证是玉玺。玉玺分两种,一种叫传国玺,玺方四寸,上部勾交五龙,由著名的和氏璧仔细琢磨而成,文为"受命于天既寿永昌",乃李斯亲笔书写;另一种叫"乘御六玺",共有六方,分别为"皇帝行玺""皇帝之玺""皇帝信玺""天子行玺""天子之玺""天子信玺",都是用上等玉料制成。只有皇帝的印才称为玺,只有玺才能使用玉料,玉玺与朕、制、诏一样,都是皇帝的专擅之物,不许臣民使用。

皇帝名号和权威确定以后,皇帝的至亲也随之各建尊号,父亲曰"太上皇",秦始皇定号的当年就追尊庄襄王为太上皇,母亲曰"皇太后",正妻曰"皇后",这就更烘托了皇帝的最高帝位。秦始皇还命令博士官参照六国礼仪,制定了一套尊君抑臣的朝仪,皇帝高高在上,群臣听传令官之令趋步入殿拜见皇帝;群臣上书奏事,一律要采用"臣某昧死言"的格式。

秦始皇又以"辠"字似皇,改成为"罪"。总之,帝国的一切都要充分体现皇帝的无上权威和最高意志。政事无论大小,秦始皇都要亲自裁决。为了充分行使自己的最高权力,他每天都在夜以继日地拼命操劳,白天断狱,夜批公文,并给自己规定,不批完一石公文,决不休息。那时尚没有纸,秦代公文使用的都是竹简木牍,一石为 120 斤,约合今 60 斤,可知秦始皇工作的繁重。

自秦始皇将国家君主称为"皇帝"后,历时两千多年的封建社会,"皇帝"即成为历朝历代封建政权的最高统治者,大权独揽,威仪天下。秦王朝所建立的一整套封建统治机构,"汉承秦制",也基本沿袭于整个封建社会。皇帝的特殊地位,不仅令万民羡慕,更引发了争斗。据《史记·项羽本纪》,当秦始皇游会稽,车驾经吴中时,在观众中的项羽即发誓"彼可取而代之"。当刘邦率"扶义"之师进入咸阳之后,阿房宫中的一切,美人、钟鼓、珍宝、玩好,对于这位小地主出身的亭长,都是首次见闻。特别是那些娇媚窈窕的郑卫之女,足以使这位"好美姬"的"长者"惊心动魄而使他想"止宫休舍",在阿房宫里做几天现成的皇帝。

而皇位的继承和更替，更充满了神秘和传奇的色彩。在对这一古代国家最高统治地位的争斗中，饱含着阴谋与诡计，毒药与政变，监禁与流放，暴力与杀戮，战争与死亡。有的是明火执仗，公开发动武装政变；有的是策划于密室之中，扑朔迷离；有的是废而复立，曲折反复；有的是外戚擅权，皇后专权；有的是同室操戈，父子相残，兄弟相煎，叔侄相戕。这些争斗，成为中国古代政治史上极为重要的篇章。

建立中央集权的行政制度

秦帝国的领土面积极为辽阔，以什么样的行政体制来统治呢？秦始皇召集群臣讨论。丞相王绾主张在距离咸阳较远的齐、楚、燕故地实行分封制，立诸子为王。群臣都表示赞同。据《史记·秦始皇本纪》载，唯有廷尉李斯力排众议，驳斥王绾说：

> 周文武所封子弟同姓甚众，然后属疏远，相攻击如仇雠，诸侯更相攻伐，周天子弗能禁止。今海内赖陛下神灵一统，皆为郡县，诸子功臣以公赋税重赏赐之，甚足易制。天下无异意，则安宁之术也。置诸侯不便。

李斯关于在全国实行郡县制，以巩固中央集权的建议得到了秦始皇的坚决支持。秦始皇指出："天下共苦战斗不休，以有侯王……又复立国，是树兵也，而求其宁息，岂不难哉！"秦始皇决定拒绝分封，而在全国范围内推行以郡县制为基础的中央集权制，这是符合历史发展需要的。

秦国家机构的设置是：皇帝是最高的统治者，下面设有"三公""九卿"等职官，辅佐皇帝。"三公"是丞相、太尉、御史大夫。丞相又分左、右，是中央政权机构的最高行政长官，协助皇帝处理全国政务；太尉是中央的最高军事长官，协助皇帝处理全国军务，但不能私自调兵遣将，军权仍掌握在皇帝手里；御史大夫掌监察，协助丞相处理政事。三者起着相互制约的作用，而集大权于皇帝一身。"三公"之下设有"九卿"，即：奉常，负责宗庙礼仪；郎中令，统辖侍卫皇帝的诸郎；卫尉，负责宫廷守卫；太仆，负责皇帝使用的车马；宗正，管理皇族事务；典客，负责招待少数民族首领来朝的事务；少府，负责山林池泽的税收和宫廷手工业；治粟内史，负责租税赋役和财政开支；廷尉，

负责刑罚。此外还有负责京师治安的中尉,负责营造的将作少府等等所谓的"列卿"。

在地方行政方面,秦始皇把全国分成三十六郡(以后又有增加),每郡分若干县。每郡设郡守,为一郡之长;设郡尉管郡内军事;设监御史管监察。县设县令(不满万户的称县长),为一县之长;设县尉管全县军务、治安;设县丞管司法和税收。县下为乡,乡有三老管教化,啬夫管司法和税收,游徼管治安。乡下设亭,十里为一亭,亭设亭长,管理一亭事务。亭下有里,里有里正。里中设置严密的什伍户籍组织,以便支派差役,收纳赋税,进行统治,并规定互相监督告奸,一人犯罪,邻里连坐。这样从上到下组成了一套严密的统治网。

与郡县制相适应,秦始皇废除了世卿世禄制,实行封建官僚制。大多数官吏都是靠军功而得到爵位和官职的,也有从皇帝侍卫人员中选拔或由官吏推荐而被任用的,还有一部分是从下级官吏中选拔的。由于废除了世卿世禄制,地主阶级各阶层参政的道路拓宽了,从而巩固了封建专制中央集权的统治基础。

秦始皇就是这样,通过郡县组织将地方的权力集中到中央,通过三公九卿,再把中央的权力集中到皇帝手中,建立起专制主义的中央集权的封建国家,实现了韩非"要在中央"的主张。在中国两千多年的封建社会里,基本上沿袭了这套中央集权的管理体制。

颁行各项统一法规

秦统一之初,各地沿用旧制,诸项法规制度均处于极端混乱状态,对中央集权的封建国家要从上而下地进行管理造成了极大的困难。秦始皇采取了相应的措施,颁布执行各项统一的法规。

颁行统一法律。商鞅变法时,采用魏国李悝所著的《法经》作为秦国法律的蓝本。《法经》共分六篇,即:盗法,贼法,囚法,捕法,杂法,具法。商鞅改"法"为"律",并增加"什伍连坐"和参夷等内容。后来秦律内容逐渐扩大,到秦始皇时,律文已经相当广泛细致,仅云梦睡虎地出土的秦代律简就有《田律》《仓律》等 18 种。秦始皇统一六国后,把《秦律》颁行全国执行,结束了战国时代各国法律条文不一致的状况。《秦律》具有苛刻严明的特征,对于"治吏"尤为重视,大量律条是针对官吏制定的。官吏犯过,刑罚必加,绝无宽恕余地。所以秦代吏治比较清明,官吏不敢贪污受贿,也不敢玩忽职守,办事效率极高。

颁行统一度量衡。统一前的战国时期,各国的度量衡非常混乱,大小、长短、轻重、单位都不相同。秦始皇统一后,把商鞅变法时所立的秦国度量衡标准推向全国,并专门颁发统一度量衡的诏书,铭刻在官方度量衡器上,发到全国,作为标准器具。同时还执行度量衡定期检查制度,每年二月对全国度量衡器进行鉴定,以保证器具的准确和统一。据专家考证,当时的 1 升约合今 0.2 公升,1 尺约合今 0.23 公尺,1 斤约合今 256.25 克。

统一货币。战国时期的货币情况也很复杂,刀、布、钱、贝,五花八门。秦始皇统一后,规定货币分为二等:黄金为上币,以镒(20 两)为单位;铜钱为下币,圆形方孔,以半两为单位。

统一和简化文字。《说文解字·叙》说,战国时期各国"言语异声,文字异形",同一个字往往有几种写法。秦统一后,文字不同,必然会对政策法令的推行和文化的传播带来很大的障碍。秦始皇于是令李斯负责整理出一种笔画较战国时期简便、写法一致的文字,在全国通行,称为小篆,废除了其他异体字;并令李斯编写了《仓颉篇》,赵高编写了《爰历篇》,胡毋敬编写了《博学篇》等作为儿童识字课本,推行全国。后来程邈又根据民间流行的简化字体整理出一种新字体,称为隶书,和我们现在所用的字体已很相近了。统一和简化文字,是对我国古代文字的发展、演变作的一次总结,也是一次大的文字改革,对汉族文化的发展起了重大作用。

颁行私田和赋役制度。田地和赋役,战国时各有其制。就土地制度而言,多数诸侯已实行土地私有制,同时仍在一定程度上保持部分土地国有权,有的国家则实行授田制。所以在秦统一之初,授田制、国有制和私有制并存,各地很不平衡,呈现一种混乱状态。秦始皇三十一年(公元前 216年),秦始皇下令"使黔首自实田",即命令土地占有者如实呈报占有数额,国家承认其私有权,根据数额征收租赋。秦朝的租赋有禾稼(粮食)、刍(饲料)、稾(禾秆)等,还有"户赋""口赋"。徭役和兵役也进行了统一。

修驰道,车同轨。秦始皇为了加强对全国的控制,从统一后的第二年起,以京师咸阳为中心陆续修筑了三条驰道:一条往东通到现在河北、山东的海边;一条往南,通到现在的湖北、湖南、江苏等地;一条往北通到现在的内蒙古一带。驰道宽五十步,路面经过夯实,路旁每隔三丈种一棵树。与此同时,还统一了全国车轨轨距。这大大便利了从京城到各地的交通,以及中央对地方的控制。

秦王形貌之谜:丑陋残疾还是高大英武

"秦王扫六合,虎视何雄哉?"大诗人李白在《古风五十九首》中写的这一句诗,勾勒出了秦始皇扬威奋武、扫荡天地四方的高大形象。然而,《史记》中所记载的秦始皇却并非如此。

关于秦始皇的形貌,司马迁在《史记·秦始皇本纪》中明确记载,他借尉缭之口说:

秦王为人,蜂准,长目,挚鸟膺,豺声,少恩而虎狼心。

最早的秦始皇画像

这段话令人费解。郭沫若在《十批判书》中据此段话进行分析,认为秦始皇的长相无法让人恭维,多少是有些生理缺陷的人。"蜂准",说白了就是马鞍鼻,鼻梁明显凹陷;"长目",是眼球向外突出,即民间所说的"鼓鼓眼";"挚鸟膺",是医学上所说的鸡胸,系典型的软骨病症状;"豺声",则表明秦始皇有严重的气管炎,久咳不愈而致嗓音沙哑难听。这些相貌特征表明,他是典型的软

骨病患者，身体发育不够正常，因而胸腔、鼻梁的形状出现了扭曲。胸、鼻的畸形，又造成了气管炎或支气管炎的经常发作，有时还会发一阵"羊痫风"。由此可以认为，这位扫六合、平天下的一代伟人，不仅谈不上相貌堂堂，甚至不像个正常人的样子，他被多种疾病纠缠，使其脾气暴躁，性情乖戾，待人"少恩而虎狼心"。

按《史记》的记载和郭沫若的分析，秦始皇的这副形貌可以说是相貌丑陋，身形猥琐，甚至带点残疾。这副尊容实在很难让今人接受，但不少人也对此表示了怀疑。

与郭沫若同为著名史学家的翦伯赞就不赞同秦始皇是这副模样。他在《秦汉史》中这样写道：

当秦皇二十几岁的时候，他已经在实际政治生活中，受到了教育，他已经具有一个国王应有的机警和老练。但他并不如后世所想象的他是生长着一幅严肃得可怕的面孔，假如他多少有些母亲的遗传，他应该是一位英俊而又漂亮的青年。而且，他不仅英俊，他还能运用商人地主的力量，这才能完成统一中国的伟业。

对秦始皇的形貌，为什么会形成两种截然不同的看法呢？

在封建时代，受到时代的局限，除贾谊、柳宗元等少数思想家外，绝大多数人并未看到秦始皇统一中国、开创中央集权制度的历史意义，反而因为他灭六国、焚书坑儒、严刑峻法、赋役繁重，导致广大人民不堪其苦，致使秦帝国二世而亡的诸多"罪行"而将他看成是"暴君"。不仅有对他许多抨击的文字，就连唐代著名肖像画家阎立本绘《历代帝王图》时，连亡国之君的"真容"也有描绘，却唯独没有画首先打出皇帝旗号的秦始皇。可见封建时代的人们对秦始皇是有很深的成见的。将秦始皇口耳相传并描绘为形貌丑陋者，符合人们对"暴君"认知的审美心理。

当封建时代过去后，人们重新审视秦始皇，不仅对他的历史作用有了新的评价，对他的形貌，也有了新的研究，对司马迁的描述也有了新的认识。

尽管司马迁在《史记》中的记载应属权威资料，但是他只是转述了尉缭之语，属于第二手资料，并非司马迁本人的看法。而说这段话的尉缭，于秦王政十年（公元前 237 年）进入秦宫，帮助策划统一六国的大计，提出了用金钱收买别国豪臣,打乱其原来部署的重要意见,被嬴政采纳。可是时间不长,他就同嬴政闹翻,匆忙逃走,从此不知所终。尉缭是个游士,不懂医学,对人体的观察和判断都不见得准确。由于尉缭与嬴政关系紧张,所以"少恩而有虎狼心"之说,明显具有咒骂、诋毁和贬损的味道,这样的人对秦始皇形貌的描绘,又怎么会准确可信呢?

从秦始皇一生的实际活动看,他的身体应该是不错的,根本不应有软骨病,气管炎之类的病症。从秦始皇二十七年(公元前220年)至三十七年(公元前210年),十年内五次出巡,赴陇西、攀峄山、登东岳、上琅邪,临碣石,路途坎坷,行程万里。以当时的交通条件和医疗条件,就是贵为皇帝,被人侍候得十分周到,如果没有一个好的身体,恐怕也难以支撑下来。《史记·秦始皇本纪》说他东游"至之罘,见巨鱼,射杀一鱼"。既为巨鱼,并且亲自射杀,说明秦始皇能拉大弓,有着很强的臂力和很高的射箭技术。这怎么会是一个软骨病人的作为呢?

从秦始皇的工作情况看,他的身体也不会差。《史记》记载,秦始皇勇于任事,敢于负责,大事小事都是他说了才算。尤其是统一六国后,百废待举,万事俱兴,不知有多少重大决策要他决定。仅批阅文件一项,工作量就大得惊人。据《史记正义》记载:秦始皇当政时期,"言表笺奏请,秤取一石,日夜有程期,不满不休息"。当时没有纸张,文件全写在竹木简上,秦始皇要看完一石文件才能休息。秦时一石为120斤,夜以继日要看完这么多的文件,没有一个强壮的身体是根本不行的。

从以上种种情况看,秦始皇的形貌应是威猛高大,英武潇洒,并且他还身怀武功,精力过人,处变不惊,能应付各种复杂局面,能承担繁重工作量。秦始皇出生在赵地,生活条件又不错,不会缺乏营养导致发育不良,因此他应是高大魁梧的西北大汉。他的母亲赵姬又是出了名的美人,按照子肖其母的生育规律,秦始皇的长相应当不差,应是相貌堂堂,至少应是常人模样。而绝非发育不良、长相寒碜、身形难看的多病之人。

正是因为近代对秦始皇形貌的研究得出了与《史记》记载完全不同的结论,所以有人根据阎立本《历代帝王图》中对开国之君的描绘,以晋武帝司马炎的画像为蓝本,将他画成方脸广额、高鼻美目、方嘴美髯,大耳垂肩的

中华宫廷秘史

富贵模样。这张绘像图,大家能够接受,并没有听到反对之声。在当代影视作品中,由著名演员陈道明、张丰毅等扮演的具有英武气概形象的秦始皇,也得到了人们的普遍认可。相反,同样由著名演员李雪健在《荆轲刺秦》中扮演的秦始皇,却给观众留下了一个身形猥琐、身体孱弱的形象,观众并不认可。由此可见,秦始皇在今人的心目中是什么形貌了。

秦始皇巡视天下之谜

数次巡视天下,是秦始皇统一六国、建立空前规模的秦帝国之后所做的重要事情之一。皇帝出巡,所耗费的人力和财力自然十分巨大,而他却乐此不疲。

为了建立并巩固这个大一统的中央集权的封建帝国,秦始皇花了许多心思,他应该是忙得不可开交的。但是,翻开《史记·秦始皇本纪》,却有一段清楚的记载,即他从统一后的次年起,用了比较多的时间离开咸阳去巡视天下:

秦始皇二十七年(公元前 220 年),"始皇巡陇西、北地,出鸡头山,过回中……治驰道。"

秦始皇二十八年(公元前 219 年),"始皇东行郡县,上邹峄山。立石,与鲁诸儒生议,刻石颂秦德,议封禅望祭山川之事。乃遂上泰山,立石……于是乃并勃海以东,过黄、腄,穷山东,登之罘,立石颂秦德焉而去……南登琅邪,大乐之,留三月。乃徙黔首三万户琅邪台下……始皇还,过彭城,斋戒祷祠……乃西南渡淮水,之衡山、南郡。浮江,至湘山祠……上自南郡由武关归"。

秦始皇二十九年(公元前 218 年),"始皇东游。至阳武博浪沙中,为盗所惊……登之罘,刻石"。

秦始皇三十年(公元前 217 年),"无事"。

秦始皇三十一年(公元前 216 年),"始皇为微行咸阳,与武士四人俱,夜出逢盗兰池,见窘,武士击杀盗,关中大索二十日"。

秦始皇三十二年（公元前215年），"始皇之碣石……刻碣石门。坏城廓，决通堤防……始皇巡北边，从上郡入……始皇乃使将军蒙恬发兵三十万人北击胡，略取河南地"。

秦始皇三十三年（公元前214年），"发诸尝通亡人、赘婿、贾人，略取陆梁地，为桂林、象郡、南海，以谪遣戍。西北斥逐匈奴。自榆中并河以东，属之阴山，以为四十四县，城河山为塞。又使蒙恬渡河取高阙、阳山、北假中，筑亭障以逐戎人"。

秦始皇三十四年（公元前213年），"适治狱吏不直者，筑长城及南越地"。

秦始皇三十五年（公元前212年），"除道，道九原，抵云阳，堑山堙谷，直通之……隐宫徒刑者七十余万人，乃分作阿房宫，或作骊山……关中计宫三百，关外四百余。于是立石东海上朐界中，以为秦东门"。

秦始皇三十六年（公元前211年），"有坠星下东郡，至地为石，……始皇闻之，遣御史逐问，莫服，尽取石旁居人诛之"。

秦始皇三十七年（公元前210年），"始皇出游……行至云梦，望祀虞舜于九嶷山。浮江下，观籍柯，渡海渚。过丹阳，至钱塘。临浙江……上会稽，祭大禹，望于南海，而立石刻，颂秦德……七月丙寅，始皇崩于沙丘平台"。

从《史记》的这些记载看，秦始皇在统一中国成为首任皇帝后的11年间也是他生命的最后11年间，抽出时间五次巡行各地（公元前220年、219年、218年、215年、210年），尤其是在刚统一的时候，连续三年都在出巡。在未出巡的年份，他也以不同的方式关注着各地，如"发兵三十万人北击胡""略取陆梁地""筑长城及南越地""治驰道"等等。

皇帝出巡，在封建时代是一件大事，绝对劳民伤财。后世的史学研究者，在评论也喜欢出巡的隋炀帝时，更多的是抨击，因为那几乎就是在游山玩水，浪费民膏民脂。而对秦始皇的出巡，似乎并不能够这么看，因为这应该说是与巩固统一有关的。

秦始皇如此虔诚，"真人"该会来的吧！两骗子心虚了，打着秦始皇"贪于权势至此，未可为求仙药"的幌子，当了南郭先生。秦始皇一怒之下，迁怒于那些平时摇唇鼓舌的人，坑杀了四百六十余个儒生。

秦始皇并没因此而放弃他想做的事情,史书记载了他第五次巡行中的一件惊心动魄的事情。公元前211年10月,秦始皇遇到了公元前219年就去给他求神仙的徐福。

天尽头

　　徐福,史书上又写作徐市,字君房。自从那次得到秦始皇资助入海求仙,可以说是一下子就消失了。

　　在《史记·淮南衡山王列传》中,司马迁借伍被之口揭穿这个骗人的把戏:

　　(秦始皇)又使徐福入海求神异物,还,为伪辞曰:"臣见海中大神,言曰:'汝西皇之使耶?'臣答曰:'然。汝何求?'曰:'愿请延年益寿药。'神曰:'汝秦王之礼薄,得观而不得取。'即从臣东南至蓬莱山,见芝成宫阙,有使者铜色而龙形,光上照天。于是臣再拜问曰:'宜何资以献?'海神曰:'以令名男子若振女,与百工之事,即得之矣。'"秦皇大悦。遣振男女三千人,资之五谷种种百工而行……

　　秦国的情况如何? 秦始皇不放心,想亲自走一走,看一看,以便采取一些相应措施。

　　巡游本是秦始皇的一大爱好。早在统一之前,随着兼并战争的胜利,他就先后到过洛阳、邯郸以及楚国的首都郢、陈等地。在统一后,全天下都是他的了,他开始全国性的大巡游,跋涉名山大川,足迹几乎踏遍全国各地。

　　秦始皇在统一后的首次出巡,目的很明确,就是为了对付匈奴。匈奴是

秦始皇巡行天下刻石

长期的边患,出于防御匈奴的需要,秦始皇将他在统一后的首次出巡选择为北边,目的就是为了向匈奴显示威力:在没有统一前,是燕、赵、秦三国防御匈奴;现在统一了,秦帝国的军事力量是强大无比的,匈奴若再来侵扰,必将自食其果。此时,征讨六国的战事刚刚结束,秦始皇就派出他最信任的大将蒙恬驻防北方边境,与匈奴不时发生战斗。几年后,在秦始皇于公元前215年的第四次巡视中,他又视察了北方边境,并且策划了对匈奴的战争。他派出30万大军,由蒙恬统率与匈奴决战。这一次战争取得了胜利,将匈奴逐至以前赵国所筑的长城以外,收复了整个河套地区,基本上解除了匈奴在北方边境对秦帝国的严重威胁。

但是,秦始皇在巡视中更多的是去东方。东方是原六国之地,东方的郡县是在统一战争中由秦新设立的郡县。秦始皇去巡视,正表现出他的眼光和魄力,甚至可以说还有无所畏惧的精神。他不辞劳苦地出巡,条件是比较艰苦的。汉人所谓修驰道是"天子之道"的说法,恐怕在秦始皇出巡的时候并未享受多少。相反,记载中常常反映出出巡时"逢大风"、遇"水波恶",甚至"风雨暴至,休于树下"等,这和后世隋炀帝游江都简直不能相提并论。出巡中还要承受"为盗所惊"等风险。这里所说的"盗",即六国旧势力的反抗,在当时是一个客观存在而且不可小视的问题。

在东巡中秦始皇做了什么?记载最多的就是在巡视过程中对皇帝功德和威风的炫耀。在巡视途中,秦始皇沿途到处刻石,大造舆论,据《史记》所载,前后共立 8 块刻石,其中 6 块载有具体文字,分别是《泰山刻石》《琅琊刻石》《之罘刻石》《东观刻石》《碣石刻石》《会稽刻石》。刻石的主要内容是歌颂秦始皇的功德,宣扬结束战争,统一天下,制定国策以及革除旧俗的正义性和优越性。具体分析刻石的内容,应该视为一种政治宣传,其中包含着一些政治主张。在已有的研究中,研究

泰山刻石

者已从不同角度涉及这样的问题,如经济史的研究中注意到"诸产得宜,皆有法式",思想史的研究中注意到儒、道各家的思想,道德史的研究中注意到"禁止淫佚,男女洁诚"。

在东巡的途中,除大量刻石外,秦始皇还举行各种各样的活动,包括封禅,祭祀名山大川之类,也有一些当与巩固统一有关。如公元前 219 年那次巡视,"乃徙黔首三万户琅邪台下",就好像是"现场办公"一样,就地解决了一些问题。另外,经过巡视了解,也有为日后作某些决定参考之意。公元前 212 年,秦始皇未出巡,但有立石"以为秦东门"的措施,这应该就是他前几年视察之后为东部"边界"所作的结论。

秦始皇未来得及巡视南方就去世了,这或许是他大规模巡视活动中的一个遗憾。倘若时间和他的生命允许,相信他一定会去巡视南方的。

当然也不可否认,秦始皇的频繁巡视还有一个个人心理因素。秦始皇

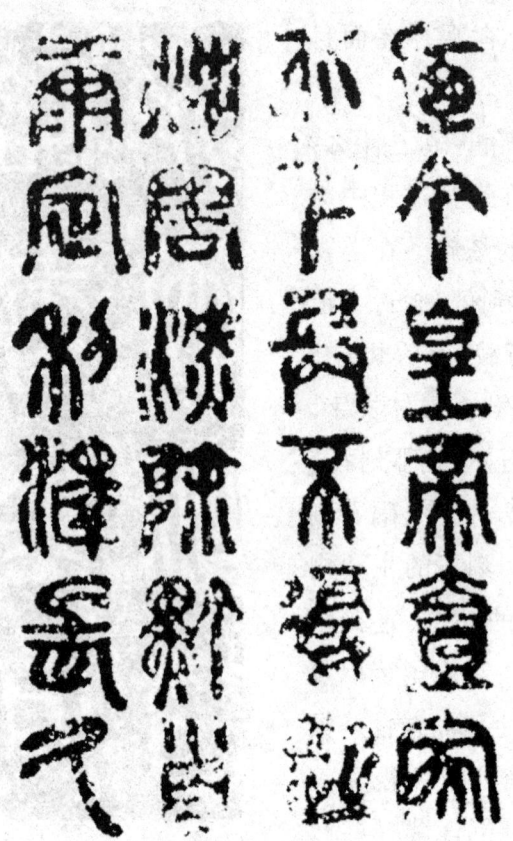

李斯手书峄山刻石断片

是一个有神论者,他对神仙世界的存在坚信不疑,并梦想有朝一日自己也能成为长生不老的仙人,跨入那自己从未去过的,虚无缥缈而又美不胜言的神仙境地。由于神仙家和方士们的渲染,他总以为神仙就在东海,那奇妙的大海便成了秦始皇心驰神往的追求所在。要见神仙,只有多去沿海之滨,所以他五次巡视中就有四次到了沿海地区,一临碣石,二登成山,三到琅邪和之罘,这些地方都是传说中的神仙登岸点。

　　尽管在秦始皇最后十年的活动尤其是巡视活动中,有寻找神仙的个人因素,但是,在这些活动中,维护和巩固统一始终是主要目的,而且在这方面应该说他是颇有建树的。

秦始皇寻仙长生之谜

死，是大自然给予每个人的归宿，皇帝和平民概莫能外。但是，自古以来，幻想能够长生不死的，又岂止帝王将相。作为千古一帝的秦始皇，以扫平六国那样的气势，对长生不死也进行了努力的追求。

秦王嬴政在灭六国后，改称谓为皇帝。据《史记·秦始皇本纪》记载，他在所谓的"制"即命令中说："朕为始皇帝，后世以计数，二世三世至于万世，传之无穷。"这也即是说，他是知道自己与常人一样，最终逃不掉死的归宿，所以皇位是迟早要传给子孙的，只是他希望是他的家族代代相继而已。

但是，秦始皇又是一个有神论者，他对神仙世界的存在坚信不疑，并梦想有朝一日自己也能成为那长生不老的仙人。而那时又正好有称懂神仙法术，可寻得长生不死之药者寻上门来，秦始皇出于对皇权的眷恋，成为历代帝王中寻仙求药的最著名者。

战国时代，有燕国人来无忌、羡门、子高等人，自称有神仙法术，能尸解飞升。燕、齐间好奇人士，争往学习。时人因其专求出世之学，游方之外，故称为"方士"。当时齐威王、齐宣王、燕昭王皆好神仙，招致无数方士，入海寻仙求药，可惜皆不得至。在秦始皇统一六国后于秦始皇二十八年（公元前219年）的首次东方出巡时，在琅邪，有方士齐人徐福向秦始皇上书，投其所好，专谈神仙事。

徐福在书中说：东海中有蓬莱、方丈、瀛洲三座神山。瀛洲地方四千里，正对着会稽郡，与中原相距七十万里。山上生长神芝仙草，还有高至千丈的玉石。洲中流出的泉水像酒一样甘甜，名叫"玉醴泉"，饮此水易醉，可令人长生。方丈山在东海的中心，四边正方，每边各长五千里，中间有金玉琉璃宫殿，是三天司命真人的居所。凡仙人得道，不欲升天的，多住在这里，神仙不下数十万。仙人都种植芝草，分划优亩，如世间耕种稻麦。岛中多泉水，泉上有九源丈人宫，主管天下的水神及龙蛇，因此岛中的龙很多。蓬莱在东海的东北，周围五千里，外面有圆海环绕，海水纯黑，称为"冥海"。海中无

日本新宫市徐福公园内的徐福雕像

风的时候,也有汹涌的波浪,浪高百丈。蓬莱山是太上真人的居所。这三座神山远望如一片静止的白云,身临其境,才知道地势反而在海水之下。世间有慕仙道者,往往不顾生死,冒险前去。望见神山相距不远,眼看快到时,往往刮起逆风,将船吹回,所以世人很少有到仙山的。也曾有人曾如愿以偿,遇到仙人,又采到不死之药。

秦始皇觉得徐福的上书生动鲜活,恍若神仙就在眼前,万万不可错过。他急召上书的徐福以及其他方士,要他们各依所说方法乘船入海,往求神仙。于是,那些方士的船只在海中往来如织。秦始皇满望指日就可寻得神仙,可是自己在海上昂首翘盼,等了许久,方士们却陆续回奏说:"看见了神山,无奈被风所阻,不得前进。"秦始皇见事不成,满腔欲望冰消。但他仍未罢休,仍命方士随时访求,自己启程西归。

到了彭城,秦始皇记起以前秦昭襄王兵灭西周,将九鼎用船载回,行至泗水时,忽然有一鼎跃入泗水,无从寻取。九鼎是大禹取九州所贡之金铸成,历代视为传国重宝,所以得天下者称为定鼎。如今缺少一个,不免遗憾。况此鼎能自跃入水,定是神物。秦始皇遂斋戒三天,向水神祷告一番。下令召集知水性者一千名,泅入水底寻觅。但如大海捞针一番,不见踪影。秦始皇闷闷不乐,继续向西南方向前进以散闷。

我国浙江岱山县的徐福雕像

　　不觉到了长江北岸。地方官吏预备了大船,秦始皇登舟溯江西行。正打算渡江去湘山,忽然暴风骤起,从水波中刮起狂飙,江中的波浪汹涌如山,龙舟在水中上下颠簸,如同一片树叶。秦始皇生长在北方,不习水性,从未经过险恶风浪,吓得魂飞魄散。幸亏水手舵工纯熟,好不容易将船靠近岸头。

　　秦始皇平日凭借威权,纵情肆欲,所求必得,所谋必成。此番遇仙不遇,寻鼎不获,连遭拂意,加上渡江遇险,心中十分懊恼。待船已泊定,秦始皇便上岸游行。山上有一座红墙碧瓦的古庙,他问左右:"庙中所祀何神?"左右说:"此名湘山庙,庙中神号为湘君。"秦始皇心想:天子出行,百神开道。朕今日渡江,几遭不测,什么湘君,也敢来惊朕? 于是召博士询问。博士说:"古史相传,湘君是尧的女儿,舜的妻子,死于江湘之间,因此葬于此地。"秦

仿秦始皇登天求仙台

始皇勃然大怒,认为自己功兼三皇五帝,尧女舜妻算什么东西,竟敢兴风作浪卖弄威风,于是,命召刑徒三千人,将湘山树木全部砍伐。又放起一把火,将山烧成赤色。

秦始皇心情不佳,回到咸阳。又过了一年继续出游。一路旌旗蔽日,甲乘如云,不料行至博浪沙,被张良所募的力士用大铁椎击碎副车,受惊回去,一连三年都未远出。但秦始皇求仙的心并未削减,反而愈加强烈。

秦始皇三十一年(公元前216年)的一天,秦始皇微服出宫,听到路人口唱谣歌:"神仙得者茅初成,驾龙上升入泰清,时下玄洲戏赤城,继世而往在我盈,帝若学之腊嘉平。"秦始皇以此谣歌问里中父老,父老说:"近日有仙人茅濛,九月庚子日,在华山中乘云驾龙,白日升天。当茅仙未升天前,邑中先有此谣。如今应验此事,所以路人常唱此歌。"秦始皇欣然问道:"人生得道,可以成仙吗?"父老说人有道心,便可长生,既得长生,便可成仙。

秦始皇又动了求仙之念。下诏将腊月改名为"嘉平月",以应仙谣,至今世俗尚称阴历腊月为"嘉平"。秦始皇因连年求仙,都未成事,便在咸阳凿开一个大池,引渭水灌入。此池共长200里,阔20里,称"兰池",在池上筑起宫殿,模仿传说中的蓬莱、瀛洲。池中有一块大石,秦始皇命工匠刻成鲸鱼,长200丈。秦始皇常在此间,以慰求仙之志。

咸阳有几个暴徒,亡命在兰池一带,昼伏夜出。看见秦始皇衣着华丽,便去抢劫。多亏身边武士拼命护卫,勉强杀退群盗。秦始皇经此一吓,不再微服私行。

又过了一年,秦始皇求仙心切,起驾东游碣石,遣方士韩佟、侯公、石生及燕人卢生入海寻求仙人和不死之药。自己耐心守候,望眼欲穿地等卢生等人回来。

燕人卢生本是儒士,因为利欲熏心,借着求仙学道的名目,取得秦始皇的宠信,因此让他入海求仙。卢生奉命前往,可是哪里才能寻得仙人呢?他在路上左思右想,正在为难之际,忽然想得一法。他乘船在大海上空走了好几日,却暗地里写成一书,回来后向秦始皇报告:"仙人虽未遇见,已将仙书私下抄来。"秦始皇披阅书中语言,大抵都是支离恍惚、虚无缥缈之语。其中有一句话:"亡秦者,胡也。"秦始皇读到此处,不由得吃了一惊。他以为这句话中的"胡",指的是匈奴,因为匈奴的外号就是"胡",于是断定将来与秦为敌的,定是匈奴。为免除后患,不如趁此时强盛将匈奴逐出塞外。想到此,便命蒙恬调兵三十万远伐匈奴。

后人因为秦二世而亡,亡秦者正是二世皇帝胡亥,联想到"亡秦者,胡也"这一句谶语,便认为指的就是胡亥。裴骃在《史记集解》中就引郑玄的话说:"胡,胡亥,秦二世名也。秦见图书,不知此为人名,反备北胡。"这并非是谶语准确,而是以后来发生的事去套历史上的某语。卢生当然不可能知道胡亥后来会亡秦,如果知道,他就用不着去讨好秦始皇了。他假造仙书,总要说一点秦始皇感兴趣的问题,而从战国时代起,北方的匈奴确实是中原之患,秦始皇虽然建立了强大的秦帝国,但尚未完全解决这个问题,所以他假造的仙书中的"胡",指的应该是匈奴,秦始皇的理解应该无误。

卢生自从假造仙书,瞒过秦始皇之后,仍然得到宠信,屡受赏赐。秦始皇三十三年(公元前214年),卢生对秦始皇说:"臣等奉命往求灵芝奇药及仙人,往往不能遇到。其中似有恶鬼作祟!大凡人君欲求仙术,必须随时微行,以辟恶鬼,恶鬼远离,真人便至。上乘云气往来,寿与天地同久。今主上平日游幸所在,往往使臣下得知。身在凡尘,不能招致真人,此于求仙大有妨碍,愿主上此后所到之处,勿使人知,然后不死之药方可求得。"秦始皇听了卢生之言,甚以为然,说:"朕今才如梦初醒了,朕仰慕真人,从今以后,便

自称为真人，不再称朕。"

秦始皇不但改称"朕"为"真人"，而且依卢生之言，下令在咸阳周围200里内的270所宫殿之间修建复道和甬道，每所宫殿充置固定的器物和美人，不许移动。秦始皇随意居住，行无常所，有人泄露行踪，罪死不赦。从此，秦始皇遂在宫内行乐。吴姬赵女，皆是沉鱼落雁，倾国倾城的姿色，专待秦始皇来片刻鱼水之欢。这可以想见，她们之中的大多数一生一世也盼不到秦始皇临幸，只落得深宫寂凄。唐代诗人杜牧在《阿房宫赋》中云：

妃嫔媵嫱，王子皇孙，辞楼下殿，辇来于秦。朝歌夜弦，为秦宫人。明星荧荧，开妆镜也。绿云扰扰，梳晓鬟也。渭流涨腻，弃脂水也。烟斜雾横，焚椒兰也。雷霆乍惊，宫车过也。辘辘远听，杳不知其所之也。一肌一容，尽态极妍。缦立远观，而望幸焉，有不得见者三十六年。

"三十六年"尚"不得见"，足见秦始皇行踪之隐秘和宫中女人之不幸了。

一天，秦始皇到了梁山宫，偶然登山游玩，忽然见一队车马从山下经过，千余人前呼后拥，十分显赫。秦始皇惊疑问："这是什么人？"左右说："是丞相。"秦始皇对左右说："原来丞相如此威风！"言下露出怒意。而丞相李斯不知秦始皇就在山上。秦始皇身边有一个近侍，平日与李斯亲密，暗地遣人飞报李斯。李斯吃惊不小。过了几天，秦始皇又在一处遇见丞相，觉随从人马比前减少许多，不觉动疑："此必近侍泄漏我的话！"他立唤近侍至前，逐一诘问，众近侍皆不承认。秦始皇大怒，叱令武士将前日随从在旁的近侍，一概缚出斩首。众人从此不敢多口。以后秦始皇游行所在，外间无一人得知。

卢生骗过秦始皇，见他御下苛严，心想：我若留恋不去，迟早必遭诛戮。于是私下与韩客侯生商议："主上天性刚戾，亲近狱吏，喜用严刑。志骄意满，自谓从古以来，无人可及，天下已畏罪避祸，裹足不前。吾辈不能为之求仙寻药，不如弃之而去。"二人议定，遂乘隙结伴逃走。事后有人将消息并临行言语报于秦始皇。秦始皇拍案大怒："我平日招收许多文学方术之士，希望可以致太平，求长生，谁知竟一去不回。徐福等费至巨万，并未得有奇药，且听说有受贿舞弊情事。至如卢生诸人，我对之优给赏赐。如此厚待，竟敢妄肆诽谤！必须拿获，处以重刑，方泄我忿！"于是，通令各地严密查捕。各地官吏奉命，四出访拿，竟未寻获。

秦始皇痛恨卢生等人，无处泄忿，遂迁怒到天下儒生身上。他下诏命御史将在京儒生一律传到，逐人究问，有无妖言构造，煽惑黔首？儒生中有平日好发议论者，便坐以诽谤之罪，施以重刑，辗转牵引，构成一场大狱，连累之人，不计其数。秦始皇自行按名定罪，共有460余人，皆推出咸阳，尽驱入深谷活埋。

有官吏报称："大宛地方多有枉死之人，尸身横在道上。近来常有飞鸟，形状如乌鸦，口衔一草，飞近死人身旁，将草放置在脸上，其人立时复活。臣拾得此草，一并呈上。"秦始皇觉得奇异，遂将此草遍示群臣，群臣皆不识。有人说："北郭有一位鬼谷先生，隐居学道，博物多闻。请陛下遣使问他，或许能认识。"秦始皇遂遣近侍，带着此草去问鬼谷先生。鬼谷先生见了草说："这是东海祖洲所产。祖洲在东海之中，地方五百里，距中国七万里。此草生在琼田中，名叫'养神芝'，其叶状似菰苗，丛生，长三四尺。凡人死后三日之内，将草覆死人脸上，可以复活。一株可活一人，服之令人长生。"使者将鬼谷先生的话回复秦始皇，秦始皇大喜，特命徐福往寻仙草。但徐福无功而返，令秦始皇十分恼怒。

秦始皇三十六年(公元前211年)，东郡郡守报说天上忽落下一星，到地上化为石头。石上忽然出现"始皇帝死而地分"这七个字，七字皆是阴文。司马迁在《史记》中明确说这七字"黔首或刻其石"，显然是不满秦始皇的人在上面刻的。秦始皇平日最忌说死，得此消息心中大怒，立命御史前往东郡。御史见石上文字果似人工雕刻，传问石旁人们，皆说是天空下坠，无人刻石。追究起来无一人承认，又不能寻得证据指出犯罪之人。御史没法，只得回京复命。秦始皇下令："将石旁居民全体诛戮并将怪石毁去。"地方官奉诏，立将附近人民尽数拿下，共计数百人，人人叫屈连天，有冤也无处诉。秦始皇虽然将石头灭迹，稍平怒气。但心中终觉得是恶兆。又想起卢生情虚逃走、徐福无功而返，对长生不死之事已是绝望，因此闷闷不乐，兴致索然，他让博士官作《仙真人传》，传令乐人传唱。

当年秋天，有一使臣回京，报秦始皇说："此次由关东夜行，路过华阳平道,忽望见有素车白马从华山上驰下,车中有人,手持一璧,授予臣说:'可替我赠周武王,今年祖龙当死。'臣接璧,心中诧异,正欲相问,顷刻间车马连人忽然不见,真是莫名其妙。"说毕将璧呈上。秦始皇暗想:"祖者,始也;龙者,人君之像。'祖龙'二字分明是指着自己,周武王又是伐暴君纣的,给武王送璧,乃不祥之兆,莫非要应在我身不成? 此番不比从前,是使臣亲见,况又有璧为据。"他勉强说:"你在华阴相遇,定是华山脚下的山鬼。听说山鬼只知一岁之事,明年的事,他岂能预知? 所言不足信。"使臣无言退出。秦始皇又自己宽解:"祖龙不过是说人先代罢了。"遂将璧交与掌管御府官吏,令其验明。据回报说是秦始皇28年前出游渡江时,曾将此璧投水祀神。秦始皇因此心中疑惑不安,遂命太卜卜得一卦,卦云"出游移徙最吉"。秦始皇暗想,自己可游不可徙,百姓可徙不可游,不如自己出游而让民迁徙,当可避凶趋吉。便命官吏将内地人民三万家,移至北河、榆中二处居住,以应卦兆。

一批批方士空手而归,卢生、侯生甚至溜之大吉,山神、水神、湘君等仙待他都不客气,但这一切都不能阻挡秦始皇对成仙的追求。他一面继续派大批方士去寻求仙人,一面加紧骊山陵墓的施工进程。求仙人与修建坟墓同时进行,长生则归仙,身死则入墓,秦始皇有着生死两不误的双重打算。

秦始皇三十七年(公元前210年),秦始皇择定吉日出行。他命左丞相李斯、中车府令赵高随行,右丞相冯去疾留守。秦始皇少子胡亥素得宠爱,此次自愿从游,秦始皇应允。这次巡游,是秦始皇一生中的最后一次大巡游。他从咸阳出发,首先来到南方的云梦(今洪湖、洞庭湖一带),在九嶷山祭祀了虞舜;然后顺江东下,由丹阳(今安徽当涂东)登陆,来到钱塘(今浙江杭州),打算由钱塘江南渡浙江(今富春江)上会稽山,由于水流湍急,于是绕道向西120里,这才渡江登上会稽山,在山上祭祀了大禹。过去秦始皇很少把五帝放在眼里,除上天和祖先也很少有所祭祀,现在却赶到南方连祭二帝,似乎已经意识到尽管自己这位皇帝功盖千古,恐怕最终也难免一死。

祭罢大禹,秦始皇在会稽山刻石留念,然后下山,经吴中(今江苏吴县)北上。秦始皇一行从江乘(今江苏镇江)渡江,一直沿着海边向北,又来到琅邪。他总想能在海边有所收获,遇见仙人或得到仙药,所以一直靠着海边走,然而仍一无所获。但是,秦始皇求仙之心尚未死尽,又召徐福传问,可否求得仙药。

　　徐福等人入海求仙药,已经数年,花费不小,而什么也没有为秦始皇求得,担心遭到斥责,便欺骗秦始皇说:"蓬莱仙药本可取得,无奈因海上有大鲛鱼为害,掀风作浪,阻住海船,所以不敢前往。最好寻善射之人,乘船同去,遇见鲛鱼,就用连弩迭射。"秦始皇信以为是,不去追究。原来秦始皇曾梦见自己与海神争战,海神身披盔甲,手执戈矛,形状与人无异。醒来后召问占梦博士,博士说:"水神平日人不得见,大约每出必有大鱼或蛟龙随之,故可以大鱼、蛟龙为验。今陛下祀神甚谨,偏有此种恶神,暗中作祟,理应设法驱除,方得善神相见。"秦始皇今见徐福所说,与博士不谋而合,愈加深信不疑。遂命徐福人海,船中随带捕拿大鱼器具。一面挑选弓弩手数百,架起连枝弩箭,随着车驾沿海而去,预备与海神一决雌雄。船从琅邪起程,向北经过崂山、成山,约航行了数十里,并不见有什么大鱼蛟龙。直至芝罘始见大鱼。加发弩箭,射死一尾。

　　当时卢生逃走,秦始皇言语连到徐福身上。徐福见秦始皇归罪儒生,兴起大狱,愈加危惧。心想:数年来求仙寻药,花费巨大而毫无效果,终久必遭杀害,不如设法逃走。但天下之大,无处藏身。唯有逃往海外,到他权力不及处,觅地居住,才可安稳。所以,当他又骗秦始皇说海中有大鱼,影响寻药,而现在大鱼已被射死后,徐福感到必须逃走了。

　　徐福又想,独身逃往海外,未免生活艰难,于是对秦始皇说:"欲到祖洲,需童男童女各三千人,并五谷种子,百工技艺一切完备,装载数十大船,方能求得不死之草。"秦始皇命人如言备办。徐福辞别秦始皇,率诸人乘船渡海而去,从此杳无消息。

　　就在这次巡游中,秦始皇渡过黄河,到平原津时忽然患病,并日渐沉重,最后病死于沙丘。

　　关于秦始皇求仙寻药的事迹,在《史记·秦始皇本纪》里记载得很详细,当是事实。许多野史笔记也有大量关于秦始皇寻仙求药的记载,如《太平广记》卷第二百九十一说:秦始皇造石桥,想跨过海去,看一看太阳升起的地方。据传说,有个神仙能驱石下海。阳城十一山,今尽起立,且向东倾斜,仿佛相随而行。石头走得太慢,那神仙就用鞭子抽打,这些石头便会流出血来,石头全变为红色。秦始皇在海中做石桥,非人工所建,海神为之竖柱。为感谢他的恩惠,秦始皇请求与之相见。海神说:"我的样子十分丑陋,先约定好,千万别把我画下来,这样才能与你相会。"秦始皇从石桥入三十里,与神相见。左右有巧匠,暗中用脚把海神的相貌画了下来。海神怒说:"帝负约,可速去。"秦始皇没有办法,即转马而回。哪知马前腿刚刚落地,后腿下面的石桥就崩塌了,仅仅使他能及时登到岸上而已。

自古没有不想长生不死的帝王。"秦王扫六合,虎视何雄哉!挥剑决浮云,诸侯尽西来。"秦始皇灭群雄统一天下的英雄气概与他荒谬的求仙访道寻药好像是不同的两个人所为。然而,这就是历史。人生短暂如梦,岂是虚无缥缈的仙道可以化解的。

秦始皇"暴君"称号之谜

秦始皇统一中国后,为了巩固和维持庞大的官僚机构和军队,对人民采取了极为严峻的统治,一方面是严酷的刑罚,另一方面是十分繁重的赋税和徭役。于是,秦始皇便有了"暴君"的称号。

秦始皇吞并山东诸侯,建立起庞大的秦朝帝国,树起个人的至上权威,他踌躇满志,以为天下间没有自己不可征服的事情,于是穷奢极欲,大兴土木,横征暴敛,峻法严刑。极端残暴的统治使得哀鸿遍野,怨声载道。对此,史学家翦伯赞在《秦汉史》中有一段形象的描述:

战事已经结束了。新政府也在商人地主胜利的欢呼中成立了。现在,邯郸市上的小儿,做了全中国人民的皇帝;贩贱卖贵的商人,出现为咸阳市上的新贵。丞相、御史都已按部就班,郡守、县令都已走马上任。中国的历史,又走进一个新的王朝、新的时代了。在这个热闹场面的背后,我们同时可以看到一幅凄凉的画图。在那里,是残余的旧贵族走上刑场,送进牢狱,窜向边塞,隐藏山林,逃亡民间。是退伍的农民回到荒凉的农村,是失业的手工业者回到残破的城市。而这一切也就是新朝胜利的表现。

翦伯赞先生对秦始皇是不客气的,他不仅称他是"邯郸市上的小儿",

而且说他是一个"专制魔王,独裁皇帝"。这样说,当然是有事实依据的。

孟姜女哭长城

据《史记》记载,秦帝国建立后,秦王嬴政做了皇帝,他发出的第一道命令就是"收天下兵器,聚之咸阳,铸为钟鐻、金人十二"。这就是强迫所有的农民交出他们的武器,接着又禁止了他们原来每年一次的冬季军事训练,然后再将以前施行于秦国境内的什伍连坐法推行全国。所谓"什伍连坐法",即"令民为什伍,而相收司连坐。不告奸者腰斩,告奸者与斩敌首同赏,匿奸者与降敌同罚"。实施这种严酷的法律,目的是为了借此肃清农民中的不安定分子。

为了对付残余的旧贵族,秦始皇不仅将他们大量迁徙于偏僻的蜀地,而且一手导演了中国历史上有名的"焚书坑儒"事件。焚书坑儒,在客观上是对中国文化的毁灭,而在当时秦帝国的主观动机上,却是为了肃清隐藏在政

府机构中的残余旧贵族势力以及作为其政治指导原则的旧文化。

秦政府对于农民的防范，以严刑峻法而著名。《汉书·刑法志》说："秦用商鞅，连相坐之法，造参夷之诛，增加肉刑、大辟；有凿颠、抽胁、镬亨之刑。至于秦始皇，兼并战国，遂毁先王之法，灭礼谊之官，专任刑罚，躬操文墨，昼断狱夜理书，自程决事，日县石之一。而奸邪并生，赭衣塞路，囹圄成市，天下愁怨，溃而叛之。"其实秦代的刑法《汉书》尚未列全，因为见于《史记》的还有榜掠、鬼薪、黥为城旦、谪、籍没、连坐、弃市、修、腰斩、车裂、坑、矴、戮尸、枭首、族、夷三族等等。像这样的严刑峻法，历史上很少见。

为了扩大秦的疆域，秦始皇在统一天下不久又开始了新的征伐。刚刚回到田野里的农民，又被迫放下锄头，拿起武器，走上战场。史载秦始皇以三十万人北逐匈奴，五十万人南征"百越"，于是，又有多少田园变为荒野，多少农民命丧于异域。

为了防御匈奴的侵扰，秦始皇决定修建万里长城，三十万以上的农民以及脸上刻了字的罪犯，在那风雪萧萧的万里边塞上，担土垒石达十余年之久。对万里长城的修建，很多人认为那是秦代人民的伟大创造，举世闻名的工程。但是，这样的工程，是在对当时社会生产力的多大破坏之下才完成的？它只能是秦代暴政的体现。

为了便利秦始皇对天下的巡视以及军事上的需要，秦始皇下令在全国修筑驰道。从九原到甘泉的长达 1800 里的山岭之间，到处都是堑山堙谷的农民。据《汉书·贾山传》记载：秦"为驰道于天下，东穷燕齐，南极吴楚，江湖之上，濒海之观毕至。道广五十步，三丈而树，厚筑其外，隐以金椎，树以青松"。由此可知，当时是在全国之内都修筑了宽大而平坦的道路。

秦始皇在兼并六国时，每灭一国，就命人把该国宫殿绘制图样，在咸阳仿造。在统一六国完成的公元前221年，秦始皇已经在咸阳北阪盖起一座"殿室复道，周阁相属"的宫殿，这座宫殿，是仿效六国宫殿的样式的一种混合建筑。在这座宫殿里，充满了由六国俘虏而来的钟鼓和美人，简直可以称为一个国际博物馆。第二年又在渭水的南岸建筑了一座信宫，还有甘泉宫的前殿。秦始皇曾打算在西起雍、陈仓（今陕西凤翔、宝鸡一带），东至函谷关（今河南灵宝东北）这样东西千里、面积广阔的土地上都建成苑囿。他身边的侏儒优旃开玩笑地说："好极了！这么大的苑囿，多放凶禽猛兽，有强盗从东方来进犯，让麋鹿出动就能把他们顶跑了。"秦始皇这才作罢。他虽然没有扩建这一苑囿，却到处兴建离宫别馆，仅首都咸阳四周200里内就有宫殿270座，关中有行宫300座，关外有行宫400多座。

在秦始皇新建的宫殿中，规模最大的宫殿阿房宫可以说是世界上无与伦比的。阿房宫究竟有多大？史家长期争论，难有确论。据《史记·秦始皇本纪》所载，阿房宫的正殿，建筑在渭水南岸，那里原系皇家的花园。殿堂东西宽500步（约合今700米），南北长50丈（约合今115米），殿内可容1万人，殿前建立5丈高的旗杆，周围的阁道可通其他的宫殿。这种阁道，直通到南山（终南山）。在南山的顶上，建有一座庄严壮丽的高阙，作为这座宫殿的大门。从阿房宫通达渭水的北岸，有一座很美丽的石桥。据说这座石桥长360步，宽60尺，共有68个圆拱桥的两旁，还装饰着力士孟贲等人像雕刻。由于这座桥梁的落成，咸阳城市遂成为一座横跨渭水南北的大城市。

上述的阿房宫，不过是皇宫的一个正殿，即所谓的"朝宫"。实际上，阿房宫的全部规模之大，可谓骇人听闻。据《三辅黄图》说："阿房宫，亦曰阿城，惠文王造宫未成而亡，始皇广其宫规，恢三百余里。离宫别馆，弥山跨谷。辇道相属，阁道通骊山八十余里。表南山之巅以为阙，络樊川以为池。"《汉书·贾山传》也说："起咸阳而西至雍，离宫三百，钟鼓帷帐，不移而具。"即是说，从咸阳以东至于临潼，以西至于雍（陕西凤翔南），以南至于南山，以北至于咸阳北坂的广大区域，都是阿房宫的范围。

《史记》还记载说，建筑阿房宫，用的是"北山的石椁""荆楚的木材"，特别是四川的木材。当这些宫殿落成之日，四川山上的树木被砍了许多。所以后来的诗人杜牧作赋说："蜀山兀，阿房出。"修建宫殿需人力，运输材料也需人力。据记载，阿房宫这项宏大的工程，常年用工就达70万人。这对生产力又是多么大的破坏。

秦始皇修建的这些宫殿，都"以木兰为梁，以磁石为门"，施以雕刻，涂以丹青。五光十色，富丽堂皇。在这些宫殿的内部，则是夜光之璧，饰于朝廷；犀象之器，列为玩好；郑卫之女，充于后宫；骏良駃騠，实于外厩。一切"娱心意，悦耳目"者，无所不备。于是，秦始皇作为阿房宫的主人，佩"昆山之

秦宫秘史

玉,有随、和之宝,垂明月之珠,服太阿之剑,乘纤离之马,建翠凤之旗,树灵鼍之鼓",真是"自上古以来未尝有,五帝所不及"啊!在他的御前,挤满了国籍不同的美女,她们带着"宛珠之簪",垂着"傅玑之珥",穿着"阿缟之衣",饰着"锦绣之饰"。"佳冶窈窕",真是人间难觅。乐队吹奏起来了,美女开始了大合唱,不是以前秦国的"击瓮叩缶,弹筝搏髀"之音,而是"郑、卫桑间,昭、虞武象者,异国之乐也"。阿房宫的主人,在胜利中迷失了。

在修建阿房宫的同时,秦始皇开始了另一项宏大的工程,即在骊山为自己修建坟墓。这项工程长年使用刑徒72万人,到秦始皇死时也未完工。

与此同时,在这个社会的另一面,是残余的贵族和无数的俘虏,他们正在从荆楚、从巴蜀斩伐木材,运输木材,攀山越岭,颠仆于道路之中,为了建筑阿房宫和骊山皇陵而丧失他们的生命。城市的手工业者,都离开了他们的作坊,走到咸阳,走到骊山,走到琅邪、之罘,走到遥远的会稽,替秦始皇修筑宫殿,建造坟墓,雕刻玩好和巨大的纪功碑。而广大的农民,已经在新统治者的土地兼并过程中失去了自己的小块土地和田园;在收缴兵器的命令之下失去了防身的武器;在武装镇压、什伍连坐、严刑峻法之下,失去了起码的自由;在苛捐杂税、军事征发之下,失去了一切生存的物质;最后在兵役动员、徭役动员的命令之下,走向蒙古沙漠,走向岭南边疆,走向一切指定的地点,去修筑长城,开辟驰道,抵御匈奴和征服"百越"。

仅阿房宫和骊山皇陵这两项宏大工程,就用去精壮劳力140余万人,加上修筑长城、南戍五岭,修驰道、造离官,以及其他兵役杂役,常年动用民力多达300余万。丁男全被征发服役,部分丁女也被征入服役队伍。沉重的兵役徭役压得人民喘不过气来,又加以横征暴敛,于是海内虚耗,民穷财尽。这时的秦代社会,诚如《汉书·食货志》所说:"庶人之富者累巨万,而贫者食糟糠。"社会的不协调,已经达到了极点。再加之秦自孝公以来奉行法家学说,法家峻法尚刑,山东六国早就称秦为"虎狼之国"。秦始皇继续推崇法家,他为人苛薄寡恩,用刑残酷,杀人如麻,使秦政的残酷达到高峰。人民扬手犯法,举足触律,无所措手足。大批无辜者被罚服苦役,路上行人半数都是囚犯。长城脚下、阿房宫内、骊山墓旁以及五岭路上,处处堆积着白骨。秦帝国成了一座人间大地狱,百姓生活在恐怖之中。

秦始皇的残暴统治，引起了社会的普遍不满。一直对秦恨之入骨的六国贵族首当其冲，多次采用暗杀方式行刺秦始皇；士人得不到信用，纷纷指责秦的统治政策；广大百姓刚刚脱离战争之苦，本来拥护统一，但秦的暴政又引起了他们对故国的怀念，转而诅咒秦始皇早死，秦朝快亡。

在统一之后，秦始皇连续三次遇刺，刺客多为六国贵族。

秦始皇二十九年（公元前218年），韩国贵族后裔张良求得力士，专门制造了120斤重的铁椎，埋伏在博浪沙（今河南中牟北）中，狙击秦始皇，由于误中副车，刺杀失败。秦始皇大怒，通令全国搜捕刺客，迫使张良改名换姓，亡匿下邳（今江苏邳县南）。

秦始皇三十一年（公元前216年），秦始皇身着便服，与4名武士在咸阳行走，深夜行至兰池时，遭遇一股民间刺客，情况相当危急，武士奋力击杀，秦始皇才得以脱险。事后，他在关中进行了20天的大搜捕。

接着，壮士荆轲的故友、击筑乐师高渐离更名换姓进入秦宫中。有人认出他，告诉了秦始皇。秦始皇爱惜高渐离高超的击筑技艺，没有对他治罪，在毁坏他的视力后，仍留在宫中击筑。时间一长，秦始皇放松警惕，高渐离得以接近秦始皇。他在演奏之前把铅装于筑中，当靠近秦始皇时，突然举筑向秦始皇打击。由于高渐离双目失明，一筑没有打中，像当年荆轲的刺杀一样，陷于失败。秦始皇诛杀了高渐离。这次遇刺以后，秦始皇终身再也不敢接近山东诸侯的故人。

除刺客行刺秦始皇之外，民间对秦始皇的怨恨也在增长，楚地一带就流行着"楚非三户，亡秦必楚"的传说。东郡落下陨石，有人就在石上刻下"始皇帝死而地分"七个字。华阴又传出"今年祖龙死"的谶言。

秦始皇的暴政引起朝廷内部的不安。当秦始皇在咸阳"坑儒"时，他的长子扶苏进谏说："天下初定，远方的黔道还没有安下心来，诸位先生都诵法孔子，陛下重法绳之，臣恐天下不安，望陛下三思。"秦始皇怒扶苏多嘴，把他轰出咸阳，让他到北边的上郡（今陕西榆林东南）去执行监军任务。

为了避灾，秦始皇依卦象出游，再次巡视天下。他当然不知道，这是他的最后一次巡游，再也没有回到咸阳了。

秦始皇是病故还是被谋杀

每个人都免不了一死。上苍唯独在这件事上是公平的,让每个人最后的归宿都一样。日月推移人渐老,大自然对千古一帝秦始皇也毫不留情。

关于秦始皇之死,《史记》记述很多,分别见于《秦始皇本纪》《李斯列传》《蒙恬列传》等处,似乎死因已明,是病死的,无可置疑。可是将这几篇有关秦始皇死亡情况的文字细细阅读,却发现其中有耐人寻味之处。

秦始皇三十七年(公元前210年),秦始皇第五次出巡,主要巡游云梦、会稽等地,左丞相李斯、中车府令赵高、幼子胡亥等随从,上卿蒙毅也在随行之列。蒙毅是蒙恬的亲弟弟,为皇上的亲信。当秦始皇"至平原津而病"时,蒙毅被遣"还祷山川"。这似乎是赵高的计谋,因为蒙恬领兵30万随公子扶苏驻防上郡,从秦始皇身边遣走蒙毅,也就是去掉了扶苏的耳目;加之赵高曾被蒙毅治罪而判死刑,后被秦始皇赦免才恢复官爵,他对蒙毅可谓恨之入骨。

赵高是个宦官,专管宫廷御车与印信、墨书。这次秦始皇出巡,自然少不了中车府令的事务,而且后来赵高还"行符玺事",执掌传达皇帝命令和调兵的凭证"符"和"玺",赵高当然随从。秦始皇这次出巡,一路劳顿,到平原津就病倒了。虽然"始皇恶言死,群臣莫敢言死事",但是,"上病益甚"。虽然秦始皇已经病危,但由于他最厌恶死亡,忌讳"死"字,所以李斯等无人敢向他问及后事。不过,随着病情加重,秦始皇自知大限已尽,遂命赵高写遗书,给受命监军河套的秦始皇长子扶苏:"以兵属蒙恬,与丧会咸阳而葬。"要扶苏将兵权交于蒙恬,急赴咸阳主持丧事,也就是明确地安排由扶苏继承帝位。信已封,但还未送走,秦始皇就死于沙丘(今河北广宗西北)行宫了。时为秦始皇三十七年(公元前210年)七月。秦始皇在位37年,称王25年,称帝12年,终年50岁。

为了不使秦始皇死亡的消息传扬出去而引起咸阳诸公子争夺继承权和天下叛乱,丞相李斯秘不发丧,将尸体载于车中,饮食奏请如常,一面命令车

队加紧赶路,一面让赵高尽快派人把秦始皇的遗诏给扶苏送去。

赵高从心里不愿意扶苏继承皇位。因为扶苏为人正派,根本瞧不起阿谀奉承的赵高,而秦始皇的幼子胡亥是一个昏庸的家伙,且赵高还曾受命教胡亥学习法律,二人正好臭味相投。赵高遂想立胡亥为皇帝,以便实现他篡权乱政的阴谋。他因而违背秦始皇的命令,扣着诏书不发。采取说动胡亥威胁李斯的手法,三人经过一番密谋,就假造秦始皇诏书,由胡亥继承皇位。同时,还以秦始皇的名义指责扶苏为人不孝,指责蒙恬为人不忠,让他们马上自杀,不得违抗。

胡亥、赵高、李斯听说扶苏已经自杀了,蒙恬也被关押起来了,认为政变已经成功,遂放了心。这才命令车队日夜兼程,迅速返回咸阳。为了继续欺骗臣民,他们不取捷径回咸阳,而是摆出继续巡游的架势,从沙丘到井陉,而后抵太原,绕回咸阳,多行了三四千里。由于暑天高温,秦始皇的尸体已经腐烂发臭了。为了遮人耳目,李斯命令从官每车载一石鲍鱼,以乱其臭,迷惑大家。就这样,行舆大队浩浩荡荡,一路臭气熏天,返回咸阳。到咸阳后,他们马上发布了秦始皇死亡的消息,发丧出殡。紧接着,胡亥就登基做了皇帝,是为秦二世。赵高升为郎中令,李斯依旧做丞相。

赵高阴谋得逞以后,盛气凌人,不可一世。他向秦二世进谗言,陷害蒙氏兄弟,诛杀诸公子;布下陷阱,将李斯逐步逼上死路。李斯发觉赵高阴谋后,就上书告发赵高。秦二世不仅偏袒赵高,并且将李斯投狱治罪,最后将李斯腰斩于咸阳。从以上赵高篡权乱政的几个步骤,就可以看出赵高是个包藏祸心、阴险毒辣的人。因此,令人不得不怀疑秦始皇的死与其有关。

据《史记》记载,秦始皇在生活上荒淫无度,为人又刚愎自用,事无巨细都要亲自裁决;每日批阅文书达 120 斤,工作极度劳累;加之巡游中七月高温,以上诸因素并发,促使他在途中生病。但是否秦始皇就此一命呜呼,尚令人怀疑。他毕竟才 50 岁,并不算衰老。

郭沫若曾写过一篇历史小说《秦始皇之死》,其中描述秦始皇在平原津渡黄河时,癫痫病发作,后脑壳撞在青铜冰鉴上,加重了脑膜炎的病情,人处于昏迷状态;当车赶到沙丘后,宿了一夜,第二天,赵高、李斯发觉秦始皇已死,耳流黑血,右耳孔内有一根寸长的铁钉。这篇小说反映出早就有人怀疑秦始皇的死属于非正常死亡。至于谋害者是谁呢？小说中认为是胡亥。

其实，赵高进行谋害的可能性比胡亥大，因为诏书、玉玺都在赵高手中，继承王位的决定权从某种意义上说也掌握在赵高与李斯的手中。而胡亥即使弑父，如果得不到赵高、李斯的支持与配合，不仅得不到王位，反而有杀身之祸。赵高常随侍在皇帝左右，趁机行事不露痕迹，较胡亥要方便得多。

如果要问赵高为什么要谋害秦始皇，答案定是赵高唯恐扶苏继承皇位。他对李斯讲："长子（扶苏）刚毅而武勇，信人而奋士，即位必用蒙恬为丞相。"而赵高对蒙恬、蒙毅兄弟恨之入骨，岂能容得蒙氏尊崇，所以必须阻止扶苏即帝位。而秦始皇刚愎自用，绝非进谗言所能奏效，只有结束这一暴君的生命，才可能有机会拥立十八子胡亥继承帝位。秦始皇平时居于深宫，戒备森严，无法下手，现在他在旅途中病倒，这真是天赐良机，正如赵高对胡亥说："狐疑犹豫，后必有悔。断而敢行，鬼神避之，后有成功。"所以他果敢地对重病中的秦始皇下毒手，使其提前结束生命，完全是有此可能的。

以赵高当时的处境看，他也必须要秦始皇死，而别无选择。秦始皇口授诏书给扶苏时，赵高参与其事。诏书封好后，赵高却扣压未发，欲找机会说服胡亥和李斯，矫诏杀扶苏。但是，诏书不能扣压太久，万一秦始皇病情有起色，得知诏书未发，赵高必获死罪；万一秦始皇弥留不死，李斯又未被说服，反而向秦始皇告发，赵高也要被杀头。所以，只有在劝说李斯之前杀了秦始皇，才能万无一失。秦始皇一死，就不怕李斯不就范，也不会有人追问诏书的事了。可见，赵高在扣压诏书的那一刻起，刺杀秦始皇这件事就如同箭在弦上，不得不发了。

值得注意的是，秦始皇病在沙丘，而沙丘宫四面荒凉，宫室空旷深邃，相传原是殷纣王养禽兽之处。战国时，赵武灵王因庇护叛乱的长子章，被公子成和李兑包围于此，欲出不能，又不得食，最后活活饿死在沙丘宫中，可见其与外界隔绝的程度。在这种环境中，发生不测的可能性是很大的。赵高倘若要真的对秦始皇下手，应该是不困难的。

不难看出，秦始皇之死，实质上是一场宫廷政变，而这场政变的导演就是赵高。赵高想篡权乱政，由他支配命运，支配别人，而扶苏、蒙恬、蒙毅、李斯、胡亥等就是被他支配的牺牲品。但是，赵高要实现对诸人的支配，首先

陕西临潼秦始皇陵出土的铜车马

要支配秦始皇,只有假借秦始皇,才能实现自己的阴谋,对活着的秦始皇支配不了,那就只有将他杀死后假传遗诏。至于赵高是怎么杀死秦始皇的,则成为历史的缺页,因此对秦始皇的死是病故还是被害,尚不能作最后的定论。

胡亥继位后,于秦始皇三十七年九月,为秦始皇举行了隆重葬礼,安葬在骊山。

骊山墓是秦始皇生前用 70 多万人力,历时 10 余年修建的一项巨大墓葬工程。骊山墓坟高 50 丈,遍植树木,形如大山。墓室极深,下穿三泉,灌铜液阻挡泉水。墓室顶部用珠宝设日月星辰之像,底部用水银作江河大海之势,上具天文,下具地理,机械转动,巨炷照明。室内序列百官次位,摆满奇珍异宝,又以能工巧匠设置机械弩矢,若有人穿墓近室,弩矢自发,射杀窃贼。

秦始皇的后宫女子入墓陪葬。二世皇帝胡亥说:"没有为先帝生育过的后宫女子,不应该再出来,就让她们奉陪先帝去吧。"秦始皇的后宫美女有一万多人,怀孕生育者甚少,二世皆令从死,被活埋陪葬的女子不计其数。

墓室关闭以后,工匠还在墓道的藏室中存放葬品,有人对秦二世说,工匠制造墓内机巧,对珍藏所在一清二楚,恐怕泄露。于是,等工匠藏好葬品,一切安排妥当,正在关闭墓道中门的时候,突然落下外门,把入墓工匠全部关闭在中门和外门之间的墓道中,无一得出。

秦始皇帝陵现在陕西临潼县东 5 公里的下河村附近,今坟高 55.05 米,周长 2000 米。历经两千多年,据考古学家勘探,秦始皇帝陵的墓室仍旧保存完好,未被破坏;陵园有内外两城,内城周长 2525.4 米,外城周长 6264 米,可见极其宏大。

20 世纪 70 年代,在秦始皇帝陵的墓东侧 1500 米处,发现了三个大型的兵马俑坑,坑内丛葬大量与真人真马等同大小的陶制彩绘兵马俑和当时使用的各种实战兵器,现已陆续破土再现。近万个陶制武士分别组成步、弩、车、骑四个兵种,手执弓箭、戈矛、戟剑等实战武器,步伐齐整,阵容浩大,气吞山河。这威武雄壮的秦俑军阵,生动地再现了当年秦始皇横扫山东诸侯、创建统一大帝国的宏伟气势。

胡亥"喋血政策"之谜

胡亥虽然当了皇帝,是为秦二世。但他本是个纨绔子弟,其治国才能不及雄才大略的秦始皇之万一,加以朝政又被赵高控制,因而秦帝国的衰亡加速了。

胡亥即皇帝位后,是为秦二世皇帝。赵高升任郎中令,全面掌管着宫中警卫,并成为秦二世身边最亲近的决策人物。

赵高篡权的目的就是为了乱秦政,他掌控实权后,开始了他有目标、有步骤的乱政计划。他首先乱言诱骗秦二世,使其不理朝政,只居禁中享乐,大事小事都由他说了算。秦二世做皇帝后,每日只知吃喝玩乐。有一天,他对赵高说:"人生在世,就像骑着快马穿过一堵墙的缺口,实在是太短暂了。我既然做了皇帝,富有天下,就打算随心所欲,享尽一切快乐。你看如何?"

赵高说:"好主意! 只有贤明君主才能这样干,那些愚蠢的君主才禁止这么做。不过陛下应该注意:沙丘之谋,诸公子和大臣都在怀疑。诸公子都是陛下的兄长,大臣们又都是先帝任命的。现在陛下刚刚即位,他们都快快不服,恐怕要搞暴乱。蒙恬、蒙毅兄弟长期将兵,他们虽已入狱,但人还未死。想到这些,我就吓得发抖,唯恐生命难保。陛下怎么能在这时高枕无

忧呢?"

秦二世听赵高这么一说,觉得问题很严重,自己一时还不能尽情享乐,就问赵高有什么办法来对付大臣和诸公子。赵高于是和盘端出了他的喋血政策。对此,《史记·秦始皇本纪》是这样记载的:

于是二世乃遵用赵高,申法令。乃阴与赵高谋曰:"大臣不服,官吏尚强,及诸公子必与我争,为之奈何?"(赵)高曰:"臣固愿言而未敢也。先帝之大臣,皆天下累世名贵人也,积功劳世以相传久矣。今高素小贱,陛下幸称举,令在上位,管中事。大臣鞅鞅,特以貌从臣,其心实不服。今上出,不因此时案郡县守尉有罪者诛之,上以振威天下,下以除去生平所不可者。今时不师文而决于武力,愿陛下遂从时毋疑,即群臣不及谋。明主收举余民,贱者贵之,贫者富之,远者近之,而上下集而国安矣。"二世曰:"善"。乃行诛大臣及诸公子。

秦二世诏版

即是说,赵高建议变换刑法,使法律更苛刻严酷,让犯罪的人连坐受诛,乃至灭族,消灭大臣而疏远骨肉,使贫困的人富贵起来,使卑贱的人高贵起来,统统除掉秦始皇时任命的大臣,全部换上秦二世的实际上也就是赵高的亲信。这个喋血政策充满血腥阴森恐怖的气味。赵高洋洋得意地对秦二世说:"这样可以铲除祸害,拒绝奸谋,德归陛下,群臣拥护。到那时,陛下就可以高枕而卧,尽情享受人间乐趣了。再没有比这更高明的办法了。"

秦二世于是便按照赵高的喋血政策修改律令,严刑峻法,向大臣和骨肉兄弟扬起了无情的屠刀。首先遭到杀害的,便是赵高最痛恨的、对秦王朝忠心耿耿的手握重兵的蒙恬、蒙毅兄弟;接着便是沙丘谋变的同盟者,也是最危险的知情人,而现在已经失去了利用价值的丞相李斯。

屠刀继续挥向朝中大臣。秦二世让赵高主管办案,赵高罗织罪名,大批朝臣被杀。右丞相冯去疾和将军冯劫认为"将相不辱",相继自尽。每位大臣含屈而死,往往还要波及一串亲友,就是担任宫廷警卫的亲近侍臣三郎官(即中郎、外郎、散郎)也有不少人无辜受害。

大泽乡起义

屠戮中,赵高乘机安插亲信,兄弟赵成任中车府令,女婿阎乐为咸阳县令,其他如御史、谒者、侍中等要职,多更换为赵氏之人。按原来赵高对秦二世所说,屠杀大臣空出要职之后,任命秦二世的亲信,但秦二世毫无心机,也没有什么亲信,他最亲信的就是赵高,以为赵高安置的亲信,就是自己的亲信了。因此,赵高如何安排,他根本心不在焉。这导致他最后被赵高架空。

在大臣们受害的同时,秦二世的骨肉兄弟和同胞姐妹们死得更惨。一次,在咸阳市上,秦二世的 12 个兄弟被同时砍头,腔血喷射,触目惊心;在杜地(今陕西西安东南)的刑场上,秦二世的 6 个兄弟被戮死;在杜县(今陕西西安市长安区西),秦二世的 10 个姐妹同时被活活碾死,血肉狼藉,惨不忍睹。公子将闾三人，平时行为十分谨慎，赵高一时找不出罪名，就把他们囚在了内宫。诸公子大都被杀以后，赵高派使臣对将闾三人说："你们不像臣子，论处死刑，行刑官马上就来执行。"将闾说："宫廷之礼，我们未敢失仪；廊庙次位，我们未敢失节；受命应对，我们未敢胡说。什么叫不像臣子？愿听清楚再死。"使臣回答："我没参与论罪，无可奉告，仅执行使命而已。"将闾仰首呼天三遍，喊叫："天啊！我没有罪！"兄弟三人抱头痛哭，拔剑自杀。

　　大臣和公子们被杀以后，另一些为秦始皇统一天下而作出重要贡献的勋戚也被赵高逼杀殆尽。他们的财物统统没收，连坐受刑的人不可胜数。于是，"宗室振恐，群臣谏者以为诽谤，大吏持禄取容，黔首振恐"。有一位公子高，看到兄弟姐妹们都惨遭毒手，自知难免一死，想逃走又怕连累亲人。为了保存亲友，就向秦二世上书一封，提出为父皇殉葬骊山脚下的要求。秦二世见书大喜，批准了他的请求，赏赐十万钱殉葬骊山。在秦二世众多的骨肉兄弟姐妹中，公子高可谓是一个"善终"者了。

　　秦二世以为，自己年少，又刚即位，要威服海内，必须像秦始皇那样去巡游天下，如果待在咸阳不到全国各地去抖抖威风，就表现出自己怯弱，无从

阿房宫正面图

统治天下。于是在即位的次年，即秦二世元年（公元前209年）年初，开始东巡郡县。这次出巡，南到会稽（今苏州），北至碣石（今河北昌黎北），然后由

辽东(今辽宁辽阳)而返。巡途中,赵高对秦二世说:"现在陛下出巡,应该趁机诛杀一批郡县官吏,这样既可排除异己,又可威震天下。当今时代不是崇文,而是尚武,望陛下赶上时代步伐,不要多虑。"秦二世又听进去了。于是,法令日急,诛杀累累,群臣人人自危,官吏个个不安,老百姓更是手足无措,整个秦朝帝国到处都成了屠宰场。

赵高唆使秦二世进行大屠杀,自己任郎中令也杀人甚多,引起朝野内外的普遍怨恨。为了避免大臣朝奏时的指责和进一步控制国柄,他对秦二世说:"天子之所以高贵,就是因为只许群臣闻声,不准他们见面,故号称为'朕'。况且陛下还很年轻,未必精通全部政务,现今坐在朝廷上会见群臣,一旦某事处理不妥,就在大臣面前暴露了短处,这不是向天下人显示自己神明的办法。如果陛下取消朝会,深居禁中,由我和个别精通政务的侍臣助陛下处理,那么大臣们就不敢欺骗陛下,凡事均可处理恰当,天下臣民就会都称赞陛下是圣明君主了。"赵高的用意非常明显,即彻底架空秦二世和专擅朝权,但秦二世却深以为然。他取消朝会制度,日居深宫之中,群臣奏事皆由赵高代行处理,而胡亥则成了一个名副其实的孤家寡人。

此时,不满秦暴政的农民起义已经爆发,天下震荡,六国诸侯复立,均把斗争矛头指向秦朝官府,而深居禁中的孤家寡人秦二世,竟然不知道这一严重局势。

第二章　皇后妃子篇

后妃执政第一人的宣太后

秦朝的宣太后是个奇女子,后妃执政肇始于她,并长达 41 年;而她用以安定边患的奇招,更是令后世众说纷纭、长期争论。

公元前 4 世纪末至 3 世纪初,正当从西部崛起的秦国在战场上剑拔弩张地同六国争霸之际,内宫中发生了一件风云大事,这就是秦宣太后先私通义渠王,后诱杀之的带有神秘色彩的事件。

先河:后妃执政第一人

关于秦宣太后先私通、后诱杀义渠王这件事,史书是有记载的。据《后汉书·西羌传》所载:

(秦)昭(襄)王立,义渠王朝秦。遂与昭王母宣太后通,生二子,至赧王四十三年(即秦昭襄王三十五年,公元前 272 年),宣太后诱杀义渠王于甘泉宫,因起兵灭之。(秦)始置陇西、北地、上郡焉。

尽管这一记载十分简略,但其情节已显得很离奇,引发后来的史学家为之困惑及争论。如以顾颉刚先生为代表的"怀疑派"就在《秦与西戎》文中公开对此事质疑说:"范晔(《后汉书》作者)之说未必绝对可信。"他认为,此事是范晔的杜撰附会。其理由主要有三:一是认为作为国君之母的宣太后不可能与一个少数民族部落首领行"苟且"之事;二是认为宣太后已是七

十老妪,"白发翁妪相对言情"不可能进行;三是担心"此美人计已行之过迟"。顾颉刚先生此"怀疑"的粗疏之处其实是忽略了宣太后是一位自主意识极强,善于根据形势的需要而采取相应对策的政治家。须知,政治家是只讲目的而不择手段的,男政治家可以如此,宣太后作为女政治家又何尝不可以如此?

公元前307年,秦武王同力士孟说举行举鼎大赛,那是男人为好强而显示力量的比赛,不幸的是,武王"绝脰"(巨鼎压断了脚)而死。昭襄王继位,因为他尚且年幼而由其母宣太后主持政务。

宣太后是秦惠文王的次妃,姓芈,本楚国王族。她的主政,首开中国古代历史上后妃掌权先河。《后汉书·后纪序》说:"自古虽主幼时艰,王家多衅,必委成冢宰,简求忠贤,未有专任妇人。割断重器,惟秦芈太后摄政事。"李贤为这段记载作注说:"太后,昭王母也,号宣太后。昭王立,年少,宣太后自知事,以同母弟魏冉为将军,任政,封为穰侯,太后摄政,始于此也。"

宣太后执政,是对中国古代帝王后妃制度一次强有力的冲击。

后妃制从确立之日起,就用礼教法规的形式将后妃们置于帝王天子的脚下。《周易》说:"女正位乎内,男正位乎外。男女正,天地之大义也。"。内是要服从外的,所以女子要服从男子。班固在《白虎通·嫁娶》中说:"天子之妃谓之后,何?后,君也。天下尊之,故谓之后。"这里所谓天下尊之,其尊者仍为天子其人,而不是后妃其人。尊后妃的实质,仍是尊天子。

一个简单的数据就可以说明帝王与后妃之间的不平等关系:被儒家宗师孔子推崇备至,一再宣称"周监于二代,郁郁乎文哉!吾从周"的周代后妃制度规定,天子一人可以立后、三夫人、九嫔、二十七世妇、八十一御妻,即一个帝王可以拥有121个女人。这公平吗?所以在某些适当的时机,有机会获得权力的后妃,当然也可以反其道而行之。

先不说宣太后执政的效果究竟如何,仅凭她开创了后妃执政这一冲破男人执政的传统观念的"新生事物",就值得充分予以肯定。自她以后,后妃执政的记载史不绝书。如:西汉吕后秉承刘氏天下的基业,几乎要将刘姓王朝改为吕家王朝;汉元帝的王皇后当政并终于导致王莽篡汉建立新朝;东汉有章帝窦太后、和帝邓太后、安帝阎太后、顺帝梁太后、桓帝窦太后、灵帝

何太后六后临朝……其中突出者如吕后、武则天等,还得到了史家的高度评价。

宣太后执政,虽是后妃执政的第一次,从她执政即知"以同母弟魏冉为将军,任政,封为穰侯"可看出她对政事并不陌生。因而,她与义渠王的离奇故事,应该放在当时的背景下,才可以正确理解。

献身:政治与欲望的交集

在宣太后主政之前,秦国经商鞅变法已强盛起来,开始了图谋称霸的宏伟事业。但在它进攻楚、齐、赵、魏等国的时候,背后却有一个隐患,即义渠戎。义渠戎是当时一个势力强大的游牧部落,其活动范围十分广阔。作为秦国的邻国,它山势险峻,物产丰富,地域辽阔,在义渠王的统治之下,它厉兵秣马,励精图治,对秦国更是百般提防,严阵以待。自秦惠文王始,义渠戎的强大即威胁着秦国。秦国的力量虽远远强于义渠戎,但因其流动作战,又不能将其彻底制服。

秦昭襄王即位后,主政的宣太后即处心积虑地对付义渠戎,想使其驯服,解除东进时的后顾之忧,但始终不敢贸然出击。边界上的试探性进攻,每回都是损兵折将,占不到丝毫便宜。面对这样一个强大的邻国,宣太后既害怕又眼馋。她决心要征服义渠戎,但除了用兵之外,还有没有可以不战而胜的其他办法?

宣太后派人对义渠戎的情况进行了全面调查,不久就发现:义渠王治国有方,但贪欢纵欲,对床第之乐过于沉湎,而且色胆包天,不论男女,不分美丑,只要能勾动他的淫心,他都要骑马上阵,奋战不止;尤其当遇到姿色非凡的靓女娇娘,他更是视如珍宝,连命都可以奉送,并且一爱到底,久不变心。

宣太后心中有数了,她知道自己才三十余岁,仍然青春貌美而且自己青年寡居,本也有一颗蠢蠢欲动的心,经常躁动不已。既然自己需要,又于国有利,何尝不可以利用呢?机会很快就来了。

得知义渠戎要举行盛大的祭祀活动,宣太后将国事安排妥当,便以"昭王立,义渠王朝秦"需回拜为由,打扮得极其妖娆美丽,带了几大车珠宝,前

汉画像砖:《辎车卫从图》

往义渠戎祝贺。宣太后此行没带一兵一卒,连宫廷内卫也免了,只带了两三名奇丑无比的小丫鬟,作为她美貌的陪衬。

义渠王见宣太后只身前来,又带来数车珍宝,对她的"祝贺"既放心又高兴,于是在宫廷大摆筵席款待。宣太后在这种场合毫不怯场,以她的巧言,声情并茂地极言义渠戎的强盛及义渠王的雄才大略,极言臣民百姓对他的拥戴和自己对义渠戎的向往。说得义渠王满心欢喜,高兴异常,酒喝多之后,自负的笑声把廷内尘土都震得飞扬起来。酒席散了,众臣退朝。宣太后请求晚上在后宫设宴,她要单独答谢义渠王的热情款待,义渠王一口答应。他正担忧宣太后不日就离国出城,很有些好景难以长久的感叹。

后宫的夜晚,红灯高挂,香烛遍燃,空气中有一种令人陶醉的粉红色流萤在飘动。宣太后使出浑身解数,对义渠王大献殷勤。她亲自监厨,做出一席具有异国风味的美味佳肴,又搬出从本国带来的百年封缸醇酒,坛盖打开,异香扑鼻,令人陶醉不已。义渠王兴奋得不得了,食欲大开,举樽就要猛食,宣太后却用纤纤素手拦住了他。她娇嗔一笑,说:"妾还有最好的礼物未献上呢。"说着,走向后房浴室,用香液洗浴了一番,换上艳丽轻薄的霞裳,姗姗走了出来。

此时义渠王正在纳闷,不知宣太后将献上什么稀世珍宝。正寻思间,见

到出浴的美人,怔住了,呆定了,懵傻了! 宣太后今夜打扮得活脱脱如一位
下凡仙女:一身的仙容仙姿仙貌仙气,让人不看则已,一看便神魂颠倒,爬不
起来。而且,宣太后除一身仙气外,还多了诱人的凡间媚艳,薄纱内的肌体
隐隐绰绰,似隐还露,百般的性感。这就是宣太后"最好的礼物",义渠王豁
然明白了。也就在这一刻,他的食欲换成了淫欲,欲火烧得他周身燥热。

宣太后与义渠王浅斟慢酌,呢喃絮语:她谈一谈对君王英武神勇的倾
慕,诉一诉夫君死后年轻守寡的孤寂,说一说彻夜难眠、更鼓烦心、无人相依
相伴的苦痛,也道一道梦中情人倏忽来去,云收雨住仍是空寂的怅惘。讲到
揪心处,潸然泪下,柔若无骨的娇躯,摇摇欲倒,叫人不能不爱怜。义渠王看
着这一切,邪心越发大动。他甩掉酒杯,趋步上前,把宣太后揽在怀里,满是
胡渣的下颌火速凑了上去……

这一夜,在无声而剧烈的肉搏中过去了。宣太后满面桃花,内心却异常
平静;义渠王四肢酥软,心头满足异常。为了随时享受这艳福,义渠王不让
宣太后回国,而宣太后却半推半就,模棱两可。义渠王说:"你我和睦相交,
也于国家有利。往后两国亲上加亲,永不开战,何乐而不为?"宣太后终于在
义渠王怀中点头了:"妾就依大王的,我儿昭王骂我有辱祖宗,也是顾不得
了。往后,我定当以妾之身好好服侍大王。"

此刻宣太后的内心无比快乐,她知道她已经解决了义渠戎对秦国的边
患大忧,驯服义渠王的政治目的达到了,现在秦国可以放心地去同东方各国
打仗,而不必再担心后方了。同时,身为青年寡居的她,也不会再夜夜独床
难眠。

这里,需要专门谈一谈作为国君之母的宣太后与一个少数民族的部落
首领有男女之情是否"苟且"的问题。很显然,这种认识是后来的封建理论
及大汉族主义所形成的。

关于男女关系的演变,是有历史特点的。在战国时期,社会上,尤其是
诸侯宗室贵族上层,男女关系是比较开通的,并不像后来的那么严肃认真。
比如:卫宣公为公子时,即与其父之妾夷姜私通,生下急子,继位后,又公开
以急子为嗣;急子长成后,聘齐僖公长女宣姜为妻,因宣姜貌美,迎娶之时,
卫宣公竟强夺儿媳纳为己妃;宣姜其妹文姜出嫁鲁桓公以后,仍与兄长私通

……这些都说明当时上层社会的男女关系非常宽松,叔嫂通婚,继母与儿子、父亲与儿媳私通之事屡见不鲜。所以,宣太后与义渠王的私通,不要说还有政治目的,即使没有政治目的,也不必去大惊小怪。

《战国策》记载了宣太后的两件事:

据《战国策·韩策二》记载:楚军包围韩国之雍氏长达五个月,韩国连续派使节求救于秦,秦不听。韩国无法,最后派尚靳使秦。尚靳对秦王说:"韩之于秦也,居为隐蔽,出为雁行。今韩已病矣,秦师不下殽。臣闻之:唇揭者其齿寒,愿大王熟记之。"宣太后抢着说:"使者来者众矣,独尚子之言是。"并召尚子入内室,对韩国使臣大谈其床笫之事,公开说:"妾事先王时,先王以其髀加妾之身,妾因不支也;(先王)尽置其身妾之上,而妾弗重也,何以:以其少有利焉。"并当面提出要求说:"今佐韩,兵不众,粮不多,则不足以救韩。夫救韩之危,日费千金,独不可使妾少有利焉?"

《战国策·秦策二》记载说:秦宣太后爱魏丑夫。太后将病死,出令曰:"为我葬,必以魏子为殉。"魏子患之。庸芮为魏子说太后曰:"以死者为有知否?"太后曰:"无知也!"曰:"以太后之神灵,明知死者之无知矣,何为空以生所爱葬于无知之死人哉? 若死者有知,先王积怒之日久矣,太后救过不赡,何暇乃私魏丑夫乎?"太后曰:"善。"乃止。

这两条记载,第一条说宣太后可以与外国使节详谈自己的床笫之事,以此作譬要求秦国救韩必须有利;第二条说宣太后爱谁就要谁陪伴她,至死也想将她所爱的人同赴九泉,这样的事竟允许臣下公开发表意见,臣下还可以说出"先王积怒之日久"这样难听的话,宣太后不仅不生气,反而因其说得在理还称"善",并照办。这样一个对男女之事满不在乎,而又大权在手的豁达女人,还有什么事做不出来呢? 所以,由她主动与义渠王为某种政治目的而发生男女关系,并没有什么了不起;同时恰恰证明,她并不认为女人就低男人一等,女人色诱男子就是付出,就是吃亏,这正是典型的女权主义思想。

诱杀：三十载恩爱换得花下厉鬼

宣太后与义渠王成就的"好事"，使得秦国在昭襄王时期可以放心地不断同东方各国打仗，再无后顾之忧。史书未载有义渠戎趁机攻秦之事。这至少说明了宣太后"献身"这一策略的成功。

宣太后与义渠王私通后，不时地在秦国与义渠戎之间往返，尤其在昭襄王逐渐年长亲操国事后，宣太后更有在义渠王后宫一住就是几年的举动。秦国朝内对此议论纷纷，许多臣子上书秦昭襄王，要求向邻国发兵，请求让太后回秦。深明其中缘由的秦昭襄王对此一概不理，反而对秦国大臣们说："母后生性好游，到邻国寻访名山大川，这有何虑？你们为文臣的，要研究治理天下之道，为武将的要整军肃武，养兵千日，用兵一时。寡人自有安排，此事不要多言。"偶尔，他还派使臣致书一封，感谢义渠王悉心照顾他的母后。

宣太后住在义渠王后宫，她出色的演技加以义无反顾的献身精神，赢得了义渠王彻彻底底的宠爱；她还先后为义渠王生了两个儿子，这两个活泼可爱的孩子则有力地巩固了她在义渠戎的政治地位。也就是在此情况下，义渠王已完全丧失了对宣太后的戒备之心，让她完全掌握了义渠戎的军事情况，而不知她正秘密地同国内保持着联系。当义渠王撤去义渠戎在与秦国边界毗邻地区的驻军后，宣太后告诉昭襄王，没有后顾之忧了，可以放手发动对东边的进攻。

公元前3世纪初，秦国采用远交近攻的策略，拆散中原各国针对秦的"合纵"，向魏、韩展开了大规模的进攻。公元前294年，秦攻占韩的武治（今河北武安县南）、新城（今河南密县东南）；第二年，秦国大将白起攻其不备，消灭韩、魏联军达二十四万多人，攻占魏、韩五城。公元前292年，白起又攻占魏的垣（今山西垣曲县）和韩的宛（今河南南阳市）。公元前290年，秦将司马错率军又攻占魏的轵（今河南济源市东南）和韩的邓（今河南孟州市西）。秦取得了宛、邓这两个冶铁手工业地区，更增强了力量。魏被迫割河东之地四百里（今山西西南一带）给秦；韩被迫割武遂之地二百里（今山西垣曲附近）给秦。从此，韩、赵已无单独抗秦之力了。公元前278年，白起率秦军攻楚,直捣楚都郢(今湖北江陵),楚军溃不成军,无力还击,秦以郢地为南郡;次年,又攻占巫(今重庆巫山东)、黔中(今湖北沅陵西),设立了黔中郡,楚国也衰落了。

就在秦国放手向东边进行扩张时,宣太后与义渠王的关系已维持了二三十年。私通既久,又生了子嗣,义渠王对宣太后不仅毫无戒备之心,更是宠爱、信任之极,哪怕她已青春不再。可是,他哪里知道,他只是宣太后因为政治目的而玩弄于股掌上的一枚棋子,既是如此,就注定了被抛弃的结局。

公元前 272 年,义渠戎发生百年不遇的大灾荒,宣太后知道机会来了:秦国向东发展大见成效,实力大增;义渠戎已无力对秦边境构成威胁;她也又有了魏丑夫这个面首。于是宣太后对义渠王说:"我们两国已是一家人了,需要有难同当。义渠戎灾年,百姓饿殍遍野,人心思乱,于社稷不利。待妾回国,运粮以赈灾,大王意下如何?"义渠王正为灾情犯愁,闻言大喜,亲自设宴为其饯行,并含泪叮咛:"此去早早归来,寡人没你茶饭不思,孩儿没你整夜叫娘啼哭不止。"

宣太后的脸上挂满眼泪,满面不舍。但她回到秦国后,并没有将粮食运到邻国去解那里的缺食之困,而是派了一队精兵,以她亲手所绘地图为凭,突袭义渠戎京都。义渠王对奉宣太后来的秦军未有防备,被生擒后才意识到是宣太后的阴谋。被斩杀于甘泉宫前夕,他恨恨地说:"我是欲火烧瞎了眼,引狼入室,罪有应得;但没有想到宣太后是如此狠毒。"

斩杀义渠王后,秦立即发兵向义渠戎进攻,吞并了大量土地,得以开辟陇西、北地、上郡这三个郡。

宣太后先私通、后诱杀义渠王这件事其实并不神秘,它不过是一位握有权力的女人为达到其政治目的而采取的一种奇特手段而已;只是这种手段充满了女权主义的色彩,为后世所少有罢了。

皇后空缺之谜

中国古代帝王有众多嫔妃,后妃制度中的"第一夫人"又称皇后。秦始

皇是中国皇帝制度的肇始者,其制度除皇帝外,还有太上皇、皇太后及皇后等,但秦始皇终其一生都未立皇后,原因是什么呢?

秦始皇王统一六国后的公元前221年,确定了秦帝国的首脑称"皇帝",他自称"始皇帝",随之确定了皇帝的权位以及皇帝至亲的尊号,父曰"太上皇",母曰"皇太后",正妻曰"皇后"。随即秦始皇就正式追尊其父庄襄王为太上皇,其母赵姬为皇太后。但是,他却始终没有册封皇后。秦始皇的身边不会没有嫔妃,那么,他为何不立皇后呢? 人们对其中的原因进行了猜测。

《中国宫廷之谜》一书认为,秦始皇终生没有立皇后,是立后制形成以来唯一没有立皇后的皇帝,以致秦始皇陵园内一墓独尊而没有皇后墓。其原因是:一、最有可能也是对其影响最大的,当是其母的行为给他带来的巨大心理创伤和心理扭曲;二、秦始皇自命不凡,自认功德超过了三皇五帝,于是左看右看,后宫佳丽中竟没有一个人能符合他的标准;三、他心气极高,担心有了皇后会对他有所掣肘,妨碍他实现远大理想;四、对长生不老的浓厚兴趣和孜孜追求,在一定程度上抑制了他对其他事情的兴趣。

秦兵马俑博物馆副研究员张敏认为,秦始皇在有机会立皇后的时间内未立皇后有许多原因,但主要原因是很复杂的。除性格多疑恐皇后掣肘外,还与秦始皇追求长生不老和后宫美女过多有关,但重要原因还是由怨母而仇视女人的心理阴影,使秦始皇长大后在婚姻上未能健康发展。宫中众多女人,仅仅是为满足其生理需要,由母亲行为而造成的心理障碍,使他抗拒立后一事。

以上这些带有猜测性的分析应该说是很有见地的。

秦始皇的成长与独立是一段充满血腥味的经历,其间不乏暴力和残酷。9岁前的孩子应该度过欢乐的童年时代,秦始皇却身处异国邯郸,寄人篱下,还要躲避暗杀。虽然在13岁登基为秦王,但在21岁加冕前却一直受到母亲赵姬和相国吕不韦的控制。这个青春期少年想独立的能量与想反叛父母的能量都无法释放出来。而几乎周围的人都在讨论他是一个私生子的丑闻,青春期的他无法完成对自己的认可和肯定,这些压抑的情感里面对母亲的情感只能增加恨的成分。在成长的过程中,耳闻母亲先与吕不韦私通又目睹母亲与嫪毐的通奸以及两个异父同母兄弟的出生,而母亲还频频染指

秦宫秘史

秦时宫女嬉戏图

朝政,甚至在他正式加冕前与情夫嫪毐共同发动叛乱,差点把他废为平民乃至夺去生命。母亲的擅权以及不检点的行为,使秦始皇对母亲的仇恨扩大到对女性的仇恨与不信任。

当秦始皇真正掌握朝政大权后,他所有积蓄的仇恨与愤怒的力量开始爆发出来。他先镇压了嫪毐之乱,并对之处以车裂的极刑,同党皆枭首,还夷其三族;杀死两个异父同母兄弟,以斩草除根。同时,对于大功臣吕不韦也不放过,让他服毒自杀。还幽禁母亲,甚至拒绝大臣为此的劝谏。由此可见,他内心埋藏了多少仇恨、怨恨、不满、委屈。在这些强悍的报复行为的后面，其实也可以看出他内心的恐惧和担忧，即对亲人，对女人，他都不能够信任。史书说他"少恩而有虎狼心"，是与他的经历分不开的。

这样的秦始皇，自然是不会立皇后的。不仅不立皇后，他还是中国关于妇女"守节"这一极端压抑人性的封建观念的首倡者。

还在商周时期，中国就有了传统的宗法组织和宗法思想，也有宗法割据势力。秦始皇为建立专制的中央集权国家，自觉地吸收了宗法思想的精髓，并以此作为愚民手段，在全社会范围内打破了小宗法集团的格局，建立起大宗法制国家，以打击宗法割据势力并建立家天下的统治。家庭是宗法之根，秦始皇因为自己母亲的缘故，对加强维系家庭之本的婚姻制度必然有着更深刻的体会，因而在统一天下之后，秦始皇将他的婚姻观念亦即贞节观以"法"的形式颁行天下。

据《史记·秦始皇本纪》，秦始皇在他几次巡视期间的刻石中，都曾提到"贞操"问题。泰山刻石说："贵贱分明，男女礼顺，慎遵职事，昭隔内外，靡不清静。"琅邪台刻石说："尊卑贵贱，不踰次行，奸邪不容，皆务贞良。"碣石门刻石说："男乐其畴，女修其业，事各有序。"会稽刻石说："饰省宣义，有子而嫁，倍死不贞。防隔内外，禁止淫佚，男女洁诚。夫为寄豭，杀之无罪，男秉义程。妻为逃嫁，子不得母，咸化廉清。大治濯俗，天下承风，蒙被休经。"这些刻石可谓对贞节问题提出十分严格的要求。

秦始皇三十七年（公元前 210 年），秦始皇在全国巡视走到今浙江一带时，得知当地男女婚姻比较自由，经常发生逃婚事件，妇女死了丈夫以后可以再嫁。他认为这不符合封建道德和法规，便命令把诏令刻在石头上，不许再发生类似行为。这便是"会稽刻石"的来历。其中"有子而嫁，倍死不贞"，意思是指责那些带着儿子再嫁的寡妇，这是背叛丈夫的不贞行为；"妻为逃嫁，子不得母"，意思是女人如果因为不满丈夫而另找对象，是淫荡的伤风败俗的行为，将来她的儿子都可以不认她为母亲，别人发现了杀掉她也无罪。秦始皇在"会稽刻石"中还明确表示：妇女守贞绝非一件普通的小事，而是关系天下"嘉保太平"的大事。在这个刻石中，秦始皇很明白地把自己放在了封建道德卫道士的地位上。

秦始皇的"守节"主张不仅表现在诏令、刻石上，并且还付之于行动。

他对一些"不贞"的妇女，进行了处罚，甚至对自己的生身母亲也不例外。他还对巴郡的一位在丈夫死后独立支撑家业，不再改嫁的名叫清的寡妇情有独钟，将其列为楷模，树立在全国提倡妇女贞节的典型，专门为其修了一座"女怀清台"，以为倡导妇女守节的标志。

巴郡寡妇画像

关于"名叫清的巴郡寡妇"，不知何姓，"清"应是其名，早年死了丈夫，故通称为"巴寡妇清"。清的前辈发现了丹砂矿，经数世经营，在战国时已是经营丹砂矿的大工商主了；到秦代，清承袭祖业后，雇佣濮人采掘丹砂，因经营有方，故产业很为兴旺，超过其前辈，所积累的资财多得无法计算，成了远近驰名的人物，深受世人敬仰。《史记·货殖列传》对此有记载：

巴寡妇清，其先得丹穴，而擅其利数世，家亦不訾。清，寡妇地，能守其业，用财自卫，不见侵犯。秦皇帝以为贞妇而客之，为筑女怀清台……清穷乡寡妇，礼抗万乘，名显天下，岂非以富邪？

清虽然只是一位妇道人家，却善于经营，而且能"用财自卫，不见侵犯"，成为巴蜀地区的大富豪，"名显天下"达于秦廷。于是，连千古一帝秦始皇也认为清是一位了不起的人物，尤其是对她夫死不嫁的守贞行为，极为欣赏，情有独钟，特地召见她，待之以宾客之礼，对她大加赞赏，将她誉为一位精明能干而重操守的女强人，封她为"贞妇"；又特地派人到巴郡选择了依山面水，风景秀丽的巴郡龙寨（今重庆长寿区千佛乡寨沟村）修筑了一座"女怀清台"，以表彰她发展丹砂生产的功绩和坚守贞操的人品。

巴寡妇清发展丹砂生产，经营有方的功绩不用说是显示了她的过人之处，以此称她为女强人完全符合事实。不过，至于她"坚守贞操"的美德，却实在与经营丹砂挨不上边，而秦始皇却将此作为表彰内容之一，则说明他对"贞操"的大力提倡。

"女怀清台"后世称为"寡妇清台山"。明清以后，"怀清台"以"龙寨秋容"被列为长寿县八景之一。明末"复社"著名文人金俊明有《读史·怀清台》诗云：

丹穴传赀世莫争，用财自卫能守贞。

祖龙势力倾天下，犹筑高台礼妇清。

此诗赞颂了巴寡妇清的非凡才能，同时也称赞了秦始皇的政治远见。

在秦统一前，男女关系实际上是比较自由的，贞节观念并不强，也不构成严重的社会问题。由此可见，秦始皇是妇女守节的首倡者，他所筑的"女怀清台"也开启了后世的贞节牌坊之先河。

自秦始皇颁发妇女要守节的严格禁令后，后世开始仿效，对于贞节更加提倡。汉宣帝、汉安帝时，都有诏赐贞妇、旌表贞节之事。统治者用这种名利引诱贞节的方法极富欺骗性，多少妇女就为了这所谓的"贞节"二字而活活地葬送了自己的青春、欲望乃至生命。

第三章 龙子宗孙篇

扶苏赐死之谜

秦始皇的长公子扶苏是秦朝统治者中具有政治远见的人物,他认为天下未定、百姓未安,反对实行"焚书坑儒""重法绳之"等政策,可惜却死于"沙丘政变"的阴谋中。

扶苏是秦始皇的长公子,因其母郑妃是郑国人,喜欢吟唱当地流行的情歌《山有扶苏》,秦始皇便将两人之子取名"扶苏"。"扶苏"本义是古人对树木枝叶茂盛的形容,秦始皇以此作为孩子之名,显见对其寄托着无限的期望。

年少的扶苏机智聪颖,生就一副悲天悯人的慈悲心肠,对儒家著作有较多的学习和研究。秦始皇统一中国后,扶苏曾多次议政,对于治国、安定天下颇有见地,但其治国理念经常与暴虐的秦始皇背道而驰。秦始皇三十五年(公元前212年),侯生、卢生等人议论皇帝,并双双逃走。秦始皇听到消息后极为愤怒,下令御史进行追查,把460多名儒生全部"坑之于咸阳"。身为秦始皇长子的扶苏不同意父亲焚书坑儒的举措,多次上书谏议,劝阻秦始皇。据《史记·秦始皇本纪》记载,扶苏对秦始皇说:"天下初定,远方黔首未集,诸生皆诵法孔子,今上皆重法绳之,臣恐天下不安。唯上察之。"他希望秦始皇能明察秋毫,赶快中止错误的举动。扶苏的劝谏触怒了秦始皇,他偏执地认为这是扶苏性格软弱所致,于是下旨让扶苏去北方协助大将蒙恬修筑万里长城,抵御北方的匈奴,希望借此培养出一个刚毅果敢的人才。

扶苏墓

几年的塞外征战果然使扶苏与众不同,他身先士卒、勇猛善战,立下了赫赫战功,敏锐的洞察力与出色的指挥才能让众多的边防将领自叹弗如。他爱民如子、谦逊待人更深得广大百姓的爱戴与推崇。

就在扶苏热切期望回到朝堂一展宏图之时,他接到一道自称是秦始皇的诏书,竟是责备他办事不力,赐其与将军蒙恬自尽。这纸诏书是赵高、李斯、胡亥三人密谋"沙丘政变",拥胡亥继帝位,而改变了的秦始皇将继承权交于扶苏的遗命。大将蒙恬对这诏书起了疑心,力劝扶苏不要轻生,但扶苏为人宽厚仁义,不愿背礼,旋即自杀于上郡军中。

扶苏死了,胡亥篡位的阴谋也得逞了。可是,这一失一得,带给秦帝国的是什么?许多人认为,这结果加速了秦帝国的崩溃和灭亡,而扶苏本是唯一可以改变这种进程的人选。

扶苏有大仁、大智、大勇。当秦始皇横扫天下,统一六国后,自认为"寡人以眇眇之身,兴兵诛暴乱,赖宗庙之灵,六王咸伏其事,天下大定。今名号不更,无以称成功,传后世。其议帝号",而那帮包括廷尉李斯在内的重臣皆逢迎说秦始皇的功绩"上古以来所未有,五帝所不及",导致横征暴敛、苛刑酷法时,秦帝国面临的巨大危机有几个人能够清楚、冷静地看到呢?扶苏看到了。他不仅看到了,而且宁愿冒着失去父皇信任的巨大威胁,为天下苍生请命,数次犯颜直谏。不是秦帝国的政治精英们看不到秦始皇好大喜功、挥霍无度所给国家造成的灾难,而是他们或无仁心,或苟安于富贵,不敢拂逆龙鳞去谏言罢了。

公子扶苏

秦始皇一方面将扶苏外放北方监军,让他到自己最信任的率有秦国最精锐军队的大将蒙恬那里去,一方面又在行将去世时留下"以兵属蒙恬,与丧会咸阳而葬",即将皇位继承权交于扶苏的遗命。这说明,秦始皇在心里是基本承认扶苏的仁政国策的,只是不允许他在自己的有生之年,推翻自己之前所定的国策。秦始皇只在临死时,才会将巨大的权力、责任与希望都交给扶苏,一个自己不喜欢其直言敢谏,却不得不承认其忠言良策大善的儿子,而且扶苏是长子,是已经世事磨砺的无可争议的传位第一人。

统一天下后,秦始皇曾五次巡游。尽管他在巡游天下时到处留下的石碑上大量刻写自己的武功,以期永垂不朽。但是,严峻的事实也在告诉他,

治天下毕竟不同于取天下。秦自商鞅变法,历时已经130多年,秦的故地关中已经完全适应了秦国的严法酷刑那一套管理,但新统一的关东诸国贵族及民众则持强烈的对抗态度。因此,国策似有调整的必要。

扶苏墓

扶苏说"天下不安",他说的难道仅仅是些儒生吗?当然不是,而是六国贵族尚存的强大实力以及民众不堪秦暴政的反抗力量。秦始皇对此必然也是深有体会,他的数次遇刺以及"楚虽三户,亡秦必楚""始皇帝死而地分""今年祖龙死"等谶言,无不使他对自己的统治产生惊悸。

如何巩固秦帝国政权,这是每一个秦国执政者最为关心的。除了"车同轨,书同文"这样公认的治国措施外,在国家制度和法律实行上,秦帝国的众多精英们都有自己的看法,像著名的郡县制与封建制之争,李斯独建奇策,力排封建而建郡县,但最后的决定权毕竟还是操在秦始皇手里。统一法律当然必不可少,但关键不是法律的天下一统性,而是其定法尺度,即能否用与以前同样或更加严酷的法律来运用于刚刚统一,法制基础薄弱,关东诸国贵族及民众对秦政权还充满仇恨的这一阶段。是不是应该像周灭殷朝后那样,宽刑简政,与民休息,缓解各方面尖锐重大的矛盾?还是像历史事实那样,继续实行在关中被证明完全可行的严法酷刑以及劳役繁重、税赋暴敛?

扶苏显然属于以史为鉴派,后来诛杀赵高的秦王子婴也同属此派。他

中华宫廷秘史

秦时宫女幽会图

们认为秦法虽然可用于关中，但未必可用于关东六国。事实上关东六国虽然也以法制为基础，但法律的严酷及完密性远远不如秦国，因此动辄就重罪获死的秦法确实无法让关东诸国民众在短时期内就适应。毕竟秦在关中已有130余年的苛法酷刑实施历史，而秦统一天下不过才数年时间。后来的历史发展事实证明扶苏的国策观是完全正确的，秦帝国确实亡在了酷法暴政上面。同样统一天下，为什么西汉就能够长治久安，而秦却二世而亡，其中最为重要的原因就是仁政与暴政的区别。六国贵族要反抗秦帝国是很正

秦朝酷刑·五马分尸

常的结果。而陈胜、吴广之流,那些起事的平民者,使他们不畏死的原因难道不就是饥饿、酷法吗?反正是活不下去了,那就反了吧,或许还有活路。于是,那个横扫中原时强大得让人望而生畏的强大帝国遂二世而亡。

但是扶苏最终是自杀而死的。被一个名义上的秦始皇诏书赐死,诏书上给他列举的罪名是"为人不孝","士卒多耗,无尺寸之功","上书直言诽谤"。而事实的真相是:秦始皇死于巡游途中,遗诏令扶苏"与丧会咸阳而葬",秦始皇没有立过太子,此遗诏实际上已立扶苏为太子。赵高就对李斯说过:"上崩,赐长子书,与丧会咸阳而立为嗣。"遗诏本是最为权威的旨意,扶苏在正常逻辑下必定为秦二世皇帝。但是,一个改变了秦帝国及中国历史进程的人在这时出现了,这就是赵高。

赵高主动向公子胡亥提出篡位建议,并以战国纵横家的滔滔辩才先后

出塞图

说服了胡亥及只想长保富贵的丞相李斯。一代雄杰李斯竟然被赵高的三寸不烂之舌说得"仰天而叹,垂泪太息"。读赵高说辞,可以说无愧于任何一位战国纵横家,其危言耸听之程度实在是直指人心,让对方避无可避,逃无可逃。赵高明知这样做必然会乱秦亡秦,而他却就要这么做,《史记·李斯列传》中有他想称帝未成功的记载,这即是说,赵高乱秦是为了篡位,其结果是导致秦的灭亡。

秦始皇出巡图

胡亥要当皇帝,那么秦始皇指定的继承人扶苏就必须死。扶苏之死,既是他个人的命运悲剧,也是一个强大帝国的历史悲剧。如果扶苏成为秦帝国二世皇帝，或许中国历史上会再出现一个明君与盛世。在帝王制度之下，一个皇帝自己的贤德如何，才能高下，于国于民太为重要。为什么一个公认贤仁公子竟被赐死？原因很简单，就是权力的诱惑。

虽然秦始皇的死亡是必然，但他死于沙丘却是偶然。如果秦始皇死于秦都咸阳，那么胡亥、赵高及李斯篡位夺权的阴谋几乎不可能产生，正因为他死于沙丘，群臣均不在身边，所以赵高才敢对李斯说"定太子在君侯与高之口耳"。于是，胡亥为了皇位，李斯为了长保权位，赵高为了获得更大的权力而勾结在了一起，密谋了政变的方略。

有的人以为，既然一切都是秘密的，那么只有胡亥、赵高、李斯三人知道的将权力交于扶苏的遗诏改为矫诏立胡亥，政变就可以成功，为什么一定要扶苏死呢？这不是反而自露篡位的破绽吗？蒙恬就曾经向扶苏提出过诏书的可疑性，而天底下定有更多的人知道扶苏是死得蹊跷和冤枉的。《史记·陈涉世家》记载陈胜在起兵时曾说："吾闻二世少子也，不当立，当立者乃公子扶苏。扶苏以数谏故，上使外将兵。今或闻无罪，二世杀之。"显然，发动政变的三阴谋者认为，光有秦始皇传位胡亥的遗诏还不保险，必受怀疑，因为立嫡以长确实在春秋战国及秦国已经成为宗法制度，而且当时秦帝国朝野上下都认为扶苏是太子的最大热门人选。斩草除根，从肉体上消灭最大的政敌，是三个篡位者的共同想法，扶苏当然必须死。

许多人看到司马迁记录的扶苏接到诏书后的态度是"泣"，即大哭，于是认为扶苏软弱、愚蠢，没有魄力。试想，扶苏突然接到赐他死的诏书，他会怎样想？如果诏书是真的，那只能认为是父亲已经选定了太子，继位者不是他，因此父亲要替未来的新君除掉潜在的最大政敌，而以秦始皇的性格是完全可能这样做的。如果诏书的真实性值得怀疑，那也只能说明秦始皇已经遇到危险甚至已经死亡，而新君要铲除政敌。

扶苏该怎么办？他必须作出艰难的选择。他不能说诏书有假，那样他就必须面临公开选择，拒绝和反叛，那就是不忠不孝。诏书要他死，他就只能死，无论这诏书是秦始皇还是新君颁发的，他都只有服从。

有的人认为扶苏为什么不反叛？而且想当然地认为手握重兵的蒙恬必然会支持他反叛。这实际上是不可能的事。秦之法治已经一百多年，早已

秦时宫女赏景图

深入关中民众之心，而蒙恬手握的 30 万大军，完全是由关中民众组成的秦军精锐，他们的父母妻儿都还在关中，包括高级将领和普通士兵。他们一反叛，关中的亲人就得人头落地，财产充公。利益权衡之下，而且是在没有人知道秦始皇已死的情况下，有多少人会支持扶苏的反叛呢？即使是知道胡亥已经篡位，又会有几个人敢去反对那名正言顺，有秦始皇遗诏明示的新君呢？

　　以扶苏的性格和睿智，无论这诏书是真是假，他也不想不忠不孝，不想

二公子胡亥

反叛国家。面对父皇是如此,面对新君也是如此。因为他清楚地知道,秦帝国所面临的巨大危机,再也经不起父子反目、兄弟阋于墙。因此父要子亡,子不得不亡;君要臣死,臣不得不死。为了秦帝国最高执政集团即秦皇室的团结,为了关中这个秦帝国最为重要基地的稳定以及关中文臣武将的团结,为了秦帝国千载万世的传承,他只能牺牲自己,只能成为祭品。他不能反叛甚至也不能逃亡,因为他一逃亡,执政集团就可能分裂,而天下早已蓄势待发欲行反叛的六国贵族及民众更不会错过这种绝佳的起事机会。所以,扶苏只能选择"泣"而自刎。

　　扶苏死了,倘若他不死又继承了皇位会怎样? 他行仁政是必然的,这样

胡亥墓公园

也许秦帝国的时间会长久一些吧。但或许他的仁政一时未见明显效果，而陈胜吴广仍然起事，项羽刘邦亦随之而发，也许还会有巨鹿之战，但或很难有章邯之降了。这么说来，秦帝国的灭亡时间至少是可以向后推数月或数年的，甚至不亡也未可知。即使再回到战国时代，秦也可以自保关中，再重新统一天下。可惜，历史没有假设。但至少可以知道，他必定会改变秦始皇的苛政，而行仁政。章太炎先生曾在《秦政记》一文中说："借令秦皇长世，易代以后，扶苏嗣之，虽四三皇、六五帝，曾不足比隆也，仅有后世繁文饰礼之政乎！"这是极精辟的见解。试想，倘若沙丘改诏之事不曾发生，或者虽发生而未能得逞，扶苏继承皇位，定是一位贤明之君。那么，秦汉历史将会被改写。可惜，历史没有给他这种机会。

扶苏的仁厚与牺牲并没有换来秦帝国的万世平安强大，他的死实际上加深了秦帝国的危机。篡位的胡亥和赵高，更加严酷的统治和屠杀政策使天下人忍无可忍，秦帝国迅速崩溃了。

秦·士兵铠甲

子婴身世之谜

在秦朝的历史上，子婴其人很有一定的历史地位，乱秦政的赵高就是他所诛杀的。可是，有关子婴的身世，人们却一直没有弄清楚。

秦始皇死，幼子胡亥继位，是为秦二世；赵高又杀秦二世，立子婴为秦王；子婴不满赵高专权，设计诛杀了赵高；刘邦攻入咸阳，子婴投降；项羽进入咸阳，又杀子婴。子婴虽然当秦王只有 46 天，但在秦朝的历史上，子婴其人是很有历史地位的。但是，关于子婴的身世却始终是个谜。因为最早记载子婴事迹的《史记》，对子婴其人的身世，就有三种不同的说法。

其一是"二世之兄子"。《史记·秦始皇本纪》记载说：赵高"立二世之兄子公子婴为秦王"。即是说，子婴是秦二世的侄子。

其二是"二世兄"。《史记·六国年表》记载说："赵高反，二世自杀，（赵）高立二世兄子婴。子婴立，刺杀高，夷三族。"即是说，子婴是秦二世的兄长。

其三是"始皇弟"。《史记·李斯本纪》记载说：赵高"自知天弗与，群臣

国学经典文库

弗许,乃召始皇弟,授之玺"。即是说,子婴是秦二世的叔父。

子婴为"二世兄子"不可能

在这三说当中,"二世之兄子"一说较为流行。从东汉班固一直到近现代,多采用这一说法。因为《史记集解》发现了这一记载有差异,而《史记索隐》则认定"始皇弟"中的"弟"字有误,当为"始皇孙"。所以就连影响很大的《辞海》《辞源》这两部著名的大辞书,也都一致认为子婴是"二世兄子"。有的书甚至还指明是扶苏之子。不过,虽然"二世兄子"之说法已是大势所趋,似乎是定论,但细究历史,却并不可能。

首先,从年龄上推算,子婴为"二世兄子"是不可能的。如果子婴为二世兄子,即二世的侄子,就假如他是秦始皇长子扶苏的长子吧,那么,秦始皇只活了51岁,假设他18岁生扶苏,扶苏18岁生子婴,到秦始皇死时,子婴也只有14岁;胡亥在位3年,到子婴继胡亥为秦王时,最大也不过17岁而已。可是《史记》却有几处记载着子婴被赵高立为秦王时,曾与其子商量诛杀赵高之事。如《秦始皇本纪》记载赵高立子婴为秦王,"令子婴斋,当庙见,受王玺。斋五日,子婴与其子二人谋曰……"。从这条材料可见,子婴不仅有两个儿子,而且年龄已不小,能参与一道商量诛杀赵高之事。如此看来,子婴为秦始皇孙,是"二世兄子"这一说不能成立。

其次,从社会地位观照,子婴也不可能是"二世兄子"。如果子婴是秦始皇孙、二世兄子,前面已经推算过,最大不会超过17岁,在社会上绝不会那样声誉显赫。据《史记·秦始皇本纪》记载,赵高在杀害秦二世另立新君时说:"吾欲易置上,更立公子婴,子婴仁俭,百姓皆载其言。"在这里,赵高的话可能有夸大之处,不可全信。但是如果没有一点根据,恐怕也不能凭空说"百姓皆载其言",可见子婴在当时的统治阶级中是有一定影响的知名人物。

再次,从对文字记载的正确理解看,子婴也不可能是"二世兄子"。明确记载子婴为"二世兄子"的,只有《史记·秦始皇本纪》中的那一条材料,别处未见相同记载;但此文的全文是"二世之兄子公子婴","子婴"是人名,

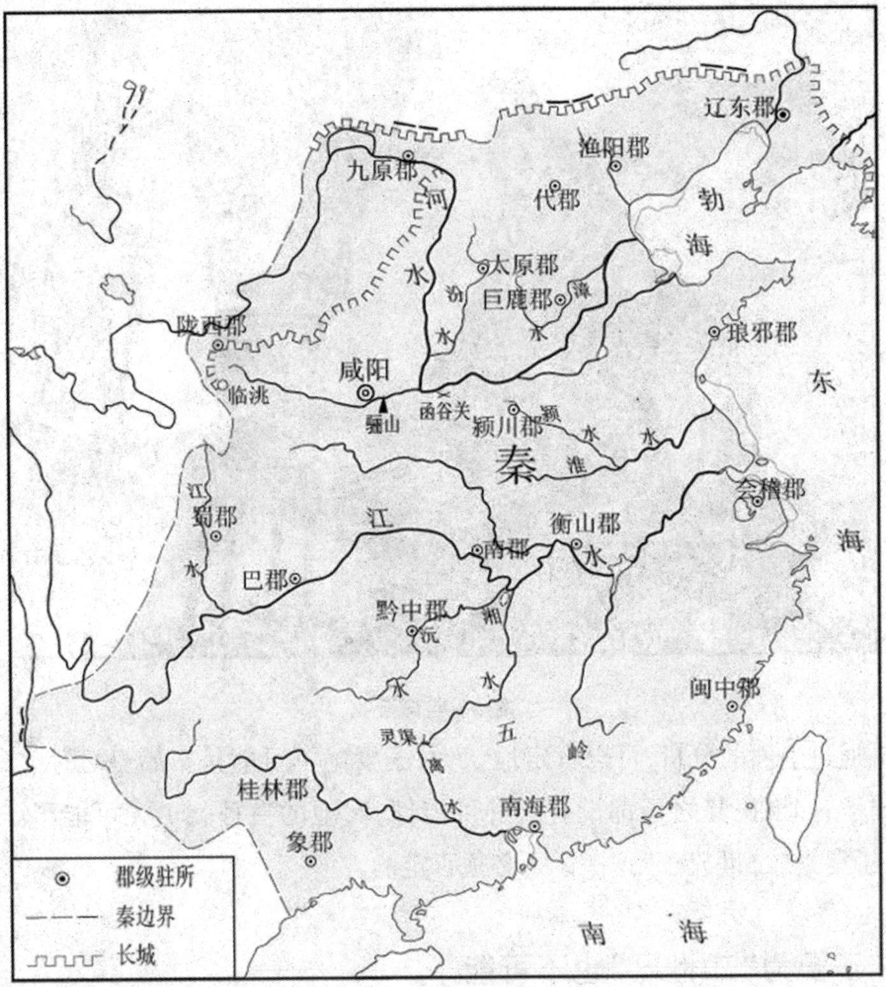

九原郡
河
水
辽东郡
渔阳郡
代郡
勃
海
陇西郡
太原郡
汾
水
巨鹿郡
漳
琅邪郡
临洮
咸阳
骊山
函谷关
颍川郡
颍
水
淮
东
秦
会稽郡
蜀郡
水
江
衡山郡
海
巴郡
南郡
黔中郡
沅
湘
水
闽中郡
灵渠
五
岭
桂林郡
离
水
南海郡
象郡

⊙ 郡级驻所
--- 秦边界
〰 长城

南　　海

中国古代秦朝疆域

那么"兄子公"这三字似难理解，故此处的记载似有可疑之处。至于《史记·六国年表》中的那句赵高"立二世兄子婴"理解为"二世兄的儿子名婴"显然不正确，此处的"子婴"是作为一个人名提出来的，而不能把"子婴"二字拆开，分别作"儿子"和"子婴"讲。因为从上下文看，"立二世兄子婴"和"子婴立"是紧接着的，显然"子婴"在文句中是作为一个整体而言的。又如《史记·李斯列传》"始皇弟"条下，《史记集解》引徐广话说："一本曰'召始皇弟子婴，授之玺'。"在这里，徐广之所以要引"一本曰"，就是徐广认为另一种本子提供了"弟"的名字。可见，在文字记载中也只有一条孤证说子婴是"二世兄子"，其他的记载都不能作为这种说法的依据。

秦始皇与李斯

通过上面的分析,可以肯定地认为,子婴绝不可能是秦始皇之孙、二世的兄子;如果扶苏之子都没有这种可能性,其他的皇孙就更无可能了。所以,子婴是"二世兄子"这一说是必须否定的。

子婴为"二世兄"也不可能

关于子婴为"二世兄"的说法,《史记·六国年表》的记载"立二世兄子婴"是比较明确的,但也仅此一条材料而已,还未见有其他相同的记载。所以仅凭这一点,还不能充分肯定它就是正确的。如果结合其他情况加以分析,子婴为"二世兄"之说也是有问题的。

虽然,从年龄上说,子婴如果为"二世兄",必在 23 岁以上,最大可达 30 岁左右,可能有 10 多岁的儿子,与其子谋杀赵高的事,勉强可以说得过去。但是,从当时的政治形势,以胡亥当政后排斥异己大肆杀戮自己的兄弟来看,说子婴是"二世兄"是站不住脚的。

我们知道,秦始皇在世时并没有确定皇位的继承人。按照传统的习惯,

秦时宫女舞曲图

长子扶苏应当是法定的继承人,然而由于秦始皇对扶苏的某些不满,把扶苏打发出去做监军,因而并未宣布扶苏是法定继承人。只是在沙丘病危,非要确定继承人不可的时候,秦始皇才勉强决定扶苏为继承人。然而由于秦始皇猝死沙丘,赵高、胡亥、李斯遂合谋改变秦始皇的遗诏,另外伪造遗言,立胡亥为太子。据《史记·李斯列传》所载,秦始皇有二十余子,扶苏是长子,胡亥是少子。然而在"少子胡亥"条下,《史记集解》说:"辩士隐姓名,遗秦将章邯书曰:'李斯为秦王死,废十七兄而立今王'也。然而二世是秦始皇第十八子。此书在《善文》中。"从裴骃所引这段话看,胡亥乃秦始皇第十八

子,不一定是最小的,他之上还有 17 个兄长。如果按照辈分次第当权的话,那是怎么也轮不到胡亥的头上的。于是他只有通过阴谋手段,以达到夺取皇位的目的。

秦朝士兵战袍

但是,胡亥以阴谋手段篡夺帝位,这样做的结果是必然会引起其他兄弟的不满,加剧争夺权力的斗争。面对这种政治形势,胡亥听信赵高之言,对诸公子进行了大规模的杀戮。《史记·秦始皇本纪》载:"六公子戮死于杜";"公子将闾昆弟三人……皆流泪拔剑自杀"。《史记·李斯列传》载:"公子十二人僇死咸阳市";"公子高……请从死,愿葬骊山"。被胡亥杀害的"诸公子"已经 22 人,加上扶苏,已达 23 人之多。在这 23 人中,胡亥的"十七兄"自然是首当其冲的,扶苏、将闾、高,也可确其名,其他的兄长或是

小于胡亥的公子,就难以一一确定了。但是,可以肯定的是,经过这场屠杀,秦始皇的儿子、秦二世的兄弟,尤其是兄长,虽然不能肯定已经全部死亡,应该说基本上被秦二世铲除完了。

子婴如果是秦二世兄长,他又何其能幸免于屠杀。尤其是,《史记·蒙恬列传》明确记载,当秦二世屠杀蒙氏兄弟及大臣时,"子婴进谏曰:'……诛杀忠臣而立无节行之人,是内使群臣不相信而外使斗士之意离也,臣窃以为不可'。"说了这么多"出格"的话,而后竟能平安无事,这不是很奇怪吗?

因此,子婴为"二世兄"这一说,是与当时的政治形势相矛盾的,因而也是应当被否定的。

子婴为"始皇弟"是可信的

子婴身世三说中,"二世兄子"说及"二世兄"说已如上述,均是应该否定的。剩下的就只有"始皇弟"一说了。从现有材料看,此说比较合乎情理,因而应该是可信的。

虽然子婴为"始皇弟"这一说法也仅见于《史记·李斯列传》,但是结合其他材料一起分析,看不出有什么大的矛盾,所以比较可信。

首先,从年龄看,既为"始皇弟",应当有比较大的儿子,可以一起商量谋划诛杀赵高之事。《史记·李斯列传》说:"子婴即位,患之,乃称疾不听事,与宦者韩谈及其子谋杀高。高上谒,请病,因召人,令韩谈刺杀之,夷其三族。"这是情理中事,是可信的。

其次,关于子婴向秦二世进谏之事,他作为秦二世的叔父,自然可以提出不当杀蒙氏的问题。虽然是臣子之属,但毕竟是长辈,所以从谏词的口气看,也是一致的。从觊觎皇位来说,在当时传位习惯是父死子继的情况下,作为秦始皇的弟弟,是没有资格参加争夺的,因而对胡亥不构成直接的威胁,所以他作为皇室一员就敢于为秦王朝的长治久安而进谏,却不会冒很大的风险。虽然秦二世在"灭大臣而远骨肉"的情况下,也会杀戮一些较疏远的反对他的亲属,但那毕竟不是重点所在。因为他所特别要除掉的,就是那些可能与他争夺帝位的人,即他的兄长辈诸公子。

秦
宫
秘
史

国
学
经
典
文
库

再次,赵高逼死秦二世后,把子婴抬出来继承王位,说明子婴在当时的统治者中间,还多少有一些号召力,可以起到赵高所不能起到的作用。赵高逼死秦二世以后,本想自己就登帝位而直接掌权,但是得不到百官的拥护,只好立子婴,而自己仍退居辅佐之位以掌控实权。子婴不愿做赵高的傀儡,又看出赵高在整个统治集团中并不得人心,而是被孤立的。因此,他就毅然设计杀死赵高,夺回了全部统治权力。他敢于这么做,说明他在统治集团内部是比较得人心的。

由此可见,子婴有谋略,有胆识,不是一般的平庸之人可比,这也可以说明他的身世和地位,与秦始皇的弟弟是比较相称的。

第四章　大秦官宦篇

白起之死的原因探秘

公元前475年,中国进入到战国时代,在那个弱肉强食的年代,逐渐崛起的秦国有一位卓越的军事统帅,他就是白起。白起是秦国历史上战功最为显赫的大将。征战沙场三十余载,攻城不计其数,歼敌上百万,成为当时六国无人敢迎战的军事将领,为秦国的统一大业立下了赫赫战功。他的战绩创造了中国古代战争的最高典范。但最后,功高盖世的白起为秦国丞相范雎所害,自刎身亡。白起到底是一个什么样的人? 他因为什么而丢命?

身经百战,功绩显赫

白起是一个军事天才,从秦昭襄王到始皇帝的诸位名将中,除了白起,还有王龁、王翦、蒙骜、蒙恬等。其中白起是仗打得最好的一个。《史记》记载:白起一生征战三十五年,共歼灭六国军队一百余万,攻六国城池七十余座。奇迹的是,在那个战火连天的岁月,他一生从来没有打过败仗,并且经常以少胜多。白起既是高超的战术家又是高明的战略家,其指挥的战争规模之大,战斗之残酷,是后世鲜有能比者! 秦的天下,有一半是白起打下来的。尽管白起生前秦未能统一天下,但六国已经是强弩之末,失去了抵抗能力。

"左庶长"这是有记载的白起最初的官爵。商鞅变法后,明确规定了军

爵制。左庶长,在秦国二十等爵中属于第十等,是官爵中仅高于五大夫的爵位,刘劭《爵制》:左右庶长即左右褊裨将军也。公元前294年,在《史书》上,白起第一次出现,作为秦的左庶长,率兵攻打韩国的新城,新城之战是白起的第一场战争。史书上没有关于战争过程和双方实力的记载,最终结果是白起胜了。

第二年,韩国为了夺回新城,联合魏国的军队,进攻秦军。白起被任命为左更,率部迎战,双方在伊阙交战,这是白起指挥的第一场以少胜多的战役,在这场战役中魏国的军事实力遭受了空前的打击。韩军加上魏国整个的武装力量,共计24万人。而秦军兵力远远少于这个数量。魏军是老牌劲旅,军队一向骁勇善战。对于白起来讲,这绝对是一场硬仗。白起客观地分析了当时敌我双方的形势,并且针对韩魏联军的弱点,采取避实就虚、集中兵力、各个击破的办法,全歼韩魏联军24万。彻底扫平了秦军东进的道路。韩魏联军的弱点在于:其一,韩国是个小国,军队数量和作战能力都不能和秦国相提并论,所以联合军事实力强大的魏国联合作战。韩国人对魏国军队是有依赖性的,希望魏国老大哥能为自己出头。而魏国人打仗是缺乏积极性的,这是你韩国的事,我魏国不过是帮忙而已。正是因为双方这种推诿,导致双方军队调配不协调,给了白起可乘之机。其二,魏国军队的积极性不高,士气低落,成为白起的第一个攻击目标。所以白起采取声东击西的战术。他派了一小支部队,牵制韩国部队,集中优势兵力来对付魏国的部队。事实上一仗下去以后,整个魏国军队就被打败了。剩下实力较弱的韩国军队,秦军一鼓作气就解决掉了。伊阙战役是白起的成名战,自此白起表现出杰出的军事指挥能力,一发不可收拾。

伊阙战役后,白起率兵渡过黄河夺取了韩国安邑以东直到干河的大片土地。公元前292年,白起再封为大良造。战败魏国军队,夺取了大小城邑61座。战国初期的霸主魏国自此国土大部分沦丧,再也无力抗秦。

公元前291年,白起与客卿错进攻垣城,随即拿了下来。公元前290年,白起攻打赵国,夺下了光狼城。公元前288年,白起攻打楚国,占领了鄢、邓等五座城邑。公元前287年,再次进攻楚国,占领了楚国都城郢,烧毁了楚国先王的墓地,一直向东到达竟陵。楚王逃离郢都,向东奔逃迁都到陈。秦国便把郢地设为南郡。白起被封为武安君,他趁势攻取楚地,平定了巫、黔中两郡。至此,战国老牌强国楚国国力大减。

公元前273年,白起进攻魏,拔取华阳,使芒卯败逃,并且俘获了赵、魏将领,斩敌13万人。当时,白起与赵国将领贾偃交战,把赵国2万士兵沉到黄河里。公元前264年,白起进攻韩国的陉城,夺取了五个城邑,斩敌5万人。公元前263年,白起攻打韩国的南阳太行道,把这条通道堵死。切断了韩国太行山一线的对外联系通道,韩国已成瓮中之鳖。

之后的长平之战创造了战国历史上规模最大的战役,这次战役白起又是大获全胜,白起的军事生涯达到了顶峰。

长平之战,大败赵军

秦伐赵长平之战,发生在秦昭王四十七年(公元前260年)。

秦昭王四十一年(公元前266年),秦改用范雎为宰相。他是魏国人,博闻强记,善于雄辩。范雎相秦后,提出远交近攻战略,主张先攻取秦之近邻韩国。

公元前265年起,秦军先后攻占了韩国的少曲(今河南济源东)、高平(今河南孟州市西北)。两年后,又攻克太行山南端的军事重镇野王(今河南沁阳),将韩国的上党郡与其本土隔绝。随后,秦军兵临荥阳。秦大兵压境,韩王万分恐慌,欲将上党郡割让给秦国,并派使者入秦求和。然而,上党军民不愿降秦,郡守冯亭另派使者前往赵国,愿将所属十七个城邑献给赵国,以求保护。赵王采纳了平原君赵胜的意见,派兵前去接收愿意归附的上党郡。这样就引发了秦赵两国之间的战争。

上党郡(今山西长治)位于太行山西侧,是韩、赵、魏三个诸侯国的交界地区,战略地位十分重要。秦昭王四十七年(公元前260年),秦派左庶长王龁率大军北进太行山,夺得上党,接着又连续占领了上党郡所属的十七个县城。韩国难民纷纷逃往赵国境内,赵军退守长平(今山西高平西北)。赵王闻讯,速派名将廉颇亲率大军援助长平守军。

长平城位于洛阳东北,地形险峻复杂,要塞坚固,是赵国南部的边防重

秦宫秘史

镇。赵军统帅廉颇久经战场，经验丰富。他根据秦军远道而来，必求速战，难以持久的形势，命令三军将士加强防御工事，筑垒固安。并准备充足的兵力和粮草，保护和京城邯郸之间的运输通道，与秦军成军事对抗之势。

秦赵两军士兵时有交手，互有胜负。廉颇固守营垒，采取防御态势与秦军对峙，秦军屡次挑战，赵兵坚守不出。赵王多次指责廉颇不与秦军交战。秦国丞相应侯又派人到赵国花费千金之多施行反间计，大肆宣扬说："秦国最伤脑筋的，只是怕马服君的儿子赵括担任将领而已，廉颇容易对付，他就要投降了。"赵孝成王缺乏君王用人之策，既恼怒宿将廉颇，又听到秦之离间谣言信以为真，立刻阵前易将，决定派赵括代替廉颇指挥赵军。听到这个决定，赵国宰相蔺相如和赵括母亲极力反对，认为赵括虽学问渊博、能说善道，却只会纸上谈兵。他若拥有兵权，必然会耽误国家大事。赵国如能不重用赵括，反而是国家之福。然而，赵王不听劝阻，仍派赵括为前线总帅。

廉颇凯旋回朝像

秦国得知马服君的儿子充任将领，就暗地里派武安君白起担任上将军，让王龁担任尉官副将，并命令军队中有敢于泄露白起出任最高指挥官的，格杀勿论。赵括一到任上，就发兵进击秦军。秦军假装战败而逃，同时布置了两支突袭部队逼近赵军。赵军乘胜追击，直追到秦军营垒。但是秦军营垒十分坚固，不能攻入，而秦军的一支突袭部队 25000 人已经切断了赵军的后路，另一支 5000 骑兵的快速部队楔人赵军的营垒之间，断绝了它们的联系，把赵军分割成两个孤立的部分，运粮通道也被堵住。这时秦军派出轻装精兵实施攻击，赵军交战失利，就构筑壁垒，顽强固守，等待援兵的到来。秦王得知赵国运粮通道已被截断，他亲自到河内，封给百姓爵位各一级，征调十五岁以上的青壮年全部集中到长平战场，拦截赵国的救兵，断绝他们的粮食。

到了九月，赵国士兵断绝口粮已经 46 天，军内士兵们暗中残杀以人肉充饥。困厄已极的赵军扑向秦军营垒，发动攻击，打算突围而逃。他们编成四队，轮番进攻了四五次，仍不能冲出去。他们的将领赵括派出精锐士兵并亲自披挂上阵率领这些部下与秦军搏杀，结果秦军射死了赵括。赵括的部队大败，士兵 40 万人向秦军投降。白起下令设计将赵国降兵全部活埋，只留下年纪尚小的士兵 240 人放回赵国。此战前后斩首擒杀赵兵 45 万人，赵国上下一片震惊。

杀人恶魔，统一功臣

白起一生可谓杀人无数，有记载的纪录就有 97 万，在长期遵循儒教的封建社会，一直被人所唾弃。以至于时至今日，战场当地的百姓仍保留着喜欢吃白豆腐的习惯，意为"吃白起"。后人再谈起白起，大多以痛恨为主，而很少谈起其出色的军事才能。白起真是残暴的杀人狂吗？我们分析一下白起杀人的动机。

第一，在商鞅变法后的秦国，实行军功爵，即以所建军功大小决定爵位高低。商鞅变法后秦国的爵位制共十八级，分为公士（步卒中有爵位的人）、上造（百夫长）、簪袅（驾御战车者）、不更、大夫、官大夫、公大夫、公乘、五大夫、左庶长（左偏、裨将军）、右庶长（右偏、裨将军）、左更、中更、右更、少上造、大上造、驷车庶长、大庶长（大将军），以后增置关内侯、列侯，总共二十级（由小到大依次排列）；与文官相比，公士至不更相当于士，大夫至五大夫相当于大夫，左庶长至大庶长相当于卿，关内侯和列侯相当于诸侯，得爵必须靠军功，不得世袭，有罪可夺爵。

秦军军律规定斩首若干级可赏爵一级，俸禄五十石，超过以后类推，而所升爵位也不受限制。这样便果真做到了"王侯将相，宁有种乎"，秦军率先实行了军功制，大大刺激了全军将士，故此秦军战斗力很强。白起正是在这样的背景下开始了他职业军人的生涯。按照《史记》记载，白起从第十级的左庶长，再升为十二级的左更，再升为十六级的大良造（商鞅当年的官位），同时升为国尉（国家军事最高官员），最后封武安君。完全是他从一介

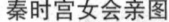
秦时宫女会亲图

平民一步一个脚印打出来的,没有丝毫掺假。的确,不能否认白起血液里存在残暴嗜杀的因子,但这残暴嗜杀不是天生,而是那个大的社会环境强加在他身上的烙印。

第二,战国末期的时局,对于秦国来讲,国力已达到一个前所未有的高峰,连年对诸侯战争取得的胜利,秦国已经成为各诸侯国中实力最强的国家。但同时应该看到,秦仍不足以做到为所欲为、所向披靡。战争的过程仍然是相当艰难的。打了几代人,虽然取城无数,不过实质上仍然在与韩魏楚赵的纠缠之中,各路诸侯又时而联合抗秦,这些都令秦烦恼不已。如果要统一全国,必须消灭六国的有生力量,所以在秦国发动的战役中,基本上都是歼灭战,只有彻底摧毁敌人,才能使自己的实力保持绝对优势,才能统一全国,结束诸侯纷争的战国时代。在伊阙之战中,白起斩杀韩魏联军24万,消灭了魏国的精锐部队,才为日后彻底打败魏国奠定了基础。

长平之战也是如此,赵国,自从武灵王胡服骑射改制之后,又灭中山,国力大增。战斗力强的骑兵,加上名将赵奢、廉颇,良相蔺相如、平原君赵胜,实可谓秦之劲敌。长平一战中,秦国和赵国都举全国之力,双方都走到了临界点,谁都输不起。若秦败,几世累积起来的国势将毁于一旦;赵若败,则恐天下从此再无可抗秦之国。

关键是,白起在这个紧要关头扮演了什么角色。试想,一场生死之战,如果不把敌人推入深渊,那又有何意义?秦军不需要一个空头的胜字,而是要把赵置于绝死之地,无法翻盘。于是白起的所作所为,皆奔此目的而去。当如此大的压力集于他一身时,历史只有选择让那40万人悲惨地为这个时代殉葬了,正如后世陈琳所说:"箭在弦上,不得不发耳。"

因此,后世对他坑卒的理解和评价过于偏激了,把坑卒的责任归咎于他一人也缺乏客观性和公正性。

抗命罢战,蒙冤损身

赵国45万人死于长平,作为一个军事统帅家,白起认为这是彻底消灭赵国的最好机会,赵国的脊梁已经断了,长平之战几乎消灭了赵国所有的精锐部队。只要一鼓作气,就可以一举拿下赵国,所以白起当时就迅速地建议秦昭襄王进军。

秦昭襄王没有同意,这里边和一个人有关,这个人就是当时秦的相国范雎。白起的巨大成功使得范雎心头滋生一股酸溜溜的感觉,感受到莫大的空虚失落。他的这种微妙心态,自然有聪明人察觉并加以利用,纵横家苏代于是乘机向范雎进言:赵国一旦灭亡,秦王便成了天下的主宰,白起也将因功晋升为三公。这位白起曾"为秦战胜攻取者七十余城,南定鄢、郢、汉中,北擒赵括之军",即便是周公、召公和姜太公的功业也比不上他。最后,苏代

秦宫秘史

居心叵测地向范雎建议:且不如答应赵、韩诸国的求和意愿,放过赵国,"无以为武安君功也"。

苏代的建议正中范雎欲阻白起再立功的下怀,为了个人的得失,为了倾轧打击白起,范雎再也顾不得国家利益了,范雎告诉秦昭襄王,赵国现在不能灭,他找的理由是什么呢,从《史书》上来看,(范雎说)现在还不是灭赵国的时机,为什么呢?因为经过长平之战以后,秦国等于调动了国家所有的国力来打长平之战,等于是国库空虚,民生呢,就是说老百姓都比较饥饿,因为所有的粮食、所有的储备,国家所有的这种经济储备,全都花在这场战争上,国家的实力现在不足以再接着战争,战争应该停止,赵国我们迟早是要灭掉的,但是不是现在。

白起蒙冤

白起最后不得不撤兵,他最后的这种愿望,被秦昭襄王彻底否定了,可以想象,当白起在赵国的土地上,接到秦昭襄王的诏书的时候,休战,搬兵撤回，白起该有多么痛苦，作为一个将领，肯定是伤心到了骨子里。

长平之战过后，白起便称病赋闲，两年后当秦国再一次攻打赵国的时候，战局的进程却出乎秦昭襄王的意料，由于赵国军民的殊死抵抗以及其他诸侯国家的增兵支援，秦军遇到了意想不到的阻力，局面开始变得被动起来。秦军的死伤特别严重，打不下来，一点办法都没有。最后秦昭襄王又想起了白起，再次派白起，又是秘密地奔往前线，还是长平之战的办法。这次白起的态度就完全不一样了，白起告诉秦昭襄王，我不去。理由就是现在不是消灭赵国的时候，赵国人的元气已经恢复了。

事情的结局正如白起自己所料，公元前 257 年，由于抗命，白起被秦昭襄王贬为士卒发配至西部边疆，刚刚行至距咸阳十里的地方便又被追来的使节宣读了赐死的诏书。一代声名显赫的军事将领就这样退出了历史的舞台。

邯郸之战后，白起死。昭王曾说："今武安君死，而郑安平、王稽皆畔，内无良将而外多敌国，吾是以忧！"是啊，秦师威震天下，其中包含白起的很多心血与功劳。作为秦武安君，他交上的军事答卷是绝对出色的。如果他不死，对秦的统一大业仍然是有巨大推动作用的。然而就是这么一位功臣，也同样不能走出"兔死狗烹"的怪圈。

变法功臣商鞅被车裂碎尸

秦孝公用商鞅主持变法，使原本落后的秦国一跃而成为后来居上的封建强国，为以后的统一全国奠定了雄厚的经济基础和巩固的政治基础。不过，使秦国强大的商鞅却死于非命。

商鞅（约公元前 390 年~前 338 年），是战国中期最杰出的政治家和思想家。他本是卫国人，原名卫鞅或公孙鞅，因后来在秦国立功受封於（今河南内乡东）、商（今陕西商县东南）十五邑，号为商君，故又称为商鞅。他的经历及言论可见《史记·商君列传》和《商君书》。

商鞅诞生的卫国，是经济、文化发展较为繁荣的国家之一，与法家思想

发祥地的"三晋"（魏、韩、赵）比邻，因而商鞅从小深受法家思想的熏陶，年轻时就学到了李悝、吴起等法家名家的学说，并心向往之，渴望能有实践的机会。但是，当商鞅长大之时，卫国已经愈加衰落而变成了魏国的一个属国，因而商鞅的抱负并未寻得施展的良好环境。

碰撞：有识之士投靠图强之国

公元前365年左右，26岁的商鞅来到魏国，在器重法家思想的魏相国公孙痤门下做了一名"御庶子"，即家臣。这使商鞅有机会目睹了魏国的先进政治家李悝进行政治、经济改革的种种伟绩，同时也吸取了吴起在楚国变法失败的教训，更加深了他变法图强的欲望并积累了经验。公孙痤很看重"年虽少，有奇才"的商鞅，多次将他推荐给魏惠王，并在临终时建议由商鞅接替自己为魏相，还说如不能用，"必杀之，无令出境"，但是商鞅最终没被魏惠王任用。商鞅29岁时，公孙痤去世，商鞅失去了依靠。正在这时，秦国孝公即位，下令国中求贤。商鞅听到这个消息，便在公元前361年（秦孝公元年）带着李悝、吴起等人曾经在中原各国几经推行的改革方案，来到了秦国。通过秦孝公宠臣景监的介绍，拜见了秦孝公。

当时秦国僻居雍州西陲之地，与戎翟杂居，封建经济虽然有所发展，但奴隶制残余还严重存在，旧贵族的势力相当强大。因此，秦国在经济文化方面比起已经进入封建社会的中原六国还相当落后。秦国还残存着大量的氏族制度的习俗，父子夫妇同室而居，宗法大家族制度仍在持续。奴隶主贵族拥有强大的经济力量，操纵着政治大权，对国家有举足轻重的影响，甚至可以任意废立国君。如怀公方立，贵族围而弑之；出子继世，贵族废而沈之；献公居外，贵族迎而立之。秦国内部的这种政治混乱，严重地阻碍了其经济发展，特别是阻碍了已经萌芽的封建经济的发展和成长。秦国在公元前408年才"初租禾"（即以封建的赋税制取代奴隶制的劳役制），比鲁宣公的"初税亩"要晚186年；在公元前378年才"初行为市"，即在国都开放市场进行商业交易，而此时中原各国的城邑早已有了较大的发展，商业交换颇为发达。正是由于秦国的政治经济制度落后，导致国力贫弱，被中原各国所轻视。中原六国把秦国看成是"夷狄之邦",不让它参与诸国会盟,还经常对它进行侵扰。从公元前 413 年至前 409 年间,秦国就遭到了魏国的连续攻击,河西的属地(今陕西境内黄河以西一带)都为"三晋"(韩、赵、魏)所侵占。

国学经典文库

秦时宫女私会图

这种形势使秦国成为奴隶制和封建制矛盾的焦点,一方面是内部经济和政治的落后,使已经萌芽的封建制因素难以从奴隶制的束缚中成长起来;另一方面是外部强敌压境,不仅阻碍了秦国的向外发展,更直接威胁到国家的生存。内外各方面均已充分暴露出的社会矛盾，使秦国国君不得不力图迅速改变其落后状况，以扭转被动挨打的局面。还在秦献公（公元前384年~前362年）时，就曾为改变这种局势而作了一些改革。如：秦献公元年，曾命令"止从死"，即禁止用奴隶为殉，开始取消残暴的奴隶制殉葬制度，从法令上保障奴隶生命的安全；秦献公十年，制定了"户籍相伍"的户籍编制法，以加强国家对人口的控制力量。但是，这些努力并未从根本上改变奴隶制的根基，秦国还远远落在中原六国之后。

公元前361年，秦孝公即位。他目睹秦国的落后局面，痛感国势衰弱，立志重修穆公之业（秦穆公于公元前659年~前621年在位，任用百里奚、蹇叔、由余为谋臣，击败晋国，俘晋惠公，灭梁、芮两国，后向西发展，又攻灭十二国，称霸西戎），光复侵地，成就帝王之业。据《史记·秦本纪》称，他在国中"布惠，振孤寡，招战士，明功赏"，并下令国中"宾客群臣有能出奇计强秦者，吾且尊官与之分土"，孝公招贤纳士以改变秦国的落后面貌的决心可见一斑。就是在这一背景下商鞅来到了秦国。

激辩：改革与守旧二择其一

商鞅到秦国后，连续四次拜见秦孝公。前三次并不提变法，而故意用"帝道"（尧舜之道）、"王道"（夏商周之道）和"霸道"（齐桓、晋文之道）进行试探。当他知道了秦孝公欲变法图强的诚意与宏志时，才在第四次会见中提出"强国之术"，正式提出自己的政治主张，结果很得秦孝公的赞赏与支持。可见商鞅不但具有远见卓识，使用方法亦甚得当，初露锋芒，便表现出审于形势、长于策略的政治才能。

秦孝公三年（公元前359年），秦孝公对商鞅所介绍的法家"强国之术"已有了进一步的了解，便欲行变法。可是，欲变法之事在秦国大臣中引起了很大的骚动，不少的贵族、大臣出来反对，这使秦孝公对变法产生了犹豫。

有一天，秦孝公会同商鞅和另外两个大臣甘龙、杜挚讨论国家大事。在这个会议上，孝公提出了他的担心："今吾欲变法以治，更礼以教百姓，恐天下之议我也。"商鞅立即提出了自己的看法，他说：

臣闻之：疑行无成，疑事无功。君亟定变法之虑，殆无顾天下之议之也。且夫有高人之行者，固见负于世；有独知之虑者，必见訾于民。语曰："愚者闇于成事，知者见于未萌。民不可与虑始，而可与乐成。"郭偃之法曰："论至德者不和于俗，成大功者不谋于众。"法者，所以爱民也；礼者，所以便事也。是以圣人苟可以强国，不法其故；苟可以利民，不循其礼。

商鞅的这一席话为秦孝公打消了顾虑，并获称赞："善。"但是甘龙、杜挚却持反对意见。甘龙反对说："圣人不易民而教，知者不变法而治……据法而治者，吏习而民安。今若变法，不循秦国之故，更礼以教民，臣恐天下之议君。"杜挚也表示反对，说："利不百，不变法；功不十，不易器……法古无过，循礼无邪。君其图之。"这样，一场激烈的论战就展开了，商鞅以极其透彻的理论和生动的历史事实，对甘龙、杜挚这样的保守派贵族大臣分别予了批驳。

商鞅首先举出"三代不同礼而王，五霸不同法而霸"的事实，有力地驳倒了甘龙的"圣人不易民而教"的先王旧制度不可改变的说法。接着又举出古时各代、各帝礼法、礼教的不同，论证了"治世不一道，便国不必法古"的道理，并通过"汤武不循故而王，夏殷不易礼而王"的例子，驳倒了甘龙、杜挚"法古无过，循礼无邪"的因循守旧的论点。商鞅的论辩，言之有理，深得秦孝公的赞赏，再次获肯定"善"，并表示"寡人不之疑矣"。

经过这场辩论以后，秦孝公坚定了变法的信念，并开始采取一些变法行动。他任命商鞅"为左庶长，卒定变法之令"，由其正式主持秦国的变法。

行动：立信令行，奠基强秦

商鞅两次变法。秦孝公三年（公元前359年）颁布了第一次变法令，其基本内容是：

第一，"令民为什伍，而相收司连坐。不告奸者，腰斩。告奸者与斩敌首同赏。匿奸者与降敌同罚"。这是整顿户籍，行连坐法，意在肃清暗藏在内部的敌人。

第二，"有军功者，各以率受上爵。为私斗者，各以轻重被刑"。这是奖励军功,意在增强战斗力,以抗击入侵的外敌并伺机向外扩张。

第三,"民有二男以上不分异者,倍其赋","大小僇力本业,耕织致粟帛多者,复其身。事末利及怠而贫者,举以为收孥"。这是奖励生产,意在发展农业。

第四,"宗室非有军功者,不得为属籍,明尊卑爵秩等级各以差次,名田宅臣妾衣服以家次。有功者显荣,无功者虽富无所荣华"。这是以军功大小为标准制定政治上的尊卑等级,意在限制宗室特权,奖励军功。

以上四个方面,涉及军事、经济、政治等内容,目标只有一个,就是使秦国迅速强大起来。

新法制定以后,商鞅并未立即颁布执行。他考虑到变法需要人民的支持,而反对变法的旧势力在秦国还有很大的影响,虽然新法对国家、社会、人民有利,但能否顺利执行,老百姓心中一定是有疑虑的。为此,商鞅举行了一次"徙木立信"的活动,以表明国家言必无欺,法必实行。商鞅令人在秦国国都雍城(今陕西凤翔南)南门的市场上竖立起一根三丈长(约合现在2.1丈)的大木杆,宣布说,若有人将此木杆从南门移至北门,奖励10金。这么简单的事而又给这么高的奖励,吸引了很多人围观却没有人敢去做,因为人们不相信这是真的。时间过去了很久,还是没有人敢去动那根木杆,商鞅下令把赏金提高到50金。终于有一个人大着胆子扛起了木杆,在众多围观者的跟随下,将木杆移到了北门,立即得到了商鞅亲手奖励的50金。商鞅趁此向百姓宣布:从今以后,凡是官府叫你做的事,你做好了,就有奖赏;官府禁止的事,你偏要做,就要处罚,严重的要杀头。我们说话是算数的,说到的就一定要做到。明天,国家要公布一批新法令,大家都要严格遵守,做到了做好了就有奖赏。

新法实行一年以后,有上千人从各地来到国都反映新法有诸多不便。商鞅敏锐地觉察到这是保守派在背后煽动的结果,因为他的变法是在激烈的斗争中进行的,新法的实施对旧贵族们的利益必有严重的损害,也就必然会遭到他们的坚决反对,他认识到必须对保守派的抵制和破坏予以坚决回击。恰好此时太子的师傅唆使太子带头违反新法。商鞅对此一针见血地指出:"法之不行,自上犯之。"太子是国君继承人,不能施刑。为严肃法纪,使那些观望怀疑的人不再动摇,以保证新法的彻底执行,商鞅不能不刑及太子师傅,"刑其傅公子虔,黥其师公孙贾",即处以重刑和在脸上刺字。商鞅的这一坚决措施给了保守派以沉重的打击。从此,变法的各项法令在全国得到了比较顺利的施行,奴隶主旧贵族们再也不敢横行无忌了。西周社会"刑不上大夫"的奴隶制的礼制,遭到了一次沉重的打击,此举维护和巩固了新的封建制度。

新法的顺利推行,很快改变了秦国的面貌。《史记·商君列传》说:新法"行之十年,秦民大悦,道不拾遗,山无盗贼,家给人足,民勇于公战,怯于私斗,乡邑大治"。过去有人说新法有诸多不便,而此时却有很多人说新法给人民带来了诸多方便。对再言新法不便者,商鞅认为,"此皆乱化之民也",尽迁之于边城。此后,再无人议论新法的是非了。因为主持新法制定与推行有功,商鞅由秦爵第十级的"左庶长"晋升为第十六级的"大良造"。

在改革取得初步成绩的基础上,秦孝公十年(公元前 352 年),商鞅正式展开了他的东伐事业,开始实行较大规模的对外用兵计划。商鞅亲率大军向一直侵凌秦国的邻国魏国大举进攻,占领了魏国的旧都安邑。接着,在第二年,商鞅又率军围攻了魏国曾经修筑过长城的固阳城。几次东伐的胜利,初步改变了秦国被动挨打的局面,提高了其在战国列强中的地位。魏国国力虽然遭到削弱,但商鞅认识到秦国仍然没有具备彻底摧毁魏国的力量,为加强国力,必须继续推进改革事业。

秦孝公十二年(公元前 350 年),商鞅利用打败魏国的有利环境,在咸阳筑起了宏伟的城阙和宫殿,把国都从雍城迁到咸阳,更加靠近了东边的中原地区。接着发布第二次变法令,进一步从经济、政治诸方面开展了力图使秦国强盛的变法事业。这一次变法令的基本内容是:

第一,"令民父子兄弟同室内息者为禁",这是重申第一次变法令中"民有二男以上不分异者,倍其赋"的禁令,而对违者的处罚,也要重于"倍其赋"。

第二,"集小都乡邑聚为县,置令、丞,凡之十一县"。这是对奴隶制社会沿袭的分封制的否定,在秦国相当普遍地建立起"县"这一基层政权组织,开创了封建社会郡县制的雏形。

第三，"为田开阡陌封疆，而赋税平"。这是为确立封建土地私有制度而彻底地进行土地制度改革。

第四，"平斗桶权衡丈尺"。这是统一度量衡制度，以促进国内各地的经济联系。

商鞅在政治上是进步的。他的第二次变法令充分体现了法家思想，其措施(包括迁都咸阳在内)，项项涉及社会变革的问题，都是变奴隶制为封建制的根本措施，这无疑是第一次变法令的继续和发展，为后来秦始皇统一六国打下了坚实的基础。

对商鞅在秦国的成功变法，历代政治家、诗人都充满了敬意。北宋王安石的《商鞅》诗这样写道：

自古驱民在信诚，一言为重百金轻。

今人未可非商鞅，商鞅能令政必行。

今人郭沫若在《十批判书·前期法家的批判》中更是对商鞅作了如此评价：

秦王政后来之所以能够统一中国，是由于商鞅变法的后果，甚至于我们要说秦汉以后的中国的政治舞台是由商鞅开的幕，都是不感觉怎么夸诞的。

终局：功成万骨枯，车裂了残生

商鞅的变法是极其成功的。第二次变法令颁布后，"行之四年，公子虔复犯约"，商鞅毫不妥协，对他施以劓刑。"居五年，秦人富强，天子致胙于孝公，诸侯毕贺"。

商鞅在秦国实行的深刻变革，使奴隶主贵族受到了沉重的打击。他们经济、政治的世袭特权全部被剥夺，他们的经济利益受到了损害，他们的行动受到了约束，再也不能横行霸道。于是，早就不满新法的奴隶主贵族们对商鞅更加仇恨，无时无刻不在找借口和机会对商鞅进行报复。因违犯新法而受到劓刑的公子虔闭门八年不出，背地里则日夜策划报复商鞅的阴谋。秦孝公二十四年(公元前338年)，坚定不移地支持商鞅变法的秦孝公去世，在去世前，孝公曾想把君位让给商鞅，商鞅没有接受。秦孝公去世后，太子

驷即位,为秦惠文王。

秦时宫女学艺图

　　这时,代表宗室贵族利益的公子虔一派旧势力抬头,他们认为报复商鞅的机会来到了,于是捏造证据,诬告商鞅有"谋反"之意。秦惠文王一方面怀着个人成见,另一方面害怕商鞅的权势会威胁到自己的统治地位,就下令逮捕商鞅。商鞅得知消息,便带了"私属"和老母出奔,一直逃到关下,想找个客舍住宿。客舍主人不知道他是商鞅,拒绝说:"商君之法,舍人无验者坐之",使他找不到住宿的地方。商鞅被迫越过国境,拟流亡到魏国。但魏国人怨恨商鞅曾经"欺公子昂而破魏师",故魏国边境守将襄庇拒绝接受他到魏国的要求。

万般无奈之下，商鞅只得回到他的封地——商，与他的部属征兵自卫。但是，商鞅变法之后的秦国已经有了统一的军事组织，商鞅在商地征发的邑兵为数不多。不久，秦惠文王发大兵来围攻，商鞅寡不敌众，最终被俘。秦国的贵族旧势力以残酷的"车裂"酷刑杀害了商鞅，并杀死了他的全家。

虽然因为变法商鞅走向了悲惨的结局，但是，他所主持的变法毕竟是战国时期最典型、最深刻、最彻底的一次政治、经济、军事诸方面的改革，而且实施了二十余年之久，获得了显著的效果，故新法并未因商鞅的离去而遭破坏。秦国确实因商鞅变法而逐渐后来居上，成为战国七雄中最强大的国家。

吕不韦之死

吕不韦，战国末年濮阳人，他是史上少有的奇才。他精通商道，年少时便已纵横商场，游览各地。在各国之地，他常常以低价买进，高价卖出。所以，在他还很年轻的时候，便已经积攒下了万贯家财，当时的老百姓在私底下说他是富可敌国。在中国古代，人们在经济上很富足后，就会贪心于政治，想方设法地要参与国家政权，干预国家政事，这或许是利益驱使，也可能是与中国"达则兼济天下，穷则独善其身"的古训有关。吕不韦就是中国历史上这样一个典型的官商结合体。他的一生极具戏剧色彩，他曾经一度位极人臣，一人之下，万人之上，好不风光，但最终还是以悲剧收场，不胜悲凉。吕不韦为什么被逼死？是因为他商人惟利是图的性格？还是秦王为了掩盖宫廷的丑闻？

商人本性，乱世居奇

"主人，我们这次不远千里来到邯郸（赵国国都）究竟是为了什么啊？"一个穿着华丽的人正盯着一个气质不凡的年轻男子问道。原来发问人是这个年轻男子的仆人，而这个年轻人便是当时大名鼎鼎的商业奇才——吕不韦。

　　吕不韦听见仆人问的话，笑着答道："当然是来做生意，难道是来这里游山玩水的不成？"仆人又问道："我们这次是做什么生意啊？是皮具雨伞还是大米谷粮，或者是别的什么东西？"

　　吕不韦听后漫不经心地回答道："还不知道，看情况吧！"仆人埋怨道："您每次都是这样，故弄玄虚，什么不知道啊！每次都这么说，可是每次您都能赚大钱！"

　　吕不韦听得仆人这么说，不免笑道："我确实是不知道啊！总之在家里面呆着，生意是不会主动找上门来的！"

　　正在二人争辩之际，只见远处有一辆马车飞驰而来，车内坐着一个风度翩翩的公子，吕不韦看后不觉大惊，连说"此人有王者之风"，于是赶紧打发自己的仆人去打听这个人是谁。仆人应命而去，不消多时便回来了，原来那个人是秦国的质子，名为子楚，是安国君的儿子。秦昭王四十年时，太子去世了，两年后秦王立他的次子安国君为太子，安国君有二十多个儿子，子楚就是安国君二十多个儿子中的一个，他排行中间，很不受重视。安国君有一个非常宠爱的妃子，并把

吕不韦

她立为正夫人，而这位夫人就是今天我们所熟知的华阳夫人。子楚的生母夏姬，不得安国君的喜欢，也可能是因为这个原因，子楚后来被作为秦国的人质送往了赵国。但是由于秦国与赵国近几年战争不断，所以，子楚在赵国的日子一直都不好过，生活很是拮据，长期得不到赵国的礼遇。

　　吕不韦听说后，异常高兴，并得意地对仆人说道："怎么样？生意不是来了吗？"这句话听得仆人是一头雾水，吕不韦见仆人的蠢状又笑着说："子楚就像一块珍宝，一件奇货，可囤积居奇，等到日后必定可以以高价售出。"仆人更为不解，只好一声不答地站在旁边看着意气风发的主人，他不知道，此时他的主人正在胸中筹划着一个宏伟蓝图，这关系到一个落魄公子的命运，

甚至是关系到一个国家日后的发展，当然也关系到吕不韦自身，可能吕不韦自己也想不到自己以后的命运将会怎样。

几天过后，吕不韦亲自来到子楚府上拜访，谈话间，吕不韦直言不讳地对子楚说道："公子，你绝非池中之物，他日必将有所作为，而我正是那个可以帮助你的人，我可以助你光大门庭。"

子楚一听此话，不觉大惊，觉得此人甚是嚣张，于是说道："先生的门庭还没有光大，又怎么顾得上我呢？先生还是先想办法光大自己的门楣吧！"吕不韦听后不觉大笑道："公子你难道不知道吗？你的门庭光大之日就正是我门楣光大之时啊！"

子楚听后，心里不禁为之一震，觉得这个人与别人甚为不同，够胆大、够魄力，他听出吕不韦话中的深意，于是立即屏退左右，拉着吕不韦进了内屋，两人详谈起来。

吕不韦这时站起身来说道："秦王已经老了，你的父亲安国君被立为太子。我私下听别人说，安国君非常宠爱华阳夫人，可是华阳夫人却一直没能为你父亲生下一个儿子，也就是说如今只有华阳夫人一个人能够选立太子。你有二十多个兄弟，你不但排行中间，而且还久居在外，不受秦王宠幸。说一句大不敬的话，就是日后秦王死了，安国君继承王位，你也不要指望能和你的兄弟们争夺太子之位啊！"

子楚听吕不韦此话正中自己的心意，于是赶忙问道："我也时常为此事着急，可是我现在客居他国，又能怎么办呢？"吕不韦说："公子你现在很窘困，而且又常在此地客居，不要说拿出什么珍奇宝物来进献亲长，就是在结交宾客方面都是力不从心。我吕不韦虽然不算富有，但甘愿拿出千金来为公子到秦国游说，劝说安国君和华阳夫人，让他们立你为太子。"

子楚听此，不免感动流涕，叩头拜谢道："如果有朝一日真的如先生所说，您的计划又得以实现，我愿意分秦国的土地和您共同治理。"我们读到这里，看到的不是一场政治斗争，而是一笔交易，一桩买卖。大家读到这里，或许能体会到奇货可居的含义。

事后，吕不韦果真如自己所言，拿出一千金来，给子楚留下五百金，让他用于日常生活的开销和结交宾客，而吕不韦自己则带着另外的五百金，用来购买珍宝奇玩,日夜赶赴秦国,为实现自己的政治目的而奔走。

巧说夫人,子楚得势

吕不韦日夜兼程,一路奔波,终于来到了秦国。到了秦国后,吕不韦并没有直接面见华阳夫人,而是先整理衣着,去拜访了华阳夫人的姐姐,并送给她大量的财物,对她进行贿赂,于是夫人的姐姐答应帮助吕不韦,把他引见给华阳夫人。

这日,吕不韦由夫人的姐姐领入宫中,并见到了华阳夫人。夫人见到吕不韦镇静自若,心生敬意,问吕不韦道:"姐姐说先生要见我,不知道先生今日要见我所为何事啊?"吕不韦见华阳夫人如此问,于是也并不拐弯抹角,直接说道:"小民今日前来,是受公子子楚之托,来拜望夫人,并把这些珍玩带给夫人。"

华阳夫人听后很是高兴,不断地把玩着送上来的宝贝。吕不韦见此情状,又接着说道:"公子真是贤能,在赵国结交了很多有才的人,可是公子乃性情之人,虽说在赵国过得很好,但还是心系秦国,尤其是对夫人和已故的太子更是日夜思念。"

华阳夫人听后不禁感叹道:"没想到几年没见,子楚竟有了这么大的本事,先生你说他很记挂我,这是真的吗?"吕不韦应着她的问话,急忙答道:"小民所说千真万确。有一次,公子大宴宾客,当时我也在场。席间,公子提到夫人,说夫人就犹如自己的天一样,说着说着,公子竟不觉流下了眼泪。夫人,话语可以骗人,但是眼泪是绝对不会骗人的。"

华阳夫人听吕不韦这么说,很是感动,低头不语。吕不韦见时机已到,于是向夫人的姐姐使了一个眼色,然后自己拜别夫人离开了。

夫人的姐姐明白吕不韦的意思,等到吕不韦离开后,就在旁边开口说道:"我的妹妹啊!我听年长一点的人说,我们女人是用姿色来侍奉人的,一旦他日年老色衰,宠爱也就会随之消减了。你现在侍奉太子,虽说是有万千宠爱,但你毕竟是没有儿子,你为什么不早为自己做些打算,趁着自己还年轻说得上话的时候,在太子的这些儿子中结交一个有才能并且孝顺的人,让他做你的继承人,然后你就像对待亲生儿子那样对待他,那么他日后必将善待你,这样你就可以在丈夫在世时受到尊重,即使日后丈夫死了,也不必担心,因为到时候你自己立的儿子就会继位为王,你最终也不会失势。我的傻妹妹啊!你还不趁现在受宠的时候为自己想些后路,真要等到自己容颜衰竭,失去宠爱后才后悔吗?恐怕到那时你想和太子说句话都难,还指望太子会听你的话吗?现在子楚这般贤能,威望又高,而他也知道自己排行居中,按惯例是不可能被立为继承人的,而他的生母夏姬又不受宠爱,所以他现在才会主动依附于夫人,现在夫人若真能在他不得志的时候提拔他做继承人,他必定会对你感恩戴德,视你为自己的亲生母亲。如此一来,夫人你一生在秦国就都会受到尊宠,没有后顾之忧啦。"

华阳夫人听了姐姐的话,觉得很有道理,于是在事情过去几天后,趁安国君方便的时候,婉言谈到了在赵国做人质的子楚,并夸奖到子楚非常有才能,结交了天下的名士,得到很多人的称赞。接着自己又哭诉道:"我今日有幸能侍奉太子,但非常遗憾没能为您生下一子,如今我希望能立子楚做我的继承人,这样我在日后也算是有个依靠啊!"

安国君看不得华阳夫人掉眼泪,并且考虑到华阳夫人的话也并不是没有道理,于是就接受了华阳夫人的建议。

安国君与夫人说定后,就立即刻下玉符,决定立子楚为继承人。事后安国君和华阳夫人又派人送了大量礼物给子楚,并且请吕不韦当他的老师,自此以后,子楚的名声在诸侯中越来越大,而吕不韦也在自己逐渐展开的政治抱负上成功地迈出了第一步。

将计就计,奸雄称相

子楚被立为太子后,地位日益显赫,子楚与吕不韦的关系也越来越亲密。一日,子楚到吕不韦府中作客,席间两人喝酒喝得甚为高兴,于是,吕不韦叫出一名女子出来斟酒助兴,此女子容貌奇好,而且还很擅长跳舞,吕不韦命女子跳舞,只见她将长袖一甩,便开始翩然起舞了,看得二人是如痴如醉。

子楚对这个女子一见倾心，心生爱慕，于是就站起身来向吕不韦祝酒，并趁机开口向吕不韦索要此女。殊不知，吕不韦也很喜欢此女，此女正是吕不韦特意寻访来陪伴自己的，并且现在这个女子已经怀有两个月的身孕了，而腹中胎儿正是吕不韦的。吕不韦听见子楚提出这个无理的要求，很是生气，但是他脑筋突然一动，心想："我为了帮助你，已经花费很多资财了，你竟然还这么不知好歹，索要我心爱的女人，好！那么我今天就成全你，但你日后可不要后悔，我将来要让你用整个国家来报答我。"想到这里，吕不韦便装出很乐意的样子答应了子楚的要求。

子楚见吕不韦答应得如此痛快，心中自是高兴非常，于是二人又畅饮起来，喝到很晚。子楚万万不会想到，那个为自己倾尽家财、两肋插刀的"挚友"，竟一心一意地要谋夺他的江山。

这夜，吕不韦正在打点相关事宜，准备将女子送到子楚府上，忽然听见女子在哭，于是上前安慰道："你不要再哭了，为了我们孩子的未来，你就委屈一下吧！你要想好，你如今前去，他日很可能会成为太子妃，那么咱们的孩子没准就是秦国日后的王了。为了大局，咱们就分开吧！"女子听后，考虑到其中的利害，只好忍住哭声，坐上车走了。看着女子远去的背影，吕不韦心中亦不好受，但他知道为了自己的宏图大业，这也是没办法的事情，他没有选择，只能这么做。

事情果然像吕不韦所预料的那样，自从女子进府服侍子楚后，很得子楚的欢心。八个月后，女子生下了一名"不足月"的男婴，子楚添子，甚是欢喜，便给孩子取名叫"政"，并赐封此女为夫人。吕不韦得知后，更觉得这是天意，是上苍在帮他。从此以后，吕不韦对子楚的事情更是尽心竭力，因为他相信他今生实现不了的事情，有机会在他儿子身上实现，他要让秦国自此改姓，让天下成为吕家的天下。

秦昭王五十年（公元前257年），秦国再次派兵攻打赵国，邯郸被围，情况非常紧急，赵国想杀死子楚来泄愤。子楚得知消息后马上找来吕不韦，说道："先生如今情势危急，我们该怎么办啊？你快想想办法啊！"

吕不韦不慌不忙地说道："您就放心吧，一切有我在，您不用担心，只需打点好行装等候我的消息就行了。"说罢，他就径自离开了，只剩下子楚在那

里自己担心。

　　吕不韦回到家中，又拿出了六百斤金子送给了当时邯郸守城的官吏，于是邯郸的守城官吏趁没人注意的时候私自打开城门，将吕不韦和子楚二人放走。出了邯郸城，他二人一路上没有休息，一直逃到了秦军大营，之后被顺利地护送回秦国，安全脱险。

　　赵国得知子楚已经逃走，知道不可能将其追回，于是就把目光转向了子楚的妻儿，想杀之而后快。因为子楚的夫人是赵国富豪人家的女儿，所以得以隐藏起来。在这场大难中，他们母子二人竟然保住了性命，活了下来！

　　秦昭王五十六年（公元前 251 年），昭王去世，太子安国君名正言顺地继承了王位，成为秦王，而华阳夫人则成为王后，子楚顺理成章地被立为太子。就在这时，赵国派来使者将子楚的夫人和儿子嬴政送回秦国。自此子楚一家人得以团聚。

　　秦国的历代国君似乎都很短命，安国君继位一年之后也去世了，谥号为孝文王。于是太子子楚继位，他就是秦庄襄王。庄襄王因感激华阳夫人往日对自己的恩德，于是尊奉华阳夫人为母亲，华阳王后就变成了华阳太后，子楚的生母夏姬被尊称为夏太后。子楚深知自己能坐上秦王这把龙椅，全是吕不韦的功劳，没有他就没有自己的今天，于是任命吕不韦为丞相，封他

秦庄襄王

为文信侯，把河南洛阳十万户作为他的食邑。从此，吕不韦在秦国的地位日益攀升，一时间，权倾朝野，子楚因念及他往日对自己的恩情，因此对他并不

加以约束,这使得吕不韦变得越来越跋扈起来。

子楚历经苦难,如今好不容易苦尽甘来,做了王,可是好景不长,刚即位三年,也和他的父辈一样,驾鹤西去了。按例太子嬴政继立为王,成为秦王,嬴政即位时年纪还小,国家大事都得靠吕不韦操劳,于是嬴政尊奉吕不韦为相国,并称他为"仲父"。可以说,这个时候秦国实际上的大王是吕不韦,国家大权全部都落入了他的手中。

上面所讲的关于嬴政的身世,完全参考于司马迁的《史记》。关于嬴政的身世,本身就是个谜。但司马迁确认秦始皇是吕不韦的儿子,里面暗藏的含义也是耐人寻味的。皇子为了夺皇权不惜弟兄相残,而吕不韦却不动声色,不费吹灰之力使自己的儿子做了皇帝,窃取了秦国的权力,世上奸雄莫过于此。

淫乱宫闱,罪责难逃

太后本来就和吕不韦有一段未了的情缘,再加上秦王早逝,太后当时还很年轻,于是在嬴政年纪很小的时候,太后就常常和吕不韦私通。后来嬴政越来越大了,太后还是不知收敛,一直淫乱不止。吕不韦害怕有一天事情会暴露,殃及自己,但碍于情面,他又不好当面跟太后提出来,于是就私底下寻求了一个人——嫪毐作为门客,并暗中让此人扮成宦官混进宫中服侍太后。太后得到这个人后,果然非常高兴。从此以后,便把精力都放在了这个假宦官身上,没有再来骚扰过吕不韦。

秦始皇九年(公元前236年),一天,秦王嬴政正在殿内看书,并告诉门卫不许有任何人前来打扰。过了一会儿,只见一个小官急匆匆地跑来。侍卫看见,便大喝一声道:"站住,大王有令,今日闭门看书,任何人不准打扰,你是何人,还不赶紧退下,小心自己的性命。"

那人听后不免吓了一跳,但紧接着便说道:"小人乃一名无名小官,无意打搅大王,但是我现在确实是有万分重要的事情要当面报告给大王,还望您能帮忙通传一声。"侍卫听此,官腔十足地说:"你不用啰嗦了,大王是不会见你的! 你还是赶紧走开,不然就别怪我不客气了!"

二人正僵持不下时，只听屋内传出声音："怎么了，这么吵，让他进来吧！"卫听见秦王下了命令，只好不情愿地将那个小官放了进去。

那人进来后，只见秦王正手捧着竹简看呢，竹简将脸挡住，看不见秦王的表情，正在小官害怕之际，嬴政突然发话道："你不是有话要跟我说吗？怎么这会儿只是看我却不说话了？"

秦始皇嬴政

那人听见秦王问话，这才回过神来，连忙跪下来说道："小人确实有事要奏，但此事关系重大，大王除非免小人死罪，小人才敢说。"

嬴政听他这么说，放下手中的竹简，并示意让他说下去。

那人说道："陛下可知道，太后宫中有一个假宦官的事？此人经常挑逗太后，淫乱宫闱。"

嬴政听后，两眼睁圆，怒不可遏地说道："真有此事，你没骗我？"

"小人纵有天大的胆子，也不敢欺骗大王啊！我还知道，太后与此人已经生有两个孩子了，那人名为嫪毐。嫪毐还曾经对太后说，如果您也像您父亲那样死得早的话，就让他的孩子做王。"

听到这里，嬴政再也忍不住了，气得踢翻了自己面前的桌子，并命人对此事严加调查，要把事情真相弄清楚。

过了一段时间，事情总算查清楚了，但令嬴政没想到的是，这件事情竟然与国相吕不韦有关。原来，吕不韦与太后私通，怕事情败露，于是找来嫪毐，并将他献给太后，还给太后出主意说："你可以让嫪毐假装受了宫刑，这样就可以在宫中得到他。"太后果然按照吕不韦的话做了，太后命人偷偷地

国学经典文库

中华宫廷秘史

送给主持宫刑的官吏许多东西，让官吏假装处罚嫪毐，并拔掉了嫪毐的胡须，让他可以假充宦官，得以侍奉太后。后来太后怀了孕，太后怕事情暴露，就假称算卦不祥，需要换一个环境来躲避一下，于是就搬到雍地的宫殿中居

西周师趁鼎

住。其间嫪毐也一直跟着太后，并得到了非常丰厚的赏赐，而太后也很听嫪毐的话，凡事都让他决定。也正因为有太后的宠爱，嫪毐有仆人数千人，更有甚者，有人自愿成为太监做嫪毐的门客。

秦王听后异常生气。在这一年九月，嬴政下令诛杀嫪毐家三族，其三族之内的亲友一个不留，之后又秘密下令将太后的两个私生子杀死，并把太后迁到雍地居住。随着嬴政长大亲政，皇权和相权之间的矛盾也随着时间的推移而变得日渐尖锐，这会儿还正巧出了太后这么一档子事，于是，在始皇十年十月，嬴政下令免去了吕不韦的相国职务。

过了一阵子事情好不容易平息下来，秦王的气也渐渐消了，此时朝中有大臣提议将太后接回来，毕竟是母子情深，始皇接受了大臣们的建议，亲自前往雍地将太后迎回了咸阳，太后回到咸阳后，嬴政却下令将吕不韦遣出京城。太后刚刚得到儿子的原谅，对于这个决定也不敢说什么。于是吕不韦

被贬到了河南。

　　在河南的这一段时间里，吕不韦虽然被罢了相，但是到他家拜访他的人还是很多，大家都认为，秦王与吕不韦的关系非同一般，并且对先王的帮助也很大，相信用不了多久，吕不韦就会东山再起，重新得到秦王的重用，一掌秦国大权。吕不韦也似乎是仗着与秦王的特殊关系，并不曾为自己担心，照样地宴请宾客，结交天下贤能之士。当时吕不韦府上真是热闹非常，而且上门拜访的人还都是当时的名士。

　　其实，在吕不韦谪居的这一段时间里，秦始皇并没有对吕不韦放松警惕，而是一直派人在暗中观察他，嬴政一向对吕不韦很不放心，本来以为罢他的官，可以使他安分一点，如果他可以安分守己，或许还可以考虑让他安度晚年，可是哪知道吕不韦却仍是不知好歹，和以前一样，招摇过市，于是始皇把他看成是自己的心腹大患，只要吕不韦在一天，秦始皇就总觉得不放心，并且在这个时候，咸阳和各地谣言四起，到处传言嬴政并非是先王的孩子，而是吕不韦的亲生儿子，他身上流着和吕不韦一样的血。现在，吕不韦已经开始危及嬴政统治秦国的合法权问题了，只要吕不韦活着一天，他就如坐针毡。秦始皇儿时备受欺侮，长大后便嗜权如命，他绝不允许有人对他造成威胁，不管那人是谁。于是他派人给吕不韦送去了一封只有二十九个字的信，信中这样写道："君何功于秦？秦封君河南，食十万户。君何亲于秦？号称仲父。其与家属徙处蜀！"意思是说："你对秦国有什么功劳？秦国封你住在河南，食邑十万户。你和我有什么血缘关系？我称你做仲父。你与家属都一概迁到蜀地去居住吧！"吕不韦看过信后，既愤怒又愧疚，深知始皇的意思，他知道就算他到了蜀地，嬴政也不会轻易放过他，心中甚是害怕，他实在不愿等"儿子"亲自动手来杀自己，于是当即饮毒酒自杀了。自此，一代奸雄的一生结束了。

　　吕不韦曾经荣耀半生，却是惨淡收场，使人惊叹，更使人感慨。

嫪毐被诛之谜

秦始皇的母亲赵姬在历史上以"淫妇"著称,她先与吕不韦、后与子楚同居,当上秦国太后后,还弄了个假太监来陪伴自己,导致嫪毐集团的出现。

赵姬是一个十分淫荡的女人。据说,子楚当秦王后,国事交给吕不韦处理,自己过着糜烂的宫闱生活,精血耗尽,元气大伤。赵姬夜夜献宠,极尽妖媚之能事。子楚贪欢成瘾,不久便衰弱不堪,当秦王仅三年后,便在一次与赵姬缠绵玩乐时中风身亡,年仅 36 岁。

子楚死后,13 岁的嬴政继位为秦王。因为他年幼,便由太后赵姬听政,相国吕不韦辅政。赵姬此时为庄襄太后,年纪不到 30 岁,正值虎狼之年,耐不住深宫寂寞,孤枕难眠,便与吕不韦秘密来往,两人又恢复过去的情人关系。

嬴政渐渐地长大了,吕不韦也因年老而越来越无法满足年轻的赵姬,赵姬虽得不到满足却仍然淫乱不止,时常宣召吕不韦入宫贪欢。吕不韦深恐与太后的淫事败露,将来会祸及己身以至九族。而太后的淫欲却有增无减,要求越来越强烈,这可如何是好? 吕不韦细细思谋,终于想到了一个金蝉脱壳的妙计。对此,《史记·吕不韦列传》是有明确记载的:

秦王年少,太后时时窃通吕不韦……始皇帝益壮,太后淫不止。吕不韦恐觉,祸及己,乃私求大阴人嫪毐以为舍人。

即是说,吕不韦为求自己脱身,于私下找到具有大阳具的嫪毐,以为自己的替代。传说嫪毐阳具壮伟,曾以阳具拱动桐木小车;用阳具插入轮轴,就能使转动的车子停下来。吕不韦向赵姬称赞嫪毐的绝技,并描述他床上功夫如何了得。赵姬果然艳羡,想亲自试一试。

为了把这事做得巧妙,吕不韦诈称嫪毐犯罪,要处以宫刑,但又私下与赵姬共同贿赂行刑者,瞒过了众人耳目,再拔去须眉,假冒太监入宫服侍赵姬。赵姬引嫪毐登卧榻,一试果然坚挺无比,久战不疲,惹得赵姬乐不可支,如获至宝。从此赵姬与嫪毐就在后宫朝夕贪欢,不久便怀孕了。嫪毐与赵姬密谋，买通仆人，诈称宫中不利母后，应该迁居避祸。嬴政不知有诈，就请母后徙往雍城旧宫。从此母子不在一处，更不必顾忌。赵姬接连生两个男婴，嬴政均不知晓，反而在母亲的要求下，还封嫪毐为长信侯，赐他数千奴婢，食邑山阳(今太行山东南地区)，后来又将河西(今陕西东南部)和太原(今山西中部)作为他的封地。

当时的情况已经是，赵太后所掌政务，一切皆由嫪毐决断。嫪毐拥有宾客一千余人，家僮数千人，成为朝中官员争相交结的对象，不少重要官员如卫尉竭、内史肆等都充当其党羽，成为秦国仅次于吕不韦的一股政治势力。

嫪毐权威日盛，私下与赵姬密谋，打算将他们的私生子，立为嗣王，待秦王一死，就扶私生子继承王位。但嫪毐毕竟是市井小人，小人得志，难免会忘乎所以，往往得意妄言。在赵太后支持下，嫪毐为所欲为，宫室、舆服、苑囿、驰猎，任意排场，眼中根本没有国家和君主。有一天，他与大臣饮酒，喝得酩酊大醉，便起了口角，嫪毐叱骂说："我是秦王的假父，你敢与我斗口？你难道有眼无珠，不识高下吗？"大臣不甘心受辱，便把这些话统统告诉了秦王。

面对嫪毐的嚣张气焰，秦王嬴政未动声色。秦王政九年(公元前238年)四月，他按照预定计划到秦故都雍城的蕲年宫举行冠礼。嫪毐得到消息，遂乘嬴政至雍加冠之机矫秦王御玺和太后玺发动暴乱。叛军由"县卒""卫卒""宫殿""戎翟"和"舍人"仓促组成，企图进攻蕲年宫，杀死秦王嬴政。殊不知嬴政早有戒备，立刻命令相国昌平君等人率军镇压。叛军还未出动，就被打得人仰马翻，四处溃散。嫪毐等人狼狈不堪，落荒而逃。嬴政下令国中："活捉嫪毐，赏钱百万；杀死嫪毐，赏五十万。"不久，嫪毐等被全部逮捕归案。

这年九月，秦王嬴政对嫪毐叛乱集团进行了处理：嫪毐车裂，诛灭三族；党羽骨干卫尉竭、内史肆、佐弋竭、中大夫令齐等二十余人皆枭首示众；舍人都被判处服刑，受案件牵连的四千余家全部夺爵流放蜀地。

对于生母赵太后，嬴政也没有原谅，她与嫪毐所生的两个私生子被杀死，赵姬本人被隔离至雍城棫阳宫予以监视。群臣都认为君主断绝母子之情，有背国统人伦，所以纷纷进谏。嬴政一概拒谏，并下令：因太后事进谏者,定斩不赦。就这样,前来进谏的仍然接连不断,当场杀死 27 人。最后齐卿茅焦又来进谏。

嬴政说:"你就看不见台下积的死尸吗?"茅焦回答:"臣听说天上有二十八宿,阶下现在才二十七人。我之所以来,就是想填满二十八宿之数,并不怕死人。臣听说活着的人不能忌讳身死,当国君的人不能忌讳国亡,忌讳死就不可以得生,忌讳亡就不可以得存,生死存亡,是圣明君主急欲要知道的。难道陛下就不想知道吗?"

嬴政沉默不语。茅焦进一步大胆地说:"陛下酿成大错,难道还不自知?隔离生母,有不孝之行,处死谏士,有暴君之举。现在天下人皆知此事,纷纷疏远秦国,无人愿为之效力,臣恐怕秦会亡国,所以暗为陛下担心。现在我的话已经说完了,请陛下杀吧。"说完,解衣准备就刑。

嬴政被茅焦的镇定从容,侃侃而谈慑服了,由衷地佩服这位臣子。他慢慢地站起来,走下御座,亲自扶起跪伏的茅焦,当即接受忠谏,并拜茅焦为上卿,委以重任。然后,嬴政驾临棫阳宫,从城外接回赵姬,母子和好如初。就这样,赵姬又在咸阳皇宫——南宫甘泉宫平静地生活了十年。十年锦衣玉食,却也长夜寂寞。

祸乱秦政的赵高身世探秘

赵高是秦始皇和二世皇帝宠信的权臣,他居高位后,声势显赫,一时权倾朝野,著名的"指鹿为马"的故事就是指他玩弄权术,蒙骗君王和群臣。很多历史学家认为,我国历史上第一个统一的封建专制王朝即秦王朝之所以二世而灭,多少与赵高的篡权误国有关。

司马迁在《史记·蒙恬列传》中述说过赵高的身世:

赵高者,诸赵疏远属也。赵高昆弟数人,皆生隐宫,其被刑僇,世世卑贱。秦王闻高强力,通于狱法,举以为中车府令。

唐人司马贞在《史记索隐》中对此注释说:

盖其父犯宫刑,妻子没为官奴婢,妻后野合所生子皆承赵姓,并宫之,故

秦宫秘史

赵高画像

云"兄弟生隐宫"。谓"隐宫"者,宦之谓也。

　　赵高家是赵之宗属的远支,可是他的出身却很卑微,父亲因为触犯了秦国的刑律被处以"宫刑",成为宫中的奴隶。母亲因受株连,没入官府当了奴婢。因为耐不住寂寞与人私通,接连生下赵高兄弟几个。按照当时的法律,奴隶的后代仍然为奴,他们兄弟几个也被阉割,送入秦宫成了内宫厮役。

　　赵高生性狡黠,记忆力过人,对儒、法、阴阳之学皆有涉猎,尤精法家学说,并且写得一手好字。他绝不满足于当厮役的差使,悄悄做着出人头地的准备。他通过细心观察,认准了秦始皇执行的是"以法为教"的国策,"事无小皆决于法"。于是,赵高以吏为师,很快精通了繁烦的"狱律令法",凡五刑细目若干条款无不烂熟于胸。后来他得到了靠近秦始皇的机会,只要一见秦始皇披阅案牍,就趋前侍候,凡遇疑义,赵高便大胆在旁参议,无一不合律令,这使秦始皇龙颜大悦。又见其生得身材高大,仪表堂堂,遂提拔他任中车府令。

　　中车府令这个职位品级不高,然而掌管着皇帝的乘舆、玺印和墨书等,是皇帝信得过的宦官头儿。这使赵高有了接触国家机密、易获皇帝宠信的绝好机会。果然,秦始皇越来越赏识赵高,特意命第十八子胡亥认赵高为师,随他学习法律,"师徒"二人由此结下亲密关系。秦始皇目游万仞,精骛

八极,然而他不知道伏寇在侧,就因为这个疏忽,给大秦帝国埋下了祸根。据《史记·蒙恬列传》记载:"(赵)高有大罪,秦王令蒙毅法治之。(蒙)毅不敢阿法,当(赵)高罪死,除其宦籍。(皇)帝以(赵)高之敦于事也,赦之,复其官爵。"秦始皇对赵高的信任可见一斑,而因此事又导致赵高对蒙氏兄弟恨之入骨,必欲报复之。

赵高很有政治眼光,他知道秦始皇即将过世,必须考虑自己的下一步依归问题。经认真分析,他认定在秦始皇的二十多个儿子中,小儿子胡亥是最受宠爱,也是最易操纵的。于是,赵高就把心思都用在胡亥身上,为今后攫取更大权力做着精心准备。"沙丘政变"就是由赵高发起的,他引诱胡亥,威胁李斯,组成三人阴谋同盟,篡改了秦始皇遗诏,逼令秦始皇指定的继承人长公子扶苏自杀,将胡亥推上了帝位。

接着,赵高开始毫无顾忌地抓权。《史记·李斯列传》说"二世拜赵高为中丞相,事无大小辄决于(赵)高"。赵高花言巧语劝说胡亥"尽除去先帝之散臣",连秦宗室的许多人也惨遭杀害。由一名阉人而位至丞相,手操大权,在秦以前的历史上十分罕见。

庞大的秦帝国迅速土崩瓦解,这是秦始皇生前没有想到的。后来许多人分析了秦朝覆灭的原因,认为最主要的就是赵高乱政。持这种看法的人几乎历代都有,其中不乏名士大儒。较有代表性的有:西汉著作家桓宽,他在著名的《盐铁论》中说"秦使赵高执辔而覆其车",意思是秦王朝的翻车是因为错误地使赵高执掌了驭马的嚼子和缰绳。西汉政治家、文学家贾谊的《新书》、政治家陆贾的《新语》也持这种观点。唐代文学家柳宗元、明代思想家李贽也认为秦朝的"二世而亡"是因为"胡亥任赵高"。到了明末清初,思想家王夫之继续探究这个问题,他在《读通鉴论》中明确认为,秦亡实在是因为"托国于赵高之手"。

这些人都把赵高看作导致秦王朝灭亡的罪魁祸首,是秦代的头号大奸臣。这种观点代代流传,颇有影响,几乎成了评价赵高的定论。就赵高的所作所为来看,如篡改遗诏、逼杀扶苏、剪除功臣、指鹿为马、欲图帝位等,随便抽出哪一条,都是祸国乱政的罪行。那么,赵高这样做究竟是为了什么?

作为秦朝的丞相,赵高已居"一人之下,万人之上"的高位,他若有意引导秦朝灭亡，难道是真想取而代之，过一过做皇帝的瘾？《史记·李斯列传》就明确记载他后来发动了宫廷政变，逼秦二世胡亥自杀，企图自立为帝，可是"左右百官莫从"，不得已才立子婴为秦王。

但是，对于赵高乱政是要自立为帝的说法，自古就有人提出异议，认为赵高乱政，其目的是为赵国复仇，不是什么篡位自立，因而不能说赵高是奸臣，应该把他看作"反秦义士"。这样，赵高乱秦政就乱得有了道理。比如泷川在《考证》中转引唐代史学家司马贞的话说："（赵）高本赵诸公子，痛其国为秦所灭，乃自宫以进……以勾践事吴之心，为张良报韩之举。"明代学者赵时春在《史论》中认为赵高本是赵国公子，"为秦擒乃宫"，他受不了这种奇耻大辱，遂"欲亡秦而报赵矣"。清代史学家赵翼在《陔余丛考·赵高志在复仇》中说："（赵）高本赵诸公子，痛其国为秦所灭，誓与报仇，乃自宫以进，率杀秦子孙而亡其天下。"清代剧作家吕星垣《下邳谒留侯庙》则云："读《史记索隐笺言》，知留侯博浪之逃，赵高匿之也。"他进而叹道："《索隐笺言》颇辨冤，鹿马计胜长平战。"

这些言论均不同于传统说法，其观点则有同有异。相同的是都认为赵高是赵国公子，痛恨其国为秦所灭，决心亡秦而为赵国报仇。不同的是，有的认为赵高是在被秦人抓住后，迫其受了宫刑，从而产生雪耻报仇之心；有的则说赵高是"自宫乃进"，制造打入秦中枢的条件，实施自己的报仇计划。

以上这些说法尽管有些出入，但总起来，也有各自的道理。因为从《史记》的《秦始皇本纪》《李斯列传》和《蒙恬列传》等史料看，确实可以找到有关证据，而这些证据足以说明，赵高是在有目标、有步骤地实施他的乱政计划：他将易于操纵的胡亥推上帝位；乱言诱骗秦二世，使其不理朝政；怂恿秦二世享乐，推进严刑峻法乃至喋血政策；大力排除异己，剪除股肱重臣；诱使秦二世屠杀宗室子弟。到了这个地步，大秦帝国已经成了空壳，中央政府也仅仅是个摆设，秦帝国焉有不亡之理。

但是，如果仔细分析司马贞、赵翼、吕星垣等人的说法，那么他们所说的赵高乱政是欲为其故国报仇的观点其实是靠不住的。

查《史记》三家注中的"索隐"部分，找不出他们所说的赵高"报仇"内容。如果他们根据的是什么"孤本秘籍"，那也让人难以相信，毕竟这种说法和《史记》的有关原文相差太大了。应该承认，唐代司马贞和清代赵翼都是很有名的史学家，但是《史记索隐》和《陔余丛考》的史料价值与《史记》相比毕竟还不可同日而语。况且司马贞在《史记索隐序》中明确宣称"探求异闻"，这就有些猎奇的味道，其史料价值就应打折扣。

《史记·蒙恬列传》说赵高为"诸赵疏远属也"，并不能理解为"赵诸公子"。这里的"赵"是姓氏，而不是原先的赵国。而"诸赵"是指秦国王室，因为秦王室虽姓嬴，却又以赵为氏，这是古代的姓氏习俗。这一点在《史记·秦本纪》中说得很明确："秦之先为嬴姓……然秦以其先造父封赵城，为赵氏"。《史记·秦始皇本纪》更明确说：嬴政"及生，名为政，姓赵氏。"这样看来，"诸赵疏远属也"即是说赵高是秦王室的远支，并不是说他是什么赵国的公子，他也就没有什么报仇复国的任务，因而所谓"赵高乃赵诸公子，痛其国为秦所灭，誓欲报仇"之说是站不住脚的。

大多数学者都认定赵高是个"宫人"，但他是怎么变成"宫人"的，"为秦擒乃宫"和"自宫以进"显然与《史记》中明确说的"生隐宫"是不同的。既然赵高不是赵国的公子，复仇之说不存在，那么"为秦擒乃宫"和"自宫以进"应该说都是靠不住的。赵高之所以成为宫人，完全是受刑犯父亲的连累，这也就成为他仇恨秦朝政权，要杀尽嬴姓子孙，进而推翻这个大帝国的主要原因。

还有一种说法比较新鲜，认为赵高并非是"宫人"，理由是京剧传统剧目《宇宙锋》中有赵高逼女嫁给二世皇帝为妃的情节。若赵高有女，则非"宫人"无疑。但仅仅根据一出京剧传统戏为凭，根据不足。而京剧《宇宙锋》是根据什么来编写赵高逼女嫁给秦二世的情节，这恐怕也是鲜为人知的。或者，它就是文学作品，完全是作者虚构的，并无历史依据。

据上述可知，赵高并非赵国公子，并非"痛其国为秦所灭，誓欲报仇"而乱秦政。关于赵高乱秦政，历史上还流传有不少故事，但只能供参考。如《拾遗记》中记载一则故事说："秦王子婴立，凡百日，郎中令赵高谋杀之"，子婴梦见秦始皇的鬼魂对他说："余是天使也，从沙丘来。天下将乱，当有同姓欲相诛暴。"子婴于是"囚（赵）高于咸阳狱"。这故事具有天道轮回的意味，荒诞不经，当然不足为信。但是从中却可证明，此则故事的作者是将

秦宫秘史

赵高作为秦始皇的"同姓"的。

其实，无论赵高是否是赵国公子，也无论他曾是否为"宫人"，他与秦二世胡亥加紧盘剥百姓，又任意诛灭异己，滥用刑戮，这就使社会矛盾迅速激化起来，刚建立不久的秦王朝于是被推到崩溃的边缘。

一代名将蒙恬因何被赐死

秦朝一代名将蒙恬将军给世人的印象是击匈奴、修长城的武夫，而实际上，历史上的蒙恬将军并不仅仅是一介武夫。不过，他死得确实冤枉。

虽然秦统一天下战功赫赫者众，但司马迁撰写《史记》时，为秦国将军立传的并不多，除《白起王翦列传》外，就是《蒙恬列传》了，从此也足证蒙恬在秦国历史上的重要地位。

蒙恬的家世和功勋

蒙恬的出身是非常高贵的，是官宦世家、武将世家。虽然其先祖是齐国人，但是其祖父蒙骜和其父蒙武都为秦高官，都是秦国将军，都为秦统一六国立下了汗马功劳。蒙氏家族的功勋在当时秦国很少有家族可以与之相比。也正是因为这样显赫的家世，蒙恬的发展具有坚实的基础。

蒙恬的祖父蒙骜早在秦昭襄王时就官至上卿，并且多次拜为将军带兵出征他国。公元前 248 年攻打韩国，占领成皋、荥阳等地，设置为三川郡；公元前 244 年再次攻打韩国，占领了韩国 13 座城池。公元前 247 年攻打赵国，占领太原，次年平定晋阳，又攻打赵国新城等地，并夺取 37 座城池，设为太原郡。公元前 246 年在攻打魏国时，遭到信陵君无忌率领的魏、赵、韩、楚、卫五国联军的抗击，未能取胜；公元前 242 年蒙骜利用信陵君去世的时机再次攻打魏国，占领长平、山阳等地，共夺取 20 座城池，设为上郡。

蒙恬的父亲蒙武的战功也相当高。公元前 224 年，蒙武和大将王翦一起攻打楚国，"大破之"，率军抵抗秦军的楚国大将项燕自杀；次年继续攻

秦咸阳宫 1 号遗址复原图

楚,结果俘虏了楚王负刍。

　　蒙恬初登历史舞台是在公元前 225 年的攻楚之战。当时的秦王嬴政不听王翦建议,派年轻将领李信和蒙恬率 20 万秦军攻打楚国,结果被楚国大将项燕反击,在此战中蒙恬见李信兵败,便果断撤军,减少了损失。初上战场,便显示了蒙恬用兵的专长。

　　蒙恬正式进入人们的视野,是在公元前 221 年,秦王嬴政考虑到蒙恬的家世及攻楚之战其表现出的军事特长,就派他跟随大将王翦之子王贲去攻打齐国,结果俘虏齐王建,灭掉齐国。蒙恬得益于这次平齐的战功,被拜为内史。

　　统一六国后,秦王嬴政改称秦始皇。当时,秦帝国的北部边境面临少数民族匈奴的威胁,这就为蒙恬永留青史提供了机会。

　　说来也有意思,秦始皇派遣蒙恬出击匈奴,直接原因并不是因为匈奴侵扰秦朝,而是在秦始皇三十二年(公元前 215 年),燕人卢生在向秦始皇献的一本图书中说到"亡秦者,胡也"。秦始皇很迷信,对这类谶语深信不疑,认定这个"胡"即是匈奴,于是派蒙恬率领 30 万大军去北击匈奴。蒙恬不负秦始皇所托,顺利地恢复了黄河以南地区(河套一带),击败匈奴。为此蒙恬戍边抗击匈奴长达十多年。

　　为了保卫中原地区免遭匈奴的掠夺,蒙恬采取了诸多防御措施。他以黄河天险为要塞屏障,沿黄河修建 44 座城池,驻兵防守。蒙恬又根据山势

地形,耗费大量人力、物力和财力修筑了东起辽东、西至临洮的万里长城。这一巨大工程虽阻止了匈奴的南下,但同时也因滥用人力而成为引起亡秦大起义的因素之一。为了方便秦始皇出游,蒙恬奉命修建了一条自咸阳到九原长达一千多里的大驰道,相当于今天的高速公路。这一方面有利于秦朝向北方增兵,巩固北方统治,实际上也是防御匈奴的措施之一;另一方面在客观上也促进了与北方地区的经济文化交流。

深受秦始皇信任

秦始皇是一位宁可自己累死也不相信大臣的皇帝,可是他与蒙恬的关系却是一个特例,蒙恬深受秦始皇的信任。

首先,秦始皇让蒙恬带30万大军居上郡抗击匈奴达十多年,此举没有特殊的信任是不可能的。秦朝大将王翦率60万大军去灭楚,时间不过两三年,最担心的就是率军在外引起怀疑,故不断用要求封赐田地的方法以获信任。蒙恬率大军在外,而蒙恬的弟弟蒙毅又在朝中受到秦始皇亲近,"位至上卿,出则参乘,入则御前"。兄弟俩一个在外带30万大军驻扎边地达十多年,一个在朝内做参谋,如果不是受到秦始皇的信任,那么这是让人难以想象的。因为以"恬任外事而毅常为内谋"的情况是很容易发生叛乱的。

其次,秦始皇三十五年(公元前212年),秦始皇在咸阳坑杀儒生460多人,公子扶苏表示反对,并且多次向秦始皇上谏,惹怒秦始皇。愤怒的秦始皇对于这位将来皇位继承人的惩罚措施却是让他去上郡给蒙恬当监军。一些人认为这是秦始皇对蒙恬的不信任。其实,这正是秦始皇对蒙恬的信任。秦始皇让扶苏监军不是让扶苏监视、监督蒙恬,而实际上是让蒙恬培养扶苏、锻炼扶苏,让扶苏建功立业,增加政治资本,消除秦始皇自认为那些不利于统治言论的负面作用,以便扶苏更好地继承皇位。正是因为如此,所以赵高为发动"沙丘政变"去劝说李斯时,才以蒙恬在才能、功劳、谋略、人望和公子扶苏的感情这五件事上要李斯自己比较,而李斯也不得不承认"不如蒙恬"。

再次,秦始皇在重病期间,"令赵高为书赐公子扶苏曰:'以兵属蒙恬,

秦兵马俑

与丧会咸阳而葬。'"这实际上是秦始皇托孤,是让蒙恬辅佐扶苏治理国家,充分表现了秦始皇对蒙恬的信任。

秦始皇为什么信任蒙恬?一是蒙氏家族的蒙骜、蒙武两位将军都有显赫的战功,而且都相当忠诚;二是蒙恬虽然有很高的功勋,但是并不骄纵;三是蒙恬、蒙毅兄弟对秦始皇都非常忠诚、忠信,为秦始皇鞍前马后,任劳任怨;四是蒙恬本人除有战功外,还很有谋略。

当"沙丘政变"发生后,胡亥、赵高深恐蒙恬的谋略、才能和声望,所以在以秦始皇名义赐死扶苏的同时也将蒙恬赐死。扶苏接到诏书后,就哭着要自杀。而蒙恬却劝阻扶苏不要自杀,并对赐死诏书的真实性表示怀疑,提出要重新核实真伪后再自杀。但是扶苏不听劝阻而自杀了,尽管如此,蒙恬仍拒绝自杀。蒙恬的怀疑并非胡乱猜测,据《史记·李斯列传》记载,他据事实作出判断,认为"陛下居外,未立太子,使臣将三十万守边,公子为监,此天下重任也"。事实上,蒙恬早就知道秦始皇的心思,是要让扶苏继承皇位。

蒙氏兄弟的悲惨结局

蒙恬乃至整个蒙氏家族的结局是相当悲惨的。胡亥夺位后,斩杀蒙毅,逼迫蒙恬吃毒药自杀,其家族则被灭门,成为胡亥夺权后的牺牲品。

本来,胡亥在"沙丘政变"后的归途中知道扶苏已死,蒙恬被囚,遂放了心。见蒙毅也祷告山川而回,就想释放蒙恬,仍用蒙氏兄弟为将。可是扶植胡亥上台的宦官赵高此时已是郎中令,他曾经被蒙毅判处死刑,差一点就被蒙毅斩了,这件事一直让赵高怀恨在心,伺机寻找报复机会;丞相李斯在赵高为政变而对他的游说中将他与蒙恬作了对比,他也深知自己在各方面都不如蒙恬。所以当胡亥准备释放蒙恬时,遭到赵高的强烈反对,"日夜毁恶蒙氏,求其罪过,举劾之"。赵高捏造说秦始皇早就想立胡亥为太子,只是因蒙毅谏阻才未立成。于是秦二世就打消了释放蒙恬的念头,并将蒙毅囚在代郡的狱中。

国学
经典
文库

赵高为篡权,向秦二世建议采取诛杀大臣和皇室骨肉的喋血政策,秦二世全盘接受,并决定先拿蒙氏兄弟开刀。秦二世的叔父子婴听到消息,就来向秦二世进谏,他列举战国诸侯杀害忠良、亡国殒身的先例,规谏秦二世不要诛杀蒙氏兄弟,但秦二世根本无心听从。

秦二世派御史曲宫到代郡监狱宣布蒙毅罪状:"先主欲立太子而卿难之。今丞相以卿为不忠,罪及其宗。朕不忍,乃赐卿死。"蒙毅据理力争。曲宫知道秦二世用意,不听其申辩,逼杀了蒙毅。

秦二世又派使者到阳周监狱,对蒙恬宣布说:"君之过多矣,而卿弟(蒙)毅有大罪,法及内史。"逼蒙恬自杀。蒙恬说:"我蒙氏从先人到子孙,累世积功,深受秦国信任,已经三代。现在我领兵30多万,虽然身体囚在狱中,但只要哼一声,天下的反叛局势就会形成。然而,自知必死,却坚守忠义,不违先人教诲,就是因为不忘先主的恩德。臣说这话,并不是请求免死,而是希望能够进谏再死。"使者说他只是受诏执行蒙恬的死刑,不敢把蒙恬的话转达给皇帝。蒙恬仰天而叹:"我在什么地方得罪了上天,没有过错就死吗?"他凝思片刻,若有所悟地说:"蒙恬之罪固然当死啊。西起临洮,东至辽东,掘地筑城万余里,这其中难免破绝地脉吧?这就是蒙恬的罪啊。"说罢,就吞药自杀了。

蒙恬、蒙毅兄弟之死,可以说是秦二世胡亥巩固帝位的必然结果。虽然蒙氏一门三代忠良,对大秦王朝忠心耿耿,不会反叛秦朝。但是,胡亥阴谋夺权继位,是夺了与蒙恬关系亲近的兄长扶苏的帝位,并谋害了扶苏,囚禁了蒙恬。胡亥从内心里非常害怕蒙恬,万一释放后的蒙恬率领他的30万大军为扶苏报仇的话,胡亥的帝位就会难以维持。所以,蒙恬的存在对胡亥是一个严重威胁。从这个角度看,蒙恬的悲剧是封建统治的必然。因为任何一个皇帝都不会留着一位手握重兵且与自己有矛盾的将领,威胁自己的统治。

毛笔是由蒙恬发明的吗

蒙恬不仅是一位将军,而且对中华文化的传承也作出过重大贡献,相传我们今天的毛笔就是蒙恬用兔毛和竹管做材料创造的。这虽然仅仅是传说,不过可能性应该比较大。

自古就有蒙恬造笔的传说,但是查司马迁的《史记》,却没有记载有"蒙恬造笔"一事。在西晋张华所撰写的《博物志》中,记载有蒙恬造笔的故事。张华此书,多取材于古书,分类记载异境奇物及古代琐闻杂事,应该是可信的。

相传公元前223年,秦国大将蒙恬带兵作战,要定期写战报呈送秦王。当时没有毛笔,书写很不方便。一天,蒙恬在打猎时看见一只兔子受伤,尾巴在地上拖出了血迹,便来了灵感。他立即剪下一些兔尾毛,插在竹管上,试着用它写字。可是兔毛油光光的,不吸墨。蒙恬又试了几次,还是不行,于是随手把那支"兔毛笔"扔进了门前的石坑里。几天后,他无意中又看见了那支被自己扔掉的毛笔,捡起来后,他发现湿漉漉的兔毛变得更白了。他将兔毛笔往墨盘里一蘸,兔尾毛竟变得非常"听话",写起字来非常流畅。原来,石坑里的水含有石灰质,经碱性水的浸泡,去掉了兔毛的油脂,使之柔顺起来。传说这就是毛笔的来历。

现在公认最好的毛笔是湖笔。传说蒙恬后来在湖州善琏村取羊毫制笔，故在当地被人们奉为"笔祖"。传说他的夫人卜香莲是善琏西堡人，也精通制笔技艺，被供为"笔娘娘"。蒙恬与夫人将制笔技艺传授给村民，使善琏成为"湖笔之都"。当地笔工为了纪念他们，在村西章家兜建了蒙公祠。相传农历三月十六日和九月十六日是蒙恬和卜香莲的生日，这里都要举行盛大敬神庙会，以纪念他们的笔祖。

传说归传说，历史上也有许多人对蒙恬造笔的传说进行研究后，认为毛笔不大可能由蒙恬所造，之所以要将这一"功劳"归之于他，是因为秦始皇统一天下后，蒙恬因功被拜为内史，这个职位，与用笔有关，因为撰稿、撰述和抄写公文，乃是史官的职责。这也许是导致蒙恬改进书写工具的原因。《博物志》说"造"笔，但"造"的意义，不一定是发明，也可说是"制作"。

马缟的《中华古今注》有一段话，或许可以澄清世人认为蒙恬发明笔的误会：

牛享问曰："古有书契，便应有笔，世称蒙恬造笔何也？"

答曰："自蒙恬始作秦笔耳，以柘木（亦作枯木）为管，鹿毛为柱，羊毛为被，非兔毫竹管也。"

也就是说，蒙恬只是用枯木及鹿、羊毛等，制造了他们秦国所用的笔。马缟的一注解，与晋朝崔豹的《古今注》相似，其注中也说："蒙恬始造即秦笔耳。"

实际上，在蒙恬之前，古代的文献中早就有用"笔"的事。如：《尔雅·释器》有"不律谓之笔"；《礼记·曲礼》有"史载笔，士载言"；《物原》有"伏羲初以木刻字，轩辕易以刀书，虞舜造笔，以漆书以方简"；《尚书·中侯》有"龟负图出，周公援笔以写之"。其他还有《战国策》上记载齐后将死时，叫她的儿子"取笔牍受言"的故事。徐坚根据古书记载的史实，在他的《初学记》中，较明白地解释了世传蒙恬造笔的原因：或者当时的许多国家没有笔的名称，只有秦国独得，蒙恬更将笔"损益"（改良）罢了。

笔究竟是何人发明，恐怕很难找到答案，只可说其被创于新石器时代。从近年古代文物的发现，竹、帛上的文字图画，是使用毛笔绘制的，并且还有用竹、木枝杆做的毛笔实物出土。如1954年在长沙古墓中发现的战国笔，

秦二世墓

笔管与笔套(整支笔装入套中),却是竹制,笔头是动物毛,可能是兔毫,笔全长21公分,套长23.5公分。商代及周朝的金器款识,很显然不是用硬笔写了来翻铸的。殷商的甲骨文卜辞,看得出来是用毛笔写后再刻。考古学专家董作宾在他的《甲骨文断代研究例》中,还说到在公元前1400年至前1200年间的牛骨上,有用毛笔和墨汁已写好文字还没有雕刻的。同样的情形,在陶器上,安阳出土的殷代陶片中,也有一个以笔墨书写的大字"祀"。

更早一点,在史前时期,从河南仰韶及西安半坡等新石器时代遗址的彩陶上看,上面的花纹、图案和符号,都必须用软的毛笔才能画成。还有在甘肃辛店发现的彩陶,上面有人、鸟等图画,有的学者认为那就是中国较原始的图画文字,而那个时候,笔应该已经出现了。

东汉许慎的《说文解字》说:"秦谓之笔,楚谓之聿,吴谓之不律,燕谓之弗。"先秦典籍中少有"笔"字,而"聿"字早在商代就出现了。可见笔是早于秦代就出现了,秦始皇时,只是统一了笔的叫法。

清代学者赵翼在《陔余丛考》中的"造笔不始蒙恬"条中写道:"笔不始

于蒙恬明矣。或（蒙）恬所造，精于前人，遂独擅其名耳。"意谓蒙恬作为毛笔制作工艺的改良者，其功亦不可没，仍是对中华文化的传承的重大贡献。

"才子小人"李斯之死

助纣为虐是一代人杰李斯最大的失败，在"沙丘政变"与赵高擅权的时候，他都丧失了起码的做人立场，和奸邪之人同流合污。当然，既是奸邪之人，赵高又怎么可能放过他。

李斯是秦始皇横扫六国、统一天下时的大功臣之一，他的《谏逐客书》和反对分封、设立郡县的建议使他在历史上长扬英名。但是，他最终的助纣为虐，却使他未能善终，也给他的人生留下了污点。

在沙丘政变时，曾经才华横溢的丞相李斯，未能抵抗住赵高的引诱威胁，为保自己的富贵荣华，他参与了政变，帮助胡亥篡位。当赵高和秦二世乱挥屠刀的时候，他不知自己是否应该谏阻。他觉得沙丘阴谋如果暴露，自己必然也会遭殃，所以由他们杀吧，反正没有杀自己，所以不去管它。但是，面对东方形势，他却不免忧心忡忡，几次请求秦二世赐给一个进谏的机会，但秦二世忙于玩乐，无暇允许，反而给李斯提出一个问题，责成他认真回答。

秦二世说："听韩非子讲，尧坐天下的时候，住的是茅草房，喝的是野菜汤，冬天披块破鹿皮，夏天穿件葛麻衣；禹治理洪水，东奔西忙，累得大腿上没了肉，小腿上掉了毛，最后死在外地，葬于会稽。如果是这样的话，那么贵有天下的人，难道是想过这种苦形劳神的寒酸生活吗？这种寒酸生活是没有出息的人所提倡的，不是贤明人的正业，贤明人坐天下，专门用天下来满足自己的需要，这才叫富有天下。如果连自身都得不到好处，又怎么治理天下呢。所以我打算肆志广欲，长享天下，你看有何良策？"

当时，李斯的儿子李由任三川（今河南洛阳东）郡守，吴广率领的农民起义军向西进军，李由没能阻止。有人指责李斯，李斯胆战心惊，唯恐丢官失禄，不知如何是好。所以，当秦二世的君主当享乐的谬论出来后，以李斯过去的风格，他本可以写出一篇类似《谏逐客书》的美文，驳斥秦二世的，可

是他没有这么做,在富贵荣华的沉重包袱下,他写出的竟是阿谀二世心意的"行督责之术"。据《史记·李斯列传》,该文是这样开头的:

夫贤主者,必且能全道而行督责之术者也。督责之,则臣不敢不竭能以徇其主矣。此臣主之分定,上下之义明,则天下贤不肖莫敢不尽力竭任以徇其君矣。是故主独制于天下而无所制也。能穷乐之极矣,贤明之主也,可不察焉……

李斯提出的"良策"就是君主行督责之术。督是督察,责是治罪,行督责之术就是用督察治罪的权术来对付臣民。李斯把督责之术提到极端重要和万能的地步,他建议秦二世高度集中权力,独断专行,用深罚重刑控制臣民,实行极端残酷的血腥统治政策。文章最后说:

若此则谓督责之诚,则臣无邪,臣无邪则天下安,天下安则主严尊,主严尊则督责必,督责必则所求得,所求得则国家富,国家富则君乐丰。故督责之术设,则所欲无不得矣。群臣百姓救过不给,何变之敢图?若此则帝道备,而可谓能明君臣之术矣。虽申、韩复生,不能加也。

即是说,只要推行督责之术,皇帝就能随心所欲,得到想要得到的一切。群臣百姓躲避过失都来不及,哪里还敢图谋不轨呢?如果做到这一步,也就完备了帝道,精通了君臣之术,就是申子、韩非复活,也不能再添什么了。

曾经的一代人杰,为了富贵荣华,竟然写出这种阿谀秦二世的狗屁东西,李斯说到底也只是一个小人。

秦二世见李斯的"良策"大喜,不禁拍案称奇,于是严督重责,峻刑酷法。本来秦律就相当严苛,现在就变本加厉了。官吏对民需残忍,那才是"明吏",官吏需杀人多,那才是"忠臣"。于是,刑徒塞满道路,每天杀人成堆,督责越来越严酷。

成语有"作茧自缚"之说。督责越来越严酷,最后竟然就严酷到提出这一建议的李斯身上了。

秦二世深居禁中,忽然想起了阿房宫。他想,先帝秦始皇以为咸阳的朝廷宫殿小,所以营建阿房宫,前殿尚未竣工,正赶上先帝驾崩,只好停工,抽调人力去骊山覆土,现在骊山覆土工程完毕,若不继续营建阿房宫,不就等于宣布先帝兴建工程是错误的吗?于是下令开工营建阿房宫,并继续修筑

秦宫秘史

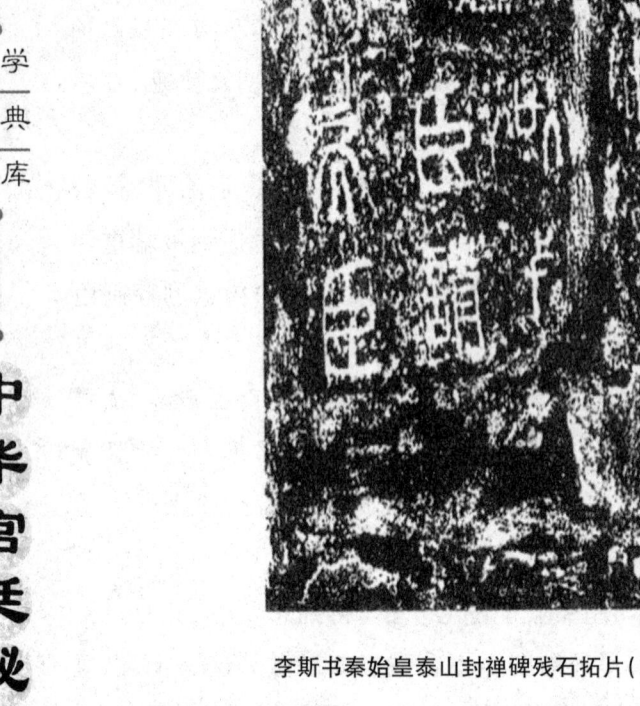

李斯书秦始皇泰山封禅碑残石拓片（现藏北京图书馆）

直道、驰道、骊山墓和各项土木工程。又调征 5 万精兵屯卫咸阳，演习射猎。命各地郡县向咸阳转运粮草，转运者自带食物，不得食用咸阳三百里内的谷物。赋敛日趋沉重，徭役越来越多，这样肆无忌惮地狂征滥调，民力枯竭，渐渐地就到了无人可征的程度。

赵高听说李斯上了"督责书"，就鼓动李斯去向秦二世进谏，让他取消阿房宫的营建和狗马无用之物，认真考虑一下关东的"群盗"问题。李斯毕竟是丞相，天下民力枯竭、"群盗"四起，天下已不稳定的局势他还是清楚的，因而本有进谏之心，正愁没有机会，赵高答应为李斯留心，一旦秦二世有空，就通知李斯去进谏。实际上赵高专等秦二世拥娇娥，挽美姬，燕乐狂欢兴致正浓的时刻派人通知李斯，说秦二世闲暇无事，正可入宫进谏。李斯果至禁中求见，秦二世很不高兴，他只好退出。如是者三次，秦二世生气了，说："我闲着的时候，丞相不来，我一燕私，他就来了。难道丞相看我年少，想轻视我、束缚我吗？"

赵高趁机表示吃惊,说要是这样可就危险了。接着,他从三个方面捏造了李斯的危险性:第一,沙丘之谋,丞相是参与的,现在陛下做了皇帝,而丞相的富贵却没有增多,他的意思是想分土为王;第二,丞相的长子李由任三川郡守,楚地群盗陈胜等人都是丞相的邻县之党,所以楚盗公开行动,经过三川郡,李由闭门不肯出击,据说李由与他们还有书信往来;第三,丞相居外治事,权力大于陛下。三个方面加在一起,李斯怎么能不危险呢?

伍子胥画像镜

　　秦二世一听,深以为然,就想逮捕李斯,但又担心情况不实,于是派人对李斯父子进行调查。

　　李斯听到消息,非常气愤,于是上书揭发赵高。他说赵高就像战国时期齐国的田常,若不及时铲除,迟早要弑君篡位。虽然李斯此时所谏确为忠言,对赵高的判断也很准确,可此时的秦二世哪里听得进这些话呢?秦二世说:"这是哪有的事!赵高是我的故人,他为人清正,在平安中不放肆,在危险中不变心,以忠得升,以信守职,我实在认为他很好,你却怀疑他,这是为什么?我少年丧父,所知甚少,缺乏治国经验,而丞相你又年迈,说不定哪一天就会告别辞世,我不寄托赵君,又靠谁呢?况且,赵君精明能干,对下熟知人情,对上能顺我心,请丞相不必怀疑。"李斯又奋力争辩一番,但秦二世根本听不进去。不仅如此,他还怕李斯杀死赵高,悄悄地把情况转告了赵高。赵高说:"丞相担心的人只有赵高,赵高一死,他就可以放胆干田常所干的

事儿了。"秦二世一听，便下命令："将丞相李斯逮捕，交郎中令赵高审察治罪！"

李斯身带刑具，关在狱中，他彻底明白了赵高欲置他于死地的用心，他仰天长叹："悲惨啊！无道的昏君。哪里可以为他谋划呢！昔日夏桀杀关龙逢，商纣杀比干，吴王夫差杀伍子胥。这三位大臣是何等忠君，然而却都不免一死。现在我的才智比不上他们，而秦二世的无道又超过桀、纣和夫差，由此看来，我死也就顺理成章了。秦二世做皇帝的办法岂能不使天下混乱！诛杀兄长自己登位，害死忠臣提拔奸人，修阿房宫，横征暴敛。不是我不进谏，是他不听我的话啊！现在造反的人已经占了半个天下，他却执迷不悟，让赵高为辅佐。我一定会看到寇贼踏破咸阳，朝廷成为麋鹿游玩的荒草冈。"

秦二世全权委命赵高审理李斯狱案。赵高指责李斯父子通贼谋反，收捕了李氏的全部宗族宾客千余人，每日痛打李斯，逼他招认。李斯受刑不过，只好一面含屈供认，一面给秦二世上书申辩。申辩书落到赵高手里，赵高把鼻子一哼："囚徒哪能上书！"他把申辩书毁掉，又派十多批亲信冒充御史、谒者、侍中，作为秦二世的使者前来复查，李斯一改口供，必遭一顿痛打，如此反复，李斯不敢再改口供。后来秦二世派使者前来查问，李斯误认为又是赵高的人，坚持假供未改，使者回报秦二世，秦二世高兴地说："没有赵君，朕就被丞相卖了。"于是判处李斯族刑，夷灭三族。

秦二世二年（公元前208年）七月，李斯被押赴咸阳市受刑。当时李斯的长子李由已经战死三川。李斯走出狱门，不禁想起自己早年在上蔡所过的布衣平民生活，他回头对身后次子感慨地说："我真想带上你，再牵着黄狗，一起从我们老家上蔡城东门出发，去追逐野兔，现在哪里还能办得到呢？"父子相视痛哭。

在刑场，李斯共遭受五刑，先黥面、割鼻、断去左右脚趾，再拦腰斩为两段，最后剁成肉酱。合家灭门，无一得生。在昏庸的秦二世和狡诈的赵高手中，李斯的督责之术将自己督责得如此悲惨。

司马迁在写完《史记·李斯列传》后，对李斯有一段精妙的评论：

李斯以闾阎历诸侯，入事秦，因以瑕衅，以辅始皇，卒成帝业，斯为三公，可谓尊用矣。斯知六艺之归，不务明政以补主上之缺，持爵禄之重，阿顺苟合，严威酷刑，听（赵）高邪说，废嫡立庶。诸侯已叛，斯乃欲谏争，不亦末乎！人皆以斯极忠而被五刑死，察其本，乃与俗议之异。不然，斯之功同与周、召列矣。

　　一个本可以同周公、召公一样留名青史的人杰，就因为贪图荣华富贵，与赵高同流合污，将自己亲手建立的强大的秦帝国迅速葬送，还赔上了自己及族人的生命。李斯真不值。

　　秦王朝已离我们远去了，李斯的那段历史也离我们远去了。但是，李斯的经历却留给我们很多值得玩味的东西。李斯是很有才干、很有才华之人，然而，他低劣的品质却成为他致命的弱点，他帮助了小人，最后被小人所害，可谓自掘坟墓、咎由自取。

中华宫廷秘史

孙桂辉⊙主编

汉宫秘史

线装书局

第一章　大汉帝王篇

两汉 400 多年,先后有 24 位皇帝登上历史舞台。楚汉战争的硝烟与战火,刘邦用人的明智与愚蠢,文景时代的无为而治,汉武大帝的盛极而衰,光武刘秀的续汉而中兴,等等,都时时拨动着我们的神经,触发着我们的感情。两汉 400 多军,是中华民族历史上最激动人心、最令人迷惑和惋惜的时期之一。这里通过对两汉皇帝的近距离的、正面的客观叙述,让我们共同解读大汉帝国的兴衰演变。

刘邦的出身之谜

公元前 256 年,江苏沛县丰乡阳里村一户刘姓农民家里,有一男婴四肢舞动呱呱啼叫着降临人世,他就是后来被称为汉高祖的刘邦。他一生下来,除了左腿上有在娘肚里生就的 72 粒黑痣之外,其他地方与普通男婴并无特别之处。可是,由于他长大成人之后,参加了秦末陈胜、吴广领导的农民起义,并于公元前 202 年,战胜了与之争雄的西楚霸王项羽,创立了西汉王朝,登上了九五之尊的皇帝宝座,成为名耀千古的人物。

因为刘邦成为皇帝的缘故,关于他的诞生,历史文献和民间文学都流传着许多荒诞离奇的传说。据《史记》中记载,在风和日丽的一天,刘邦的母亲刘媪在田地里辛勤地劳作,突然她感到很劳累,就到太泽湖边的一个斜坡上休息,刘媪在休息时竟然睡着了,她做了一个奇怪的梦,梦见一条赤目长角的巨龙爬到自己身上,与自己交合起来。这时候,晴朗的天空突然变得狂风大作,雷电交加,整个大地也黑暗起来。太公刘煓看到天气不好,又找不

到自己的妻子，立即四处寻找起来。在湖边，太公看到一条蛟龙正缠绕在妻子身上，太公非常吃惊，而巨龙唰的一下就不见了，刘媪也从梦中猛然惊醒。这时天气立即变得晴朗起来，乌云散尽。刘媪把自己的梦境告诉太公，果然和太公的所见吻合，二人深以此事为奇，不久，刘媪果真有了身孕，十个月之后，产下一个婴儿，就是刘邦。

刘邦

刘邦的家乡县志上也有类似的传说，说是有一天，刘媪带着两个幼子，来到田里灌溉，刚刚挑了几桶渠水，就觉得周身疲倦，便打发两个儿子自去放牛，自己回家休息。走到一片大泽边上时，便觉得头脑昏沉四体酸软，不知不觉地就坐在一棵大树下瞌睡起来。睡梦中，刘媪忽然看见从空中降下一位金甲神祇，满面春风地对她说："本神因你刘氏世代积德，又与你三生石上有缘，很想秘授一个龙种给你。"说罢，似有亲爱之意。刘媪见这位神祇，出言费解，举止失度，吓得手足无措。正想逃跑，不料那位神祇摇身一变，化作了又粗又长的赤龙，同时晴天霹雳，云雨大作。刘媪只觉得自己魂飞天外，昏睡在雷雨之中。

时近晌午，刘太公见刘伯、刘仲兄弟俩牵牛回来，忙问："你娘呢？"两兄弟都说母亲已先独自回来。太公听了一阵狐疑，拔腿就走，沿路寻找。走到堤边，只见妻子一人斜倚树根，紧闭双眼，睡得正甜，急忙把她唤醒，问她："你怎么不回家，却睡在这里了呢？"刘媪睁开睡眼，四下看了看，满面惊疑地说："怪了，刚才还是响雷大雨，怎么一下子停了，身上地上竟无一点儿水迹呢？"太公听了，大笑起来："你真是白日做梦，一连三月滴雨未下，要是真有大雷大雨，该要谢天谢地了。"刘媪才明白自己果真是白日做梦了。

回到家里，刘媪越想越觉得梦里情景太奇怪了，就将做梦的原委告诉了太公。太公听后笑了笑说："梦里的事无根无据，何须深究，你是做活儿累的，在家好好休息两天吧。"刘媪说："听说只要真是龙种，将来就是真命天子。梦中那位金甲神祇说要授我龙种，难道我们家里真会出个皇帝子孙吗?"太公听了吃了一惊，赶忙捂住刘媪的嘴巴说:"你可千万不要乱说，传出去要遭灭门灭族大祸的。我们农家，能够丰衣足食，娶媳抱孙，就是天大福气了。"

刘媪一场怪梦之后，果然有了身孕，怀胎十月，第二年就生下了刘邦。刘邦上有两个兄长刘伯和刘仲，他的字便叫季。

刘邦身高七尺八寸，鼻梁长得很高，宽额角，长须髯，极富男人魅力。相术家说他天庭饱满，地角方圆，天生一副贵人之相。更奇怪的是，传说刘邦是赤帝子，在他的臀部左边长有 72 颗黑痣，正好应验了赤帝火德 72 日的征兆。

有关刘邦诞生的种种神话传说和他奇异的长相，与中国古代的帝王出生的怪诞神话和命相观几乎如出一辙，这些都不过是后人为了附庸皇帝权威，证明皇帝是真命天子虚构的故事罢了。

刘邦是一代开国之君，长期经历了严峻的军事斗争和政治斗争，锻炼出了出色的军事才能和政治才能，如果没有超人的能力和坚毅的品格，他是绝对不会在群雄四起、狼烟纷争的秦末打败各路对手特别是项羽，而建立汉王朝的，但是刘邦年轻时的行为举止，却是一副典型的流氓无赖的形象。

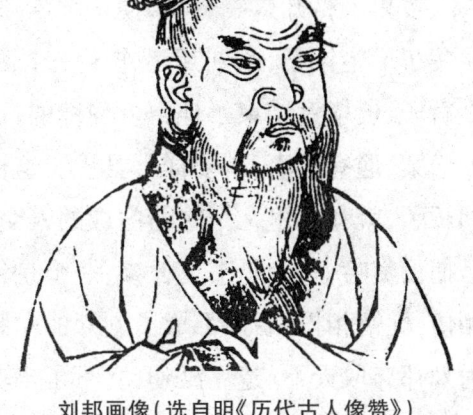

刘邦画像(选自明《历代古人像赞》)

刘邦年轻时好吃懒做，从不帮忙父母从事生产劳动，而且常常耍一些流氓无赖的手段骗吃骗喝，平日里没事就整天游手好闲四处闲逛，成为附近乡村颇有名气的小混混。与刘邦不同的是，他的两个兄长都是本分老实的农民，整日跟随父亲下田劳作。因此，太公很不喜欢刘邦，骂他不如其他几个儿子听话，是一个没有出息的家伙。刘邦还喜欢和一些屠夫、商贩、小偷、无赖等市井之徒交朋友，终日与一帮狐朋狗友在乡里要么舞枪弄剑、偷鸡摸狗，要么猜拳喝酒、寻欢作乐，一副十足的贪酒好色、江湖阿混的形象。

但是和别的小混混不同，刘邦自幼就有侠义心肠，他不同别的小混混那样满足于市井无赖的生活，而是希望有朝一日能出人头地，到外面广阔的世界去干一番惊天动地的大事业，只是苦于没有机会。在做偷鸡摸狗勾当的同时，刘邦还富有仁爱侠义心肠，为人乐善好施，为朋友更不惜两肋插刀。

邻家有两个寡妇，一个叫王媪，一个叫武负。两个妇人都各开了个小小的酒店，一则念刘邦是她们毗邻少年，要看太公的面上；二则是接纳刘邦居住，他的朋友找他聚赌豪饮，还能多些生意。于是，两个妇人对他也算得慷慨大方，不但每日供他酒饭，而且还送他零钱任其花用。这样一来，不但刘邦可以衣食无愁，而且两家酒店的生意也骤然红火了起来。

一天晚上，刘邦喝得烂醉，蒙被大睡。王媪、武负见天色已晚，便去唤醒刘邦，谁知走近床前，还未开口，突然看见一条金龙酣睡在床上，二人吓得目瞪口呆，待定神来再看，金龙已经不见，刘邦仰面朝天鼾声如雷地躺在那里。王媪、武负于是便绘声绘色地把这事传扬了出去。

乡里人得知这一奇事，便认准刘邦日后必会出人头地贵不可言，就自愿凑集了一笔银子，给刘邦运作了一个泗水亭长的职务。亭长虽然算不得什么官职，但毕竟结束了他寄食酒肆的日子。做了亭长，就要办理乡里一些小的讼案，遇有大事，就要详报县里。这样，借公务之便刘邦常到县里奔走，时间长了，就和县里几个吃衙门饭的人交了朋友。一个是沛县功曹萧何，一个是捕役樊哙，一个是书吏曹参，一个是刽子手夏侯婴。这几个人与刘邦年龄相仿，性情相投，后来都成了刘邦的左膀右臂，追随刘邦南征北战东征西剿，为刘邦夺取天下、建立汉朝，立下了丰功伟业。

他生性豁达大度，气量很好，可以说，刘邦是一个混迹于市井之中的侠义之士。刘邦在混日子的同时，还留心结交了当地的上层人士和有识之士，他多次去拜见丰邑有名的治学名士马维，向他请教儒学，他还结交了博学多识的张良，跟随他学习兵法的知识，后来张良一直跟随刘邦，成了他的得力助手和开国元勋。

刘邦的父亲太公嫌他整日游手好闲，就在出徭役的时候借机让刘邦去服役，这样刘邦来到了咸阳。刘邦自乡村来到了都城，大大开阔了视野，感

中华宫廷秘史

觉这才到了一展身手的地方。有一天，刘邦正在和同乡们修筑城墙时，突然看到一队规模宏大的仪仗队列队而来，气势磅礴、威仪豪华，令刘邦叹为观止，急问这是做什么的，管事的小头目告诉他是秦始皇出巡，刘邦大为感慨道："嗟呼，大丈夫当如是也！"其英雄之志可见一斑。

此时秦王朝的统治已经快走到了分崩离析的边缘，秦始皇专制残暴，在骊山为自己修建坟墓，从全国征招大批劳役，激起了各地人民的不满，民心浮动，天下不稳。作为一地亭长的刘邦，也奉命押送一批服役人员从沛县前往骊山，但是一路上服役者不断逃跑，刘邦心想如此下去，到骊山之后肯定都会跑光，自己犯了失职之罪会被判处死罪，反正都是死，还不如大干一场。刘邦这样一想，他的豪杰侠义之情大发，索性成全大家。在丰西泽中，刘邦下令停止前进，宣布将押送的刑徒全部解缚释放，并对大家说："诸位赶紧逃吧！我自己也要亡命天涯了。"其中的一些侠义之士深为感激，他们表示愿意追随刘邦，和他共谋大事。从此，刘邦开始踏上了闯荡江湖、勇夺天下的亡命之路。

汉高祖娶吕雉为妻之谜

刘邦是西汉的开国皇帝。他自幼出身贫寒，没什么文化，整天吊儿郎当地在乡里游荡，虽然胸有大志，却没有机会施展。这样的人，在一般的乡里人看来，简直就是一个无赖混混，没有什么大出息，所以也就没有人愿意把女儿嫁给她。结果，到了老大不小的时候，还是单身汉一个，没有娶上媳妇。但是后来，他却出人意料地娶到了一个富贵人家的漂亮女儿做妻子，旁人都说这是他前生修来的艳福。这个甘愿下嫁给刘邦的名门千金就是日后的高皇后吕雉。那么，出身高贵的吕雉又为什么愿意下嫁给刘邦这样一个穷小子呢？这可就说来话长了。

秦末，刘邦曾经担任过他所在的沛县的泗水亭长的职务。亭长在当时是个很小的官，大抵上相当于今天的派出所所长的职务。刘邦充其量就是一个秦朝的微不足道的小吏。

刘邦出生在一个贫寒之家，在家中排行老三，没有任何强有力的人物当靠山，他也未曾钻研过治国平天下的方略，肚子里更没有什么墨水。由于没有封建社会里长子所肩负的重担，他有足够的闲暇时间结交各种各样的朋友，同时他又是一个厌恶种田劳作的人。因此，就连他的父亲都看不上他这一点，嫌他浪荡不羁，认定了他将来不会有什么大的出息。父亲的鄙视在家中占有绝对的重要性，故此全家人都瞧不起他。然而，虽然在生活上不拘小节，可刘邦却有着远大的志向。曾经有一次，他在路上看到秦始皇浩浩荡荡出行的样子，威风凛凛的帝王排场深深地震撼了他，于是，刘邦由衷感慨，有朝一日成为向秦始皇这样的大丈夫，享受这样的豪华排场，才不枉来人世一遭。

这样一个为家人所鄙视，为邻里所不耻的人，却有着很好的桃花运，能娶到别人梦寐以求的妻子。

刘邦的原配妻子姓吕名雉，是当时距沛县不远的单文县一个望族吕公的女儿。吕公与沛县县令的私人感情不错，也曾到沛县避过一阵的风头，后来便在沛县大摆宴席，以此来表示对县令和沛县人的谢意。当时，吕公委托一个叫萧何的人来主办宴会。由于前来给宴会捧场的人太多，其中也不乏鱼目混杂之辈，所以萧何宣布，贺礼不满一千钱的人，只能坐在堂下，只有贺礼在一千钱以上的人，才有资格进入堂内，被奉为贵宾。萧何用这样的方法来区分宾客的贵贱。这样，就在很大程度上杜绝了那些想骗吃骗喝的人来捣乱。

刘邦身无分文，却宣称带了万钱的贺礼前来赴宴。他这样大大咧咧地往门口一站，顿时被周围人耻笑。可在内堂的吕公听说有人未带分文却敢言万钱，心中好奇，当下出门亲自来迎接。却未料善于算卦相面之术的吕公一见到刘邦，马上惊为天人，只见面前这农民模样的壮年男子，高鼻梁长脖子，长相异于常人。吕公由此判断，刘邦他日必飞黄腾达，富贵万分。于是，欣然携刘邦之手，邀其赴宴。周围人见此景连连称奇，倒也都艳羡起刘邦的好命来。

然而，更离奇的事还在后面。酒过三巡，吕公一直在用独特的眼神打量着刘邦。宴会过后，吕公就下定了决心，不顾妻子的强烈反对，对刘邦说，愿意把自己的女儿吕雉许配给他为妻。此时的刘邦已经四十三岁了，仍然是光棍一条，听吕公说要把女儿嫁给自己，如坠云中，飘飘然起来，这是做梦都想不到的美事啊！当下，刘邦迎娶吕雉回家。这吕雉正是日后驰骋汉朝宫廷的吕后。

吕雉的家境与刘邦相比，简直是天壤之别，而且吕雉颇有几分姿色，也是当时附近县城里青年们争相献殷勤的对象，就是岁数大了点，嫁给刘邦之时已经是二十八岁的老姑娘了。为什么她嫁人这么晚呢？不是因为吕公舍不得女儿，而是吕雉自己的心气儿特别高，看不上寻常普通百姓。这样高不成低不就的，就熬成了老姑娘。或许，这也是姻缘天注定吧，刘邦、吕雉这对大龄青年，注定要等候长久的时间，直至对方出现才能婚配，这样一来，四十三岁的刘邦与二十八岁的吕雉，也可称得上是天作之合了。

刘邦在担任泗水亭长时，曾带领所管辖的刑徒逃走，躲藏在砀山之中。砀山地形险峻，易守难攻，更不容易被人找到隐蔽的藏身之处。可吕雉却能轻而易举地找到他，刘邦问她原因是什么，吕雉笑着回答说，刘邦藏身之处，上方总有五彩祥云飘拂，按照云气所指引的位置，就可找到刘邦等人的藏身地点。这样的事，真是神了，莫非刘邦真的是人中之龙吗？

其实，这样的故事，仅仅是传说，但也是政治的需要。刘邦从一个不务正业的农民发迹，无势无权，更没有强大的财力基础做后盾。他要是想号召众人起事，获得广大人民的拥护，必须要有一种强大的舆论的支持。编造这样的神话出来，是需要勇气的。刘邦正是有这种勇气，造出舆论声势，从而震慑了百姓，笼络了人心。后来，他的谋士、亲属们纷纷传播这个神话，使更多迷信的人们相信了他是龙的传人，命中注定要做天子。结果是人们纷纷赶来投靠他，使他领导的起义队伍不断的壮大，直到最后夺取了天下，建立了汉朝，当上了皇帝。

在他逐步得到帝位的过程中，吕雉自然也起了不小的作用。他们夫妇俩盘算着，等到刘邦真的当上了皇帝，谁还敢说他当初是在编造神话？统治阶级利用神话故事，可以加强和巩固自己的统治，让老百姓不得不从心里服从并且拥护自己的统治，岂能给老百姓辨别故事真假的权利？就算有人敢于直言，戳穿他们的阴谋，也一定会不明不白地遭受迫害。历史真相，就是他们手中所掌握的工具，无论是否出现过笼罩在刘邦头顶的祥云，都无关紧要，重要的是，它起到了帮助刘邦登上了皇位的作用，有助于其成为西汉的开国皇帝。

汉高祖真的杀死大蛇了吗

刘邦是布衣出身，生在穷苦贫民之家，既无权又无势。他什么靠山都没有，也没有念过什么书，更别提钻研治国平天下的方略了，一直到了四十多岁还没有成家，他的父母兄弟都瞧不起他，认为他不学无术，整天只知道闲逛。但就是这样一个人，却能幸运地得到天下，开创了中国的第二个封建王朝，他凭的究竟是什么？为了解释这个问题，民间于是有了这样的流传：刘邦原本是赤帝之子下凡，命里注定就是要当皇帝的。所以他顺应天命，斩杀白蛇，历经百战，终于平定了天下，成为名扬天下的一代开国大帝。人们不禁要问：刘邦真的斩过白蛇吗？他真的是龙的化身，命中注定要得天下吗？

秦朝末年，刘邦当了秦朝的一个小吏，负责押送一群刑徒到骊山去修皇陵。大家都知道，去修皇陵是一个必死无疑的差事，就是不被累死，到了最后也得被活埋。这种差事有谁愿意去干

刘邦在汉中时的王宫

呢？刑徒们都不情愿，纷纷逃亡。刘邦虽然是负责押送的人，但是他深深知道工匠们这一去就再也回不来了，这些人本来都是自己的乡亲，自己又怎么

忍心让他们去送死呢？所以面对这种情况，他动了侠义之心，默许他们逃走，毫不阻拦。等到快到骊山的时候，他带的人都快跑没了。按照秦朝的律法，如果犯人工匠逃跑了，负责押送的人也要被处死，刘邦一想，现在自己带的人都跑了，自己再到骊山去也等于是去送死一样。所以，当他们走到丰邑西面的大泽里时，刘邦借酒壮胆，干脆把剩下还没来得及跑的刑徒都给放了，让他们去自寻生路，他自己也开始准备亡命天涯了。留下的这些刑徒一路上深受刘邦的照顾，这时见刘邦为了救自己这些人，不惜犯下杀头的大罪，都很感动，指天发誓愿意一直追随刘邦。于是，刘邦就带着他们连夜逃离了大泽里。

这一行人在黑夜中跌跌撞撞的奔逃着，大家都累得上气不接下气，可是谁也不敢停下来，生怕身后有追兵追上来。这时，刘邦派到前面开路的一个人忽然惊恐万分地跑回来，害怕的连话都说不清了，等了半天，刘邦才听清那个开路的人上气不接下气地报告说：前面有一条水桶那么粗的大白蛇横在路中央，前进不了了，赶快绕路吧！刘邦这时有酒壮胆，再加上赶夜路赶的浑身发热，就觉得一股豪气从胸中涌出，他拔出剑来，大声说："我们是顶天立地的男子汉，连死都不怕，又岂能怕蛇？我倒要看看谁敢阻拦我的去路？"二话不说，他挥舞着手中的利剑就冲上前开路。走了没多久，果然看到一条大白蛇盘在路中央，把路堵得严严实实的，而且雾气弥漫，还有阵阵腥气飘过，令人不禁作呕。刘邦大喝一声，奋起勇气，挥剑就向白蛇砍去，跟在他身边的人都不禁吓得惊呼出声，生怕白蛇被惊醒过来，进行反击。但是这时的刘邦如有神助一般，好像忽然间变得力大无穷，一剑下去就将白蛇拦腰斩为两段，腥红的血喷了他一身。两旁的人这时又不禁佩服地欢呼起来。斩蛇之后，没走出几里路，刘邦酒性发作，一头倒在路边，昏沉沉地睡了起来。

跟随后面的刑徒们走到刘邦斩蛇的地方时，忽然看到小路上凭空出现了一个老婆婆的身影，这个老婆婆一出现就号啕大哭。大家就问她怎么了。老婆婆悲伤地说："我儿子是白帝之子，他不该私自下凡间闲游啊！他睡中变化成蛇，哪知道挡了赤帝之子的去路，就被人家杀了！"听了老婆婆的话，大家开始只当是她胡言乱语。可奇怪的是，等众人走了几步再回头看时，那老婆婆却不见了,就连地上被斩成两段的白蛇也不见了。于是刑徒们都惶恐起来,开始相信那老婆婆说的话是真的。不久之后,刘邦酒醒了,听众人说了这件神奇诡秘的事,也隐约相信自己确实是命中大贵之人,从此更加坚定了他争霸天下,逐鹿群雄的万丈雄心壮志。

于是在这以后,民间就开始传说着刘邦是赤帝之子,是真命天子,是上天注定要来推翻秦朝统治的。许多人都相信了这话,都深信不疑的投入了刘邦的军队,心甘情愿的跟随他一起拼死沙场。

这样的传说虽然神奇,在当时人的眼中都确有其事,深信不疑。但在我们现代人看来却显然是无稽之谈,根本经不起科学的推敲。可史书又为什么会有这样一段记载呢?这种传说又是如何产生的呢?

其实,这个道理很简单,就像历代皇帝出生前一定会有一些吉祥的预兆一样,这是一种政治上的需要。刘邦是平民出身,无权无势,也没有雄厚的财力做后盾。他如果想要起事,必须得有一种强大的号召力,才能获得广大民众对他的支持。也许当初在逃亡的途中,他真的斩杀了一条白蛇,这是很有可能的事,也毫不奇怪,就是现在我们有时也会在路上遇到蛇的。但是在这个基础上附会说白蛇是白帝之子,刘邦是赤帝之子,就显然是杜撰出来的。编造这种神话的目的,无非是要神化刘邦,想以此拢住人心,让身边的人都死心塌地地跟着他打江山。刘邦身边的谋事、亲属们都是这个神话的拥护者和大力传播者,就是为了使更多迷信君权神授的人相信确有其事,纷纷投奔刘邦,从而使他的起义队伍不断发展壮大,直至最后夺取了天下。等刘邦真的做了皇帝之后,又有谁还敢说这只不过是他当初编造的神话呢?

刘邦是怎么逃出鸿门宴的

"鸿门宴",在今天常被形容很不想去的宴席却又不得不去,是醉翁之意不在酒的宴席。据我们所知,鸿门宴一词的由来,要从项羽和刘邦说起。

据说早在宋义和项羽等人北上救赵的时候,楚怀王就派刘邦西进咸阳去了,并和项羽约定先入关中者为王。当时,秦军的主力部队,都集中在巨鹿一带,所以在项羽和章邯激战的时候,刘邦已经顺利地于公元前206年10月,进入了咸阳。刘邦进了咸阳,就想当关中王,于是派兵镇守函谷关,以阻挡其他诸侯入关。

项羽擒了王离、降了章邯,歼灭了秦军的主力部队,随后也挥师向西,带着四十万人马向咸阳进发。途中已经没有秦军的势力阻挡,所以项羽的军队得以很顺畅地进入了通往关中的必经之地函谷关,这时是公元前206年11月。到了关前,却发现关门紧闭,守城的将士绝不是秦军而是楚军,项羽不由得大怒,叫喊道:你们替何人守关? 守关的将士说:我们奉了沛公的命令,无论哪一路的军队,都不得入关。项羽闻听此言,非常恼火。范增也很生气,他对项羽说:沛公拒绝我们入关,分明是他要一人独占关中,他这是忘恩负义,如果没有将军,他刘邦怎么能进得了咸阳? 英布也对项羽说:我们消灭了秦军的主力,才有了今天的局面,沛公应该出来迎接我们,可他怎么反倒把我们看成是敌人? 项羽听了英布的话,更加恼怒,便命令英布攻关。守关的将士数量毕竟敌不过项羽的骁勇,没多久,函谷关就被项羽的军队攻破了。项羽挥师进入,一直来到了离咸阳城不远的鸿门,当时天色已晚,于是项羽命部队安营扎寨。这里离刘邦的驻地仅仅四十里路,两军对峙,形势很是紧张。

当时项羽手下有百万雄师,而刘邦只有兵马十万。一旦开战,双方力量悬殊,刘邦的处境必定十分艰难。项羽当晚就召集众将领开会,商议如何第二天攻打刘邦。范增对项羽说:刘邦在家乡时,贪财好色,可这次入关后,他不取财物,不近女色,前后判如两人,可见他是在养精蓄锐,意欲夺得天下。应尽快除掉刘邦,以免后患。于是项羽下令整顿三军,次日进攻刘邦。

项羽的叔父项伯和刘邦的谋士张良的交情很深。因为项伯以前曾因故杀人,张良救了他的命。这次项羽要进攻刘邦,项伯担心张良随刘邦一起被害。于是连夜赶到刘邦的军营。找到张良,劝他赶快离开,以免同归于尽。张良对项伯说:沛公今日有难,我若悄悄溜走,那就太不义气了,我走也要去说一声。您请稍等,我去去就来。

张良进得帐中,把项伯的话告诉了刘邦,刘邦大吃一惊,忙问张良怎么办。张良认真分析了双方的实力状况,认为只有请项伯帮忙说服项羽。于是张良请项伯进入刘邦帐中，刘邦设宴款待，并与项伯结为了儿女亲家。刘邦对项伯说：虽然楚怀王说了先入关者为王，可我入关以后，安抚百姓，封存秦朝府库，驻在灞上而非咸阳宫，就是专门等候项将军的到来。我派兵守关，是为了防御盗贼，哪里是为了抵御项将军呢？请您回去务必在项将军面前替我解释

鸿门宴

清楚，我不敢忘记将军对我的一片恩情。项伯闻听此言，满口答应下来，并让刘邦次日一早就亲自去向项羽陪礼道歉。

项伯回到鸿门，把此事讲给项羽听，并且劝项羽不要攻打刘邦。项羽听说刘邦对自己那么恭敬，怒气顿时消散了很多。项伯又说：如果不是沛公先入关中，我们怎么能这么顺利地进来呢？人家立了大功，你反而要发兵，这不是不讲义气吗？明天他就要来谢罪了，你应该以礼相待，收买人心。项羽听从了项伯的意见，准备款待刘邦。

次日清晨，刘邦带着张良、樊哙等人来到鸿门，见项羽军中杀气腾腾，戒备森严，他不由得出了一身冷汗。守营将官传命说，只许刘邦带一名随从入内，刘邦只得忐忑不安地拉着张良进了项羽帐中，留下樊哙在帐外守候。

项羽坐在帐中，威风凛凛，左为项伯，右有范增。刘邦不敢像过去那样，行平辈礼，反而是必恭必敬地行了大礼，向项羽谢罪。刘邦解释了自己做法的原因，说自己无意占据关中，更不敢与项羽的军队对抗。项羽本来就性情豪爽，一听刘邦这么说，心中的怒火早就已经熄灭了，反而觉得是自己错怪了刘邦。项羽坦率而又真诚地摆好宴席款待刘邦，范增在旁急得连连跺脚，却没有办法。

席间，项羽开怀畅饮，大块吃肉，大口喝酒；刘邦则是提心吊胆，不敢多喝。范增多次给项羽暗示，要项羽动手杀掉刘邦，项羽却不予理睬。范增实在忍不住了，就借口离席，出来找到项羽的堂弟项庄，要他进去敬酒时请求舞剑助兴，趁机杀死刘邦。项庄听了范增的话，立即进去敬酒，并请求以舞

剑助兴,项羽同意了。项庄拔剑就舞了起来,准备按范增的交代伺机刺杀刘邦。这就是"项庄舞剑,意在沛公"的由来。张良见形势不妙,就示意项伯,项伯也看出了项庄的意思,就拔剑和项庄对舞,并且用身体保护着刘邦,使项庄迟迟没有得手。

在这样危急的时刻,张良抽身来到帐外,告诉樊哙里面情况危急,项庄要刺杀沛公。樊哙一听就急了,一手持剑,一手拿盾就冲进了帐中。项羽大吃一惊,拔剑起身,问此是何人。张良忙回答说,此人是给沛公驾车的樊哙,前来讨赏的。项羽惜樊哙是个壮士,就赏赐他一大碗酒,一条猪腿。樊哙都吃了喝了。项羽又问:壮士还要酒吗? 樊哙回答说自己死都不怕,何惧多一碗酒呢。项羽很纳闷,问他好端端的为什么要提死的话题。

樊哙说,如今沛公先入咸阳,秋毫无犯,驻军灞上,等待将军。将军听信小人之言,反倒想杀害他。这是在走秦亡的老路啊,我要为将军担心啊! 项羽无言以对,只得闷头喝酒。过了一会儿,刘邦借口上厕所,就离开了项羽的大帐。张良和樊哙也都跟了出来,刘邦备下一些小礼物,要张良转交项羽,自己带着樊哙,连夜抄小路赶回了自己的灞上军营。

张良估计着刘邦已到灞上的时间,才进项羽帐中,说刘邦酒量小,担心酒后失礼,就先回去灞上了。项羽无奈,范增生气,他说:跟这样幼稚的人实在难以共谋大业,将来就等着看刘邦夺取天下吧,我们就等着做俘虏吧。刘邦有惊无险地逃回了灞上,与项羽的关系在表面上缓和了下来,但实际上,"楚汉之争"已经拉开了序幕,"鸿门宴"的典故也就从此流传了下来。

"白马盟誓"之谜

据记载,为保刘氏的一统天下,刘邦曾与自己的开国功臣一起杀白马而盟誓:"非刘氏而王,天下共击之。"这即是历史上著名的"白马盟誓"。

汉高祖十二年(公元前195年),刘邦回到他的故乡沛县,这主要是要让沛县的人看看,做了皇帝的刘邦,现在的威风已经不是当年可比。在沛县,刘邦大宴父老子弟。在宴会中,他喝醉了酒,自己击筑唱起歌来,还叫来120

个沛县的孩子与他合唱。歌曰：

大风起兮云飞扬，威加海内兮归故乡，安得猛士兮守四方。

这三句歌词，历史上称之为《大风歌》，它是刘邦的心灵写照。刘邦从揭竿而起推翻秦王朝，到楚汉之争兵逼楚霸王项羽乌江自刎，历经数载，终于建立汉王朝，威震四海，扬名天下。如今能荣归故里，回顾艰难历程，自然是感慨万分。但是，更让刘邦忧心的是如何能守住这份家业，使汉王朝长治久安地归刘姓所有。到哪里去才能找到守护这辽阔汉疆的猛士，这是刘邦最为关心的事。所以，在《大风歌》里，既能听到一种慷慨抒怀，更能感到一种对未来充满忧虑的情绪流露。

此时的汉王朝，那些日渐强大且虎视皇位的异姓王已被陆续铲除，但刘邦在伐淮南王英布时受箭伤，身体渐渐衰弱，眼见太子刘盈软弱无能，自己宠爱的戚夫人之子赵王如意又不能立为太子，加上吕后的专横和野心，都迫使刘邦必须妥当地做好自己百年后的安排，以使汉王朝得以巩固和延续。据《史记·吕太后本纪》记载，为保持刘氏的一统"家天下"，刘邦曾与自己的开国功臣们一起杀白马而盟誓："非刘氏而王，天下共击之。"这就是历史上著名的"白马盟誓"。据此盟誓，西汉满朝臣子都可以对任何佞幸之徒予以讨伐和诛杀。

沛县之行唱《大风歌》之后的五个月，刘邦就去世了，大权旁落于吕氏之手。在吕后欲将吕氏家族个个封王的情况下，陈平、周勃以"白马盟誓"为据，辅佐太子刘盈掌权，并最终铲除已夺政欲篡国的吕氏家族，保证了刘姓汉王朝得以延续。

对于"白马盟誓"的存在，史学家并无争议。存有争议的是此盟誓究竟立于何时。由于不能确定立盟时间，因而也就无法了解刘邦立此盟誓的真实目的。盟誓的原因，到底是为了蒯除异姓王，还是担心自己百年之后江山落入他人之手，故寄希望于当年的开国功臣能"安刘氏"？学者们为此众说纷纭。

在《史记·吕太后本纪》《汉书·王陵传》以及其他史料中，对"白马盟誓"均有记载。吕后篡政后，为巩固自己的权力，要立吕氏家族人为王，问众大臣可否，右丞相王陵不允，并说高皇帝曾杀白马立下盟誓，非刘氏不得封

中华宫廷秘史

王。而左丞相陈平和绛侯周勃未作异议。王陵怒而责备陈平和周勃说："始与高帝喋血而盟,诸君不在邪?"而陈平、周勃二人未作否定,默认了曾参加盟誓,并讲出欲"安刘氏",论打仗非他们莫属之类的话。这足证"白马盟誓"的存在不容置疑。

但是,盟誓究竟立于何时? 有的人认为,盟誓的目的在于铲除异姓王,并以《史记·吕太后本纪》中言"高祖已定天下,与大臣约曰'非刘氏王者,天下共诛之'"为据,认为盟誓当在平定天下,开国之初即公元前202年以后。

但反对者认为,上述"已定天下"并不是在开国之初,那时汉高祖虽已立国,但政权并不稳固,北方匈奴不断南下攻击,战争连绵不断,国力十分衰弱,六国残余贵族势力不断滋生事端,而受封异姓王实力雄厚,特别是楚王韩信、梁王彭越、淮南王英布更是占据"天下劲兵处"。《汉书·韩信传》也说刘邦比之"莫及",故安抚异姓王已为首要之举。此时提出"盟誓"之事,显然是给这些异姓王反刘氏天下的口实。另据《史记·外戚列传》,"吕后……佐高祖定天下",此时"佐"并"定"天下,显然不会是在楚汉相争之际。因睢水战后,吕后和刘邦的父亲太公已被楚军俘虏作了人质,拘押于楚。所以,吕后的"佐"与"定",应指吕后在翦除异姓王韩信、彭越时对刘邦所施加的影响和辅佐之功。

有些学者根据以上两点,并据《史记·汉兴以来诸侯王年表序》,"高祖末年,非刘氏而王者,若无功上所不置而侯者,天下共诛之"等史料,考订认为,"白马盟誓"应是在刘邦消灭了异姓诸侯势力以后,即公元前195年前后与大臣、吕后相约而盟誓。

刘邦立国之后,随着自身实力加强,在吕后和陈平、萧何等辅佐下,以其计谋先后除掉韩王信、赵王张敖、楚王韩信和梁王彭越,公元前195年十一月又讨平淮南王英布,此时仅剩实力并不强大的长沙王吴芮和燕王卢绾。刘邦在此时虽已平定天下荣归故里,但,"得猛士兮守四方",依靠谁? 又用什么样的手段方能在自己百年之后辅佐仁弱的太子刘盈,于日后"安刘氏"? 这些问题的思考,不能不让人感到刘邦对自己所创汉室未来的忧虑。特别是在平定英布的过程中,刘邦身受箭伤,且伤情日趋严重。刘邦深知自

汉宫秘史

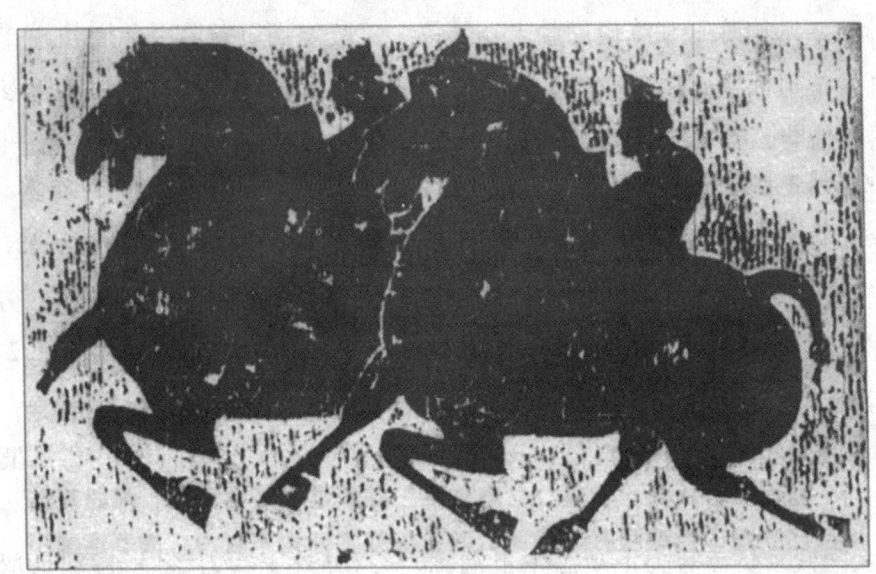

汉画像砖:《骠马壮行》

已将不久于人世,"盟誓"已显得刻不容缓,势在必行。此时正是史书所言"高祖(帝)末年",因5个月后,刘邦即身亡。所以,立盟誓的时间只能是在刘邦平英布之后,即汉高祖十二年十一月之后(汉时以每年十月为岁首,汉高祖十二年即公元前195年,其12个月的顺序是十月、十一月、十二月、一月、二月……八月、九月)。

到了汉高祖十二年二月,又遇卢绾反叛,这加重了刘邦对身后事的忧虑。所以,刘邦在三月即颁布诏书说:"其有不义背天子擅起兵者,与天下共诛之。布告天下,使明知朕意。"这一诏书与"白马盟誓"在思想、内容和文风上均是一致的。所以,沈寄移先生在《沈寄移先生遗书刑法考·汉律掇遗》中认为,"白马盟誓"的订立时间,当在平定英布四个月后,即卢绾反叛以后,并进一步推定很可能是在该诏书颁布的前后,即三月左右。此时颁布诏书并立"白马盟誓"是顺理成章之事。

又据《汉书·高惠高后文功臣表序》中载,汉高祖刘邦在世时封侯143人,最后封桃安侯刘襄是在汉高祖十二年三月七日,此前尚未立盟誓,那么盟誓最早应于三月七日之后。而四月二十五日刘邦即病故,故盟誓最迟应于四月二十五日之前。在这期间,刘邦曾令陈平、周勃从长安赶至蓟,处置了吕后的妹夫,即有谋反之嫌的樊哙,两人于三月底或四月初离京时,刘邦

病重已不能主持盟誓，所以盟誓也只可能在三月底和四月初陈平、周勃离京以前进行。根据以上事件及时间顺序推断，"白马盟誓"的立盟时间也只能在汉高祖十二年（公元前 195 年）三月七日到三月底或四月初之间，陈平与周勃离京前的某一天。

刘邦是怎样逃出白登之围的

汉朝刚刚建立的时候，国力还很衰弱。中国国内经过了几百年连续不断的战争，人民一直颠沛流离，全国的经济状况几乎陷入了崩溃的边缘。所以，刘邦建立了汉朝以后，一直忙于安抚国内，根本无暇也无力顾及塞外的少数民族。这时，一直居住在长城北面的匈奴人就乘机南下，侵略中原，劫掠财物，还抓走了大量的百姓去做奴隶。公元前 200 年的冬天，警报又像雪片一样飞入关中，刘邦接到了边境又有匈奴人入侵的消息。这一次，他亲自统率着二十余万大军亲征。但是，刘邦在向北行进到平城（今山西大同市东北）的时候，却被匈奴冒顿单于率四十万精锐骑兵包围在白登山（今大同市东面），冒顿单于还派出大兵，分扎在各个重要路口，截住汉兵的后援，存心要把汉军一网打尽。高祖登上白登山的山头，向四面眺望，只见四面八方都有匈奴的骑兵屯驻把守着，实在没有办法突围。

当时正值天气严寒，连日雨雪不断。高祖刘邦和将士们都冻得手脚发僵。在被围了 3 天后，粮食也快吃完了，汉军饥寒交迫，危在旦夕。被围到第 7 天，一直跟随在刘邦身边的智多星陈平忽然想出了一条妙计。他知道冒顿单于对新得的於氏（单于的王后）十分宠爱，朝夕不离。这次匈奴大军在山下扎营，冒顿单于还是把於氏带在身边，经常和她一起骑马出出进进，浅笑低语，情深意笃。于是陈平想到，冒顿单于虽然能出奇制胜，可也不免被妇人美女所惑，于是就想从於氏身上打主意。他派遣使臣，乘着大雾的时候下山去拜见於氏。这位於氏听说有汉军的使者，就悄悄地走到帐篷外面，屏退了左右，召见汉使。汉使向於氏献上了许多的金银珠宝，并且说是汉皇帝送给於氏的，另取出一幅图画，说是汉帝请於氏转给冒顿单于的。

汉宫秘史

於氏毕竟是女流之辈，一见到黄金和珠宝，就目眩心迷，爱不释手，便收下了。再打开图画，只见画上绘着一个绝色的美女，心中不禁起了妒意，便问："这幅美人图是干什么用的？为什么要送给单于？"

汉使装出一副很虔诚的样子，回答说："汉帝被单于包围，非常愿意罢兵言和。所以把金银珠宝送给您，再请您代他向单于求情。可又怕单于不答应，就准备把国中的第一美人献给单于。因为美人现在不在军中，所以先把她的画像呈上。"

於氏微怒地说："这个用不着，赶快拿回去吧！"

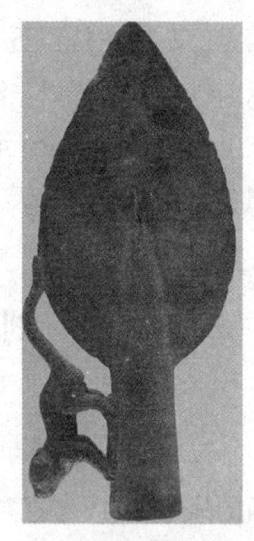

西汉的铁矛

汉使说："汉帝也觉得把美人献给单于，怕会夺了单于对您的宠爱。可是事出无奈，只好如此。如果您能解得了我们的围，那我们当然不会把美人献给单于了，情愿给您多送点儿金银珠宝。"於氏说："请你回去告诉汉帝，尽管放心好了。"说完，将图画交还给使者后，使者就回去了。

於氏细想，如果汉帝不能突围，就会把美女献给单于，那时我就要受冷落了。于是，她回到后营，就对单于说："军中得到消息说，汉朝有几十万大军前来救援，只怕明天就会赶到了。"单于问："有这样的事？"

於氏回答说："汉、匈两主不应该互相逼迫得太厉害，现在汉朝皇帝被困在山上，汉人怎么肯就此罢休？自然会拼命相救的。就算你打败了汉人，夺取了他们的土地，也可能会因为水土不服而无法长住。万一灭不了汉帝，等救兵一到，内外夹攻，那样我们就不能共享安乐了。"

说到这里，於氏泪如雨下，呜咽得连话都说不出来了。单于一时也不知怎么办才好了，于是问："那怎么办呢？"

於氏说："汉帝被围了7天，军中始终没有什么慌乱的迹象，想必是有神灵在相助，虽有危险但最终会平安无事的。你又何必违背天命，非得将他赶尽杀绝呢？不如放他一条生路，以免以后有什么灾难降临到咱们头上。"单于将信将疑，可是又怕惹於氏不高兴，便在第二天，传令把围兵撤走了。陈平用这条妙计，终于骗得匈奴退兵，刘邦总算逃出重围，一场大难消于无形之中。

汉高祖为什么不敢改立太子

汉高祖刘邦从一介小吏奋死拼杀,终于开创了大汉帝国,当上了汉朝的开国皇帝。在他进入暮年之时,手握大权,身边伴着娇妻美儿,朝中又有许多贤臣辅佐,国泰民安,尽享富贵,正可谓是春风得意马蹄疾。但是就在这个时候,就在刘邦觉得万事顺心的时候,仍然有一件事情总是横亘在刘邦的心头,让他想咽也咽不下去。究竟是什么事让这位雄才大略的开国皇帝如此烦心而又无法解决呢?

原来,刘邦在建立汉朝之后,立了他和皇后吕雉所生的儿子刘盈为太子,这就是以后的汉惠帝。然而刘盈从小就和父亲分离,父子俩的感情十分生疏。刘邦虽然因为他是正妻所生而立了他为太子,可却始终感觉刘盈为人过于"仁弱",恐怕不能成大事,当一个合格的一国之君。于是,他几次想改立赵王如意为太子,可最后终究没敢改立,这就是刘邦终其一生最为遗憾可又无力改变的事。

刘盈出生之时,刘邦还是秦朝的泗水亭长,因为私自放刑徒逃亡而犯了杀头大罪,从此抛家弃儿,亡命天涯。父子俩这一别,就是两年。公元前209年,刘邦在沛县起兵时,他们父子有过一次短暂的相逢。此后刘邦转战南北,又是三年未曾与儿子相见。楚汉战争爆发时,刘盈得以与父亲同行,当时楚军在后面追得很紧,于是刘邦几次把同坐一辆车子的刘盈推下车,以加快逃亡的速度。由此看来,刘邦对待刘盈可以说很冷淡,根本看不出什么父子之情的。这主要是由于长期分离造成的,也是刘邦想改立太子的原因之一。

刘邦当了皇帝以后,非常宠爱戚夫人。据说这戚夫人貌美如花,深得刘邦喜爱,传说刘邦时常当着大臣的面,也还把她抱在怀里不愿放手。戚夫人所生的儿子,就是赵王刘如意。刘如意聪明伶俐,坚决果敢,常在刘邦身边撒娇,使他深深享受到了天伦之乐。刘邦总觉得如意才像是自己真正的继

汉宫秘史

承人。戚夫人也自然明白母以子贵的道理，如果如意能被立为太子，日后自己就是皇太后。这样，善于妒嫉的吕后也就无法再加害自己了。于是，戚夫人日夜恳求刘邦改立如意为太子，废掉刘盈，有时甚至哭泣相求，刘邦禁不住她这样哭泣，于是打起了改立太子的主意。但是，他的开国重臣们却极力反对刘邦改立太子的打算，有的人甚至斩钉截铁毫不留情地说："臣口不能言，然臣知其不可。陛下欲废太子，臣绝不奉诏。"于是，在群臣的反对声中，刘邦只得暂罢此项动议。

这时，吕后知道刘邦宠爱戚夫人到了极点，说不定真的会改立太子，她非常害怕刘盈的太子之位不保后，自己会遭人暗算。于是，她恳求刘邦最器重的谋士张良出面相助。张良知道刘邦很尊重"四皓"，曾经多次请四皓出山，但都被拒绝了。张良建议吕后说，如果能请四皓来辅佐太子，一定能保住太子之位。吕后听从了张良的建议，恳请四皓出山辅佐。四皓深受感动，终于答应出山辅佐刘盈，使他在处理问题时与太子的地位非常相称，这样，刘盈的太子之位才渐渐稳固了。

公元前194年，异姓王韩信、彭越均被诛杀，淮南王英布知道下一个就是自己了。他暗中聚集军队，以防不测。可是，英布的中大夫及时地向刘邦密告了英布想谋反的消息，刘邦立即派人调查，结果反而逼得英布提前造反。刘邦亲自率兵平定这些功臣们的叛乱。两军大战之时，英布大败而逃，刘邦却也在战斗中受了重伤。一年后，刘邦伤势加重，一病不起，就更想赶紧废掉刘盈，在他死前，把如意立为太子。大臣们全都据理力争，甚至以死相谏，刘邦就是听不进去。后来还是因为四皓出面，才使刘盈再一次转危为安。这是怎么一回事呢？

原来，在一次家宴中，刘邦命令刘盈出席陪同。入席时，他发现刘盈身后有四位八十多岁的白发苍苍的老翁，正是自己平素最敬重的四皓，于是大吃一惊。刘邦询问他们为何不接受自己的邀请，反而甘愿辅佐刘盈？四皓回答说："陛下从来没瞧得起儒生，经常侮辱取笑读书人，不尊重知识礼仪。而太子敦厚仁慈，聪慧贤明，虚心求教，所以我们愿意辅佐他治理国家。"刘邦看到刘盈既有大臣拥护，又受高人指点，羽翼已经丰满。如果自己再强要改立太子，势必引起流血斗争，于是从此不再谈改立太子之事。

此外，刘盈的舅舅吕泽、姨夫樊哙都是跟随刘邦打天下的开国功臣，他们在朝中都拥有很大的势力。刘邦要更换刘盈改立如意，刘盈母家这一关就很难通过。刘盈的母亲吕后，跟随刘邦平定天下，也掌握着很大的政治权力，是汉朝宫廷的第二号人物。如果刘邦不听劝谏，执意改换太子，恐怕会引起夫妻反目，发生宫廷政变也不是没有可能的。到头来，赵王如意的太子地位仍不稳固，而且必定招致杀身之祸。因此，刘盈身后的强大势力，也是让刘邦止步、不敢更换太子的另一重要原因。

尽管刘盈有大臣支持，四皓辅佐，外戚拥护，保住了太子之位，并即位登基，成为历史上的汉惠帝，但是，刘邦的确没有看错，惠帝实在太过懦弱，不敢过问朝政，听凭母亲执掌大权，使汉朝在刘邦开国后就笼罩在后宫乱政的阴影之下，而他自己却因为贪于淫乐而早早去逝了。由此可见，他当太子的确是不合适的。同样，赵王如意和其母戚夫人，由于这次争立为储的事件，不但未能如愿，却反而落得个凄惨而死的下场，这恐怕是刘邦死后最不能瞑目的事了。

惠帝是怎样继承皇位的

汉惠帝刘盈是西汉的第二个皇帝，他是刘邦和结发妻子吕雉唯一的儿子，生于公元前 211 年。刘盈出生时，刘邦还是一个小小的亭长，国家还处在秦始皇统治的最后几个年头。刘邦那时已经 45 岁了，虽然是中年得子，刘邦却一直和这个儿子没有太多的接触，因此也没有太深的感情。后来，刘邦去世的时候，十六岁的刘盈就继承了皇位，但他也是个短命的皇帝，仅仅在位七年就去世了。刘盈虽然做了皇帝，但是他的一生非常坎坷，他早年的生活充满了艰辛，后来能够继承皇位也是在母亲的大力协助下才得以成功的。虽然最终做了皇帝，但是由于天生的软弱和母后吕雉的强悍，惠帝始终闷闷不乐，最后终于年纪轻轻的就郁闷而死。

当年，吕公坚持把女儿吕雉嫁给刘邦的时候，刘邦还只是一个沛县的市井小混混，不论吕公是否真的有远见卓识，还是刘邦用某种手段骗取了吕公

的信任,吕雉从此之后就要和刘邦生活在一起了。刘邦家里没有什么资财,刘邦本人不务正业,整日在外面鬼混,吕雉的日子过得很艰苦,但是她任劳任怨,勤于持家。结婚后的第二年,吕雉为刘邦生下了一个女儿,就是后来的鲁元公主。又过了两年,吕雉为刘邦生下了一个儿子,就是后来的惠帝刘盈。吕雉这时不但要操持家务,还要照顾两个孩子,生活异常艰辛,据说刘盈出生后很多天吃不上奶水,常常饿得大哭不止,吕雉对于自己的亲骨肉也是没有办法。而刘邦依旧在外面鬼混,在刘盈出生之前,他已经在外面有了一个私生子,就是后来的齐王刘肥。刘邦当时已经四十多岁了,本来老来添子是一件美事,但是因为已有私生子的缘故,他对刘盈的出生并不显得怎么高兴。

刘盈小的时候,刘邦还是一个小小的亭长,他只能过着一种很拮据的生活。刘邦平日里不参加劳动,所有的农活都是由吕雉来做,所以,刘盈和姐姐要经常到地里帮助干活。刘盈当时只是一个几岁的孩子,辛苦的耕作对他来说并不是一件很容易的事,但是他更艰难的生活还在后面呢。刘邦起义反抗秦朝后,刘盈和母亲、姐姐就处于一种更危险的环境之中。刘邦率领刑徒们起义进入芒砀山,起初,刘邦还派人将他的消息转告吕雉和家人,吕雉将外面的情报、消息传递给他,一家人偶尔还可以见面。但不久,沛县县令派人将吕雉逮捕入狱,刘盈和姐姐无处安身,也跟着母亲进入了监狱。县令本是吕公故交,但是这次却没有给吕雉一丝关照,两个孩子也受尽了折磨。幸亏有个叫任敖的狱吏,想方设法予以照应,他将刘盈接出来,吕雉也得以大难不死。

楚汉战争开始之初,刘邦的势力较小,常常在战争中处于不利的地位。公元前2004年,刘邦一举攻破了项羽的老巢彭城,项羽闻讯后回军来救,刘邦被击溃西逃。彭城距沛县不远,刘邦想经过沛县将妻子、孩子和父亲一道带上西撤。但是由于楚军追击迅速,刘邦迟到了一步,项羽抢先一步捉拿他的家属,吕雉和刘邦的父亲都成了项羽的俘虏。刘盈和姐姐则由于与母亲走散,脱离了项羽的虎口,小姐弟两个一路奔波逃亡,历尽艰辛终于找到了父亲刘邦。刘邦继续向西撤退,途中遇到楚兵追击,刘邦嫌车子太重跑不快,怕被楚军赶上,就狠心地将两个孩子推下车去。当时将军夏侯婴也在车上,他看不下去,就一手一个将刘盈和他姐姐抱到了车上,刘邦又将他们推下车子,如此反复数次,夏侯婴责备刘邦没有人性,刘盈才得以一起随父亲撤回安全地区。刘盈生来就受颠沛流离之苦,母亲被抓,父亲又如此对待,童年的艰辛可见一斑。

刘邦消灭了项羽的势力,取得楚汉战争的胜利后,就立刘盈为太子,这时的刘盈才刚刚九岁,童年的苦难终于没有白受。虽说在他走向皇位的过程中也有过风险,但在母亲吕后的努力下,他还是很顺利地登上了皇帝的宝座。刘盈是在刘邦做汉王的第二年被立为太子的。但刘盈仁弱的性格并不得父皇的钟爱。刘邦喜欢戚夫人所生的儿子——赵王如意。戚夫人容颜俏丽,光彩照人,深得刘邦的宠幸,刘邦对她所生的儿子如意,视为掌上明珠,常抱在膝上说"此儿像我,此儿像我",因而就取名"如意"。尽管他已立刘盈为太子,却想改立如意,多次想行废立之事。

晚年的刘邦身体不好,在征伐英布的战争中又受了伤,因此,他改立太子的想法日益明确,刘盈的太子地位岌岌可危。刘邦经常和大臣们讨论此事,只是由于他们的坚决反对而不便采取强力措施。刘盈还年幼,不是很懂得太子之位的重要性,并没有太深的危机感。但是她母亲吕后却深知"母以子贵"的道理,她抓紧活动,在朝廷大臣中寻求支持。她让兄弟吕泽去找张良,张良一开始推辞,在吕后的软磨硬泡下,张良建议吕后请"四皓"出山,供奉在太子身边,太子的地位一定会稳定下来的。

汉代建立以后,刘邦千方百计想要德高望重的"商山四皓"来为他治理国家出谋划策,但"商山四皓"听说刘邦不太重视儒生,言语之间又喜欢不干不净地骂人,所以始终不肯

颐和园长廊中的"商山四皓"图画

答应。所谓"商山四皓"就是商山之中的四位隐士，名叫东园公，绮里季，夏黄公，用里。这四位饱学之士先后为避秦乱而结茅山林。商山在今陕西商县东南，林壑幽美，云蒸霞蔚，地势险峻，是一个隐居的好地方。

在太子刘盈和吕后的诚心感动下，"四皓"答应出山，作太子的宾客。经过这四位长者的教导及潜移默化，刘盈的修养和见识大有长进。

刘盈的太子地位终于巩固了下来，他也因此得以继位做了皇帝。但是刘盈的生活并没有发生多少实质性的改变，他的皇位得益于母亲，他也终日生活在母亲的阴影之下，就像自己的童年一样，刘盈的皇帝生涯一样的凄苦。

汉惠帝为什么娶外甥女为妻

汉惠帝是个年轻的皇帝，在十六岁的时候就继承了皇位，但他也是个短命的皇帝，仅仅七年就去世了。这和他的母亲吕后有直接的关系。虽然他的登基做皇帝是母亲吕后的功劳，但最后英年早逝也和母亲的所作所为有极其重要的关系。

刘盈作皇帝的第四年，他已经年满 20 岁了，到了应该大婚的年龄了。当整个宫廷为了皇帝的婚事张灯结彩，鼓乐喧天的时候，新房中的新郎和新娘却相对而坐，默默无言，全无一点喜庆的气氛。这到底是为什么呢？

原来，惠帝刘盈的这位小新娘名叫张嫣，是惠帝同父同母的姐姐鲁元公主的亲生女儿，也就是刘盈的亲外甥女！这种舅舅娶外甥女的乱伦婚姻，又怎么能让新郎新娘不为之感到羞愧呢？更别说小张嫣今年才刚刚 10 岁，根本还是一个小孩子呢！

惠帝究竟为什么要娶自己的外甥女为妻呢？难道他不怕因为乱伦而受到天下人的耻笑吗？其实，这桩婚姻实在也不能怨刘盈，因为这正是他的母亲、皇太后吕雉一手操办，强加于惠帝和张嫣身上的。而这件事的起因却是因为惠帝要逮捕吕后的情夫审食其引起的。

吕后生来就行事大胆，敢做敢为。当她嫁给刘邦以后，刘邦被陷入了楚汉争霸的不停争斗之中,而且在很长一段时间里都屈居下风。甚至自己的父亲和妻子都落入了敌人项羽的手中。在楚军大营中,吕雉孤立无援,觉得很孤单,就和与自己一起被抓来的审食其勾搭在了一起,做了一对地下夫妻。

汉朝建立以后,刘邦把妻子接到了自己身边,吕雉这才有所收敛。但是因为刘邦总是忙于政事,又很好色,在后宫中收罗了许多美女,所以吕雉仍然难免寂寞。于是,她和审食其仍然藕断丝连,依依不舍。结果闹的朝廷上下沸沸扬扬,人们都在窃窃私语,只是谁也不敢把这件事告诉刘邦罢了。

刘邦死后,因为惠帝实在懦弱,使吕后得以执掌了朝廷的大权。这一下,她更是谁也不怕了,明目张胆地封审食其为侯,让他当了自己的丞相,两人来往更加频繁,再也不怕被人看见了。

吕后和审食其私通的消息很快就传到了惠帝的耳朵里,他不禁觉得又羞又恨,总想找个机会处置了审食其这个淫乱宫廷的奸夫。终于有一天,他抓到了审食其的一个错处,判了他一个欺君枉法的罪名,想要借这个机会杀了他。

吕后在宫中听到儿子要杀自己的情夫,马上慌了神儿,抬起脚来就想去找儿子求情。但是一只脚刚迈出殿门,又不由自主地缩了回来。一想到自己和审食其做的那些丑事,又怎么好向皇帝开口求情呢? 她思虑再三,终于决定去找一些大臣向皇帝求情。有一个审食其的朋友,平原君朱建说他有办法去救审食其。

原来,这时还没有结婚的惠帝喜欢上了一个宫内的太监,名叫闳孺。这个闳孺长的妩媚俊俏,十分得惠帝的宠爱,两个人整天形影不离。刘盈很听他的话。

朱建就去找这个闳孺,开门见山地说:"现在皇帝要杀审食其,你如果不想办法救他的话,下一个死的就是你了!"

闳孺听了这话又惊奇又害怕,连忙说:"我和审食其又不熟,他死了为什么会连累到我呢?"

朱建看到他害怕的样子,知道事情要成功了,就详细的解释给他听:"现在,你受到皇上的宠爱,这是宫里每个人都知道的事情;同样的,太后喜爱审食其,这也是尽人皆知的事。要知道,朝廷的大权是掌握在太后的手里,不过是因为这件事太后实在不好意思开口,才不能向皇帝开口要求的。一旦审食其被杀了,太后能不怨恨吗?为了报复,只要皇帝杀了审食其,太后就会想方设法地杀了你,到时候你能躲得过吗?恐怕就是皇上也不能保护你了。"

闳孺听了,这才明白过来,不由得汗如雨下。他连忙答应一定尽力救出审食其,以求保住自己的性命。朱建还安慰他说:"不要紧,你也不用害怕。只要你在皇上面前哀求他,放了审食其,那样不但审食其会感激你,就是太后也会感谢你,这样你就能得到太后的欢心,不会有什么危险了。"

于是,闳孺果真多次向惠帝求情,说了许多审食其的功劳。最后,惠帝虽然十分不情愿,但是实在禁不住闳孺的软磨硬泡,终于答应把审食其放了。

审食其一出监狱,马上就去找太后温存了一番。然后两个人就在一起商量今后该怎么办。商量来商量去,两个人的结论就是要尽快让惠帝成亲,这样惠帝就会搬出现在和吕后一起居住的宫殿。以后两个人再要寻欢,也不怕被惠帝撞见了。

于是,吕后马上行动起来,想尽快给儿子找一个合适的妻子。但是,这个皇后让谁来当好呢?这可不能找一个随随便便的人就行,一定是要自己能够控制的人。想来想去,吕后终于想起了一个合适的人选,就是自己的外孙女,鲁元公主的女儿——张嫣。把自己的外孙女嫁给自己的儿子,这样他们都是自己家里的人,就不怕日后有人向自己夺权了。

但是,当她和惠帝说这件事的时候,惠帝却说什么也不同意。吕后可不管儿子怎么说,硬是定下了这门亲事。她对惠帝说:"张嫣是你的外甥女,血统高贵无人能与之相比,而且容貌品德超绝古今,我这么多年选美女还没看到比她强的。"惠帝担心地说:"这样是否违背伦理,况且她的年纪太小。"太后说:"年纪小不碍事,渐渐不就长大起来啦?而舅舅娶外甥女不在五伦之列,你没听说晋文公娶文嬴的事情吗?"软弱的惠帝实在拗不过母亲的意思,只好答应了这门乱伦的婚事。因为那年张嫣刚刚十岁,太后害怕人们议论她太小,便让她自称是十二岁,无论"问名"、祭告祖庙诸礼都这样说。

就这样,在吕后的一手操办之下,惠帝刘盈就娶了自己的年幼的外甥女做皇后。可是,在新婚夜里,身为舅舅的刘盈又怎么能对自己的小外甥女下手呢?于是,两个人都闷闷不乐地枯坐了一夜。第二天一大早,惠帝就离开了皇后的宫殿,以后再也极少进来。三年以后,惠帝抑郁而终,小张嫣在年仅12岁的时候,就成了寡妇,从此开始了她孤独寂寞的一生,直到36岁的时候,才默默的死去了。据说,这位张皇后一直到死,仍然是一个处女。

汉文帝的身世之谜

汉文帝刘恒,是我国历史上著名的皇帝,他开创了我国封建时代的第一个盛世——"文景之治",因此而被历代士人誉为一代圣明的君主。汉文帝刘恒在位达23年,其间推行"与民休息,安定百姓"的国策。他和平地解决了边疆问题,如南粤;又采取和亲与防御相结合的政策对付匈奴。他在位期间,尽量减少战争开支,重视农业,降低田税,鼓励生产。汉文帝为人简朴,只穿粗绸的衣服,就连他最宠爱的许夫人,也不能穿曳地的长衣,不能用绣花的贵重丝织物,从而杜绝了后宫效仿奢侈的风气。他还废除了从秦汉以来一直被沿用的许多酷刑,如连坐、肉刑等,对民施教,以教化育人。他不把自己的过错归于臣民,鼓励百姓大胆地讲真话讲实话,废除了诽谤和妖言罪。此外,汉文帝重用了一些敢于执法的官吏,如冯唐、魏尚、张释之等。他采取的一系列措施,开创了"文景之治"的国泰民安的盛世局面,他也被后人赞扬为仁君和明主。

汉文帝的政治清明为后人所敬仰,他的身世之谜也同样让人很是好奇。

公元前204年,当时的汉王刘邦打垮了魏王豹,掠夺了魏王豹的宫人侍女,让她们负责织布服役。有一次,刘邦偶然来到织布之处巡视,在人群中看见一个女子长得清秀沉稳,柔弱可爱,好色的刘邦就把她带回了自己的后宫。这个女子姓薄,是她父亲和魏王宗室的魏氏女子私通生下的孩子。她以为被汉王看中,自己就有了出头之日,所以高高兴兴地来到了汉王后宫。可是没想到,刘邦转身就把她忘掉了,从此再也没有被召幸过。

有一次，刘邦的心情很好，就找来几个嫔妃，和她们一起饮酒作乐。其中的两个美人和薄氏女子本来是很好的姐妹，她们一起从魏王的后宫来到了刘邦的宫中。在还没有发达之前，三个女孩子曾经相互约定过"富贵莫忘故人"。可是，这两个女子一心只想追求荣华富贵，哪里还记得当初一起共同患难的姐妹呢？她们俩还把这个约定当作笑话讲给了刘邦听，而刘邦听了之后，忽然激起了恻隐之心，觉得那个薄氏女子很可怜，于是就决定当天晚上召幸她，让她沐浴一下自己的龙恩。

薄氏女子昔日里和那两个美人十分要好，又同是从魏王豹的宫中被掳来的，三个人感情好得像亲姐妹一样。哪曾想今日境遇却是天壤之别呢？人家夜夜莺声笑语，备受恩宠，可自己这儿却是冷冷清清，一个人苦熬着漫漫长夜。想到这些，薄氏女子不禁常常泪流满面。

这日，薄氏又在暗自垂泪，怨恨命运的不公平，忽然听说刘邦驾临。薄氏战战兢兢地起身欢迎。刘邦看到这个女子干枯瘦弱的身材，哭肿的双眼，又没有施些粉黛，顿时兴趣索然，转身就想走。这时，薄氏女子不知哪儿来的勇气，拉住了刘邦的衣袖，禀告说昨夜梦见苍龙缠绕着自己的身体，自己竟与龙交合起来，她问刘邦此征兆是何意义？刘邦这时正处在与西楚霸王争夺天下的最关键时刻，听了薄氏的话，顿时大喜过望，说这是地位尊贵的吉祥之兆，于是当天就宠幸了薄氏。就是这短暂的一夜欢娱，薄氏竟然产下一子，刘邦给孩子起了个名字就叫刘恒。虽然如愿地生下了皇子，但是薄氏却并没有如自己当初想象的一般，从此可以攀龙附凤，彻底改变自己低贱的身份地位，而是仍旧是个姬妾，没有当上妃子。而刘恒也因为母亲没有受宠的原因，极少见到父亲，自然也不被刘邦喜爱。母子二人一直在宫中小心谨慎地生活。

刘邦一共有8个儿子，每个儿子的结局都很不幸，唯独刘恒因为薄姬不受宠，所以不被吕后嫉恨，母子两个反而因此得以保全性命。

公元前180年，执掌汉室大权多年的吕后死了！这是个天大的好消息！忠于刘氏的朝臣们密谋抄斩吕氏满门，还政于刘氏子孙，众大臣们推选皇位继承人时，综合考虑后，否定了齐王刘肥、淮南王刘长，最后一致推举了代王刘恒，原因除了刘恒为人宽厚仁孝外，他的母家即薄姬家没任何势力，不会出现外戚专权的现象,也是最主要的原因。于是,代王刘恒因为母亲家庭的惨淡,反而幸运地当上了皇帝。

刘恒就是日后的汉文帝。他即位之初,就赏赐功臣,安置亲信,把刘氏宗室的利益予以恢复。还命令诸侯们都离开京师,回到自己的封地去居住,维护和巩固了自己的皇权。

无论如何,身世是否是个谜对于汉文帝而言已经不重要了,后世人民评价他是个明君,才是他最想听到的话。

汉文帝为什么宠爱邓通

汉文帝时曾经宠溺一个朝臣邓通,不但出入相随,夜间更同榻共眠。这个邓通由于有文帝的支持,在很长一段时间内富甲天下,但是最后却冻饿而死。究竟这个邓通是什么人?汉文帝又为什么如此的宠爱他呢?

在起初,邓通原本只是一介船夫,每当他出外行船时,常将黄旗插在船头,所以就被人称为黄头郎。因为他善于划船,就被选到宫里当了御船的水手。

有一晚,汉文帝作了一个梦,梦见自己正在登天。但是文帝用尽了九牛二虎之力,虽然已经十分接近南天门,但总是登不上去。就在这时候,有个头戴黄帽的人在背后推他,终于使他登上了天界。他回过头来看推他的人,发现那人的衣带在背后打了个结。文帝正想叫住他,怎知却被鸡鸣声吵醒了。

第二天,文帝来到建在宫西苍池中的渐台,见到有个御船水手头戴黄帽,衣带在背后打了个结,正是他梦中遇见的人。召来一问,那人名叫邓通。文帝想,他既然能把自己推上天,必定是个奇才,而且邓与登谐音,邓通即登通,有登天必通之意,认定了梦中助他登天的人便是邓通,因此特意提拔邓通,非常宠爱他。邓通也老实谨慎,不随便和外人交往。文帝多次赏赐他的钱财,总数上亿之多,还授予他上大夫的官职。

其实,邓通除了会划船以外,其他什么都不会。但是,他自己处事谨慎,

虽然不能推荐贤士，但却很擅长谄媚文帝，因而得文帝的宠信，官封至上大夫。

有一次，文帝命一个在当时非常有名，善于算命的人许负去给邓通相面，许负相面后对文帝说："邓通这个人将来要贫饿而死。"汉文帝听了很生气地说："能让邓通富裕或贫穷的只有我，可我又怎么会叫他受穷呢？"于是，文帝下令把蜀郡严道的一座铜山赐给邓通，允许他自己铸造铜钱。从此邓通发了大财，他铸造的铜钱布满天下，人人都知道有"邓氏钱"。

邓通对于皇帝对自己的喜爱也非常感激，总想着要报答文帝。后来有一次，文帝背上生了一个疮，脓血流个不停。邓通觉得孝顺皇帝的机会到了，便天天进宫去，亲自守候在皇帝身边，侍疾问药，殷勤备至。为了要减轻文帝的痛苦，邓通不顾腥臭难闻，甚至用嘴将脓血吸出。文帝因此心中非常感动。有一天邓通给他吸完了脓血，他问邓通："天下谁最爱我？"邓通恭顺地回答："应该说没有谁比太子更爱陛下的了。"文帝听了以后没有回答。

正巧有一次太子刘启来看望文帝病情，文帝成心想试探太子的孝心，就要他也吸吮脓血。太子见疮口脓血模糊，腥臭难闻，禁不住一阵恶心，但又不敢违抗，只得硬着头皮吮吸，可是脸色很难看。文帝看到这种情况，不由得感叹道："邓通比太子更爱我啊！"太子这才知道了邓通经常为文帝吮吸脓血的事，心中感到很惭愧，也因此而嫉恨邓通。

文帝死后，刘启即位，史称汉景帝。景帝免去邓通的官职，让他回家闲居。不久，有人告发邓通偷盗境外的铸钱。景帝派人调查，结果发现确有此事，便把邓通家的钱财全部没收，邓通顿时变成了穷光蛋，还欠下好几亿钱的债。还是景帝的姐姐长公主记住文帝不让他饿死的遗言，赐给他一些钱财。但是，官吏马上把这些钱财用来抵债，连一吊钱都不让他留下。长公主知道后，就又让手下人借给他一些衣食，但是也被看守的官吏没收了。就这样，曾经富甲天下的邓通，最终在饥寒交迫中死去了。

汉文帝为什么能听冯唐的话

汉文帝可谓是不失为明主的守成君主，可他在为人处事上也难免错漏，然而，重要的是他是否虚心纳谏，过而能改。在汉文帝时期，有一个名叫冯唐的人，就是这样一个能令汉文帝改过的人。

汉文帝刘恒是刘邦和薄氏夫人所生的儿子，封为代王，历经惠帝、吕后两朝。吕氏叛乱平定后，大臣们谋立嗣君，觉得代王刘恒宅心仁厚，于是拥立他做皇帝，是为汉文帝。刘恒自外藩入主朝政，他对封地故国的眷恋和关注就十分强烈。再加上匈奴趁当时汉室政权更迭之际，大肆掠夺，杀人越货，边疆地区秩序混乱，百姓生活不得安宁。所以，汉文帝即位后的第三年，就亲临太原，他有两种考虑，一是自己以九五之尊，亲临边疆地区，可以威震匈奴，安定民心，另一方面，他想借机安抚自己藩国的旧臣，论功行赏。

在当时代王府的旧臣之中，有一个名叫冯唐的人，他的祖父原是赵国人，后来迁居到代地。冯唐以孝而闻名，曾是代王府中的中郎署长，在汉文帝归故国封赏时，冯唐已是一位暮年老者。汉文帝和旧臣们闲聊叙旧，听说了冯唐的身世，就问他当年赵国的大将军李齐的情况，汉文帝一直很欣赏李齐的才能。当他得知廉颇、李牧比李齐还要贤能时，不禁脱口而出，感慨现在没有这样的英雄了。汉文帝认为，如果有廉颇、李牧这样的将领，攻打匈奴就并非难事，何足挂齿呢。可冯唐却给在兴头上的汉文帝泼了盆冷水，他说，陛下虽然有廉颇、李牧之才，却不得用也。汉文帝被冯唐激得大怒，过后责怪冯唐，不该当着众臣的面，让自己下不来台。

可是，问题并没有得到解决，困扰汉文帝的心腹大患，即匈奴不断入侵边境，依然存在。而边关又缺少良将镇守，这使得汉文帝坐卧不安。过了不久，汉文帝依然惦记着冯唐的话，就召见他，问道，怎么知道自己不能任用廉颇、李牧这样的将领呢？这一次，冯唐细细地将一番道理讲给汉文帝听，从而成为载于史册的一段佳话。

冯唐首先提到的是古时君王命将领出征，君王跪着推车为之送行，反复说明宫廷之外的军国大事，就拜托将帅负责了。军功奖赏都在外决定，只要回宫后上报就可以了，照章批准。李牧当赵国将军戍守边疆时，就是这样做的。他在军营中设立市集，把市场的租税都用来犒赏士卒，赏赐由他自己决定，无需请示朝中。赵王非常信任李牧，让他专权行事所以可以尽其智力，施展才华。李牧率军队北逐单于，东破匈奴，西御强秦，南使韩魏。当时，几乎使赵国称霸。可惜后来赵王听信了谗言，杀害了李牧，从此赵再无良将。这也就是六国破灭的原因中，赵国败亡的重要原因。

说到这里，冯唐话锋一转，指出现在的云中郡守魏尚，很有古人之风，率兵打仗都很过硬，他也在军中开设市场，把租税用来犒劳将士，还拿出自己的俸禄，五日一杀牛，慰劳军中。于是，魏尚的将士们，个个奋勇杀敌，主动请战，所以匈奴在他的守卫区远远地散去，不敢接近云中边疆。可惜这样的人，只因为在一次战斗后，所上报的杀敌数量和实际的略有差池，就被朝廷罢免了官职，还判了刑。魏尚功大于过，赏不行而罚必用，有李牧那样的贤能却不被重用。由此可以得知，汉文帝即使拥有像廉颇、李牧那样的将才也不能用。汉文帝被冯唐的话说得心悦诚服，即刻派冯唐持节，赦免了魏尚，并让其复任云中郡守。

冯唐这样有违恭敬地和汉文帝说话，其意在激励汉文帝，放权用人，用而不疑。俗话说，将在外，君命有所不受。不能因为小的过错而掩盖一个人大的公德，如果赏罚失衡，将士们的积极性受到打击，就不会竭尽全力，报效国家。在人才的使用这个问题上，君王应该唯才是用，唯善是从，充分地支持、理解和信任臣子，这样才能使臣子各尽其能，各展其才。臣下就会竭智进谏，举贤不避仇，举过不讳君。这样一来，君臣相得，如鱼得水，齐心协力，国家的政治才会有清明的局面。冯唐这样举贤，直言面对，汉文帝从善如流，知错即改，不愧是君臣相得的典范。

汉文帝以藩王入主朝政，很快就稳定了局势，巩固了政权，并开创了我国历史上有名的"文景之治"，这和他的虚心纳谏、及时调整用人政策是密不可分的。而冯唐的一翻论述，能让汉文帝改过，这段佳话，一直被后世传诵。古今有很多遭受到不公正待遇的忠良志士，他们不禁扼腕叹息，自己何日能遇到冯唐？的确，自古以来，像汉文帝这样虚心纳谏，诚恳改过的君王并不多,而遭受冤屈的忠臣良将则是不少,他们之间缺少的是像冯唐这样敢于为忠臣良将鸣不平,向君王推心置腹进谏的人。不过,这也正是汉文帝得以合乎民心,顺乎民意,赢得天下人的支持,大力发展经济,开创治世的原因所在。只可惜,像冯唐这样的人,不多见,这也是其他朝代的悲哀吧。

汉文帝遗诏之谜

汉文帝是一位以节俭、仁厚而出名的皇帝,他不但自己躬身勤行,对身边的人要求也很高。在文帝年间,西汉王朝上至皇帝诸侯,下至黎民百姓都形成了良好的节省的习惯,传为百世美谈,这与汉文帝的大力提倡是分不开的。汉文帝简洁朴素、关心百姓的美德一直坚持到他临死之时,他的薄葬遗诏,同历代帝王大兴土木、极尽奢侈浪费,以图死后进行享受的德行形成了鲜明的对比,以当时汉朝的国力和文帝的作为,许多历史学家评定文帝是历代帝王中的"节俭第一"。

汉文帝去世之时,年仅47岁,这可能同他幼年的经历有关。文帝早年随母亲薄氏在宫中居住,高祖刘邦不喜欢薄氏,只因为她为自己生了儿子,才不便驱逐她,但对文帝母子非常冷落。高祖的皇后吕雉是他的结发之妻,地位当然不可动摇,加之她善于权谋,心狠手辣,后宫的妃嫔皇子们都忌惮她,生怕惹了她生气。偏偏戚美人与吕后争宠,刘邦又特别宠爱她,吕后特别生气,但高祖尚在,吕后也没有办法。戚美人待人不像吕后那样,她很疼爱孩子,文帝刘恒年幼之时,一次与戚美人所生的儿子如意在一起玩耍,两个小皇子天真无邪,央求太监带他们去太子刘盈那里。刘盈是吕后的孩子,兄弟三个情同手足,一时玩得开心竟然弄起了刀枪,打打杀杀地十分开心。这时吕后来看儿子,一见如意和刘恒也在,一时凶意大发,她恶狠狠地盯着如意和刘恒,问他们为什么要图谋杀死太子?两位皇子只有几岁,那里有政治斗争的概念,吓得哇哇大哭,吕后不依不饶,对二个孩子一阵猛斥,说是还要追究二人母亲的责任,两位皇子吓得呆呆的,最后哭都不敢哭了。太子刘盈仗着胆为他们求情,吕后心想几个孩子,高祖也绝对不会相信他们有什么恶意，但是一定要借机会好好告诫他们。于是吕后当着刘恒和如意的面，命令武士将带路的太监砍头，可怜两个孩子第一次见这样血淋淋的场面，幼小的心灵受到了极大的伤害。

后来刘盈继位为惠帝，终因不能容忍母亲吕后杀害赵王如意、摧残戚美人郁郁而死。刘恒在外为代王小心谨慎，长期生活在惊恐之中，最后终于渡过难关，当上了皇帝。文帝勤于政事，继位之初国家贫弱，既要维护政权，发展生产，还要抵御匈奴，治理边患，身体状况急剧下降。文帝知道自己身体不好，也不避讳死亡之事，他就命令大臣张释之为他选取百年之后葬身之所，张释之以为皇上还年轻体壮，选陵之事不宜太早。文帝就说，人的生老病死是自然之理，没有什么好忌讳的。

张释之为文帝选取了数个陵址，请文帝定夺，文帝就去了几处地方亲自视察，最后他选择了灞陵。

灞陵位于长安东郊白鹿原东北隅，白鹿原多为断崖，石质坚固异常。有一次，文帝带着慎夫人等来到了这个地方，群臣前呼后拥。他看到这个地方的地形，不无感叹地说："以山为陵，用石作停，不也坚固无比吗？取材天然，还可以节省人力物力。"于是文帝决定就把寝陵建于此处。张释之对文帝说："如果陵中有让人贪心的宝贝，就算再坚固也会有盗贼出没；如果陵中没有贵重的东西，即使没有石停也不用担心被盗！"文帝深以为然，于是他要求修建灞陵的时候一律用砖瓦石器，不得用金银铜锡等做装饰品，至于玉器锦帛等，文帝认为更是华而不实之物，一律不用。

公元前163年，文帝二十三年，汉文帝的病情日益加重，他料想到自己可能不久于人世，就对后事进行了安排，文帝首先安排国事，他对太子刘启说，将军周亚夫有勇有谋，以后国家有事，可以委以重任。后来景帝时期发生"七国之乱"，正是周亚夫率军平定了叛乱。文帝一生孝敬母亲，他临死之前母亲薄太后年事已高，文帝叮嘱窦皇后一定要善待母后，尽心行孝。最难能可贵的是，文帝临死之时还惦记着天下的黎民百姓，他颁布了一道感人至深的遗诏，诏书说："天下万物都有生死，人们都喜生而恶死，这是不对的。许多人死后追求厚葬，以致倾家荡产；父母死后儿女守孝，以致损害身体，这些事情我都是最不赞成的。我能力有限，没有给百姓多少实惠，现在我死

中华宫廷秘史

了，不忍心让百姓因为给我治丧守孝，经年累月而哀人父子、损其饮食、绝其祭祀。现在我诏令天下吏民，我的丧事从俭，三日之后就解除丧服。不要禁止百姓娶妇嫁女、祭祀和饮酒吃肉；不要摆放车马兵器；不要发动百姓哭临宫殿。"文帝的遗诏，成为后世帝王学习的典范。

汉文帝的品行不但得到了历代统治阶级的赞誉和人民的敬仰，也得到了"盗贼"的尊崇，西汉末年赤眉军攻占长安，他们大肆掠夺王室的财产，西汉皇帝的各个陵墓也被开启盗窃一空，但是唯有汉文帝的灞陵保存了下来，赤眉军的首领读过汉文帝的遗诏，深为他的人品所动，特令不许破坏。足可见文帝一生纯朴爱民，深得天下民心。

汉武帝继位之谜

汉武帝刘彻（前156～前87），是中国历史上杰出的政治家、军事家，是创造显赫功业的一代帝王。近代学者夏曾佑在他的著作《中国古代史》中说，历代帝王，有的是"一朝之皇帝"，比如汉高祖，然而又"有为中国二十四朝之皇帝者"，比如汉武帝。说汉武帝是"为中国二十四朝之皇帝者"，是因为他确认的历史路径、开启的文化风气、创立的政治制度、拓定的国家疆土，对中国历史的影响都非常长久。但就是这位雄才伟略的君主却差点没坐上皇位！

汉景帝刚即位的时候，也就是公元前156年，刘彻生于长安未央宫的猗兰殿，乳名彘，讳彻。其母王美人，名娡，共生三女一男。两女后嫁于匈奴，男孩即是刘彻。景帝共生13子，刘彻为第9子。传说在武帝母亲怀孕时梦见了太阳钻入怀中，汉景帝听说了很高兴，认为梦很吉利，也对这个尚没出世的孩子抱有很高的期望。根据汉朝的制度，皇位由嫡长子继承，但景帝的皇后薄氏没有儿子，所以在刘彻四岁的时候，景帝册封了年纪最长的刘荣为太子，刘彻被封为胶东王。按理刘彻是不可能继承皇位，注定一辈子要做他的王爷了，但由于他的聪颖机警，更由于其母王美人的巧于应付，以及景帝的姐姐、刘彻的姑姑馆陶长公主刘嫖的帮助，刘彻的命运发生了戏剧性的转折。王美人是扶风郡人，一开始嫁给了金氏，并生下女儿金俗。她的母亲是已故的燕王臧荼的孙女，有一天请人卜筮，算命的说她女儿有华贵之命，于是就把女儿从金家抢回来，送入了太子刘启宫中。不久王美人真的得到了太子刘启的宠爱，等到刘启继位做皇帝的时候，王美人就生下刘彻。太子刘荣的母亲栗妃，虽深受景帝宠爱，但为人善忌嚣张，不懂后宫生存之道，处处咄咄逼人。而王美人却广结善缘，

西汉铜鼎

处处小心谨慎。景帝登基第二年的秋天，匈奴遣使和亲，因送出的不是景帝的亲生女儿，匈奴因此没完没了地骚扰边境。景帝只好与妃嫔们商议，只有王美人表示愿让自己所生的南宫公主与隆虑公主前去和亲，这是有史以来第一次以真公主出塞和亲。王夫人深明大义的举动在景帝眼里就是母仪天下的表现，因此对王美人更加喜爱。王美人又善于把握时机，她趁馆陶公主向栗妃求亲未果恼羞成怒之际主动示好，结成儿女亲家，既替馆陶公主挽回了面子，又替自己的儿子找到了一个政治靠山。身为皇帝胞姐、窦太后爱女，馆陶长公主在景帝的后宫中来去自由，在景帝一朝是个相当有分量的人物。馆陶长公主有个女儿叫陈阿娇，开始长公主是想把自己的女儿许给当时的太子刘荣，将来太子一即位，女儿就是皇后了，于是便派人问栗妃的意思，她以为门当户对，栗妃肯定会答应，谁知道栗妃不愿联姻，一口回绝。长公主是何许人，哪里受过这等气？遂与栗妃结下冤仇。转念长公主又想把自己的女儿嫁给平时自己很喜欢的刘彻，精于世故的王夫人自然不会放弃这个机会，一口答应下来。于是，有一天长公主故意带女儿入宫。当着景帝的面长公主有意抱起刘彻，开玩笑般问道："儿愿娶妇否？"刘彻只对着长公主嬉笑不回答。长公主故意指示宫女："此等人为汝做妇，可合意否？"刘彻

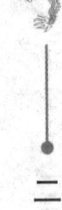

一直摇头,一付很不高兴的样子。这时长公主指着阿娇问:"阿娇可好吗?"刘彻就笑着说:"若得阿娇为妇,当以金屋藏之。"景帝想他小小年纪,唯独喜欢阿娇,大概是前生注定的姻缘,于是就认定了这门婚约。刘彻从小就聪明过人。《太平广记》上记载说,刘彻3岁时,景帝曾把他抱在膝上问"你愿意做天子吗?"刘彻回答说"这是由天定的事,不是孩儿决定得了的。孩儿愿意每天在父皇面前承欢膝下,侍奉父皇。孩儿也会用心学习,以符合皇子的身份。"如此乖巧,自然很讨景帝的欢心。景帝鉴于历代废长立幼的动乱教训,立栗妃的儿子刘荣为太子,栗妃为皇后。长公主就对景帝说栗妃崇信邪术,心眼很小,没有容人之量,日夜诅咒其他妃嫔,景帝听后对栗妃厌恶起来。于是有一天他问栗妃道:"我百年后,后宫诸妃,皆已生子,你应善待她们,千万别忘记了。"一面说,一面暗中看栗妃的反应。谁知栗妃的脸有怒色,半天不发一言。待了多时,栗妃仍然无语,并且转过脸不看景帝。景帝不禁暗中叹气,便决意废去栗妃。他刚出宫门,就听见里面有栗妃的哭骂声,景帝忍气而去。此后长公主趁与景帝闲聊的机会,多次夸奖刘彻如何聪毅仁孝,若立为太子,必能缵承大统。景帝也有点动了心,但决心还没有下。王美人知道景帝这时候正在生栗妃的气,于是暗地里派人指示大行(礼官)上奏景帝说:"子以母贵,母以子贵,今太子母无号,宜立为皇后。"正在气头上的景帝被这不合时宜的话一激,不但诛杀了大行,而且废太子刘荣为临江王。栗妃从此彻底失宠,被贬入冷宫,连见景帝一面也难,不久因怨愤一病而亡。这时,刘彻还有一个强有力的皇储竞争者,就是景帝的同母弟弟梁王刘武。窦太后很疼爱他,赏赐不可胜言,一直想让他登上皇位。有一次梁王入朝,汉景帝以兄弟的身份与他一起喝酒,曾借酒兴答应百年后传位给梁王,窦太后听了非常高兴。这时窦婴端起一杯酒献给皇上,说道:"天下是高祖打下的天下,帝位应当父子相传,这是汉朝立下的制度规定,皇上凭什么要擅自传给梁王!"窦太后因此憎恨窦婴。窦婴是窦太后的亲侄子,却因为这件事被开除了进出宫门的名籍,就连节日也不准许他进宫朝见。刘荣在储位时,刘武的野心未曾泯灭,刘荣一废,他就蠢蠢欲动起来。先是窦太后提出,想以刘武为嗣。景帝征求大臣的意见,可大臣们都表示反对,景帝本来就不是真的愿意立刘武为太子,这下就有了拒绝窦太后的理由。于是在废刘荣的当年,景帝立王美人为后,立刘彻为太子。中元二年,废太子临江王刘荣违法自杀,同年,梁王刘武因争储失败,派刺客暗杀了反对他为储的袁盎等十多人。真相大白后,景帝从此对他不满,渐渐疏远了他。而梁王从此闷闷不乐,到中元六年竟一病不起,于当年四月病逝。至此,刘彻的储位彻底稳固了。后来,刘彻终于继位为皇帝,就是大名鼎鼎的汉武帝。

汉武帝为何宠爱李夫人

　　皇帝有一种特殊的权力,就是能对爱情发号施令,由此造成的后果是皇帝们一辈子不缺爱情。所以,纵观历朝历代的皇帝,你会发现他们的爱情像一张比萨饼一样,是被分成一块一块的。碰上宠爱的后妃,分到的会大点儿,碰上差劲点儿的后妃,可能连千分之一都分不到。作为中国历史上最强势皇帝之一的汉武帝,其爱情的比萨饼曾经历过许多次分割,但其中最大的一块他只给过一个女人,而且至死不渝。这个幸运而聪明的女人就是那位日后只当了27天皇帝的昌邑王的母亲——李夫人。

　　"夫人"是嫔妃的称号,这位李夫人集汉武帝的三千宠爱于一身,却不曾留下姓名,且生卒年不详,不能不说是一大憾事。现在所能查到的只是她的籍贯——中山(今河北省定县)。汉武帝是个好色的人,而且是个为了好色不计代价的人。当初他喜欢卫子夫,就是因为人家长得倾国倾城,才动了色心,毅然把姐姐平阳公主家的一个歌伎推到了皇后的宝座,这在历代的皇帝中都实属罕见。他喜欢上李夫人也是因为此女长得漂亮。按照史书的说法,她生得云鬓花颜,婀娜多姿,尤其精通音律,擅长歌舞,算是一个才貌双全的人。不幸的是,因为家境贫寒,李夫人早年不幸沦落风尘。然而,李夫人有个好哥哥李延年,能作曲、能填词,也能编舞,是一个艺术天才。汉武帝刘彻自幼喜欢音乐与歌舞,当时李氏的兄长李延年是汉宫内廷音律侍奉。对音乐颇有研究,而且善歌舞,他所作之曲,听者常为之感动。一日,李延年为汉武帝唱新歌——北方有佳人,绝世而独立;一顾倾人城,再顾倾人国;宁不知倾城与倾国,佳人难再得。

汉武帝却问道："果真有如此美貌的佳人吗?"平阳公主接刘彻的话说："延年的妹妹貌美超人!"武帝连忙颁诏,召李氏进宫,刘彻见李氏后顿时惊呆了!只见李氏体态轻盈,貌若天仙,肌肤洁白如玉,而且同其兄长一样也善歌舞。武帝刘彻被李氏深深吸引,就这样李氏开始了她的宫廷生活,李夫人进宫后,立刻受到了宠爱。

汉武帝自得李夫人以后,爱若至宝,一年以后生下一子,被封为昌邑王。李夫人身体羸弱,更因为

汉武帝

产后失调而病重,萎顿病榻,日渐憔悴。但武帝依然惦记着她,对其他嫔妃毫无兴趣。此时,卫后已色衰失宠,所以,武帝念念不忘李氏,亲自去李氏的寝宫探视,深知色衰就意味着失宠的李夫人却颇有心计,自始至终要留给汉武帝一个美好的印象,因此拒绝汉武帝来探病。见武帝来便将全身蒙于被中,不让武帝看她,武帝很不理解,执意要看,李夫人蒙被说道:"臣妾想将儿子昌邑王与妾的兄长托付于陛下。"武帝劝说道:"夫人如此病重,不能起来,若你让朕看你,你当面将他们托给朕,岂不快哉!"李夫人却用锦被蒙住头脸,在锦被中说道:"身为妇人,容貌不修,装饰不整,不足以见君父,如今蓬头垢面,实在不敢与陛下见面。望陛下理解。"汉武帝好言相劝:"夫人若能见我,朕将赐给夫人黄金千斤,并且给夫人的兄弟加官进爵。"李夫人却始终不肯露出脸来,说:"能否给兄弟加官,权力在陛下,并非在乎是否一见。"并翻身背对武帝,哭了起来。武帝无可奈何,十分不悦地离开。

汉武帝离开后,李夫人的姐妹们都埋怨她不该这么做。李夫人却说:"凡是以容貌取悦于人,色衰则爱弛;倘以憔悴的容貌与皇上见面,以前那些美好的印象,都会一扫而光,还能期望他念念不忘地照顾我的儿子和兄长吗?"她死后,汉武帝伤心欲绝,以皇后之礼安葬,并亲自督饬画工绘制他印

象中的李夫人形象，悬挂在甘泉宫里，旦夕徘徊瞻顾，低徊嗟叹；对昌邑王钟爱有加，将李延年擢升为协律都尉，兑现了他对李夫人的诺言。

方士李少翁知道汉武帝日夜思念已逝的李夫人，便说他能够把李夫人请回来与皇上相会。汉武帝十分高兴，遂让李少翁入宫施法术，李少翁要了李夫人生前的衣服，准备净室，中间挂着薄纱幕，幕里点着蜡烛，果然，通过灯光的照映，李夫人的影子投在薄纱幕上，只见她侧着身子慢慢地走过来，一下子就在纱幕中消失了，实际上，李少翁是表演了一出皮影戏！汉武帝看到李夫人的影子，更加相思悲感起来，写了一首诗："是邪，非邪？立而望之，偏何姗姗其来迟。"令宫中乐府的乐师谱曲演唱，他还写了一首《伤悼李夫人赋》，怀念李夫人，李少翁因表演灯影戏，在纱幕上再现李夫人的形象，因此而被封为文成将军。

李夫人还有一个兄长李广利，因没有尺寸之功，武帝不能无故加封。不久机会终于来了，武帝听说大宛国有汗血宝马，便派使者赍持千金及金马前往大宛换取宝马。此事被大宛国王一口拒绝。使者费尽许多辛苦白跑了一趟，因此生气之下痛骂宛国大臣，又将金马锤成了碎屑。大宛国将使者杀死，夺去财物，只有几个随从侥幸脱逃。武帝借机派李广利领6万骑兵、7万步卒出征大宛。待4年后班师回玉门关，仅剩下万余人。武帝却不加苛责，反而封李广利为海西侯，食邑八千户。多少尸骨丢在大漠无人收取，只为李夫人的一句遗言，武帝真称得上是一往情深。

汉武帝为什么一心想成仙

自古以来，封建帝王很少有不怕死的。他们都想万寿无疆，奉行"朕即国家"的信条。然而，纵然谁也不能逃脱死神的召唤，可长生不老的神仙梦却一直是种诱惑。那么，汉武帝又做过什么样的神仙梦呢？

汉初，高祖、惠帝、文景二帝，对生死的态度都比较淡然。刘邦达观知命，生死由之，文帝通彻明悟，顺其自然。这四位皇帝都不怎么相信神仙鬼怪。但到了汉武帝即位时，就违反了祖宗家法，开始了他对神仙梦的追寻过

中华宫廷秘史

程。汉武帝一代枭雄，竟也陷入了迷信鬼神的怪圈之中，而且比之前最迷信鬼神的秦始皇，可谓是走得更深更远。

汉武帝崇信鬼神由来已久。他的母亲王氏夫人，出身卑微。而且本来已经嫁给了一个姓金的人，后来硬是与丈夫离了婚，只因为汉武帝的外祖母通过卜卦得知自己的女儿将贵为贵人，于是生生将女儿拽回，想方设法送入皇太子的宫中，随后就生下了皇子刘彻，即日后的汉武帝。在封建社会里，自然是母凭子贵，随后，刘彻由胶东王而被立为太子，王夫人就一跃而成为母仪天下的皇后。此所谓，一人得道，鸡犬升天。王氏家族遂拜相封侯，显赫一时。于是，这更加验证了卜卦之灵验，这样一来，由于外祖母迷信鬼神，汉武帝就受了影响，从而也崇信起鬼神来。

汉武帝相信鬼神，追寻神仙梦，还有一个原因，就是他即位后，他的陈皇后多年无子，导致汉武帝膝下尤虚，帝嗣无人。于是，汉武帝祈祷神灵保佑。后来，在他二十九岁时，卫子夫生下了卫太子，汉武帝这才遂了心愿。可是，陈皇后嫉恨卫子夫，在宫中兴起了巫蛊之祸。汉武帝感到巫蛊之事直接威胁到了自己的生命安全，于是，他开始向神祈福，向往神仙的愿望更加强烈了。再加上汉武帝贪图物欲，喜欢荣华富贵，于是，他追求神仙的兴趣日益增加了。

汉武帝的神仙梦是从敬祠神君开始的。神君原本是长陵地区的一位妇女，她生下一个男孩，几岁时就夭折了。神君悲痛过度，结果精神失常，经常胡言乱语，装神弄鬼。起先是她的妯娌们把她供奉起来，招致了乡邻来求神问药，结果神君的话往往灵验。汉武帝的外祖母也曾拜过神君，结果后来自己的子孙们都发达起来，尊贵无比。于是，汉武帝即位后，王太后就把神君请到宫中，供养起来。每当祭祀的时候，神君只现其声，不现其人。而且她经常在夜间说话，说的尽是世俗常识，可汉武帝依旧把她奉若神明。

据说，大将军霍去病未成名时，也曾经去向神君祈福。神君当时虽是丧子，但风韵犹存，于是她见霍去病相貌堂堂，就心旌摇荡，刻意修饰了自己，想去勾引霍去病，可遭到了霍去病的严辞拒绝，并且从此再也不和她见面了。神君觉得羞愧难当，于是向汉武帝要求离开皇宫。可汉武帝不知其中内情，坚持不让她离开，还以为是自己慢待了神君，所以更加善待供奉，真是糊涂到了极点。

　　如果说汉武帝相信神君还只是对鬼神的迷信和崇拜,那么他接受方士的学说,就是为了实现长生不老,得道成仙的梦想了。

　　汉武帝相信的第一个方士叫李少君。元光元年(公元前134年),有个自称活了几百岁、有返老还童仙方的李少君方士到了长安。有一次在别人家里喝酒,他看到酒席上坐着一个九十岁的老者,就一本正经地说他曾经和老者的祖父在某某地方打过猎。那个晕晕忽忽的老者不知道这其实是李少君早就打听好了的,只是好像记得八十年前的确和祖父一起在那个地方打过猎,就连忙称是。这一下,满堂的客人都十分惊异,把李少君当成了"活神仙"。

　　汉武帝听说这件事后,连忙把李少君请到宫中,问他有什么长生不老的方法。李少君就开始胡乱吹起来。他说,要先虔诚地祭祀灶神,把鬼神请来;然后就可以将丹砂炼成黄金;用这种黄金制作的器物饮酒吃饭,就可以延年益寿、长生不老。他还吹嘘自己曾经在东海上见过仙人安期生,仙人送他了一颗和瓜一样大的仙枣。汉武帝想去蓬莱见神仙,他就说要先找到脾气鬼怪的安期生,这样就能见到神仙。对于这些胡说八道的谎言,一心想成仙的汉武帝竟然深信不疑。他一面亲自祭祀灶神、派李少君给他在皇宫里炼制丹砂,一面派人去东海找那个根本不存在的安期生。即使李少君还没炼好丹砂就死了,可汉武帝却坚信他是羽化成了神仙,还对他非常的羡慕。

　　第二个来欺骗汉武帝的方士是齐人少翁。当时,汉武帝最宠爱的李夫人刚死。他在李夫人死后,汉武帝寂寞之时,声称自己可让汉武帝见到李夫人,结果通过一番装神弄鬼,灯和影的运用,还真让汉武帝依稀见到了日夜思念的李夫人。汉武帝一高兴,就大大赏赐了少翁,并拜他为文成将军。此后,少翁又建议汉武帝盖了甘泉宫,养了神牛,说神灵将会降临。可很久都没有结果,他就使诈想蒙混过关,结果被发现,汉武帝就把少翁杀掉了。少翁死后,过了一段时间,有人向汉武帝奏称,见过少翁还活着。于是汉武帝开棺验尸,却发现只有一枚竹筒,别无他物了。这其实是其他方士们做的手脚,可汉武帝没看出来,反倒认为是自己错怪了少翁,使其方术失传了。从此,汉武帝怀着对神仙的梦想,更加迷信方术了。

后来，又有人给汉武帝推荐了方士栾大。栾大和少翁是旧识，他善于甜言蜜语，又好吹牛。他向汉武帝夸口说，自己也曾游于海上，见到过炼制仙丹的神仙，只是自己人微言轻，怕仙人们不肯传授自己神仙之术。汉武帝遂赐给栾大尊贵的地位，后又拜为五利将军，不久，又赏赐给他天士将军、地士将军、大通将军和天道将军四道金印，甚至赐列侯甲第，还把卫长公主嫁给了栾大。栾大经常在夜间祭祀，说是能迎神送鬼，后又称自己可以入海访仙，离开了长安。汉武帝后来终于发现自己上当受骗，遂把栾大也杀掉了。

栾大虽然死了，可一直困扰着汉武帝的黄河决口、炼制仙丹和寻找长生不老之药的问题并没有解决，汉武帝依旧在执着寻觅着。其后，又崇信过方士公孙卿等人。最后，汉武帝在建章宫内挖了太液池，依照方士们所言，在池中仿造了蓬莱、方丈、瀛洲和壶梁等四个仙岛，以此来自我安慰，寄托矢志不渝的神仙梦。

就这样，汉武帝求仙，浪费了无数的财力、人力、物力，甚至把自己的女儿都赔上了，可还是一无所获，屡次上当受骗，最终还是没有找到什么神仙。

汉武帝真的是文武双全吗

汉武帝刘彻是继汉高祖刘邦、文景二帝之后，具有文韬武略的豁达皇帝，可谓是秦汉以来难得的贤明君主。那么，他有什么样的才学呢？让我们从文治武功等各方面来看看，全面地评述他的功过是非。

文治方面，汉武帝重用儒生，用人时擅于长驾远驭，可谓是操纵自如。而且他赏罚分明，不拘于文法，以激励臣下。武功方面，汉武帝派兵征战四方，开辟疆土。北到朔方，西置酒泉、武威、张掖和敦煌四郡，南到珠崖、南海和苍梧等九郡，西南有益州等六郡，东面攻占了东越，东北击败了朝鲜，总之，在汉武帝一朝，新开辟的疆土，比汉初时增加了一倍。而且，张骞还出使了西域，取得了巨大的外交成果。故此，自汉武帝之后，中国的疆界开始初具规模，他为中华民族世世代代休养生息的需要奠定了坚实的基础和基本格局，汉武帝也称得上是一位武功显赫，战绩辉煌的英主了。

除了文治武功之外，汉武帝刘彻还是个多才多艺，风流倜傥的才子。刘彻的才学，据《史记》《汉书》等典故记载，主要在儒家经学、诗赋文章和音乐艺术等方面有较大展现。

汉武帝七岁时，被汉景帝立为皇太子，当时的太子少傅是鲁申公的弟子王臧，王臧对刘彻进行了系统的儒家教育。因此，汉武帝即位后，很是崇尚儒学思想，他封王臧为公卿，批准废止韩非等法家之言，派使者惠赐鲁申公。等到不喜欢儒学的窦太后一死，汉武帝就进行了进一步的罢黜百家的活动。事实上，如果汉武帝对儒学没有很精深的造诣，这一切是无法实施的。汉武帝学习经学的确是融会贯通，是专守一经的其他儒学家们所不能比拟的。据史料记载，从汉武帝的各种诏书中，我们同样可以发现他的经学之宏通，也的确是才学过人。尽管汉武帝时代的诏书不一定都是他亲自起草的，但至少是根据汉武帝刘彻的意思起草的，是汉武帝经学理论的实际应用。

汉武帝的文学才能则更为出众，比如，在元鼎四年六月，作《宝鼎天马歌》；元狩元年，作《白麟歌》；太初四年，作《西极天马歌》；太始三年，作《朱雁歌》和《交门歌》。这些都是因为发生某些事情，导致汉武帝有所感怀，从而写下的，可谓是通俗易懂。例如，《天马歌》中这样记载："天马来兮从西极，经万里兮归有德，承灵威兮降外国，涉流沙兮四夷服。"《天马歌》反映了汉武帝获得西域天马，震慑了四夷，表达了他经略天下的高亢豪迈、气吞万里的情怀。在我们今天读来，仍是十分振奋人心的。除此之外，汉武帝悼念爱妃李夫人的词句有这样的描写："是邪非邪，立而望之，翩何姗姗其来迟"，这寥寥十几字，形象地刻画出汉武帝在李夫人死后对她的深切思念之情，欲见不能，欲罢不能，可望而不可及，真是悲伤惆怅。

在《文选》中收录的汉武帝的《秋风辞》，则更加展现了他的文学造诣和才华："秋风起兮白云飞，草木黄落兮雁南归。兰有秀兮菊有芳，携佳人兮不能忘。泛楼舡兮济汾河，横中流兮扬素波。箫鼓鸣兮发棹歌，欢乐极兮哀情多。少壮几时兮奈老何！"

汉武帝除了擅长诗词外，在赋上也很有造诣。他哀悼李夫人的赋，可谓是上乘之作。

正是因为他有如此之高的文学修养，故汉武帝宠信的臣子也多为文学之士。比如司马相如,就是以赋见长。在汉武帝和他的文学同道臣子的倡导下,汉赋在继诗经、楚辞之后,登上文坛,开始独领风骚。

在音乐方面,汉武帝也很有才能。即位之初,汉武帝虽然重视武功,无暇顾及礼乐之事,但在武功大成时,他便立即设立乐府,采诗夜诵。他封李延年为协律都尉,召集司马相如等人专门创作诗赋,再配以乐曲,加以传唱。然而,后世评价说,这些歌曲是"下里巴人"的味道,不如一般的"阳春白雪"式的传统儒家雅乐那般纯正。但至少,汉武帝也称得上是个"通俗音乐"的高手了。

由此可见,汉武帝刘彻不仅具有治国平天下的雄才大略,是个圣明的君主,而且爱好广泛,在生活上也很擅长各种活动和娱乐,诗词歌赋的精通使得他有更多的机会可以和百姓去交流,聆听百姓的心声,也有利于他和汉朝的风流雅士打成一片,从而更深刻地了解到人民之所想和所需。从这个方面上看,汉武帝的个人才学,为他治理天下起到了很好的辅助作用。在汉朝的历代皇帝中,他突出而优异的才学也是不多见的。这就难怪人们常常把秦始皇和汉武帝相并称了。

汉武帝为何要六次封禅泰山

封禅是古代帝王庄严宏大的祭天地的仪式,凡是帝王者,无论功绩人品如何,无不对此趋之若鹜。封禅是两个概念的称谓,"封"就是帝王在泰山顶上堆土设坛祭祀天,"禅"就是帝王封天以后,到泰山脚下的一座小山上,一般是在社首山和梁父山等小山上,堆土设坛拜祭地。封是针对天而言的,禅是针对地而言的。中国的传统敬天地法祖宗,帝王代表国家社稷,奉行天意统治万民,当然不能够怠慢了天地,于是有了封禅。中国境内名山大川非常多,帝王们为什么不选择别的山,偏偏选择泰山来作为他们举行如此规模宏大的皇家礼仪之地呢?这同中华民族一个古老的传说有关,相传泰山源自于华夏民族的老祖宗的化身。传说很早很早以前,世界天地还没有形成,华夏民族的老祖宗盘古生长其间,有一天他用板斧开天辟地之后,混沌的世

界开始形成了天地。为了防止天地再合在一起，盘古就站立于天地之间，天空每日升高一丈，大地每日加厚一丈，盘古也每日长高一丈，如此日复一日，年复一年，他就这样顶天立地地生活着。后来盘古慢慢地衰老死去，他倒地的时候，就变成了巍峨的泰山，因此，泰山成了五岳之首，有拔地通天之势，也有擎天捧日之姿。据说站在泰山的最高处，可以直接同天帝对话，因此，自古以来人们就把它作为崇高伟大的象征去仰慕它。从远古的七十二君王到秦皇汉武，再到康熙、乾隆，历代帝王的泰山情结，赋予了它神圣的威严和权能，引无数英雄竞折腰。历代文人墨客感吟唱颂，圣人孔子"登泰山而小天下"被传为佳话，西汉史学家司马迁以"重于泰山，轻于鸿毛"来衡量人的社会伦理道德和价值。杜甫"会当凌绝顶，一览众山小"成为千古绝唱。黎民百姓，万众心向泰山，对泰山无比的尊崇和膜拜，以祈福平安。

既然泰山具有如此神圣的起源和庄严的意义，帝王们自然要借助泰山来炫耀自己的功德，树立自己的权威。但是，封禅泰山，并不是所有的帝王都有资格的，必须是有功德和建树的皇帝，才有资格代表万民进行这项神圣的行为，帝王要想封禅泰山，一般要具有三个条件，首先是改朝换代，国家统一，这代表天授命予帝王，地一统于天子；其次，帝王在位的时候必须有成就，政绩卓著，国泰民安，国富民强，这样才有资格向天地汇报，黎民百姓也才能信服；第三，"封禅"不能无端地发起，要有祥瑞的出现，作为上天要帝王进行封禅的提示。所谓"祥瑞"就是不同于一般的吉祥物，如麒麟、凤凰的出现等。实际上所谓的"祥瑞"根本是没有的，这就成了许多人进行封禅的绊脚石。比如说春秋时期第一个称霸的齐桓公，他想到泰山来封禅，但是丞相管仲极力反对，他说桓公功劳虽大，但是缺乏祥瑞的出现，因此无法封禅。在后来的帝王中，又有几个有"祥瑞"的出现的呢？他们或者自己制造"祥瑞"，或者编造种种借口，并不严格遵守封禅的条件。

第一个进行封禅大典的皇帝是秦始皇，他消灭了六国，统一天下后，感觉自己功德齐天，于是就亲自到泰山去举行封禅大典。秦始皇带领着文武大臣和一大群儒生来到泰山，他们先在泰山脚下商议封禅典礼如何举行。儒生们说帝王上泰山顶上祭天最好不要坐车，以免伤及草木，非坐车不可，也要用蒲草裹起车轮子，以免辗坏山上的一草一木，这样才能表示出对泰山的敬重。秦始皇一听非常不高兴,他心想自己征战沙场才能得天下,现在却不能伤害草木,一怒之下就命令儒生们不许参加祭典,自己带着亲信大臣们上了山。沿途不好行车的地方,就砍树伐草,开山凿石,秦始皇的封禅开启了帝王们封禅泰山的先河。

对泰山进行大规模封禅的当属汉武帝刘彻。刘彻在位期间国家统一,国富民强,内政外交、军事生产、文化思想各个方面无不取得了重大的成就,从理论上来讲,他完全具备了封禅的条件。汉武帝刘彻本人又喜欢好大喜功,崇信鬼神之说,他前后六次封禅泰山,创造历代帝王"封禅"之最。

汉武帝的第一次封禅是在公元前 110 年,为了突出自己地位的高贵和尊严的神圣,提前好几年要求儒生们研究封禅的具体礼仪。由于封禅以往很少举行,有关资料已旷废绝灭,无人知道礼仪的详细情形,儒者从《尚书》《周官》《王制》等书中摘引了封禅时望祭射牛的故事。武帝于是命令儒生们演习射牛的礼仪,起草封禅的程式。公孙卿等方士说黄帝以前的帝王封禅,都招徕异类以与神相通,所以想招徕蓬莱士人以迎神仙,对世人抬高武帝的身价以与九皇相媲美,儒生们既不能把封禅的仪式搞明白,又拘泥于《诗》《书》等古文的记载,不同意武帝的意见,于是汉武帝停止使用所有的儒生。

汉武帝一行浩浩荡荡,官员、侍从、护卫军队数万人东行到泰山,那时候泰山上的草木还没有长出叶子,武帝就命人将大石运上泰山绝顶,以备封禅时用。汉武帝又东巡来到海上,方士们原先谈论的神怪和奇异方术,没有一件能得到证实,武帝非常失望。他先回到了梁父山,以礼祭祀大地,然后命令侍中和儒者们穿着隆重的礼服,头戴皮弁,插笏垂绅,行射牛的礼仪,在泰山东面的山脚下封土行礼,并且埋下了玉牒书,书的内容十分隐秘,没有人知道内容。行完礼之后,武帝独自带了侍中霍子侯登上泰山,在山顶同样行了封土礼,只是在山顶上的事禁止外传。第二天,武帝从山后下山,在泰山脚下东北的肃然山上行了禅祭礼。进行封祭、禅祭的时候,武帝都亲自参见并且跪拜,大臣们都穿着黄色的礼服,用乐曲伴奏,封土用杂土石,上面加盖了五色土。行礼完毕之后,武帝和大臣们将远方进贡来的奇兽、飞禽以及白山鸡等物放回到山林里,兕牛犀象等不宜放还山林的动物,都到泰山下祭祀后土。汉武帝的封禅礼仪规模远远超过了前代的秦始皇,后世也少有能够超越他的帝王。

在以后,汉武帝又进行了五次封禅,公元前107年冬天,汉武帝南巡,回来的途中已经是春天,万物萌生,武帝进行了第二次封禅。公元前102年正月,汉武帝东巡海上求仙没有结果,回来的时候经过泰山,举行了第三次封禅。公元前98年三月,汉武帝到泰山举行了第四次封禅。公元前93年三月,汉武帝至泰山,举行第五次封禅。公元前89年三月,汉武帝出巡钜定,回来的时候再次经过泰山,举行了第六次封禅。

封禅是中华民族优秀文化传统的一部分,它代表了中华民族的文明盛事。但是应该指出,封禅也给劳动人民带来了沉重的负担,汉武帝六次封禅,耗费资财甚多,这种频繁的没有实际意义的礼仪活动,完全成为一种没有任何益处的活动,成为帝王追求个人名利的工具。

汉昭帝是如何继位的

巫蛊之祸中,太子刘据败死,此后储位一直空悬。直到后元二年(前87)二月乙丑日,汉武帝才正式册立幼子刘弗陵为太子。两天后他便离开了人世,入葬茂陵。随后,七岁的刘弗陵即皇帝位,是为汉昭帝。但令人不解的是,汉武帝在决定立弗陵为帝的同时,杀死了他的母亲。那么这究竟是为什么呢?

刘弗陵的母亲姓赵,是齐国河间人,她的家境非常不幸,父亲犯法被处以"宫刑",做了宦官,任中黄门,且早早死去。赵氏便随着姑妈赵君姁在老家河间生活。

在卫子夫皇后因"巫蛊之祸"而自杀之前两三年,赵氏被武帝选入宫中。传说当时武帝巡行至河间,忽然有一个术士声称此地有祥云瑞蔼,显示必有奇女生长于此。武帝听后立即下令就地寻访,果然找到了这个美丽的少女。然而她虽然相貌美丽,却从小患病,而且双手紧握成拳,谁也没法让她伸展。武帝被她的美丽所倾倒,亲自去为她掰拳。这时奇迹出现了:手很

轻易地伸展开,而且在她的右手心里还紧紧地握着一只小小的玉钩。刘彻对此很是惊讶,立即将她称作"拳夫人",纳入后宫。拳夫人很快就怀上了身孕,太始三年(前94),她为六十四岁的刘彻生下了最小的孩子刘弗陵,并因此进封为婕妤,号钩弋夫人,小皇子也被称为"钩弋子"。

　　赵钩弋夫人所生的刘弗陵生具异征,足足在母亲腹中呆了十四个月方才降世。这令武帝大喜过望:"我只听说过尧帝是母亲怀胎十四个月降生的,没想到如今钩弋夫人也为我生了一个怀胎十四月的儿子。"立即将赵钩弋生子之处的宫门改名为"尧母门"。刘弗陵虽然年纪小,却长得虎头虎脑,不但健壮俊秀,而且异常聪明伶俐。刘彻视这个比孙子还小的幼子如珍宝,不停口地夸他像自己。再想到刘弗陵与众不同的降生经历,更下定决心要册立弗陵做自己的继承人,并为弗陵选择了可靠的大臣托孤。当时朝中只有霍光老实持重,武帝便命人画了一幅周公负成王的图像赐与霍光,于是左右群臣都知道武帝意欲立少子。可正当人人都忍不住羡慕年轻的钩弋夫人及她的家族将要一步登天之时,仅仅过了几天,甘泉宫里就发生了令他们震惊的一幕。

　　这天,刘彻突然毫无征兆地为一点小事对钩弋夫人大发雷霆。钩弋夫人连忙拔下头上的簪珥饰物,披头散发地向他磕头求饶。但刘彻毫不为此所动,断然下令将她带走,送掖庭监狱问罪。侍卫们立即将钩弋夫人连拖带拉地拽下去,钩弋夫人边走边回头求饶,希望武帝能够在最后一刻放自己一条生路。而武帝却毫无感情地厉声说:"快走,你不能再活着。"随后钩弋夫人不明原因地暴死,被就近埋在甘泉宫以南,连座碑都没立,这一年她的年龄最多不会超过二十五岁。据说,就在这一天当地暴风大作,飞砂扬尘,百姓们都为这位无辜的少妇感到悲伤。不久人们都传说她的尸身在待葬的时候有异香扑鼻。

　　事后,武帝问左右侍从:"外面对这件事有什么样的议论?"侍从们不敢直言,只是婉转地表达:"人们只是不能理解,为什么在册立儿子之前,却杀掉了他的母亲?"武帝这才说了他的意图:"这岂是你们这些蠢人能够猜想得出来的? 自古以来国家大乱,总是由于君主年少而其母年轻。你们没听说过吕后的事情吗? 所以不得不先除去她。"原来武帝是怕钩弋夫人正值青春,将来儿子为帝,钩弋夫人会干政,怕汉朝又出现一个吕后。

在处死继承人刘弗陵生母钩弋夫人的同时,刘彻也将自己其他儿女的生母都统统杀掉了,也许是为了不留下任何一个能够充当刘弗陵养母的女人,因为小皇帝的养母当然也有可能被立为皇太后,所以就连公主们的母亲,他也没有轻易放过。我们已经不可能知道她们的名字,在史书上她们只留下了这样淡淡的记载:"诸为武帝生子者,无男女,其母无不遣死。"

夫人被杀的第二年(前87)二月,70岁的刘彻在五柞宫病逝。第二天戊辰日,霍光等托孤大臣辅保太子即皇帝位,是为昭帝。

后妃既能对政治产生影响,同时,变幻莫测的政治风云又戏弄着她们的人生,倏忽之间可由至尊跌落为贱囚。在我国古代,后妃的地位与能否为皇帝生下皇位继承人有很大关系,通常的情况下是母以子贵,如卫子夫在生下皇子后,地位迅速提高,成为皇后。但是,有些时候,子贵母死,下场反不及无子的后妃,钩弋夫人的死就是最典型的一例。而且这种做法一直被历代帝王所效法。北魏从道武帝开始,凡为储君之母即被赐死,先后有八位帝母作了此种制度的牺牲。北魏道武帝的宠妃刘氏,生长子拓跋嗣,拓跋嗣被立为太子,刘氏受命自杀。拓跋嗣思念母亲,悲伤泣哭。道武帝安慰他说:"过去汉武帝将立太子,先杀太子的母亲,是唯恐女主干政。现在你为太子,我不得不效法汉武故事。"

昭帝继位后封母亲钩弋夫人为皇后、皇太后,并发兵二万为母亲兴建"云阳陵",迁三千户守陵。传说迁葬之日异香十里,打开棺材看时,里面没有尸身,只有一只丝鞋。昭帝随后又追封外祖父为顺成侯,迁陵户二百。当初抚养钩弋夫人的姑妈赵君姁还活着,得到了二百万赏钱以及大宅奴婢的赏赐。钩弋夫人的表兄弟姐妹们虽然没有谁晋爵升官,却也都得到了丰厚的赏赐。但是再多的赏赐也不能让钩弋夫人复生,汉昭帝刘弗陵认为自己继承皇位却丧母,是一件难以弥补的憾事,每当他想起这件事的时候,他就难免为之悲痛不已!

汉昭帝真的与霍光君臣不相疑吗

汉武帝七十岁的时候,身体日渐衰弱,病痛缠身,而且每天都愁眉不展。因为他知道,自己恐怕已经不久于人世了,可是自己又听信了奸人的谗言,杀了培养多年的太子。所以他现在对自己的身后事非常忧虑,其中头等大事就是要早立太子,免得死后国家大乱。当时汉武帝还有三个儿子,燕王刘旦和广陵王刘胥是亲兄弟,但是他们平日骄横不法,不能立为太子。可是小儿子弗陵这时还只有七岁,汉武帝想立他为太子。因此就想先为年幼的太子物色一个忠实可靠的大臣来加以辅佐。

汉武帝认为,朝中大臣只有霍光可担此重任,所以就想把国事托付给霍光。他想起了古代周公辅佐年幼成王时的故事。周公曾背着小成王临朝,会见诸侯继承大统。汉武帝就让人根据这个故事,画了一张"周公背成王朝诸侯图"送给霍光。这是用图来暗示霍光将来要像周公辅成王一样来辅佐幼主弗陵。

过了一年,汉武帝病危,霍光流着眼泪问汉武帝:"如果陛下有个三长两短,由谁来继承皇位呢?"汉武帝这时明确地说:"立我的小儿子弗陵为太子,由你来履行周公辅成王似的职责。去年我送给你的那幅画,你到现在还没有领会其中的意思吗?"霍光见皇帝对自己如此信任,就只好含泪答应了。第二天,汉武帝就死了。太子刘弗陵继承皇位,他就是汉昭帝。

霍光自从接受了汉武帝的遗诏,担负起辅佐幼主、治理国家的重任,他工作得更加勤恳谨慎了,兢兢业业地治理着国家。但是,因为他手中的权力越来越大,威望也越来越高,很多人都嫉恨他,总是在小皇帝身边说他的坏话,这让霍光一直提心吊胆。

汉昭帝的同父异母兄长燕王刘旦,因为没有当上皇帝,心里老是怨恨不已,一直想自己来当这个皇帝,而首要的任务就是先除掉保护着昭帝的辅命大臣霍光。反对霍光的势力也趁机和燕王刘旦相勾结,密谋策划先挤垮霍光,再废昭帝拥立燕王为帝。燕王刘旦恨不得马上当皇帝,就催上官桀等人

汉宫秘史

早点想办法动手。以燕王刘旦为首的政变集团，在暗中布下了罗网，就等着霍光往里钻了。

有一天，霍光出长安城去检阅御林军（皇帝的近卫队）操练，并且调了一个校尉（仅次于将军的军职）到大将军府里来工作。上官桀等人认为这是整垮霍光的好机会，于是乘机假冒燕王刘旦的名义给昭帝上书，状告霍光。他们一说霍光出城集合御林军操练，一路上耀武扬威，坐着像皇帝出巡时一样的车马，违反礼仪规定，不像个大臣的样子。二告霍光擅

霍光

自作主，私自调用校尉，有图谋不轨的阴谋。最后还表示愿交还燕王大印，回到宫里来警卫皇上，查处奸臣作乱的阴谋等等。昭帝看了告状信后，当时没有表示可否，就把此事先放下了。

第二天早朝时，霍光已知道被他们告了，就不敢上朝，留在偏殿里等待昭帝的处置。昭帝一上朝，没有看见霍光，马上问："大将军怎么没来上朝？"上官桀立即回答说："大将军因被燕王告发，心虚不敢进来了。"汉昭帝派人去叫霍光进来。霍光怀着忐忑不安的心情入朝，脱下帽子叩头请罪说："臣该万死！请皇上发落。"

汉昭帝当着满朝文武的面，对霍光说："大将军戴上帽子，请起来。我知道这封告状信是假的，是有人想陷害你，你并没有过错。"

霍光昕了小皇帝的话后，又惊又喜，连忙问昭帝："陛下怎么知道信是假的呢？"昭帝说："你出京城去阅兵，只是最近几天的事，选调校尉也不过十天，可是燕王远在北方，怎么就知道了呢？就算知道了，马上就写信派人送来，现在也到不了。如果大将军真的要作乱，也用不着调一个校尉。这件事

明摆着是有人想陷害你。我虽然只有十四岁,但也不会上这种当的。"聪明机智的汉昭帝还下令要追查冒名伪造信件的人。上官桀等人焦急不安,怕查下去会暴露自己的阴谋,就劝昭帝说:"这点小事算了。不必再追查了吧!"昭帝不仅没有松口,反而更加怀疑上官桀等人了。

后来,上官桀等人还是经常在昭帝面前说霍光的坏话,昭帝不仅不听他们的,反而大发脾气,警告他们说:"大将军是忠臣,先帝临终前托他辅佐我治理国家。他帮我办了很多好事,这是臣民有目共睹的,以后再有人毁谤他,我一定要从严惩处了。"这样上官桀等人想借皇帝的手来除掉霍光的阴谋也破产了。可是他们还不甘心,又心生歹计,想策划暗中杀了霍光,然后夺取帝位。但是,他们的阴谋很快就被霍光发现了,他将他们政变的阴谋,奏告昭帝,然后把上官桀父子、桑弘羊、丁外人都杀了。燕王刘旦和长公主也畏罪自杀。

从此以后,朝中再也没有人敢离间昭帝和霍光之间的关系,他们之间君臣相得,互相信任,共同治理着国家,为西汉政权的稳定繁荣做出了贡献。可惜的是年轻聪明的汉昭帝,二十一岁就死了。他们这份难得的君臣之情不得不提早结束了。

汉宣帝是怎样继承皇位的

汉武帝之后,西汉王朝日益走上了下坡路,武帝之后西汉中后期的皇帝,大多数都是些昏庸无能之辈。但是汉宣帝刘询却是一个例外,他是西汉有名的中兴皇帝,他即位的时候,汉王朝江河日下,在这种背景下,出现了汉宣帝这样一个敏而好学、勤于政事的英才之主,实在是一件出人意料的事。而这位皇帝之所以能够有别于其他荒唐皇帝的原因,就是他自幼遭受了太多的苦难,尽管是高贵的皇室血统,他却屡次经历了许多比普通百姓的孩子都要多的磨难,而且很多次刘询都差点死于非命。正是这种成长的坎坷经历造就了汉宣帝明查善断、英武果决、体察百姓民间疾苦的良好性格和行为。他的苦难的人生经历、登上皇位的曲折历程,也具有了引人入胜的传奇

色彩。

汉宣帝刘询原来的名字叫作刘病己,他是汉武帝的嫡亲曾孙,他的祖父是被汉武帝无辜诛杀的太子刘据。武帝在晚年听信谗言,杀害了自己培养多年的太子刘据,一时之间没有了合适的皇位继承人,不由得为此大为头痛。在他临终之前,匆匆忙忙的立了钩弋夫人所生的皇子刘弗陵为太子,做自己死后的接班人。

刘弗陵继承皇位时年仅8岁。武帝死前,因为太子年幼,向大臣霍光等人托孤,嘱咐大臣们好好辅佐小皇帝。霍光德高望重,功勋卓著,在武帝死后,掌握了汉朝的实际大权。昭帝即位三年后,就在霍光的安排下举行了大婚,立了霍光的外孙女,年仅6岁的上官安之女为皇后。霍光的目的是想让皇后早日生下皇子,这样,朝政大权就可以为自己所控制了。可是汉昭帝和上官皇后年幼,一直没有生育,昭帝刚过了20岁,就得病去世了。年少的皇后上官氏,只得做了寡妇。汉昭帝的英年早逝让霍光等人措手不及,汉室政权一时间陷入了无人可为帝嗣的危险局面。当时,在汉武帝的其他子孙中,还有广陵王刘胥健在,但刘胥奢侈无道,汉武帝在世时就不考虑立他为子嗣,所以霍光也不能选择刘胥。仓促之中,霍光只得选定汉武帝之孙、昌邑王刘贺即位为皇帝。刘贺为人奸淫狡诈,在宫中淫乱是非,没有君王的样子,霍光只得废了他。这样一来,群臣更加担忧,朝廷群龙无首,非常容易发生大乱,一时之间都不知该如何是好了。汉室朝廷又一次陷入了混乱和危机之中。

正在这危急的时刻,光禄大夫给事中丙吉上书,经过群臣廷议,奏请皇太后迎立流落在民间的太子刘据之孙,人称皇曾孙的刘病己为皇帝。皇太后也同意了这个建议,这刘病己就是后来西汉有名的中兴君主汉宣帝。

这位汉宣帝前半生虽然生于太平盛世,但自身却经历坎坷,生活里充满了艰难险阻,很有传奇色彩。刘病己本来是汉武帝的嫡亲曾孙,但在"巫蛊之祸"中被投放狱中,那时他出生只有数月。这个孩子也是唯一的一个蒙难不死的汉武帝的嫡亲骨血。襁褓中的皇曾孙刘病己,父母双亡,自己的命运又危在旦夕,多亏当时负责审理此案的丙吉的照顾和怜悯,让女犯人们轮番抚养他,方才留下了一条性命,奇迹般地活了下来。

"巫蛊之祸"后来查清是江充的诡计，是莫须有的冤案，但由于汉武帝一时的震怒，群臣又多惶恐，竟没有人敢说出真相，致使汉武帝晚年变本加厉地怀疑左右人用巫蛊之术害他。后来，汉武帝怀疑有漏网之鱼，生怕更会对自己不利，就派人到狱中去查点罪犯，不论罪行轻重，一经查处，一律格杀勿论。这样一来，灾难又一次降临在刘病己这个年少的孩子身上。这时，又是丙吉深明大义，他明白皇曾孙的无辜，于是激于义愤，坚决不给汉武帝派来检查的人打开狱门，并且大义凛然地说："皇曾孙在，他人无辜死者犹不可，况皇曾孙乎！"双方就这样一直对峙抵抗到了天亮，使者还是没能进入狱中，回来后禀报汉武帝，汉武帝命令深究，这才知道太子无罪，原来是一个受害者，于是明白了一切。他下令将江充全家抄斩，诛灭九族，继而又盖了一座思子宫，用来悼念太子。而对于存活下来的皇曾孙刘病己，汉武帝慨叹道："这真是天命啊！"于是大赦天下，时年 4 岁的皇曾孙刘病己再一次幸免于难。

这个多灾多难的皇曾孙自幼体弱多病，因此名字就叫刘病己。汉武帝大赦天下后，刘病己无家可归，丙吉先是让女犯人们继续抚养他，后来又把刘病己送到了太子妃史良娣的娘家交人抚养。汉武帝死后，遗诏中交代要把刘病己收养在宫中，并在家谱中记录下他的名号，号为皇曾孙。掌管后宫的太监张贺曾与太子刘据是旧识，因而格外照顾皇曾孙刘病己，并用自己的钱来供他读书，使刘病己得到了系统的学习机会。等到刘病己长大成人，张贺又为他娶了一门亲事，即许广汉之女为妻。皇曾孙刘病己自幼遭难，先是在监狱，后来又在外祖母家和掖庭中长大，所以很珍惜自己的学习机会，敏而好学，对于民间疾苦和吏治得失也很了解，并且有自己的心得体会。坎坷艰难的前半生遭遇造就了刘病己的能力，也丰富了他的阅历，更增长了他为人处世的经验和才能。刘病己具有操行节俭，仁慈爱人的优秀品德，并且在百姓和大臣中口碑极好，汉朝宗室的其他皇子皇孙们没有能胜过他的。

于是，在昌邑哀王刘贺被霍光废掉后，皇曾孙刘病己就以最佳人选的身份被推为帝嗣的继承人。公元前 74 年，刘病己入主未央宫，拜见皇太后。同时按照汉室的传统，先是封为阳武侯，后即立为皇帝。刘病己嫌自己的名字"病已"不雅，遂改名为刘询，并立自己的患难妻子许氏为皇后。

汉宫秘史

汉宣帝刘询真是应验了"大难不死,必有后福"的谚语,他即位后,经过多年的努力和奋斗,铲除了霍氏家族的势力,夺回了汉朝的实政大权。汉宣帝自幼经历了种种疾苦,对下层人民生活的艰辛和不易有深切的体会,他在位期间体察百姓疾苦,调整各项统治措施,汉王朝出现了中兴的局面。

汉宣帝清除霍氏集团始末

自古君臣关系就是一对既合作又猜忌的矛盾体,汉宣帝铲除霍光家族的事例就是一个典型。霍光是汉武帝临死前选定的顾命大臣,终霍光的一生来看,他的忠诚可以和周公相媲美。然而霍光虽然能自始至终地保持谨慎与忠诚,他的后人却难以像他一样尽职尽责,霍氏家族势力的强大也必然会招来皇权和其他人的忌恨,风光一时的霍家最终也没有逃出被消灭的命运。

汉宣帝即位以后,国家的所有政事仍旧让霍光全权处理,霍光入朝奏事的时候,宣帝见了都会立即站起来相迎,到了宣帝执政的第六个年头,霍光已经病入膏肓了。汉宣帝亲自驾临霍光家中,问医问药,动容之时还流下了眼泪,为了奖励霍光的功德,宣帝下令封霍光之子霍禹为右将军。

霍光死后,宣帝和上官太后亲自祭奠,葬礼空前隆重,完全不亚于皇帝的葬礼。此后,宣帝就开始亲理政务了,但是霍家的实力仍然很大,霍光的儿子霍禹做右将军,掌握着军权,朝廷里原先和霍光交恶的大臣,害怕霍禹会像他父亲一样擅权,就上书汉宣帝另选他人做大将军,以代替霍光死后的空位。汉宣帝也有这个意思,就和大臣们商量这件事,最后议定让张安世担任。但是诏书还未下达,张安世听说这件事后,心中非常害怕,他提前去拜见宣帝,声称霍光长期担任这一职务,德高望重,自己不敢随便担任,言外之意是害怕霍家的人不同意。汉宣帝鼓励他,张安世再三推辞,宣帝仍然不许,最后张安世终于担任了大司马兼领尚书事,这是对霍家势力的一个不小的打击。但是宣帝并没有压制霍家的意思,他只是要平衡一下权力,不久,宣帝封霍光兄长的孙子霍山为乐平侯,以奉车都尉领尚书事,霍云为冠阳侯。这样，霍氏一门三侯，仍然是当朝第一大望族。

霍家的派头也越来越大。霍光在位的时候十分小心，他曾经自修坟墓，规模较小，霍山封侯之后就重新改建，规模十分庞大。修建后的霍光墓三面环阙，筑有宽阔的神道，北临昭灵馆，南出承思馆，并修饰有祠堂、阁道，原先侍奉霍光的妾婢也都被囚禁在里面，为霍光守墓。霍氏兄弟也大治宅第，墙面上都绘有五彩之图，并用黄金、锦绣加以装饰，霍氏兄弟出门，车轮用熟皮和丝绵包裹，以防止颠簸，侍婢们的衣服都用华丽的绫罗绸缎。霍云最为放荡，每当朝见的时候，他就称病不出，实际上却带领许多手下四处张围打猎。御史们畏惧霍家的势力，不敢向皇帝言明这些事，原本就与霍光有矛盾的丞相魏相，就带头向宣帝奏明了此事。

汉宣帝年幼时在民间生活，对于霍氏家人的倚势横行，种种不法，心中早有耳闻，因为看在霍光的面上不便究问。现在听到魏相之言，十分符合自己的心意，就开始消弱霍家的权力，宣布百官所上之书，以后不须由霍山过目，而是可以直接交给皇帝。霍山虽领尚书事，实际上已经没有多少权力了。宣帝亲信魏相，就任命他做给事中，有什么事都和他商量。霍显等人虽然日夜淫乐，但也留心朝政的变化，他见形势不好，就召集霍禹及霍山、霍云商议，要大家小心行事。

宣帝的结发妻子许皇后，是同他一同患难的妻子，她衣着朴素，生活简朴，每日按时觐见上官太后，然而霍光的妻子霍显奸险无比，为了自己的女儿成君能成为皇后，就设计毒杀了许皇后。霍光在的时候，大臣们不敢说这件事，宣帝也不知道，就册立成君做了皇后。但霍光死后，就有人开始议论这件事，汉宣帝心中也觉可疑，暗想此言如果属实，必定要严加惩办，为许皇后报仇，但是苦于没有确凿的证据，宣帝就隐忍不发。

这时候，霍氏子弟亲属遍布朝廷，手握兵权，势力很大，宣帝想要惩治霍家，很难下手。宣帝就想先削弱霍家的权力，他召魏相等大臣秘密商议处置之法。霍光的女婿、孙女婿、外甥、侄孙等人都在中央或地方上担任重要的官职，魏相就拟出了他们的名单，宣帝过目之后大吃一惊，说原来汉家是霍氏的天下啊！经过周密的商量，宣帝不动声色地把京畿地区的霍氏势力全部调走，又架空了霍禹，让他担任大司马，空有其名，将霍家掌管的军权全部

国学经典文库

汉宫秘史

收回了过来。

　　宣帝一直要追究许皇后被毒的事件，他因为怀念许皇后，就下诏立许皇后所生的儿子刘奭为皇太子。霍显听说宣帝立了太子，十分愤怒，她对家人说："皇帝在民间所生的儿子，怎么能立为太子呢？将来皇后有子，只能做王了！"霍显就进宫来见女儿霍皇后，要她毒死太子。霍皇后于是召来太子，赐给他饮食，想趁机用毒药将他毒死。谁知道汉宣帝早已留心，秘密地嘱咐乳母加以防护，霍皇后赐食的时候，必先由乳母品尝，霍皇后因此难以得手。

　　原先毒死许皇后的事，是由霍显一手操办的，霍家的其他人并不知道，现在宣帝日益显示出对霍家的不满和怀疑，霍氏就聚在一起商量。谈到这件事的时候，霍显感觉已经隐瞒不住，就把事情全部说了出来。霍禹、霍山、霍云听了大惊失色，急忙商议自救之策，但是这一案件过于重大，根本无法可以挽救，想来想去，大家决定铤而走险，废掉汉宣帝，但是如何下手却还没有商量清楚。霍山、霍云当日回到家中后，将商议的秘密告知家人，全家人无不惊恐，一时慌张无措。霍氏兄弟再次商议，决定由霍禹出面要求首先清除宣帝身边的权臣，然后再行更换皇帝的事，大家商议完毕，正在预备实行的时候，这件事被一个叫张章的人揭发出来。

　　张章本是普通百姓，流浪来到长安，他与霍氏的马夫是旧曾识，就去投奔到马夫家里。晚上，张章正在床上睡觉，忽然听到外面有声响，仔细一听，原来是一群马夫在商谈霍氏起事的事。原来霍氏诸人谋事不密，连马夫都知道了。张章心想自己的机会终于来了，到了第二天，张章照着马夫言语，写成一书直接递向北阙宫门，这里是直达皇帝的上书之处，宣帝看到后立即下令追查，并命军队包围霍氏的住宅，搜查证明，霍氏藏有大量的兵器用具，的确是要起兵谋反，于是宣帝下诏将霍氏全部下狱。

　　经过审查，廷尉查出了霍氏真情，宣帝命令立即行刑，霍禹被处腰斩，霍显及霍氏诸女婿都被处斩。此外，与霍氏相连的数千家也遭到了灭门之灾，宣帝还下诏废去霍皇后。这样，权倾朝野的霍氏家族转瞬间就被灭族了。

汉元帝刘奭是怎么继位的

公元前48年初,汉宣帝太子刘奭继位称帝,改年号为"初元",是为汉元帝。从此进入了西汉后期,汉家王朝也开始走向衰落。刘奭多才多艺,尤其擅长史书,被称为"诗文皇帝"。但是汉元帝刘奭继承皇位的历程却是非常险恶的。汉宣帝在废立太子的问题上几经周折,也使皇太子刘奭的命运起伏不定,最终还是得以登基,成为西汉王朝的第八任皇帝。

刘奭的幼年经历可谓是屡遭磨难。这还要从刘奭的外祖父说起,昌邑(今山西朔县)人许广汉,年轻时在昌邑王的王府当一个中级官员。许广汉的正式官衔是王府的"郎"。有一次汉武帝刘彻从首都长安到甘泉宫(今陕西省淳化县)。帝王上路,自然万头攒动,随驾的文武大官和芝麻小官,构成一种威风凛凛的奇观。许广汉先生是随驾的芝麻小官之一,不幸的是他由于过于紧张,手忙脚乱中拿了别人的马鞍,放到自己的马背上。于是,他犯了"从驾而盗"的滔天大罪,这在当时是一定要判处死刑的。汉武帝刘彻不知什么原因大发慈悲了一次,特别免他一死,要他接受"腐刑"(也就是宫刑)。

许广汉在成了宦官之后,被任命担任掖廷丞,总理皇宫里的细小事务。后来又因犯错,被判处充当苦工。苦工做了很长时间之后,逐渐升迁,最后成了"暴室啬夫",也就是宫廷特别监狱的管理员。就在这个时候,落难的刘询已由外祖母家搬到皇宫里来读书,一老一少二人住在一起。时间一长,两人便结下了深厚的感情。后来,许广汉便将他的女儿许配给了贫贱的刘询。汉昭帝元凤五年(前76年),许广汉的女儿生下了刘奭。

仅仅在两年之后,即公元前74年,刘询就登上了皇位,于是便封贫贱之妻许广汉的女儿为许皇后。但是很快,当时的权臣霍光的妻子为了让她的女儿当上皇后,下毒害死了许皇后,许皇后死后被追谥为"恭哀皇后"。这样年仅4岁的刘奭在失去了母亲之后,由新立的霍皇后代为抚养。但事情到此并没有结束,霍皇后为了使自己的儿子能成为太子,将来继承皇位,几

次三番地想害死刘奭。

公元前 68 年,当时仅为 8 岁的刘奭被选立为皇太子。第二年,霍皇后被废,打入了上林苑的昭台宫。皇上刘询可怜太子年幼丧母,又几次差点被霍皇后害死,所以在选立新皇后的时候比较谨慎。在几经考虑之后,立王婕好为皇后,选中她是因为她行事比较低调,也没有儿子,不会加害刘奭,由此可见刘奭的幼年命运之苦。

汉宣帝刘询对太子刘奭的文化教育十分关心,封当时的大儒萧望之为太子太傅、周堪为太子少傅,教太子读儒家经典,学习古代礼仪,这些儒家思想对刘奭的影响也日渐加深。再加上太子幼年的经历坎坷,对儒学尤为感兴趣,由此便形成了太子对父皇当时的"霸王道杂之"的统治政策产生了不同的看法。

据《汉书·元帝纪》记载,刘奭年长之后,柔弱仁慈,喜好儒学。看到汉宣帝重用的人多数为法家门徒,用严刑来治理天下,使当时的大臣杨恽、盖宽饶等仅仅是因为讥讽的言辞就被诛杀,常常从容地向父皇进言:"陛下用刑已经有些过度,应该多用一些儒生来治理国家。"汉宣帝脸上变色说:"汉家自有制度,本以霸王道杂之,奈何纯任德教,用周政乎!且俗儒不达时宜,好是古非今,使人眩于名实,不知所守,何足委任!"接下来又叹到:"乱我家者,太子也!"从此便冷落了太子,而对淮阳王较为亲近。这就导致太子的地位不是很稳固,日子也更为艰难。

刘钦于公元前 63 年被封为淮阳王,他的母亲是张婕好,得到了汉宣帝的宠爱。霍皇后被废掉之后,汉宣帝原本打算立张婕好为皇后,但是又担心张家势力过于庞大,从而密谋加害太子,由此才改立王婕好为皇后,但是张婕好并没有因此失去汉宣帝的宠爱,反而更加得势。淮阳王成年之后,喜爱经书和法律,聪明慧达,汉宣帝非常喜欢他。而太子则过于宽厚仁慈,喜欢儒家学术,皇上经常赞叹淮阳王,说:"这才是我的儿子啊!"并时常有改立张婕好和淮阳王刘钦的想法。由此可以看出,刘奭的太子地位在当时是很不稳固的。

在这种严峻的情况下,是一批老臣的观点和汉宣帝对许广汉父女的感恩之情保住了刘奭的太子地位。多数大臣依据传统礼制,纷纷上奏汉宣帝不要废掉太子,以稳定皇权。同时,汉宣帝也时常回想起许广汉父女在自己贫困时候的恩情,又可怜太子年幼丧母的不幸遭遇,最终没有废掉刘奭再立他人,就这样太子的地位才得到进一步的巩固。

公元前49年,汉宣帝病重,安排后事,封外戚乐陵史高为大司马车骑将军、太子太傅萧望之为前将军光禄勋、周堪为光禄大夫,都接受遗诏辅佐政务,处理尚书事务。12月,汉宣帝病死,刘奭即位,是为汉元帝。

成帝是如何继承皇位的

公元前33年,汉元帝病逝。六月,皇太子刘骜正式登基,成为西汉开国以来的第十位皇帝,后来被称为"成帝"。在汉成帝即位不久,就封王凤等人为大司马,权倾天下。汉成帝之所以委政于他的舅舅们,是因为当初在他几乎不保太子之位的时候,与他最为贴心谋划对策的人,正是母舅王凤诸兄弟。事情还得从他当太子的时候说起。

汉元帝当年即位不久,就立原来的太子妃王政君为皇后,第二年又立年仅5岁的长子刘骜为皇太子。但名分是名分,可她们母子在汉元帝的心中却是日益被疏远,经常陪着皇帝的是傅昭仪和冯昭仪等人。

傅昭仪和冯昭仪先后又为汉元帝生下了两个儿子:刘康被封为定陶王,刘兴被封为信都王(后来改封中山王)。这样使得皇位继承问题变得扑朔迷离起来,尤其是冯昭仪在一次黑熊袭击皇上时,用身体挡在了皇上面前,使皇上免受黑熊的袭击,从而更加得到皇上的宠爱。

皇太子刘骜在爷爷汉宣帝时就被称为"皇孙",5岁又被立为皇太子,地位最为有利。他最初的表现也确实不错,"好经书,宽博谨慎"。但事情很快就发生了变化,随着刘骜年龄的增长,整日沉湎于酒色享乐之中,汉元帝认为他不具备治理国家的能力和素养。由此汉元帝对于最终由哪个儿子来做皇位的继承人犹豫不决。

其实汉元帝最喜欢的是傅昭仪生的儿子刘康,认为他多才多艺,聪明又有才能。汉元帝一生酷爱音乐,又常常患病,在生命的最后几年,不亲政事,常常把骑兵用的军鼓放在宫殿台阶下，然后倚着走廊的栏杆，用手把小铜丸一个个抛击鼓面，使之发出和谐的节奏声，就和直接用手敲打鼓面一样。这样的"绝活儿"，后宫妃子和左右侍从中懂得音乐的人都做不到，只有刘康不但非常喜欢音乐，而且也能玩这一手，很像他的父亲。

汉元帝不断地夸奖刘康的才干，常常是"坐则同席，出则同车"，皇帝心中就起了废太子而立刘康的念头。这时，受命监护太子的是外戚史高的儿子史丹，担任驸马都尉、侍中等职务，作为皇帝的亲信外戚，经常与皇帝同车陪乘，很得宠信。现在，他极力维护皇太子刘骜的既定地位，听到皇帝夸奖傅昭仪的儿子刘康，他就上前来说："所谓才干，是聪敏而好学，温故而知新，像皇太子这样的人才可称之。假如单纯拿丝竹击鼓之类来衡量人的才能，那么乐府令手下的陈惠、李微二人比匡衡不知要高出多少倍，是否可以让他们来治理国家呢？"汉元帝不好意思地笑了。

不久，汉元帝的幼弟、中山王刘竟病故，太子刘骜赶来吊唁。刘竟名分上是刘骜的叔叔，但二人年龄却相差不多，从小一起在宫中游玩，十分亲密。汉元帝看见了儿子之后，就想起了这位幼弟，悲哀之情难于制止，而看见刘骜却面无哀戚之容，汉元帝很生气，恨恨地说："没见过像他这样的心狠不慈之人，何以君临天下，继承父业，为天下之人的父母呢？"史丹作为监护人，在这种情况下，宁愿自己受到责备，也不敢让太子的前途蒙上阴影，于是急忙上前说："是我看见陛下哀痛中山王，怕因此损伤您的身体，所以在太子进来之前，就私下叮嘱他不要当面哭泣，以免感伤陛下。罪责在臣下，当死。"汉元帝这才稍稍消解了对太子的怨怒之气。

到了公元前33年，汉元帝卧病后宫，常在榻前侍奉的是傅昭仪及其儿子定陶王刘康，皇后王政君和太子刘骜却难得见上皇帝一面。皇帝的病势越来越重，情绪也变得怪戾暴躁，并好几次询问尚书，当年汉景帝是如何废黜太子刘荣，另立刘彻为继承人的。这时皇后王政君的父亲王禁早已去世，由其长子王凤袭爵为阳平侯，并在朝中担任卫尉。王政君、刘骜和王凤忧心忡忡，感到前途不妙。他们私下里不知商量了多少次，就是拿不出办法来，最后还是请史丹出面，以稳定皇太子的地位。

史丹既是老臣，又凭着与汉元帝公私皆有的亲密关系，能够直入寝殿中

探视。一天,他趁着傅昭仪和刘康不在的时候,直接进入卧室,俯伏在青蒲上,声泪俱下地说:"皇太子以嫡长子的身份而立,已有十多年了。全国百姓,家喻户晓,万众归心,都愿意为臣子。可如今定陶王刘康为陛下所宠爱,以致道说流言,都以为太子地位不保。假如有这种情况发生,朝中公卿及以下官员,必然以死相争,不奉陛下诏书。臣愿陛下先赐我死,以警示群臣。"

这一篇劝谏绵里藏针,措辞相当强硬。实际上,汉元帝的优柔寡断,在立嗣上表现得尤为突出。他很早就看出皇太子刘骜耽于酒色而不胜大任,但在皇后家族和部分大臣的反对之下,"摇摇于废立之间"将近十年,不能决断。而到了这个时候,太子已经羽翼丰满,再动太子的难度很大了。太子妃是大司马车骑将军许嘉的女儿,史丹是太子师傅和监护人,汉宣帝母亲家族那一支王姓的代表王商拥护太子。太子母亲王政君家族更是把太子地位看作命根所系。这样,当朝有势力的外戚都拥戴刘骜。朝中匡衡等高位大臣以及宦官石显等也是太子一党。反观皇太子的对立面傅昭仪母子,除了得到皇帝的欢心之外,既没有强大的家族背景,在朝中又几乎没有政治盟友。现在面对整个官僚系统的反对,汉元帝当然知道自己一意孤行的严重后果,也就不得不退却让步了。

最后,汉元帝接受了史丹的意见,对他说:"我已病入膏肓,恐怕不能好了。你要用心辅佐太子,不要辜负了我的重托。"史丹唏嘘而起,太子刘骜的接班人地位就这样最终确定。从表面上看,似乎是史丹一言定乾坤,但在史丹背后晃动的应该是王凤的影子。

汉成帝的悲惨结局

汉成帝虽然在汉元帝的反对之下当上了皇帝,在位26年。但无论从汉成帝当政期间的作为,还是汉成帝死后的局势而言,汉成帝的下场的确是十分悲惨的。汉成帝不仅没有挽救西汉王朝的颓势,反而加速了西汉灭亡的进程。

公元前33年,汉成帝即位,初掌大权。但很快在母后的威慑下,封舅舅王凤(王政君之兄)为大司马大将军。武帝以后形成一个惯例,凡任大司马大将军的,权力在三公之上,并且可以专揽政权。从此,汉成帝几乎是大权旁落,在以后的二十几年里,似乎并没有那种一言九鼎的感觉。后来,这种情况则更加严重。公元前27年,汉成帝再次下诏将王凤兄弟五人封侯。王氏其余子弟也都任卿大夫、侍中等要职。阳朔三年(前22年),王凤临终推荐其弟王音继任大司马车骑将军,领尚书事。王音去世后由王商以大司马卫将军秉政。王商死后由王根任大司马骠骑将军。终成帝一世,政权都掌握在王氏兄弟手中。

汉成帝时期,竟然到了汉成帝想封刘向为官都要告知王凤的程度。百官都害怕王凤,而不怕皇上,他们宁可得罪皇上也不敢触犯王氏家族的成员。由此可见,成帝时期皇朝只不过在名义上还暂时姓刘而已,这样的皇帝极为可怜。

成帝若是坚决果断,是完全可以消除王氏兄弟的专权的。王商穿城引水,仿照白虎殿建筑楼阁;王根骄奢僭上,采行天子之制,赤墀青琐,曾激起成帝大怒,诏令执政王音将王商、王根二人召到王音府中,并下定决心,准备效法汉文帝责令有罪的舅父薄昭自杀,严惩三人。可是当三人背着斧头向汉成帝请罪时,汉成帝想到母亲会因此伤心,损害了甥舅的感情,心又软了,不忍诛杀,而且后来还让王商以大司马卫将军的头衔执掌朝政。

成帝之所以如此,是受了他父亲汉元帝的影响。汉元帝柔仁好儒,反对采用刑名的手段惩治朝中不法官员,认为那是持刑太深,应用儒术。所以汉成帝在对舅父专权不法的问题上总是怕伤害母亲的感情,影响甥舅的关系,几次都不忍下手果断处理,只知孔子的"孝弟也者,其为仁之本与","亲亲为仁",而不知仁有其更深一层的意思:"为国者,利国之谓仁。"也就是负责治理国家的人,应该使国家安定,百姓受福,这才是广泛意义上的仁。汉元帝父子不理解这一点,所以西汉政权自汉元帝开始转衰,汉成帝时进一步加深,实际的权力已经转移。汉成帝的受制于王氏兄弟也是咎由自取,这不能不说是一个深刻的历史教训。

外戚专权,导致朝廷政治黑暗,又加上黄河泛滥,百姓流离死亡者以百万计,各地人民暴动此起彼伏。在中国古代,天灾往往连着人祸。成帝一朝的自然灾害比前代来得更凶更频繁。如建始二年夏，大旱；建始三年秋，关内大水；建始四年秋，大水引起黄河溃堤，使兖、豫两州四郡三十二县顿时成为沼泽之地，毁田十五万顷，民舍四万余所等等。从表面上看，农民破产流亡似乎都由于水旱失时等自然灾害造成。但自然灾害只是一个触发因素，如果没有豪强权贵对农民的刻意盘剥和大肆兼并，农民决不会才竭力尽，对于自然灾害毫无抵御能力，也不会如此迅速地高比例破产，以至于最终造成严重的社会问题。汉成帝对于地方豪强，放弃了传统的强干弱枝的方针，不再大加管制，不再迁徙关东豪民。对郡国豪杰的让步就意味着绝对君权的衰落，其后果又意味着中央集权大一统的瓦解。

中国人有句古语："不孝有三，无后为大。"汉成帝由于种种原因使自己后继无人，最后不得不让自己的侄子继承皇位。这已经够悲惨的了，但即使是在选择继承人的时候，成帝仍然不能自己决定，而受到其他人的干涉。成帝没有子嗣，身体又多病。汉成帝将他留在京城，也是想实现汉元帝的意愿，准备让他作皇位的继承人，因此待他特优厚。刘康也时常入宫陪伴汉成帝，兄弟感情非常亲密。刘康留在京城，虽然无权过问朝政，但是出入宫廷，常在汉成帝身边，又受到汉成帝的友爱与看重，等于成了汉成帝一个有力的助手，对王凤的专制擅权是极为不利的。王凤便借日蚀上书成帝，说定陶王刘康留侍京城是违背常规的，因此天以为戒，出现日蚀，应该尽快让定陶王回到自己的封地去。汉成帝不同意，但是经不住王凤一再强迫，不得已才让刘康回归封地。当刘康离京时，汉成帝送别，二人依依不舍，相对哭泣。二人的哭泣，除了难分难舍的手足离别之情外，恐怕更主要的是伤感于作为帝王却身不由己吧。

汉哀帝是如何继承皇位的

公元前12年，为汉成帝元廷元年。进入这一年，朝堂内外人心惶惶，充满了世纪末的悲观情绪和危机气氛。同时，日食、流星、无云而雷、山崩壅江等等自然灾害频频发生。天人交感，地面上也是叛乱迭起，饥荒连年。当时,天上有变异,地上有灾荒,还有汉成帝继嗣不立,这是让人心浮动的三大问题。假如说前两个问题一时不能依靠人力来解决的话,汉成帝已经年过四十,继位也二十多年了,应该思考解决继承问题了。

公元前9年,汉成帝自己知道生子已经没有希望了,便只能在至亲的胞弟中山王刘兴和胞弟刘康的儿子定陶王刘欣之间选择了,所以就精心安排了中山王刘兴和定陶王刘欣以朝贺的名义来到京城长安。汉元帝一共有三个儿子,王政君的儿子就是汉成帝入继大统;傅昭仪的儿子刘康被封为定陶王,冯昭仪的儿子刘兴被封为中山王。这时刘康已死,继承定陶王位的是他的儿子刘欣。

当时陪同定陶王刘欣来到长安的有其王国的三位高级官员:傅、相和中尉;而中山王身边只有傅一人。汉成帝有些奇怪,就分别问他们,定陶王刘欣回答说:"律令规定,诸侯王入朝,可以由其国二千石秩的官员随从,傅、相和中尉都是王国内的二千石官职,所以他们全部跟我来了。"汉成帝让他背诵《诗经》,这位皇侄不但很熟练,而且还能解释其意。

第二天,汉成帝又问中山王刘兴:"你单独让傅一人陪你来长安,有什么法律依据吗?"刘兴回答不出来。汉成帝又让他背诵《尚书》,中间部分又忘记了。汉成帝赏赐中山王与皇上一起吃饭,皇上吃完了,他还在那里慢慢地吃。好容易吃饱了,站起来退下去的时候,袜带松开了,但中山王自己还不知道。这种种反差强烈的表现,使汉成帝认为中山王刘兴这位老弟实在没有什么才能,而侄子刘欣却具有担当大任的能力。

其实为定陶王刘欣说好话的还有汉成帝所宠信的赵昭仪和掌握朝政大权的皇舅王根。刘欣的祖母傅太后,就是当年汉元帝最为宠爱的傅昭仪,为人"有才略,善事人",精明强干。她在汉元帝死后跟随儿子刘康到了定陶国(治所在今山东定陶),称为定陶太后。刘康死后,她又将才三岁的孙子刘欣扶上王位,亲自培养。这时刘欣已经十七岁了,傅太后眼见汉成帝没有后嗣来继承王位,而血缘上与之最近的,就是皇侄刘欣和皇弟刘兴两人,她心里就有了筹划和打算。

傅太后跟随孙子也来到了长安,还带来了金钱珍宝,私下里送给对汉成帝最有影响力的赵昭仪和大司马王根,请求立定陶王刘欣为皇太子。而赵昭仪、王根眼看着汉成帝没有儿子，也正打算预先结识一下未来的接班人，好为将来长远打算。于是双方就不谋而合，赵飞燕姐妹和王根都在汉成帝身边称赞夸奖定陶王刘欣，劝汉成帝立他为继嗣。

汉成帝器重侄子刘欣，为他举行了象征成人的"冠礼"，又暂时把他送回了定陶。第二年，也就是公元前8年初，汉成帝召集丞相翟方进、御史大夫孔光、右将军廉褒、后将军朱博等人会集皇宫，讨论定陶和中山二王谁作为皇帝继嗣最好。会上出现了两种不同的意见。其中翟方进、王根、廉褒、朱博都认为，定陶王刘欣是皇帝兄弟的儿子，《礼》经说："昆弟之子，犹子也"，也就是说，皇上兄弟的儿子就像自己的儿子一样，所以定陶王刘欣作为皇帝继嗣最为合适。只有孔光认为，按照《礼》的精神，立嗣以亲，应该看重血缘关系的亲疏。中山王刘兴是先帝的儿子，是皇帝的亲弟弟，要比兄弟之子的血缘更近，再者，古有"兄终弟及"之说，所以应立中山王为皇帝继嗣。

结果汉成帝考虑到中山王缺少才干，又考虑到宗庙制度，父为昭，子为穆，兄弟不得同时占据一个位置的；还有皇后、昭仪姐妹的意见，决定立定陶王刘欣为皇太子，也就是自己的法定接班人。二月，汉成帝颁发诏书说："朕继承了太祖的大业已经有二十五年了，没能好好地治理天下，遭到了百姓的埋怨。同时没能得到上天的保佑，至今还没有儿子继承大业，使得天下民心不安。定陶王刘欣是朕的侄子，宽厚仁慈，可以继承汉室大统，立为皇太子。"同时为了安抚中山王，决定增加中山国食邑三万户，封中山王的舅舅冯参为宜乡侯。

接着，汉成帝派执金吾任宏作为代理大鸿胪，持节迎接定陶王入长安。刘欣自然假意谦逊一番说："臣有幸继承父业作为诸侯王治理藩国，但才能不足，不敢假充太子占据位置。臣愿意长期住在长安的定陶国府邸，每天进宫问安，等到陛下有了皇子之后，我再回到定陶国。"就这样，刘欣被确立为皇太子，也就是被过继给了成帝。但是皇太子祖母、生母和王太后等人的关系如何处理是新的矛盾，这也为汉哀帝时期皇朝之争埋下了伏笔。

公元前7年，在汉成帝去世后的一片混乱中，刚刚20岁的刘欣继承皇位，尊王政君为太皇太后，尊皇后赵飞燕为皇太后，立王妃傅氏为皇后，历史上称为汉哀帝。但不幸的是汉成帝对刘欣的了解只是浮于表面，其实并不像他认为的那样有经世之才，也是一个荒淫无度的君王。仅仅当政六年，便因贪色纵情而死去，让后人感到西汉末期的皇帝一代不如一代。

汉哀帝为何宠信董贤

　　汉哀帝刘欣是我国历史上少有的几个不仅贪女色，又宠爱男色的皇帝之一。他宠爱宫中舍人、美男子董贤。董贤（前23～前1年），西汉云阳（今陕西淳化西北）人，字圣卿。为汉哀帝所宠幸，而官至大司马，操纵朝政。他的父亲、弟弟及岳父等都官至公卿，建第宅，造坟墓，费钱以万万计。汉哀帝死后，董贤被罢官，当天与妻子自杀。所有财物被官卖，价值四十三万万钱。

　　汉成帝时，董贤是太子舍人，当时年纪还不过十五六岁，常以美丽自喜。宫中的侍臣都说他年少无知，不让他办什么要紧的事，所以汉哀帝只听说过但没见过他。汉哀帝即位后，董贤因为太子舍人之故而官进侍郎。一天轮到董贤传报时辰，汉哀帝从殿中看见，还以为是个美貌的宫女打扮成男子模样。于是将他召入殿中，待问明了姓氏，立即想起来："你就是舍人董贤？"哀帝口中如此问，心中却正想入非非。男子中有此姿色，真是绝无仅有，就是六宫粉黛也相形见绌。汉哀帝让董贤坐到腿上，与之促膝而谈，并当下授董贤黄门郎的官职，让他随侍左右。

　　董贤生来就带有一种女性的柔媚，娇声下气，搔首弄姿，引得哀帝欲火中烧，居然让他侍寝，不久就有了肌肤之亲。董贤一月三迁，升任驸马都尉侍中，出则与汉哀帝同车，入则共床榻。董贤身上穿着像雾一样轻逸的绡革衣，像蝉翼飘飘若飞的美女。哀帝与董贤常常一同沐浴，董贤在池水之中供奉仙药丹术，邀宠献媚。

　　有一天早晨汉哀帝醒来，见董贤还睡着，汉哀帝欲将衣袖抽回，却又不忍惊动董贤。可是衣袖被董贤的身体压住，拿不出来，而自己又有事不能等他慢慢醒来，一时情急之下，汉哀帝竟从床头拔出佩刀，将衣袖割断，然后悄悄出去。所以后人把嬖宠男色，称作"断袖癖"。当时宫女都加以效仿而割断一只衣袖。

等到董贤醒来的时候，看见身下压着哀帝的断袖，也感到哀帝的深情，从此越发柔媚，须臾不离皇帝身边。他不肯回家看自己的妻子，托言汉哀帝多病，须在旁煎药伺候。汉哀帝本不能一日离开董贤，见他不归，正中其意，但又想起董贤家中也有妻子，为服侍他不能回家团聚。汉哀帝便让他回去与妻欢聚，说了三四次，董贤始终不愿回去。汉哀帝很过意不去，特破例让董贤妻子家眷移入宫中居住，这样可以与董贤随时见面。

汉哀帝喜欢董贤，由此对董贤的家人也是"爱屋及乌"。董贤有一个妹妹，还未嫁人，汉哀帝让董贤把妹妹送进宫。董氏面貌与董贤相似，杏眼盈盈，秀骨姗姗，汉哀帝便立即留她侍寝，一夜鱼水，无限柔情。第二天封董氏为昭仪，位仅次于皇后。皇后的宫殿称"椒房"，董昭仪所居处特赐号"椒风"，表示与皇后名号相等。董贤的妻子也美艳非常，她出入宫禁，被汉哀帝看见。汉哀帝不禁心动，令她与董贤同侍左右。从此董贤与妻妹二人，轮流值宿。俗语称作"和裹爵"。

仅仅一月之间，董贤所得赏赐已不计其数。董贤的父亲迁为少府，赐爵关内侯。董贤妻子的父亲为将作大臣，董贤妻弟为执金吾。汉哀帝替董贤筑造华丽的屋宇，规模与皇宫相同。房屋重叠，内有五座大殿，都雕梁画栋，云气花草，山灵水怪，彩绘其间，木土之功穷极技巧，殿室梁柱都是华美的锦缎捣烂成浆，围涂成彩。家中楼阁台榭，连亘如云。引御沟水流入董府后园中。兵器库房中的名重兵器，皇宫密室中的珍玩宝贝，都流到董贤家里去了。甚至连皇宫御园中的秘宝珍器，珠衫玉匣，汉哀帝统统都送给董贤。汉哀帝还在自己的陵墓旁，专门为董贤另造一墓冢，使董贤可以死后陪伴黄泉。

汉哀帝除了不计其数地封赏董贤之外，还打算加封董贤，为此不惜杀死大臣。先是敬上傅太后尊号，买动祖母的欢心。再令孔乡侯傅晏带着封董贤诏书给丞相、御史。丞相王嘉与御史大夫贾延极力阻止，汉哀帝不得已将此事暂时搁起。又过了数月，实在忍无可忍，于是猝不及防地下诏封董贤为高安侯。丞相王嘉因此事被汉哀帝嫌恶，不久借故处死。

汉哀帝还觉得对董贤不够好，正巧大司马丁明同情王嘉，被哀帝知道，借此将丁明免官，让董贤代任。董贤故意推辞，汉哀帝于是先让光禄大夫薛赏为大司马,薛赏任职才几天,忽然不明不白地死去。接着董贤做了大司马,总领尚书之职,百官都要向他奏事。当时董贤只有二十二岁,就已位超三公,掌握天下的兵权。董贤的家人也随之得到重用,父亲董恭迁为光禄大夫,董贤弟为驸马都尉,其余董氏亲属也均被封赏。

　　一天董贤的母亲生病,汉哀帝遣使者四处设祭祈祷,使者祭祀后在道中排列的祭品,凡行道过往之人都可随意吃。每次董贤家有婚姻等事,汉哀帝便命百官各备礼物前往祝贺。

　　后来汉哀帝简直是不知怎么宠董贤才好,一天在麒麟殿群臣饮酒,哀帝竟然说:"朕欲效仿尧禅舜,把帝位传给你。"一时间大殿内鸦雀无声,谁都不敢相信自己的耳朵。董贤极为高兴,但事出突然,一时不知如何回答,正自己暗暗沉吟。忽然有一人进言:"天下是高皇帝的天下,非陛下所私有。陛下上承宗庙,应该传授子孙,世世相继,天子岂可出戏言!"汉哀帝一看是中常侍王闳,当下十分恼怒,竟将王闳赶了出去。王太后听说此事,代王闳向汉哀帝道歉,汉哀帝才慢慢平息了怒气。转思自己也未免失言,因此再不置可否,将禅位的话模糊过去。

汉哀帝的救亡措施为何夭折

　　西汉王朝从汉元帝开始迅速走向衰落,在历经汉成帝20多年的统治之后,到了汉哀帝时期已病入膏肓。汉哀帝虽然极力挽救西汉王朝的衰退之势,但毕竟仅凭汉哀帝一人之力不可能扭转历史大势。在汉哀帝短短的六年统治中,他曾几度试图解决严重的社会问题,但都无果而终。

　　汉哀帝即位之初就把汉成帝时期横行一时的王氏外戚势力消灭掉,王氏家族除了太皇太后王政君之外几乎全都被轰出了京城。由于初战告捷,年轻皇帝增加了信心,更为重要的是他通过剪除王氏外戚的势力,自己初步掌握了皇朝大权,也由此产生了大干一番的想法。他认识到,身为皇帝必须政由己出,绝不能像汉成帝那样大权旁落,任人摆布。有鉴于此,他下定决心,从今以后一定要迫使群臣绝对服从自己的权力意志,不允许有半点冒

犯。但后来的历史证明，在当时的历史大环境下，这只不过是一厢情愿而已。

趁着刚刚继承皇位的兴奋劲，汉哀帝确实想好好干上一番，把汉成帝时期的弊政洗涤一新，挽救大汉颓废之势，上无愧于列祖列宗之英灵，下可开一代风气之先，成为一个青史留名的有为之君。但年轻人有时候把事情想得过于简单，认为既然自己手中拥有绝对权力，那么什么奇迹不可以创造出来呢？于是不顾当时的历史条件，一个个诏令雪片般地飞向了全国。汉哀帝先后下诏罢乐府，制定限田之法，废除任子令和诽谤欺诋法，整顿地方吏治，下令各郡国不得献名兽，三十岁以下的宫人嫁人，五十岁以上的奴婢免为庶人等等。

的确，这些都是西汉帝国当时的积弊，应该尽快铲除。但是这是数十年来累积下来的问题，想单凭几个诏书在短短的时间内解决是不可能的。汉哀帝认为这些对他来说实在是不费吹灰之力，这显而易见是不谙世事的年轻人的幼稚之举。就拿任子令来说吧，它是从西汉王朝确立之初就定下的一条给大官僚的特权：国家规定凡是二千石以上的大官僚，就可以让一名直系子弟到宫中当郎官，汉朝历代许多大官僚都是这种出身，因此也就成了做官的一条捷径，现在把它废除掉，就等于断了大官僚后人的做官发财之路，致使全国的大官僚在一夜之间全部成了汉哀帝的敌人。这样使得改革的对立面过于庞大，必然会走向失败。

另外一项重要的改革措施是限田之法。西汉后期，众多商人和地方豪强势力重新崛起，他们联手破坏国家法令，竞相兼并土地，粮食生产被他们垄断，导致农民流离失所，社会矛盾日趋尖锐。到了汉哀帝的时候，各地诸侯王、列侯、公主、二千石以上的官吏以及地方豪杰富民极力霸占土地，田宅没有边界，使得农民没有土地可以耕种，背井离乡。再加上天灾频发，民众苦不堪言，从而引发了多次农民起义，成为当时社会的主要矛盾之一。

面对这种情况，汉哀帝的大司空师丹提出限田的建议，丞相孔光、大司空何武根据他的建议提出了具体的限田标准，即："无论贵族、官僚或豪民占田都不得超过三十顷。诸王、列侯可以在封国，驻长安的列侯及公主可以在县道，购买田地，但是不得超过三十顷，关内侯、吏民也受这个限制。商人不得买田,也不许做官,违犯者追究刑事责任。所有超过限量的田产、奴婢,一律没收充公。"此外还提出了奴婢的最高占有额,诸侯王为二百名,列侯公主为一百名,关内侯和吏民为三十名,以三年为期,超过这一规定的没收归官。但奴婢六十岁以上、十岁以下的不计入数量。

事实上这种限田主张是行不通的。当时,贵族、官僚都广占田土。外戚丁、傅两家居高位,广敛资财。在这样的形势下,试想限田如何能行呢?结果此诏令一颁布,汉朝宗室贵族和哀帝外家傅、丁等新暴发户首先发难,官僚地主和富商大贾也群起而攻之。不得已,汉哀帝只好宣布暂缓实行。并且汉哀帝自己也没有以身作则,诏令颁布没多久,哀帝就赐给男宠董贤土地两千顷,狠狠抽了自己一个大耳光。

就这样,经过几番折腾,汉哀帝那股雄心勃勃的锐气很快就消失得无影无踪。同时他又走向另一个极端,不仅没有从"为君不易"中反省出更多的道理来,反而产生了一些情绪化的东西:抱怨、疑惧、怀恨、沮丧,以及时不时地歇斯底里发作一次。作为掌控大权的皇帝,他时常把这种情绪发泄到朝中的官僚们身上,政令难以推行,哀帝觉得他们谁都不可相信。所以在汉哀帝时期,从中央到地方的官员频繁换人,搞得人心惶惶,自顾不暇,西汉帝国的官僚体系出现了从来没有过的大震荡。在短短的六七年时间里,汉哀帝就换了五个丞相:先后是孔光、朱博、平当、王嘉和马宫。

至此,西汉王朝复兴的最后希望也失去了。综观汉哀帝的救亡措施,虽然汉哀帝的初衷是为了扭转汉王朝的衰落之势,但事与愿违,其改革措施大多都触及了统治阶级的现实利益,根本得不到地主显贵阶层的支持;与此同时,汉哀帝其人本身也不具备总体把握大局的素质和能力。所以,汉哀帝的改革实际上只能使当时的社会状况越来越糟,却无法扭转局势。

汉哀帝皇室之乱

公元前 7 年 3 月,汉成帝驾崩,汉哀帝即位。由于汉哀帝不是汉成帝的儿子,所以就为王氏家族与傅氏家族的皇室之争埋下了隐患。汉哀帝即位之后，遵循皇太子时期的允诺，遵奉皇太后王政君为太皇太后，庶母赵皇后为皇太后。后来的事实发展证明，这只不过是汉哀帝的缓兵之计而已。

五月，汉哀帝立妻子傅氏为皇后。这时候高昌侯董宏上奏说："皇上的生母丁姬应该立为太后。"当时左将军史丹和大司马王莽一起弹劾董宏的建议，认为再立皇上的生母为太后，就会破坏天下一统的至尊称号，扰乱朝政，实为大不敬也。汉哀帝刚刚即位，自然会比较谦让，遵循大臣的意思，就采纳了史丹和王莽的意见，把董宏免为平常百姓。而实际上是汉哀帝刚刚即位，心知外戚王氏家族势力过于庞大，不敢对抗，内心是赞同董宏的建议的。

看到这种情况，太皇太后王政君为了长久地保住自己的地位，就下诏同意汉哀帝的祖母傅太后以及母亲丁姬每十天可以入未央宫面见皇上一次。傅太后得知董宏被免去官职之后，大为愤怒，要求皇上必须面称尊号。这样，汉哀帝没有办法，就在禀报太皇太后之后下诏：尊定陶恭侯刘康为恭皇。汉哀帝又以《春秋》中"母以子贵"的古训，尊称祖母为恭皇太后，生母丁姬为恭太后。郎中令冷褒、黄门郎段犹又上奏皇上："既然定陶恭侯等人被封为恭皇、恭皇太后、恭太后，就不应该再用定陶藩国的称号，日常使用的车马和衣冠的规格也应该和皇族一致；可以设置二千石以下的官吏供其使用，还应当在长安为恭皇立庙。"最终，汉哀帝尊祖母为太皇太后，生母为帝太后。还追封太皇太后的父亲为崇祖侯、帝太后的父亲为褒德侯。

此外，汉哀帝还大封傅氏和丁氏家族的人。先后封傅太皇太后的侄子傅喜为大司马（太皇太后王政君眼看傅家得势，为保存实力，就让王莽辞退大司马之职）、高阳侯，封傅晏为大司马、孔乡侯，封傅商为汝昌侯，封郑业（太皇太后的弟弟郑恽的儿子）为阳信侯。汉哀帝又封他的舅舅丁明为阳安侯，丁满（大舅的儿子）为平周侯，封叔外祖父丁宪为太仆、丁望为左将军。不久，汉哀帝又封二舅丁明为大司马骠骑将军来辅佐朝政。很显然，汉哀帝想用傅、丁两家来抑制太皇太后王家的势力，寻求皇朝的平衡。

汉哀帝小的时候，还在定陶藩国就已经知道王氏家族非常骄横，没有善良之辈。但是在继位之初，为了稳固政权，故意对王氏家族大加优待。曾经封帮助他继承皇位的曲阳侯王根、侍中太仆安阳侯王舜各为二千户、五百户，还封给王莽三百五十户。大概一个月之后。司隶校尉上告王根的种种受贿罪行,汉成帝驾崩的时候不仅不知道悲痛,还招取皇宫的宫女据为己用,饮酒作乐;告王根兄弟的儿子成都侯王况违背礼仪,擅自娶皇宫里的贵人为妻,没有作人臣的礼节。这时,早就想铲除王氏家族势力的汉哀帝便依据这一奏请,下诏命令王根离开长安去曲阳,罢免了王况的官职,贬为庶人。接着汉哀帝又罢免了王根、王商、王况门徒中为官者几十人,并准许王莽辞去大司马之职回家。这样王氏家族的势力一蹶不振,仅仅剩下太皇太后王政君一人支撑,但就是她,为以后王莽篡汉留下了机会。

随着王氏家族权势的衰落,汉哀帝祖母傅太太后一家便大权在握了。从此傅太太后日益骄横,与汉成帝的母亲说话的时候很不礼貌。过去她与冯婕妤一同得到汉元帝的宠爱,后来元帝越来越宠爱冯婕妤,致使她十分忌恨。现在权倾朝野,傅太太后便用权势陷害冯太后。历史资料记载,中郎谒者张由诬告冯太后借助巫术诅咒汉哀帝和傅太后早死。向来怨恨冯太后的傅太后便乘机大加报复,使汉哀帝令御史大夫丁玄审理此案,结果冯氏家族一百多人被捕入狱,严加审问却没有证据。中谒者令史立,备受傅太后恩惠,为报答傅太后,就以荒唐的罪名将冯太后的妹妹等数十人处死。接着,史立又诬告使用巫术的刘吾、徐遂成和冯太后、冯习夫、冯君之谋反,追查冯太后,还是没有找到证据。史立还无耻地拉出当年冯太后勇博大熊得宠的事情,由此冯太后知道是傅太后加以陷害,为了救家中其他人,就自杀身亡了。

冯氏家族被扳倒之后,皇太太后让汉哀帝封张由为关内侯、史立为中太仆,皆为党羽。这样一来,朝野大权全都落入了帝祖母、帝母家。汉哀帝时期,外戚傅氏、丁氏两家权倾朝野,富贵无比。例如,帝太后于公元前5年去世后,汉哀帝下令在定陶恭皇之园起陵,调拨五万人大兴土木。派遣大司马骠骑将军丁明护送到定陶,丧礼极显奢华。

但这种情况并没有维持多久就随着汉哀帝的驾崩而扭转了。汉平帝即位之后,太皇太后王政君重新掌权,严厉打击傅、丁两家外戚势力。傅、丁家人的官爵先后被免去,皇太太后也被贬为定陶恭王母,丁太后也被称为丁姬。后来,王莽又下令将已经合葬于渭陵的傅太后墓和恭皇园的丁太后墓掘开,再用木质棺材以平民的规格都葬于定陶。汉哀帝的傅皇后被贬为庶人,落了个自杀的悲惨下场。至此,汉廷的皇室之争告一段落,皇朝大权又重新归于外戚王氏家族了,直至王莽篡权改政。

汉平帝继位之谜

公元元年秋天,在公卿和大臣们的拥戴下,一个年仅9岁的孩子登上了未央宫前殿皇帝的御座。他就是西汉的第十一代皇帝——汉平帝。这年的六月,年近26岁的汉哀帝刘欣一命呜呼。汉哀帝生前虽然多方求子,但最终没有如愿。在临终前,他也仍然没有指定继承人。在这样的局面下,他的祖母、71岁的太皇太后王政君又一次成为关键时候的关键人物,决定了历史走向。她在汉哀帝去世的当天,乘车赶到未央宫,把皇帝权利的象征——玉玺收在了自己的手中。

公元元年六月戊午日,禁卫森严的皇宫中响起了阵阵的哀乐声。宫外的天空阴沉得可怕,远处偶而传来几声沉重的雷鸣,夹杂着几道耀眼的闪电,天气闷得人们几乎透不过气来。太监和大臣们进进出出,传递着一个惊人的噩耗,皇上大行了。26岁的汉哀帝撒手西去,给风雨飘摇的汉家江山带来了更多的忧患。

王莽

长信宫中,太皇太后王政君已经没有了眼泪。她时而走到窗前,看看通往宫中的走道,时而坐在卧榻上闭目沉思。好一会儿才问道:"紫鹃,给新都侯(王莽)的信送去了吗?怎么这会还没到?""回太皇太后的话,信是奴婢亲手交给光禄勋郇丰郇大人的。""可靠吗?""可靠,郇大人是新都侯的心腹,万无一失的,请太皇太后放心就是。""叩见太皇太后。"随即只见一个面宽额阔，鹞眼鹰鼻，仪表堂堂，身材魁梧的壮年男子走了进来，三叩九拜，匍伏前行。"莽儿平身。"只见太皇太后一脸笑意，赶紧叫紫鹃扶起。紫鹃连忙将王莽扶起来，铺好坐位。只听太皇太后又道："莽儿，来，坐到榻上来，哀家有话跟你说。"王莽走到太皇太后身边坐下。一边轻轻地为太皇太后捶背，一边说道："姑妈，皇上大行了，这次的机会您可要把握好了。想想上次您心慈手软，让帝太太后傅氏，帝太后丁姬两家占先，养虎成患。想我王氏一门托您的庇佑、先皇隆恩，一门十侯、五大司马、列侯无数，竟被两个妇人串通一气，弄得销声匿迹，侄儿我虽然贵为大司马，也被他们赶回了封国。""别说了，姑妈叫你来，就是商量这事的，你看该如何办，得想个主意才是。""姑妈，古人说得好：'量小非君子，无毒不丈夫。'依侄儿的意思，皇上没有立太子，您要把握住这个机会册立一个小皇帝，然后临朝听政，那宫廷内外不就是您说了算吗？"

王莽一边说一边察看太皇太后的脸色。只见太皇太后脸色阴沉，两道眉挤成了结。王莽不禁心慌起来，他赶紧起身离榻跪在太皇太后面前，喏嚅道："如果姑妈不同意，就当侄儿什么也没说，侄儿回封国去了。"半晌，太皇太后没有言语。一会，只见她起身走到梳妆台前，在一面铜镜前立了许久，转过身来说道："莽儿，事关重大，还要三思。"王莽听了，略一思忖，道："是啊，俗话说：'先下手为强，后下手遭殃。'虽说帝太太后傅氏、帝太后丁姬已死，但赵太后飞燕也不是一盏省油的灯，过了今天，也许赵太后和傅皇后就要动手了。到那时祸及九族，后悔也来不及啊。"太皇太后一怔，道："那依你之言，今日就得进宫册立新皇？""是的，侄儿正是此意。""那宫中还有何人可托？""我的叔叔王谭的儿子王去疾现为侍中，弟弟王闳为中常侍，安阳侯王舜现为车骑将军，成都侯王邑弟弟也在京中。有他们四个人带兵封锁宫门，将赵太后、傅皇后及大司马董贤党羽一网打尽，还有何人敢言？"王莽小心翼翼地答道。太皇太后听了这番话，陡然来了精神。脸上红光一闪，说道："摆驾未央宫。"

未央宫中，赵太后飞燕和皇后傅氏正哭得死去活来。突然看见太皇太后到来，王莽仗剑立在身旁，不由得惊愕起来。准备让人去叫大司马董贤，却见王去疾、王闳领着兵马拦在宫外。两宫无可奈何，只得上前参见太皇太后。只听太皇太后冷冷说道："两宫免礼。"径直走到哀帝灵前哭了几声,即叫紫鹃到御书房中收取玉玺藏于袖中。

接着就在灵前召大司马董贤。不一会董贤到来,太皇太后问道："皇上大行,丧事该如何办理? 国不可一日无君,新君如何册立?"那董贤本是个靠姿色得到汉哀帝宠爱的大臣,平日只知道逗着汉哀帝玩乐,有何主见? 见太皇太后突然发问,竟说不出一句话来。太皇太后道："新都侯王莽曾奉先帝大丧,令他入宫办理丧事。哀帝无子,着中山王箕子入承大统即皇帝位。"董贤不敢应声,两眼望着赵太后和傅皇后。太皇太后瞧着,凤眼圆睁,怒道:"董贤,你敢不听哀家旨意?"又转向傅皇后道:"你等平日纵容你的父亲和兄弟等乱干朝政,惹得天怒人怨,致使皇帝短命,实乃汉家不幸。今我决意临朝,你等意下如何?"赵太后和傅皇后见大势已去,只得跪下道:"愿听太皇太后懿旨。"王莽道:"董贤无德无能,皇上病重期间不能亲奉汤药应予治罪,我当复行大司马职,请太皇太后恩准。"太皇太后道:"准奏。"董贤无奈,只得就在哀帝灵前交还大司马印绶。王莽神采飞扬,令王闳为长信太仆,侍奉太皇太后;王去疾为中尉,统领京城禁卫;王邑为卫尉,总领宫廷侍卫;鄄丰为左将军,总理丧事,王舜迎取中山王箕子,立为平帝,改元元始。宫中无主,太皇太后年老,一切政令,全由王莽独断专行,就是朝中一班大臣侍中刘歆、右将军孙建、丕进侯王寻、长乐少府平晏、司直陈崇、骑都尉崔发之流也统统拜倒膝下,惟命是从。就是丞相孔光,也只能趋炎附势,依着王莽。就这样,汉平帝在一帮权臣的拥戴下即位。

眼看大势已去,董贤自知王莽不会放过自己,回家之后便自杀身亡。随后在太皇太后王政君的默许下,王莽又找借口逼迫赵太后、傅皇后自杀。自此,宫廷内外、朝野上下,全都看王莽脸色行事,再无异议了。平帝年仅9岁,不能亲政,即由太皇太后临朝。王莽位居首辅,所有大权尽归王莽之手。不久,汉平帝又封王莽为安汉公,至此,朝野内外,只知有安汉公,不知有汉天子了。

汉宫秘史

汉平帝死亡之谜

汉平帝一朝,虽然皇上年幼,太后垂帘听政,权臣王莽擅政,但也没有出现什么大的社会动乱,社会矛盾较以前还有所缓和。汉平帝名"箕子"。"箕"者,乃器物也,粗俗,不高贵。公元2年,下诏更名为"衎"。"衎"者,和乐之意也。

第二年,汉平帝年满11岁,王莽打算把自己的女儿嫁给汉平帝做皇后,想利用裙带关系进一步稳固自己的权位。为此,他向太皇太后上了一篇冠冕堂皇的奏章,说从前我们国家多灾多难,动荡不安,大都是因为皇帝没有子嗣,配娶的皇后缺乏天下之母的品德和威仪。现在应该依据《五经》经义定嫁娶礼仪,在名门望族的后裔中,择选淑女做皇后。太皇太后王政君下令把淑女的名字呈上来,供她选择。王莽担心自己的女儿落选,让别人的女儿做了皇后,便上书自己无德,女儿不材,不配入选。太皇太后对王莽的这种"至诚"之心大加褒扬,便下诏不要选娶王莽的女儿了。谁知道,此诏书一下,庶民、儒士、百官公卿纷纷上书,为王莽和他的女儿大唱赞歌,说安汉公德高望重,选立皇后怎么能排除他的女儿呢? 这样,博采众女、甄选皇后一事,就成了王莽女儿当不当做皇后的问题。面对那些连篇累牍的奏疏,太皇太后束手无策,只好答应他们的请求。王莽的诡计又一次得逞了。

这一切,作为当事人的汉平帝都不知道,也没有必要让他知道。按照传统的婚礼,太皇太后要派管理皇后和太子事务的长乐少府夏侯藩、负责皇族事务的宗正刘宏、主管全国文书的尚书令平晏等人去王莽家"相亲"。他们回奏说:"安汉公王莽的女儿贤惠仁义,窈窕端庄,很适合做母仪天下的皇后。"太皇太后又派主管全国教化工作的司徒马宫和掌管全国水土的司空甄丰占卜这桩婚事是否有利。他们先到宗庙祭祀祷告一番,然后占卜,结果自然是大吉。当时王莽权倾朝野,谁也不敢得罪王氏家族的人,何况王莽的事情了,所以这些只不过是作作表面文章而已。按照汉代聘礼的规格,太皇太后派人给王莽送去2亿文钱。王莽自己留下5300万,拿出3300万分给汉

平帝的 11 个妃子家,又拿出 1000 万分给宗族中贫困的人。成亲的吉日则选定在来年的春天。

到了吉日那天,太皇太后派遣大司徒马宫、大司空甄丰等人赶着皇帝专用的车马,前往安汉公的府第迎娶皇后。皇后登车,左右两边都是侍卫,同时派人清理沿途经过的道路,禁止行人经过。马车直奔皇宫而去,在未央宫前殿前面停了下来。年仅 11 岁的新郎官——汉平帝把比他大 3 岁的新娘迎上宫殿,举行了盛大的婚礼。但是,汉平帝新婚后不久,便被他的岳父——王莽毒死了。

原来,随着汉平帝日渐长大,他对王莽专权跋扈日益不满。特别是对王莽不让他母亲——卫姬入宫一事,尤为不满。这还要从汉平帝即位时说起,按理说刘箕子登基之后,他的母亲卫姬即为太后。但王莽害怕卫氏外戚会分割他的权力,便另立刘箕子的兄弟刘成都为中山王,拜卫姬为中山王王后,留居中山,不准她去京师长安。卫氏思念儿子,日夜啼哭,几次上书请求王莽准许进京,王莽执意不肯,并借机杀掉汉平帝舅家以防止与他争权。这也在汉平帝的幼小心灵中留下了阴影。汉平帝耳闻目睹王莽的阴险刻毒,知道自己这个皇帝只不过是个摆设,而且亲舅家一族已经几乎被灭绝。所以常常对王莽面露愠色,有时背地里吐露对王莽的怨情。

在政坛上摸爬滚打这么多年的王莽深知"先下手为强,后下手遭殃"的道理。面对日益长大的皇帝,王莽也感到害怕了。他要先下手,除掉汉平帝。公元 5 年冬天,汉平帝的旧病复发。王莽对病中的汉平帝大献殷勤,装出痛心疾首的样子,还到西汉祭天的地方为皇帝请命,指天发誓愿以身代汉平帝之病。与此同时,他也暗中等待时机,对汉平帝下手。腊月八日,是传统的"腊日"节。这天,王莽以进贡椒酒为名,酒中放了毒药。到了晚上,汉平帝喝了他岳父送来的毒酒后,腹痛如绞,大声呼叫,却不见有人来抢救,辗转哀号,接连挣扎了好几天,最后死于长安未央宫,这时他只有 14 岁。汉平帝是中国历史上第一个被毒杀,死于非命的皇帝。汉平帝死后,王莽又传言汉平帝是得急病而死,还假惺惺地哭奠了一场,命令全国六百石以上的官吏都服丧三年。

汉平帝死后,王皇后还很年轻,是个只有 17 岁的青春少女,王莽让她再嫁时,她却执意不从。后来,全国各地起兵讨伐王莽,当义军攻进长安,焚烧未央宫时,这个王皇后说:"我有什么面目再见汉家?"便自投火中而死。王莽也的确狠毒,为了自己的官运,而使如花似玉的女儿如此年幼就守寡。但相比较而言,这位王皇后还是很有骨气的,让后人在辱骂王莽的时候,不由得对他的女儿赞叹有加。

在今咸阳市秦都区大王村,有一个高大的封土堆,这就是汉平帝的康陵。陵基东西宽 216 米,南北长 209 米,高 30 米,呈覆斗形状。这座封土堆,比汉武帝的茂陵略微小一些,但比西汉其他皇帝的陵墓并不逊色多少。王皇后就葬在康陵旁。

最后的傀儡皇帝孺子婴

公元 5 年,汉平帝被王莽毒杀之后,西汉王朝其实已经掌控在王莽手中了。但是他觉得代汉自立的条件尚未具备,时机还不成熟,便决定再立一个傀儡皇帝。立谁好呢?王莽反复琢磨。汉平帝 14 岁时被害,没有留下子嗣,汉元帝的世系绝嗣。汉宣帝的曾孙中,有诸侯王 5 人,列侯 48 人。按照兄终弟及的古制,是可以从中选取帝位继承人的。但王莽看到这 53 个人年龄都比较大,怕立为新君后难以驾驭,便以"兄弟不得相为后"为借口摒弃而不用。最后,王莽看中了广戚侯刘显的儿子——刘婴。

刘婴的曾祖父叫刘嚣,是汉宣帝的儿子。但是王莽青睐刘婴,不在于这个世系,而在于刘婴是汉宣帝后裔中最年幼的一个,年仅 2 岁。王莽的如意算盘是:把这个未谙世事的孩子放到至尊皇位上,完全可以成为自己手中的玩具,任意摆布。

就在这时,武功县县长孟通奏报:有人在挖井的时候得到了一块上圆下方的白石,上面有丹书"告安汉公为皇帝"八个大字。王莽看到这个伪造的符命,欣喜若狂。但他觉得不便于这么急匆匆地代汉自立,便杜撰说:"符命上说的为皇帝,实际上是摄行皇帝之事罢了。"他命令爪牙奏告太皇太后。年迈的太皇太后自从委政王莽以来,虽然也感到他诡计多端,事事专断,但未曾想到侄儿会有篡位之心,就愤愤地说:"这是诬罔天下,不可施行!"太保软中带硬地劝谏道:"事情已经到这种地步了,还有什么法子?安汉公也没有什么奢望,不过是想称摄罢了。"太皇太后没有办法,只好答应。

看到这种情况,王莽的党羽马上引经据典拟定了一套居摄的礼仪。从此,摄行皇帝之事的王莽穿着皇帝用的蔽膝,戴着皇冠,站在门窗之间,面向南,朝见群臣,听决政事。他的车驾出入皇宫,两边都是侍卫,所经过的道路禁止他人通行。民人和大臣奏事王莽时都自称"臣妾"。自古以来,礼仪便是身份和名位的标志。王莽享用皇帝之仪,标志他有至高无上的权力。

公元6年正月,王莽在长安南郊祭祀先皇,在东郊喜迎新春,正式做起了他的"摄皇帝"来了。三月,立刘婴为皇太子,号曰:"孺子",改元"居摄",尊汉平帝王皇后为皇太后。皇太子和摄皇帝是两姓人,这在中国历史上是绝无仅有的。王莽篡权之心,可谓是路人皆知。

四月,汉宗室安众侯刘崇与侯国国相张绍起兵反对王莽。张绍率百余人进攻宛城(今河南南阳),因寡不敌众而失败。事变平息之后,王莽的党羽借机大做文章,说什么刘崇所以敢于起兵,是因为摄皇帝的地位太卑微,权力太小,难以镇服海内,要挟太皇太后,让王莽在朝见她的时候也称"摄皇帝"。时隔不久,他们又再次要挟太皇太后下诏:增加摄皇帝的官属和卫兵,改王莽居住的地方为"摄省",府为"摄殿",第为"摄宫"。王莽步步逼近帝位。

一些亲汉的官员、人民也在加紧策划起义。公元7年秋天,东郡太守翟义起兵反对王莽,立刘信为太子,历数王莽的罪行。各郡国积极响应,很快就发展到十几万人。摄皇帝吓得丢魂失魄,寝食难安,昼夜抱着年仅4岁的孺子刘婴去城郊寺庙里祷告,祈求神灵保佑。后来又下诏昭告天下百姓:摄皇帝只是暂时摄皇帝之事,等到孺子长大以后,一定归政。同时,王莽派王邑带兵围剿起义士兵,王邑大军刚刚出发,长安城里的赵明、霍鸿等人便乘京城空虚之际起兵反对王莽,部众达到十几万人,与翟义的起义遥相呼应。王莽慌忙派王奇、王级率领士兵加以阻击;任命甄邯为大将军,屯兵于城外;命王舜、甄丰昼夜在皇宫里值班。翟义的军队很快便被王邑浇灭了,赵明、霍鸿的反抗也相继失败。

在镇压了翟义和赵明、霍鸿两起的叛乱之后，王莽自以为自己威德空前，天人相助，完全有力量控制全国，便考虑把"摄皇帝"的"摄"去掉，做一个货真价实的真皇帝。公元 8 年，王莽正式宣布代汉自立称帝，建国号为"新"。孺子刘婴被废黜为"安定公"。王莽下令以平原（今山东平原西南）等 5 个县百里之地，万户人家，作为"安定公"的封邑，在那里建立刘氏的宗庙，以汉平底皇后为"安定太后"。

但是，王莽不让"安定公"刘婴到平原藩国里去，而是把原先大鸿胪府改为"安定公"府第，把刘婴关在里面，软禁起来，又命令他的乳母不准与刘婴说话。自王莽称帝那年起，刘婴便在王莽给他的府第里过着囚徒生活。可怜的刘婴，在长大之后就连六畜——马、牛、羊、鸡、犬等的名字都叫不上来。后来，王莽大发慈悲，把他的一个孙女许配给了刘婴。

刘婴在他那监狱般的府第里苦苦地度过了 15 个春秋。公元 23 年，更始皇帝的军队攻入长安，王莽被杀。汉平帝的王皇后叹道："我还有什么脸面去见刘家的人啊？"接着就投火自焚而死。平陵人方望等人观看天象认为，更始皇帝肯定会失败，刘婴将来会继承汉平帝而成为汉家的正统，重新君临天下。由此就起兵挟持刘婴，跑到临泾，称孤道寡。更始皇帝派丞相李松带领大军击败方望，杀死刘婴。这时的刘婴只有 20 岁，便死于战乱之中了。

刘秀是如何当上皇帝的

刘秀是一位"中兴之主"。明末清初的大思想家王夫之对其评论甚高，说他"三代以下称盛治"，认为"三代而下，取天下者，唯光武焉"，甚至认定在夏、商、周三代以后，"唯光武允冠百王矣"，说他超过历史上所有的皇帝！

古人对刘秀做出这样高的评价，但刘秀本是没落皇族中的一员，以种田为生，是怎样成长为一个开国皇帝的呢？

刘秀是高祖九世玄孙。王莽天凤年间（公元 14—19 年），刘秀到长安求学，受教于中大夫许子威，攻读《尚书》。他只求弄通大义，不拘字句。由于家境并不宽裕,学费不足。刘秀还曾与同学合资买了头驴,让仆人赶驴拉脚挣钱。王莽地皇三年(公元22年),南阳饥荒。刘家的宾客徒附等有很多人投奔了王匡、王凤的义军。刘秀本无心参加起义,便躲到新野(今河南省新野县)去当了谷商。其兄刘寅先自起兵,自称拄天都部。刘秀在新野遇到宛县人(今河南省南阳市)李通,并成为好友。李通编造一条谶语"刘氏复起,李氏为辅",劝说刘秀起兵。十月,和李通及徒弟刘轶等在宛起兵。这时刘秀28岁,开始了推翻新朝、重兴汉室天下的戎马生涯。

刘寅、刘秀为了保护自家利益,主动派人与新市兵、平林兵联合,进攻宛县失利后,刘寅、刘秀便到下江兵营中,说服了下江兵首领王常,合兵攻击莽军,这年二月辛巳(23年),三支义军拥立刘玄为天子,以刘寅为大司徒,刘秀为太常偏将军,派刘寅攻取宛城。三月刘秀随诸将攻克昆阳(今河南叶县)、定陵(昆阳东)、郾县(今河南省郾城县),起义军的声势越来越大,王莽感到威胁到了他的统治,便率莽军将昆阳团团围住。

刘秀

面对王莽军队的进攻,对于能否守住昆阳城,起义军将领意见颇不统一。外有敌军压境,内部军心浮动,形势十分危急。在这种严峻的情况下,刘秀表现出大智大勇的军事才能。他力排众议,冷静分析,主张集中兵力坚守昆阳,争取其他外援夹击敌军。趁着敌军尚未合围,刘秀只带13名骑兵从南门突围,到郾城和定陵调集援军。六月,刘秀带领援兵来到昆阳城外,他亲自率领步兵、骑兵1000余人,在距敌军四五里的地方摆下阵来。王邑、王寻派数千人前来交战,刘秀身先士卒,率军冲入敌阵,大败敌军,首战告捷。这时,绿林军已攻下宛城,但消息还没有传到昆阳,刘秀并不知道。为了鼓舞士气,瓦解敌军,刘秀故意派人拿着他亲笔写的"宛下兵到"的书信送往昆阳城中,又故意把这封信丢在路上。王寻、王邑拣到信看后,真的以为宛城的增兵已到,心中十分恐惧。昆阳内外的起义军形成夹击之势,刘秀亲自率领3000人敢死队,从城西渡水,直扑敌人的指挥中心,消灭敌军的中坚。

昆阳大战,无论在军事上,还是在政治上,都给王莽以致命打击。这年九月,起义军攻入长安,杀掉王莽,推翻新政。在整个战争中,面对号称百万的莽军,刘秀有勇有谋,指挥若定,表现出智勇双全、凛然不可侵犯的大将风度,也大大提高了刘秀在起义军中的威望。

在昆阳之战和5天后的攻克宛城之战中,刘寅和刘秀都起了决定性的作用,从而扩大了自己的势力和影响,在绿林军中深得人心,地位更加显赫。刘寅没当上皇帝,心中十分不服,刘玄本人也怕帝位被夺,于是就杀了刘寅等人。那时刘秀正在外地巡视,获悉后估计自己的力量不足,不敢公开对抗,心中十分不安,便立即赶回宛城,向刘玄请罪。取得了刘玄的信任,刘玄加封刘秀为武信侯,拜他做破虏大将军。

23年,义军攻破长安,王莽败亡。更始帝刘玄迁都洛阳,拜刘秀为司隶校尉。刘秀持节出巡黄河以北,此时官拜破虏大将军行大司马事。为了与在邯郸称帝的王郎争夺河北,自行招兵买马,招降纳叛,依靠地方官僚集团,并利用和联络一部分农民军,终于夺取邯郸,消灭了王郎,在河北站稳了脚跟,有了立足之地。刘玄看出刘秀的势力越来越大,便命令他停止作战回洛阳。刘秀以黄河以北尚未平定为由,第一次公开违抗刘玄的命令。

25年6月,刘秀在鄗城(今河北省柏乡县北)举行大典,登基即位。改鄗城为高邑,定为首都,年号建武,大赦天下,东汉王朝从此建立。东汉建立之初,绿林军坚守着洛阳,赤眉军占领了长安,独霸一方的地主割据势力,几乎遍及大江南北,社会仍处于四分五裂之中,统一全国的进程才刚刚起步,而且任务将十分繁重。刘秀用了十几年的时间,南征北伐,终于完成了统一全国的伟大事业。

刘秀封禅泰山内幕

秦汉时代,举行封禅大典,对各个皇帝来说都是十分重大的事情。参加和举行这样的大典,对皇帝和臣下都是无比的荣耀。在西汉武帝时期,司马迁的父亲司马谈因故没有参加汉武帝封禅泰山的大典,气得发了病,并因此辞世。临死之前还念念不忘没有参加封禅的终身遗憾,他拉着司马迁的手说:"现在的皇帝承继大统去封禅泰山,而我却不得参加,是我的命苦啊。"秦始皇和汉武帝都把封禅泰山看作是一生中最风光的大事,既表现了自己的威严,也显示了自己为后世留下的功业。

可是对帝王来说,封禅大典并不是可以轻易举行的。雄才大略的汉武帝刘彻在实施他准备多年的封禅计划时,首次明确提出了封禅泰山的三个条件:第一,必须扫平宇内、一统天下;第二,必须天下太平、长治久安;第三,必须不断有吉祥的天象出现。

刘秀即皇帝位,建立东汉王朝,他被看作是中兴之君。到他晚年时,经过三十余年的努力,国家的政治局面稳定,社会经济也得到了明显的恢复和发展。王莽时期,国家衰败的景象已经不复存在。这样,在东汉的一些大臣看来,以封禅泰山的形势,向上天报功,是十分必要的。

建武三十年,也就是公元 54 年春天,刘秀打算东巡齐鲁一带,张纯等大臣上奏说:"自古以来,受天帝之命而做人间帝王的,治理国家有了成绩,一定举行封禅大典,向天帝报告自己的成功。我目睹皇帝陛下受天帝之命,中兴汉朝政权,平定海内的叛乱,恢复了西朝政的传统,安抚了天下百姓,天下平安无事,人民都蒙受再生之德,皇上的恩德像天上的行云,给人民的恩惠像雨水滋润大地一样,老百姓安居乐业,连中国本土以外的民族也羡慕您的恩义。……皇上应该趁着极好的时机,遵循古代尧舜的典则,继续汉武帝的事业,实行二月到东方巡行的规矩,在泰山举行封禅大典,以宣传您中兴汉室的功绩。您要在泰山刻石记载功勋,恢复汉室的祖宗传统酬报天神;您要在梁父山设斋坛,祭祀地神,传福祚于子孙后代,这是有益于后代万世的盛事啊!"可是刘秀对举行封禅大典却持有非常慎重的态度,不肯轻易举行。尽管大臣们一再规劝,但刘秀还是仔细权衡利弊。为此,他特意下了一到诏书说:我即皇帝之位已经三十年了,老百姓一肚子怨气,用孔子的话说就是我能欺骗谁呢,难道欺骗上天吗?孔子说过泰山之神不如鲁人林放懂礼的话,又为什么事去污秽七十二代封禅的先圣呢?当年齐桓公打算到泰山封禅,管仲制止了他。如果地方郡县老远派遣吏员上寿,大肆称赞虚美,必定处以髡刑,并同时罚以屯田。

从刘秀的诏书中可以看出,他对当时的国家形势是比较了解的。虽然经过三十余年的努力,但是国家距离"国泰民安",还相距甚远。他提到的老百姓一肚子怨气,是反映了一系列的现实问题的。在这种情况下,刘秀自然认为举行封禅报功有些不合时宜。因而刘秀没有采纳众臣的建议,封禅大典的举行被搁置了二年之久。

其实,刘秀的内心里是很想举行封禅大典的。之所以没有答应大臣们的要求,主要是因为没有找到进行封禅的谶纬依据。这与他当年起兵反对王莽时需要谶纬依据是一样的。果然,过了一段时间后。当刘秀找到谶纬依据后,他的态度来了个180°的大转弯,竟然主动张罗起封禅来了。

公元56年,刘秀夜读谶纬之书《河图会昌符》时,发现书上有这样的话语:"赤刘之九,会命岱宗。不慎克用,何益于承。诚善用之,奸伪不萌。"刘秀认为书中的"赤刘之九"指的就是自己,因为自己是高祖皇帝刘邦的九世孙。"岱宗"指的是泰山。整个谶文的意思是:"赤帝刘邦的九世孙,际会天命于泰山;如不及时完成这件事,对于承继汉统将没有益处;若能很好地完成这件事,奸伪的行为将不会萌发。"这不是明摆着让刘秀赶快去泰山举行封禅大典吗?刘秀还不放心,命大臣们收集整理关于要求刘秀封禅的谶文,大臣们很快就找到了三十六条这样的谶文。这样。刘秀就决定封禅泰山了。

刘秀决定举行大典后,就在京城洛阳作了大量的准备。在公元56年,刘秀由洛阳出发,前往泰山。诸侯王、列侯以及京城中的百官都随同前行,声势十分浩大。在举行封禅仪式前,刘秀先派官员在泰山上刻石,这是封禅大典举行之前最重要的活动。在这片碑石文中,刘秀大量引用谶纬,来证明他继承皇位的合法性。同时，也对他统一中国、恢复经济、整顿吏治等功绩，一一加以颂扬。其中不乏虚美之词，但是，从中还是可以看到刘秀的重大作为的。

刻石完毕后，刘秀于二月二十日良辰，在泰山下东南方举火焚柴，加牲畜于火上，叫作柴祭。随后登山，刘秀居车，以人挽车而上。诸大臣步从。中午，刘秀到达山顶。下午，待诸大臣陆续登上山顶之后，开始举行祭天仪式。仪式结束时，诸大臣及随从三呼万岁，山鸣谷应，十分壮观。当时，天有微云，从山下看山上，山顶在云雾之中，但云量较轻，山顶上的人则不觉身在云中，山上山下的人互相称悦，颇有神秘之感。仪式结束之后，天色将晚。刘秀命令随从百官依次下山。刘秀自己则由数百人簇拥。因为山道窄小，互相推挤，队伍绵延近二十里。天黑后，人们举着火把在崎岖陡峭的山道上蜿蜒而下。黑夜之中，面临高崖深谷，脚踏石响，不免胆战心惊。刘秀于深夜回到山下，而大臣则至第二天天亮后才下山完毕。

刘秀举行封禅大典。从具体的礼仪上看，是把国家的郊祀礼同对泰山的祭祀结合起来。最终目的也是通过这种祭祀仪式向天地报功，因此，全部的礼仪实施过程是非常隆重的。总的来看，刘秀的泰山封禅是比较成功的。没有像秦始皇那样在下山的半路上，被不期而至的暴雨浇得浑身精透。不过，也发生了一件令他不怎么高兴的事，三月份，积极倡言并操办封禅之事的司空张纯死于回程的路上。他的突然死去，被好事之徒穿凿附会，但没有引起大的问题。

刘秀于四月回到洛阳，他立即下诏改元，把这一年改称为"建武中元元年"，以志纪念，并表示一元复始，万象更新的意思，并且大赦天下。

刘秀之死

由于长年处于戎马倥偬之中，光武帝又是一个十分辛劳和勤奋的皇帝，勤于政事。因此，年过五十之后身体逐渐衰弱起来，经常头疼。善于心计的刘秀预感到自己的时日已经不多后，就将身后之事一一安排妥当。

在他生命的最后几年，当初与他并肩作战的那些将军们差不多丧亡殆尽。即使没有死的那些老将们，也或者早已不再掌握大权，或者在边疆屯守，也有几个赋闲在家。光武帝身边已经没有丝毫的军事隐患。刘秀还把住在京城的诸侯王遣返归国，这样就给未来的新皇帝免去了威胁。公元51年，刘秀将三公之大司徒、大司空、大司马中的"大"字去掉，从名义上降低了三公的地位。第二年，有人报告刘秀沛王刘辅招揽游士，结党营私，刘秀亲自处理这个事件，在处理过程中，刘秀发现这个事件牵涉到王莽的余党，更始帝的遗子以及"伏波将军"马援的侄女婿，刘秀大为吃惊，于是将这些人全部处死。此后各个诸侯王再也不敢在京师接纳四方宾客。

光武帝晚年，北部和西南边疆的民族问题已经基本得到解决，这给继任者准备了一个安定的外部环境。在最后几年中，光武帝还做了这样几件大事，给太子刘庄安排了当时最出色的儒学大师为太子太傅和太子少傅，以示儒家正统将在东汉王朝历代传继下去，他将统一的图谶公布于天下。接着又根据图谶封禅泰山，表示要继承汉武帝的文治武功。

封禅泰山后，社会上仿佛一片祥和。这年夏天，洛阳城中突然有多处涌出泉水，患病的老百姓，凡是喝了泉水的，疾病就会痊愈；泉水旁又长出了红色的草。显然这是吉祥的征兆。京城中出现了这样的祥瑞，地方上也不甘于落后，竟然有三十一个郡国向朝廷报告，称他们那里降了甘露。这么多的祥瑞集中出现，岂不是国泰民安的征兆吗？但是，刘秀对这些报告的态度还是比较理智的。就在这些祥瑞出现不久，就有三个郡国发生了严重的蝗虫灾害，飞蝗经过之处，无论是庄稼还是树木都被吞噬干净，出现了赤地千里的悲惨景象。灾民不得不靠朝廷的救济生活，如果说涌泉、赤草和甘露是祥瑞，那么，蝗虫将庄稼吞噬干净无论如何算不上是祥瑞了，这就更使刘秀警醒。

在他统治的最后几年，也许是上天想告诉刘秀他们这一代人该退出历史的舞台了。与他同甘共苦，平定天下的同辈人相继死去。公元52年，东汉王朝的第一个皇后，对刘秀平定天下做出过巨大贡献的郭圣通离开人世。刘秀与阴丽华对郭圣通的去世百感交集，以封国太后的礼仪将她葬于北芒。又过了两年，刘秀最亲密的大臣贾复辞世。刘秀封禅泰山的归途中，司空张纯病逝,不久,司徒冯勤也与世长辞。这一切仿佛都在预示着刘秀也走到了生命的尽头。

公元57年正月,在刘秀辞世前,出现了中日关系史上的一件大事,日本岛上的倭奴国带着朝贡的礼品向东汉朝贺,使者自称是"大夫",而且对光武帝毕恭毕敬,一副低贱的样子,光武帝感到自己的威名远播,让倭奴国的使者这样害怕,心里非常高兴。他又觉得倭国尚未开化,需要用我堂堂大汉的文化对其加以教育,因此,赐予倭国国王印绶一枚,号"汉倭奴国王"。这件事记载在当时的史书中,这枚印绶于1784年在日本出土,证实了这件事的真实性。

没有想到,在这次接见后不久,光武帝就与世长辞了。刘秀生前是比较节俭的,在对自己的陵墓的修建上,他的要求也不高。

早在建武七年(31年),刘秀就下达了第一道薄葬诏,首先指出"厚葬"浪费钱财,同时提出在丧乱之际,如果在坟墓中广放钱财,会引起盗贼的注意,从而使自己在地下不得安宁,因此告诫人们一定不要将其厚葬。刘秀的决定应该说是正确的,刘秀死后,由于墓中没有财宝,因此,他的墓成为为数不多的没有被盗贼盗过的墓之一。建武二十六年(50年)大臣遵循西汉旧制,给他预作陵墓。刘秀对预作陵墓的指示很简单,说只要将其在平地深埋,不要留坟头就可以了。

刘秀作为汉室中兴之主,在临死之前,又一次下达薄葬诏书。诏书说:自己无益于老百姓,并明令对自己的后事办理务必从简,并要求地方官员不要搞吊唁活动。

在刘秀驾崩的同一天,三十岁的新皇帝登基,尊母亲阴皇后为皇太后,他根据父亲的遗愿,从简办理了丧葬事宜。刘秀的丧事,具体由太尉赵熹操办,赵熹根据当时旧典不存、尊卑不明、秩序混乱的情况进行了有效的整顿,使整个葬礼按照封建伦理应有的规范,井然有序进行。

三月,刘秀被安葬在原陵。光武帝死后六年,六十三岁的阴丽华去世了。二月庚申日,光烈皇后阴丽华合葬光武帝刘秀原陵,和阔别六年的丈夫在另一个世界相会。她的享年,和她的丈夫一模一样。恩爱了一生的结发夫妻最终又在地下团聚。

光武帝的原陵位于河南洛阳东北的孟津,陵墓的风景既壮观又秀丽。陵园周围栽了大量的古柏,高大成林,郁郁葱葱,萧瑟秋风,令人浮想联翩。光武帝安葬后一个月,新即位的东汉明帝颁诏天下,表示要继承汉光武帝的事业,从此登上了历史的舞台。

刘庄即位与刘强之死

光武帝前后共有十一子,除了阴皇后所生的刘庄成为后来的汉明帝以外,还有郭皇后所生的东海恭王刘强、沛县王刘辅等五子,阴皇后所生的东平宪王刘苍等四子、许美人所生的楚王刘英,他们合称为"光武十王"。

前面已经说到,东汉建立后,阴丽华因为还没有为刘秀生下子嗣,按照母以子贵的封建规则,将皇后的位置让给了郭圣通。郭圣通为刘秀生下的儿子刘强被立为太子。皇太子刘强长大之后,非常喜欢钻研兵书。他既然是太子,刘秀不免要询问儿子对政事的看法。刘强对政务的见解倒也中规中矩,可是他对军事却显得过于热衷,常常表现出日后要开疆拓土、四方征战的心思。刘秀虽然是个军事天才,但是他实在不喜欢征战杀伐的性格。

年轻气盛的刘强在这方面严重地让刘秀不满。相反,刘秀的次子、阴丽华所生的刘庄,却在各个方面都让做父亲的刘秀非常满意。两个儿子在一起时,他经常忍不住责备刘强,夸奖刘庄。刘秀对儿子的责备,从他本人来讲,只是在努力调教一个未来的帝王,从严要求是很正常的。此时,刘秀由于宠爱阴丽华,已经多年没有亲近郭圣通。郭圣通于是认为是阴丽华在背后作祟。

有一次,刘秀又在郭圣通面前夸奖刘庄,郭圣通再也忍受不住,跟刘秀大吵大闹了起来。说刘秀偏心,不在乎自己和太子。这次事件过后,郭圣通对刘秀的怨恨、对阴丽华的妒忌、对阴丽华所生的孩子们的猜疑,都控制不住了。此时的郭圣通毕竟是皇后,处在风口浪尖的阴丽华没有办法,为了平抑家庭矛盾,她只好暂时避开郭圣通的怒火,移居洛阳以外的宫室。但是此举并没有使郭圣通的怒火平息下来,她又将怒火发到了刘秀的其他妃嫔

身上。

其实，刘秀在建立东汉王朝之后，对男女之事并没有非常热衷。为了尽可能地减少后宫人数，他更改了西汉以来的宫廷制度，把多达十五级的后宫姬妾制度缩减为五级，除了"皇后"郭圣通和"贵人"阴丽华，其他的就是"美人""宫人""采女"。此中，只有许美人凑巧地为他生下了儿子刘英，被封为楚王。这是刘秀唯一一个并非由郭圣通和阴丽华生育的孩子。而且，楚王所得的封国，也是十一个皇子中最差的。

刘秀一开始认为郭圣通只是针对自己，自己也的确有做得过分的地方，因此还能忍受。但是，没想到三年来她愈演愈烈，居然整个宫廷都成了她眼里的仇家。更不能忍受的是她对孩子们的态度恶劣得无以复加。刘秀心想，如今我还健在，她就这样，有朝一日，我驾崩了，郭圣通还不知会怎样对待阴丽华和她所生的皇子们。

建武十七年十月十九日，忍无可忍的刘秀突然颁下了一道废后诏书。诏书中这样写道："皇后郭圣通，总是满怀怨恨，屡次违背我的心意，不肯善视非她所生的孩子。宫廷之中，谁看见她都像看见鹰鸶一样。如今她没有慈爱的品德，却有吕雉、霍成君的风范，日后我怎么能把幼小的孩子们托付给她？现在我派大司徒戴涉、宗正刘吉，代表我去收缴她的皇后玺绶。贵人阴丽华，是乡间良家女子，在我当平民的时候就嫁给了我。如今已经三年没有见过面。她的品性，足以母仪天下。大臣们照从前皇帝废后立新的规矩，把仪式办好。这件事的前因后果，对于我和新任皇后来说，是人生和家庭的不幸，更不是国家的福气。你们都不必上书祝贺。"

事情终于发展到了无可挽回的地步，丈夫的发难，终结了郭圣通无名的怒火。她终于发现自己彻底地失去了曾经拥有过的一切。自己曾经最害怕的事情，终于降临到了头上。她几乎可以预见，接下来就是冷宫、举族流放、母子一起死于非命。但是，刘秀毕竟不同于一般的君主。他妥善的处理了郭圣通被废后的一切。刘强继续他的太子之位，郭氏所生的次子刘辅升为中山王，封地额外增加一郡——这一郡的收入，则是为郭圣通准备的生活费用，她由皇后改称"中山王太后"，和儿子一起生活。接着，为了安慰郭氏家族，他又陆续将郭氏家族中的许多男子封侯。郭圣通于是成为中国历史上唯一一个不入冷宫反得尊崇的废后，郭氏家族也成为历史上唯一一个非但没有遭殃丢命，反倒全家升官发财的废后家族。

自从母亲被废离宫，刘强就在忧虑中过日子，终于，他在郅郓的劝说下找到了好办法，向父亲上书表示要退出太子位，让给继母的长子刘庄。刘秀与阴丽华觉得长子没有过失，父母之间的纠葛不应该连累孩子，都不同意。

刘强仍然不能安心做太子，他屡屡向身边的官员和十个弟弟表示自己甘愿去做外藩亲王的心事。如是者再三多次，刘秀知道事情已经无可挽回，父母的决裂不影响儿子是不可能的了，终于在两年后（建武十九年）作出了决定：改封刘强为东海王，原来的东海王刘庄成为新任太子。

为了进一步向儿子表明父亲继母的歉意和慈爱，刘秀随后又将刘辅迁到更富饶的沛地为王，改封郭圣通为沛太后。同时升任郭圣通的哥哥郭况为大鸿胪。建武二十八年，刘强前往自己的封国东海，为了更好地照顾远行的儿子，刘秀特意安排刘强的堂舅新郪侯郭竟去担任外甥的东海国相。临行时，他还下诏，将刘强的车马仪仗以及宫室陈设，都升至跟自己这个皇帝一样的档次。以此弥补刘强未能登基为帝的遗憾。在得知儿子被如此优遇的消息之后，郭圣通终于了无牵挂地离开了人世。刘秀与阴丽华对郭圣通的去世百感交集，以封国太后的礼仪将她葬于北芒。

刘强虽然对父亲的慈爱感激万分，但也不禁对自己所得到的超乎常理的待遇而不安。于是，刘强屡屡向刘秀上书，请求以一个诸侯王的待遇对待自己就可以了。对于刘强的推辞，刘秀毫无商量余地地拒绝了。他对儿子的良苦用心非常清楚，叹息着将刘强的奏章给公卿大臣传阅。

中元元年，62 岁的刘秀病逝于洛阳南宫前殿。刘秀死后，刘庄即位，是为汉明帝。刘秀刚一去世，广陵王刘荆就想陷害刘强，逼他造反走上绝路。企图趁乱自己夺取皇位。刘荆假冒郭况的名义，写了一封信让人送给刘强，鼓动他为郭圣通报仇、夺回自己的皇位。刘强惊慌失措，连忙把这封信连同送信人一起交给刘庄。刘庄发现是自己的同胞弟弟在搞鬼，在处置了刘荆后，刘强才回到封国，谁料到刘荆事件使刘强受惊过度，返回封国不到半年，刘强便一病不起。得知消息的阴丽华和刘庄非常焦急，派太医急赴鲁地为刘强诊治，并下令刘强的同母弟弟们都立即赶去宽慰兄长。但这也没有挽

回刘强的生命。这年五月,三十八岁的刘强病逝于鲁地灵光殿。

就在临终时,刘强写下了最后一道奏章:我蒙受父亲和兄弟的恩遇,得到了两国的封地,还有超越礼制的宫室仪仗礼乐。一切都令我无以回报。由于我没有保重身体,常年患病,使皇太后和皇帝担忧,络绎不绝地派来太医方士。我不能用语言来表达我的感激。如今我命薄早逝,不但不能再孝顺母亲,还要使得皇太后和皇帝哀伤,心里非常惭愧。请皇上照顾我的儿女,为我的女儿们找到好丈夫。如今父亲去世,皇上要格外加意孝顺母亲。另外向其他的弟弟们辞别,从此永远再不能相见了。

刘庄得知大哥去世的噩耗,捧着奏章泣不成声。他随后下令,以皇帝的仪仗为刘强举行隆重的葬礼。诸王诸公主诸外戚诸侯都必须参加。伤心的不只是刘庄,还有看着刘强长大的阴丽华。阴丽华对刘强的早逝就更为哀伤,自责未能克尽母亲的义务,没有办好丈夫交代的事情。六月,在皇太后阴丽华的坚持下,刘庄陪着母亲一起参加了刘强的葬礼,阴丽华流着泪,一直将刘强的灵柩送到葬地。

汉明帝是怎样控制外戚的

汉明帝刘庄是刘秀的第四子,他从小就爱读书,10岁时就已经把《春秋》通读过了。建武十九年,刘强被废太子之位后,刘庄被立为太子。他在30岁时才即皇帝位,因此他比较成熟,有一定的统治经验。他在位期间,继续推行刘秀的加强皇权、稳定内部的方针,对外戚、宗室和各地的豪强严格防范。明令:后宫嫔妃的娘家不得被封侯和干预朝政。不仅不许外戚干预朝政。还命令阴氏、邓氏等外戚家族互相揭发,在汉明帝的控制之下,外戚没有掌握大权。

明帝即位后根据光武生前的意思,将跟随刘秀南征北战,为东汉的建立立下汗马功劳的28位将军画像供于云台,但对自己的岳父马援却不予收入,这就给大臣们一个信号,就是自己要限制和约束外戚。而且,他在位时,他的三个大舅子,小舅子马廖、马光、马防都位不过九卿。东汉明帝永平二年(59年),阴丰犯杀妻之罪,按律当斩。阴丰是皇亲,他的父亲阴就是明帝的母亲阴太后的弟弟。当时阴太后还健在,明帝丝毫不加以宽贷,下令将阴丰处死,阴就夫妻也因受牵连自杀,他的封国新阳侯国被取消。这件事说明明帝对外戚的控制是比较严的。

东汉开国功臣之一的窦融,为人不错,但不善于约束自己的家人和子弟,子孙都不遵守法令。结果窦融的堂兄之子窦林因为犯罪被刘庄处死。窦融的长子也是光武帝的驸马窦穆,因为封地离六安国比较近,就想占据六安,于是假传阴太后的旨意,让六安侯刘盱休掉自己的结发妻子,而娶自己的女儿。后来此事被明帝知道,窦穆被免官,窦氏一家,除了窦融留京外,全部被迁回故郡。窦融也被明帝斥责,吓得窦融也辞职回家养病。窦穆等后来虽然被赦免,允许回京城居住,但明帝派人严格监视他们。窦穆心怀不满,口出怨言,又贿赂官吏。结果他和两个儿子窦宣,以及后来赫赫有名的外戚窦宪的父亲窦勋都死在狱中。

不仅对外戚控制严格,汉明帝刘庄对各诸侯王也严格控制。一旦发现他们行为不轨,就会毫不留情地将他们处置。楚王刘英是刘秀与许美人所生的儿子。刘英在建武十五年封为楚公,十七年进爵为楚王,二十八年就国,建都彭城(今江苏徐州市)。由于刘英生母许美人不被刘秀宠爱,刘英虽然被封为藩王,但他所封的楚国是东汉各藩国中最小也是最穷的一个。楚王刘英自幼好游侠,喜欢结交江湖朋友,晚年还喜好道家黄老之学和佛教斋戒祭祀之事。但刘英由于自幼不受宠爱,因而对朝廷心生怨恨,对汉明帝也很不服气。他做楚王后,在楚国广交术士,曾制作金龟玉鹤,上刻文字,以充当自己做皇帝的符瑞,图谋取代汉明帝。公元70年,楚王刘英阴谋败露,被朝廷废去王位,刘庄将其迁徙到丹阳泾县。第二年,刘英到丹阳后便自杀而死。汉明帝还派人专门查办跟刘英有往来的人。楚王刘英曾经把全国有名的人编在一本名册里。这个名册被搜查出来后,官府就按照名册一个个逮了来,受到牵连的人很多。这样搞了一年多,许多无辜的人被逼死。后来,有个大臣劝说汉明帝,认为被逮的大多是受冤屈的人。汉明帝亲自查问一下,果然发现洛阳监狱关着一千多无辜受累的人。他才下了一道诏书,把他们赦免。这便是东汉历史上有名的"楚英王之狱"。

明帝的同母弟刘荆,是光武诸位皇子中比较有才能的一个,他给废太子刘强写信,说他无罪被废,应该从自己的封地东海起兵,像汉高祖那样取天下,即皇位。刘强接到书信后吓坏了,马上把信交给明帝。明帝因为与刘荆是同母兄弟,就没有追究此事,只是警告了刘荆。这件事之后,刘荆并没有悔改。后来羌人和东汉作战,刘荆又四处活动。明帝又让他去封地。去了封地,他问相士,我长得像先帝,先帝 30 岁当皇帝,我今年也 30,可以起兵吗?吓得相士赶快告诉郡国的官员,刘荆害怕把自己投进监狱。明帝又没有追究。后来刘荆又使巫祭祀,被郡国的官吏报告,惶恐之下自杀。

济南王刘康,在封国内不循法度,与一些门客打得火热,刘庄发现后,削减了他的封地以示惩罚。阜陵质王刘延,在封国内也图谋不轨,被发现后,明帝将他们一网打尽。许多与刘延有勾结的外戚、官吏也被抓捕。由于汉明帝不讲情面,有效地防止了宗王诸侯势力的膨胀,制止了他们的争权夺势,维持了政权的稳定。在这样的社会背景下,许多诸侯王都小心翼翼。有一次,北海王刘睦派使臣至洛阳朝贺,他问使者,如果皇帝问起我的情况,你会怎么回答?使者说,我将如实回答:大王礼贤下士,勤于政务。刘睦急忙说,你这是置我于死地阿,你应该说,大王自从被封为诸侯王以来,犬马声色,不理政事,这样皇上才能放心阿。刘睦装作昏庸无知,纵情享乐,消除了汉明帝的猜忌。

汉明帝还试图从思想上控制外戚和宗室,使他们明白君臣之道,遵守封建法度,不要犯上作乱,为此,他热心提倡儒学,命皇太子、诸王侯及大臣子弟、功臣子孙等习经,又为外戚樊氏、郭氏、阴氏、马氏诸子立学于南宫,号"四姓小学",设置"五经师"以授其业。所有这些措施,都起到了明显的作用。汉明帝在位时期,大权独揽,外戚和诸侯王慑于刘庄的皇威也比较收敛。

汉和帝是如何即位的

汉章帝的皇后是窦皇后。窦氏是一个极其阴险的人,刚入宫的时候,被立为贵人,后来凭着她的容貌和家族的势力当上了皇后,但是多年的宫中生活却没有使她为汉章帝生下皇子。汉章帝原来有三位贵人,宋贵人生下了皇子刘庆,被立为太子;此外还有两个梁贵人,是姐妹俩,小梁贵人生下了皇子刘肇。在中国的古代社会中"母以子贵"是一条潜在的规则,刘庆被立为皇子后,他的母亲宋贵人也因此得到了汉章帝的宠幸,一些朝臣也巴结她。这种情况引起了窦皇后的担忧,她害怕太子继位后,宋贵人因此主控后宫,自己将毫无权力。为了改变这种情况,她制订了周密的计划。

首先,在她的要求下,汉章帝将刘肇过继给窦氏。窦氏接着挑唆汉章帝废掉了太子刘庆,立刘肇为太子。做完了这些后,窦皇后接着又诬告小梁贵人使用巫蛊之术陷害皇帝,汉章帝大怒,赐死了小梁贵人,并将梁家人流放到了九真。不久大梁贵人因为思念妹妹和家人也病逝了。这样,窦皇后就稳固了自己在宫中的地位。

公元88年,汉章帝逝世,太子刘肇即位,是为汉和帝。窦氏升为太后,此时汉和帝年仅10岁,窦太后顺理成章地临朝听政,开始专权政事。窦氏家族掌权期间,依仗权势,为非作歹,大逞淫威,窦宪动辄杀人,引起了极大的民愤。

窦氏兄弟及其爪牙的肆虐无道引起了许多正直的官吏的强烈不满,他们屡次上书,揭露窦氏的恶行,向年少的和帝陈述外戚专权的弊端,一直要求皇帝抑制外戚势力的发展。在朝廷威信很高的老臣袁安面对皇帝年幼,窦氏专权的局面,忧心忡忡,每次朝会与进见的公卿谈起国家大事时都痛哭流涕。在袁安手下任职的周荣,多次替袁安起草弹劾窦宪的材料,被窦宪视为眼中之钉。窦宪派人找到周荣,对周荣说:你竟敢做袁安的心腹谋士,排挤窦氏,现在满城都是窦家的刺客,你要留点神!周荣毫不畏惧地回答:我纵然被你们杀害,也心甘情愿!他还特地告诉妻子,我若被窦宪的人杀害,你不要收葬我的遗体,我希望以我的生命来使朝廷觉醒。这些正直官吏的不屈精神在一定程度上打击了外戚集团的嚣张气焰,使他们有所收敛。

随着汉和帝年龄的增长,与外戚集团的矛盾也日益尖锐。汉和帝也希望权力掌握在自己手中,于是他开始逐渐抑制窦氏家族。窦宪觉察到这一点后,非常害怕。他不希望自己的家族像西汉的吕氏家族一样被诛灭。因此他开始密谋毒死汉和帝，另立一个听自己话的皇帝，从而继续大权独揽。

永元四年（92年），一些正直的大臣发现了窦宪的阴谋后，立即秘密向汉和帝报告，汉和帝知道后，非常惊恐。唯一的办法就是诛灭窦氏了。但这时，京城的军权掌握在窦氏手中，汉和帝只有依仗身边的近臣——宦官了。如何才能将窦氏全部剪灭呢？早熟的他和哥哥废太子刘庆商议，因为朝廷上的大臣都阿附窦家，只有宦官郑众不是窦氏的同党，于是找郑众密议，又从千乘王借来《汉书·外戚传》，收集皇帝杀外戚的先例。他们决定等窦宪回京城后再动手。

这年六月窦宪出征归来，汉和帝一面派人隆重的迎接慰问，一面秘密调兵遣将控制京城。窦宪回京后，汉和帝调的兵也进入了京城，汉和帝害怕窦宪在城外的军队进入京城发动政变。因此到北宫，命执金吾、五校尉驻扎在南、北宫，关闭城门。一切布置好了后，和帝一举将窦党邓叠、邓磊、郭璜、郭举都下狱杀死。又收回窦宪的大将军印信，命窦氏宗人全都到封地去就国，整个事件显示出了和帝超出年龄的成熟和胆略。汉和帝掌权后，并不知道窦太后不是自己的生母，因此，对窦太后还算恭敬。当年窦太后害死梁贵人这件事前前后后扯进不少人，但其中的知情人，连光武帝女儿舞阴公主也被贬徙外地。当时宫廷内许多消息都封锁严密，因此，在这个时候，几乎没什么人知道汉和帝的生母是小梁贵人。

公元97年，即汉和帝永元九年，窦太后病逝。舞阴公主的儿子梁扈上书汉和帝把他的身世挑明。汉和帝知道自己的亲生母亲一生如此不幸，非常悲痛，就问大臣怎样处理此事。大臣张酺建议说"应该按照光武皇帝贬黜吕太后的故事，去掉窦太后的尊号，不让她和先帝合葬在一起，而且还要给你的母亲追加尊号，并且把你的舅舅们召回京城，授予官职"，汉和帝马上下诏追封自己的生母小梁贵人为恭怀太后，并追封自己的外祖父梁竦为褒亲愍侯，把被贬到九真的梁竦的三个儿子梁棠、梁雍、梁翟都封为侯爵，赏赐巨万，宠遇无比。但对大臣们要求废掉窦后，并不将窦后与章帝合葬的提议予以驳回，他说："虽然窦宪兄弟横行不法，但太后是深明大义的人，生活俭朴，勤于国家大事，我跟她生活了几十年，这一切都很清楚，你们不要多说了。"仍将窦后与章帝合葬。

清除了窦氏集团后，和帝又清洗了朝中的窦党，开始亲政，重用那些不肯迎合窦家的官员。郑众因为除窦氏的功劳被汉和帝封为大长秋，他对和帝的治国方面颇有影响，汉和帝甚至达到对他言听计从的地步。但郑众确实是个好宦官，在《后汉书》里，一向对阉人无好感的士大夫们，也没能列出他什么劣迹恶行。虽然和帝时期，宦官没有形成专政，但毕竟开了给阉人封侯的先例。这是和帝最大的失误。

汉殇帝即位与邓太后临朝

汉殇帝刘隆，生于东汉和帝元兴元年（105年）。就在刘隆生下来100多天，汉和帝就去世了。按照皇位立长的原则，继承皇位的应该是汉和帝的长子刘胜。但是刘胜是一个病鬼，他的病虽然治疗多年，但却没有好起来的迹象。邓太后对群臣说："刘胜有病，不能继承帝业，还是立刘隆吧！"就这样，刘隆被立为皇太子，紧接着在当天夜里，这个尚在襁褓中的娃娃正式即位。邓皇后因此升称邓太后，垂帘听政。

对于刘隆继位这件大事，朝中的官员虽然当面赞成，但是在背后却一直在议论。

和帝早年生了10多个儿子，都相继夭折，他怀疑皇子们是被人谋害，后来便将所生儿子藏匿于民间抚养，以防儿子们被宦官、外戚和权臣谋害。大臣们对刘胜的病情也都不清楚。有的人认为是假的，说邓太后立刘隆是为了自己掌权。不管这些议论如何，殇帝的继位，邓太后的垂帘听政已既成事实，大臣们也只有接受这个现实。

邓皇后为开国元勋邓禹的孙女。邓禹家教很严，其子孙都能遵守祖训，谦恭谨慎，遵守法度，自奉节俭。邓太后垂帘听政之后，与历史上的其他外戚专权时期不同，邓太后并未专权骄横、飞扬跋扈。而是像以前一样，日修女工，夜读经史，从而具备了一般后妃所不能相比的文化素质和超越常人的见识。汉殇帝继位之时，宫中秩序混乱，丢失了一箱宝珠，邓太后认为若拷问必牵扯无辜，因此亲自察阅宫人，使盗宝人自首服罪。众人对邓太后处理

这件事的方式都感到非常佩服。邓太后临朝执政后,对当时知识渊博的女史学家班昭很为尊敬,因为班昭曾经给邓太后讲过儒家经典,于是班昭以师傅之尊,参议朝政。

邓太后临朝听政之后,针对当时社会的一些弊端采取了有利的措施。首先,汉代人很迷信阴阳五行,讲求孝道,祭祀之风十分盛行,殇帝时期更是愈演愈烈,给社会带来了沉重的负担。邓太后对过分的祭祀十分反感,认为鬼神之事是无法预料的,过度的祭祀也不能使人们得到保佑,于是,在延平元年(106 年)四月,下诏将不在国家典礼之下的祭祀官员退官。其次,东汉从光武帝时期开始到殇帝,因为犯法被逮捕的人很多。邓太后认为,治理国家的根本大计应以教化为本,国家应当向臣民灌输封建的伦理道德、纲常礼教,才能使人民成为东汉国家的忠顺的臣民,刑罚只能成为教化的附属手段。延平元年(106 年)五月,即下诏大赦天下,因为犯法被禁锢的一律释放为平民。再次,东汉开国到殇帝的 80 多年的时间内,宫女入宫的一批接一批,造成了后宫中宫女如云的情况,一些宫女弃子离夫,家庭离散,同时也加重了宫廷的负担,邓太后在宫中深深了解这个情况。在同年六月,她一次下诏释放宫廷中人员及羸弱老病者达到五六百人。

邓太后除对一些弊端进行调整外,还十分注重节俭与劝农。延平元年六月,邓太后下令将宫中的奢侈品减半,同时将各郡国的供奉也减半,从而节省了巨大的财政开支,如原先太官、汤官的经费多达两亿元,邓太后执政以后,每年的经费下降到了几千万。这年七月份,有些郡县遭受到了巨大的水灾,但郡国守相,因为新帝刚刚登基,不敢报告这些灾情,使受灾的人们受害严重。邓太后知道了灾情后,处置了那些弄虚作假的官员,并且严令郡国守相如实地报告灾情,对受害严重的地区免收田地的赋税,以有利于生产的恢复和发展。

在一些地区遭遇水灾侵袭的时候,洛阳却出现了大旱,这年夏天,邓太后亲自到洛阳寺去审理冤狱。有一个犯人被严刑拷打,只得被迫承认杀人,见到太后之后,本想喊冤,因为狱吏在场,吓得不敢说话,只是可怜地看了看太后就要离开。邓太后发觉此人面善,就叫过来重新审问,证实此人是屈打成招。邓太后就释放了这个犯人,犯人跪地磕头,感谢太后的圣明。邓太后

汉宫秘史

又处置了洛阳令,以平民怨。说来也巧,邓太后在处理了一些冤案回宫的途中,大旱的洛阳竟然也下起雨来,老百姓争相说是邓太后的圣明感动了老天爷。京师民众欢悦异常,太后也格外高兴。

邓太后虽然深知外戚专政的危害,但是邓太后毕竟只是一介女子,她既要处理后宫之事,又要制定国家的大政方针,这就使她不能两者兼顾,因此,她还是要依靠她的兄弟。延平元年(106年)四月,邓太后任命她的哥哥邓骘任车骑将军,执掌军政大权控制了拥有决策权的内朝机构。从此,刘氏东汉王朝又开始由外戚邓氏家族把持。

八月份,在邓太后忙于发号施令,改革朝政的时候,当了八个月皇帝的刘隆便悄然离开人世。因为刘隆夭折,因此他的谥号为孝殇皇帝。刘隆也成为中国历史上年龄最小,寿命最短的皇帝。

汉安帝即位之谜

公元106年八月,刚刚继位的汉殇帝不幸夭折,早在汉殇帝即位的时候,邓太后就将清河孝王刘庆的长子刘祜留在京城,打算万一汉殇帝也像汉和帝的其他孩子们一样夭折,就立刘祜为帝。没想到事情真的像邓太后预想的一样,汉殇帝死后,邓太后连忙与她的哥哥车骑将军邓骘密谋,准备迎立刘祜为太子。邓骘又去与大臣们商量,在征得他们的同意后,连夜持太后的节诏迎刘祜入宫。

刘祜入宫后,邓太后先是封他为长安侯,然后准备即位。在宫殿辉煌的灯光下,13岁的刘祜茫然地听任摆布。邓太后对大臣们缓慢、庄重地宣布:"长安侯刘祜忠于国家,孝敬父母,仁慈厚道,热爱学习。懂得《诗》《书》。年纪13岁,就有成人的志向,又是章帝的嫡系皇孙,就让他继承和帝的事业吧!"宣诏完毕后,刘祜接过了太尉徐防捧上的象征皇帝权力的玉玺和绶带,登上了皇帝的宝座。这就是东汉安帝,第二年,改年号为永初元年。

汉安帝即位后,邓太后继续临朝。邓太后看到过窦宪是怎样败亡的,她不敢专用娘家的人,还一再吩咐地方官,邓家的亲戚、子弟要是有过错,一概

从严惩办。她还继续提倡节俭,减轻捐税。邓太后还亲自去洛阳的监狱复审死刑犯人。而且还将和帝废皇后阴皇后的家人赦免,允许他们从流放地回来,并且将他们的家产发还,体现了她的气度。她约束自己的家人,没有像从前窦氏那样胡作非为。邓太后还知人善任,知道虞诩有将帅之略,就任用他和羌人作战。又用班超的儿子班勇经营西域。还将云台28将的后人中因为获罪失国的(只要不是谋逆)和因没有直系子嗣的,均允许旁支继承爵位。这些措施使邓太后得到了大多数朝臣的支持。

邓太后刚刚安排好了汉安帝登基的大事就收到了河西的急报,西域各国纷纷叛汉。这时卓越的外交家班超因为年老已经归国,他的西域都护的任务由任尚接替。任尚在西域胡作非为,引起了西域各国的反感。西域各国联合起来,共同围攻任尚。任尚上书请求援助,邓太后慌忙派兵星夜驰援任尚。这件事引起了大臣们对西域政策的讨论,大多数大臣都认为朝廷最近变动较大,西域路途遥远,音讯难通,不如放弃西域。邓太后为了专心应付国内局势,也不愿对西域用兵。于是邓太后征发接近西域的羌族去迎接撤回的都护府管吏。这一来,羌族害怕去西域后汉政府要求他们在那儿屯田不能回来,因此开始反抗。刚开始反抗的规模很小,但是汉政府采取了错误的政策,屠杀反抗的羌族人民,这就引起了羌族更大规模的反抗。东汉政府处于内外交困之中,这场战争一直延续到元初五年(117年),羌族起义军才被镇压下去。但历时11年的战争耗费了巨大的军费,东汉的元气大伤。

边疆不安定,国内又灾害连年。在汉安帝登基的同一年,就有十八个郡国发生了地震,四十一个郡国发生了水灾,二十八个郡国受到了风暴和冰雹的袭击。自然灾害使人心浮动。邓太后所依靠的是宦官郑众和蔡伦,大臣周章见朝政被外戚和宦官掌握,于是秘密和一批对这种情况不满的官员准备发动政变,杀死邓骘及宦官郑众、蔡伦,废黜太后和汉安帝,另立平原王刘胜为帝。消息不慎走漏后,邓太后迅速逮捕了这些官员。周章自知难以活命,畏罪自杀。

汉安帝不像汉和帝的那些孩子们一样,他一天天健康地长大。元初元年(114年),册封阎贵人为皇后,这阎贵人的祖父为汉明帝时尚书阎章。阎章在汉明帝时因两个妹妹入宫为贵人,但汉明帝为了避嫌,对精通典律的阎章并没有委以重任，只让他担任步兵校尉，他的儿子阎畅生了几个儿子和女儿。其中女儿才色俱全，被选入宫，受到安帝的宠爱，被封为贵人。邓太后认为几代先帝的皇后都出生在南阳阴、邓和关西窦、马这四个外戚之家，因此与元初二年（115年）册封阎贵人为皇后。

此时，邓太后仍然把持着朝政，没有还政于汉安帝的意思。这就引起了大臣们的不满，郎中杜根上书要求太后还政给皇帝，邓太后大怒，叫人把他装在口袋里摔死。施刑的人敬慕杜根的为人，摔时不很用力，准备运出宫殿后待他苏醒，放他逃跑。邓太后不放心，派人来检查，杜根装死达三天，眼中生蛆。邓太后相信杜根已死，便不再检查。杜根才得以逃亡隐伏。平原郡吏成翊世也因奏请太后归政，被坐罪系狱。越骑校尉邓康，屡劝太后恬退深宫，邓太后不从，邓康托病不朝。太后心中不悦，便派侍婢女去探视，婢女由邓康家选入宫中，已服侍太后多年，当时老年的内侍，多称中大人，所以侍婢奉命看望邓康，通名时以中大人自称。邓康召侍婢入内，厉声呵叱："你出自我家，敢自称中大人吗？"侍婢无端受辱，回宫便说邓康心存怨望，诈称有疾。邓太后不禁大怒，将邓康罢免官职，削绝属籍。

永宁二年二月，邓太后身体不适，竟至吐血，可她还勉强起床，乘辇出殿视朝。到了春天三月，邓太后病势日重一日，不久去世，时年四十一岁，临朝听制有二十年。邓绥死后，安帝才得以亲政。尊谥邓绥为和熹皇后，与和帝合葬在慎陵。汉安帝亲政后，出人意料地对比较遵守规矩的邓氏家族进行了大清洗。

汉顺帝为什么重用大臣虞诩

虞诩，字升卿，是东汉陈国人。之所以取这个字，是因为在他出生时祖父虞经说道：东海郡的于公，积善行德闻名乡里，他的儿子定国便有善报，做到了三公。我执掌刑狱六十年了，务求宽恕，常常为人洗刷冤案。虽然比不上于公那么德高望重，也算可以的了！子孙难道不可能做个九卿吗？于是就给孙儿取字为"升卿"，表示先人留下教诲，要他奋发向上，造福天下。

虞诩很小就死了父母、祖父。成年后,与祖母相依为命,十分孝顺。陈国相国很欣赏他,要提拔他当官。他推辞道:我的祖母已经九十岁了,只有我才能赡养她啊。祖母寿终,虞诩送丧之后,便离开故乡,应太尉李脩的邀请,在太尉担任郎中之职。

当时汉安帝年幼,邓太后听政,国家内外多事,国势日衰,当权者飞扬跋扈,小人得志。就在这样一个政治环境之下,仍然有许多正直的大臣坚守自己的节操。李脩身居高位,或许其才能不怎么样,但是至少还是很忠心、懂得为天下着想的。不久便有一件大事,李脩听从了虞诩的意见,才使得大片国土不被抛弃。

当时东汉朝廷国防压力沉重,北部并州、西北部的凉州几乎同时遭到"羌胡反乱",为患极大,征战多年,未能平息。于是朝廷就有大臣以汉武帝"穷兵黩武"为鉴,主张放弃凉州,将西部的军队撤回来退保内地,而国家财政可以集中供给并州。即使大将军邓骘都声称:"凉州、并州的道理,就像是两件破衣服一般,拆掉一件来补另一件,还有一件可以穿。不这样做,则两件都不能穿了。"朝中的大臣没人吭声。

正在这时,小小的郎中虞诩,心忧此事,但是自己没什么声望和力量,于是苦劝李脩:"创业难守业更难,不能为了一点艰辛就前功尽弃。沦丧前线国土,只求保守后方是要不得的,这样后方随即也就成了前线了。凉州历来出精兵猛将,抛弃了凉州不仅抛弃了那里的人民,他们中间的豪杰还会因此怀恨,要是与胡人同心反叛,攻打过来,该怎么办? 现在为了军费而要抛弃国土,却不算算抛弃国土之后,长远的代价该是多少?"

听完这番话后,李脩觉得很有道理,再召集官员们商议,大家都一致听从了虞诩的意见。经过大臣们直言之后,邓太后也接纳了。于是凉州、并州危机果然得以解决。

但这件事使邓太后的哥哥邓骘很没面子,在他左右之下,朝廷将虞诩贬斥为一个小小的县令。虞诩知道这个消息后,笑道:"有志向,就不追求轻易;做事不避艰难,是我做为国家官员的职责;不遇到盘根错节的复杂,怎么能够体现出刀刃的锋利!"

到任以后,虞诩先去拜访上司——河内太守马棱。马棱接待虞诩,叹息道："你是一个文质彬彬的君子，在朝廷上仗义执言，怎么会被贬到朝歌来呢！"此时，河内有很多盗贼，马棱征求虞诩的意见，怎样才能平定盗贼。虞诩提出了两条计策，一是招募罪犯，赦免他们，派他们去"贼"中当内线，诱"贼"上当离山。然后设下伏兵，一举歼"贼"。这样各处的"贼"就很惊恐，也就不会那么猖狂了。二是派遣贫苦的裁缝，装作入伙，去给"贼们"做衣服，衣服上做上记号。以后"贼们"要是装扮成良民到乡镇村庄去，官吏立即便能擒拿。马棱采纳了虞诩的建议，果然奏效。这样，"贼众"都惊呼虞诩神明，自动解散逃生。

虽然虞诩得罪了邓家的人，但邓太后见虞诩这么能干，还是重用、重赏了他。将他提拔为武都太守。听说平定过盗贼的新太守来上任，羌人的首领非常愤怒，于是聚众数千在陈仓、崤谷一带阻击，拦劫虞诩。

陈仓是著名险地，之前有汉高祖"明修栈道，暗度陈仓"；后世有魏将郝昭在此，以一千兵卒坚守并击退蜀将诸葛亮数万大军。崤谷同样以绝险著名，春秋时晋军于此设伏，将秦将孟明视率领的大军打得全军覆没。这两个地方都不好办，敌人人多，虞诩兵少，该怎么办？于是虞诩计上心来，虞诩见到敌人后，马上装出害怕的样子，羌人首领看到这种情况，觉得他不过如此，开始大意起来。

虞诩趁着敌兵分散掳掠，不挡路了，便催促本部兵马，日夜赶路，每天走一百多里。又命令多作炉灶。有人问道："古时候有孙膑减灶破庞涓的战例，而您反而增灶。按兵法，军队在险要的地方行军，最多每天不超过三十里，以防备袭击，现在您驱赶我们，每天要走差不多两百里了！为什么啊？"虞诩答道："敌人多，我们兵力单薄。走得慢就容易被追上攻击，走得快就机动灵活，他们难以推测我们究竟有何意图。敌人发现我们不断增灶，还以为是武都郡派兵来迎接新太守。看到我们人数又多、走得又快，一定不敢追我们。孙膑示弱是为了引诱敌人，我现在示强，是为了迷惑敌人，形势不同，策略就应该有所不同。"

虞诩平安上任后，羌人恼羞成怒，集结一万多人攻打赤亭。虞诩只有兵士几千人。虞诩被围了十几天，觉得反攻的时机未到，于是命令军中，大弓硬弩不要发射，就只拿些小弓小弩敷衍了事。羌人以为虞诩没有大的弓箭，就大举进攻,不料虞诩这时候让埋伏着的强弓手一起出现,羌人大大震惊,马上撤退。虞诩率军追出城去,奋勇拼杀,很快取胜。

到了第二天,虞诩见敌军还不退,就利用他们大败后的惶恐心理,让本部将士从东门出、北门入,然后换一套衣服,再从东门出、北门入,再换、再出……其实就只一班人马,但是换衣服之后出入不断,仿佛为数极多。这一招让羌人搞不清楚虞诩的兵力究竟有多少,更加惊慌。于是虞诩暗中派五百将士在浅水边设伏,羌人果然逃跑,就在渡河时遭到迎头痛击,再次大胜羌人。羌人残部不敢再战,逃向南方益州。虞诩随即做一些善后工作,查看地势,设立一百八十座营垒以备日后抗敌。招募逃亡的原居民回来,借贷和赈济贫民,让他们安居乐业。就这样,武都郡重获太平。

汉顺帝即位后,召虞诩代替陈禅为司隶校尉,虞诩不畏强权,在京城又打击豪强和宦官受到了人民的拥护和赞誉。

汉顺帝册立皇后与太子内幕

公元89年,汉和帝即位,当时他只以为自己是窦太后的儿子。直到公元97年,即汉和帝永元九年,窦太后病逝。舞阴公主的儿子梁扈上书把汉和帝身世挑明后,汉和帝才追封自己的外祖父梁竦为褒亲愍侯,把被贬到九真的自己的三个舅舅梁棠、梁雍、梁翟都封为侯爵,赏赐巨万,宠遇无比,梁氏一族自此开始发迹尊显。其实,梁氏与东汉皇室的关系由来已久,梁竦的爷爷梁统曾在王莽时期任酒泉太守,刘秀建立东汉后归附刘秀,成为开国功臣,被封侯任官。梁统还常常上书言事,劝皇帝立君之道,以仁义为主。梁统后来到九江任太守,清廉刚正,当地人畏而敬之。梁统死后,他的儿子梁松袭侯,娶光武帝刘秀的女儿舞阴公主。梁松非常精通儒家的经书,常与皇帝一起议定礼仪,受到皇帝的宠幸。汉光武帝死后,遗诏梁松辅佐汉明帝。汉明帝继位后,梁松受到弹劾,说他怀私推荐官员,事发被免官,后来又牵涉写匿名书诽谤,结果被下狱处死。

梁雍的儿子梁商以外戚的原因,年纪轻轻就袭封侯爵。汉顺帝永建三年,汉顺帝十四岁的时候,依照汉制选宫女,梁商的女儿梁妠此时年仅十三岁,与梁商的妹妹同时选入宫中。

梁妠自幼聪明伶俐,很善于做女工,大家闺秀的琴棋书画她都很精通,又特别喜爱读史书。她九岁的时候就已经读完了《论语》,并能明白其中的大义。她还年少有志,经常将古代的知名仕女图挂在墙上,仿照学习和自励。梁商对女儿的聪慧十分惊奇和器重。他曾经私下对他的几个儿子说:以后能给我们家带来荣华富贵的,恐怕只有你们的梁妠姐姐了。

梁妠被选入宫后,有了接近皇帝的机会。皇宫内的相士见到梁妠后十分惊讶,说她是从未见过的富贵相。梁妠与她的姑姑同时被封为贵人后,梁妠很受汉顺帝的宠爱,经常被召幸,梁妠聪慧、温柔,不专以色侍帝,她经常对皇帝说:"后妃们只有不互相妒嫉,皇上您才会子嗣众多,这才是皇帝的大幸"。汉顺帝听了她这么知书达理的话,十分感动,更加喜爱和敬重梁妠了。

阳嘉元年(132年),汉顺帝年满十八岁,按照汉代的礼制,有司上书皇帝,要求皇帝为了国家着想,册立皇后。汉顺帝准奏,召集大臣朝议此事,有的大臣向汉顺帝上奏说:梁家世代为名门贵戚,梁商的女儿梁贵人,知书达理,后宫的嫔妃对她也很佩服。应该册立为皇后。这正合皇上的心意,因此顺帝高兴的封梁妠为皇后。

梁妠身为皇后,从历史的经验中知道外戚专权不仅对国家不利,还往往招致灭门之祸,因此,她常常以史为镜,力诚自己的家人遵守法律,忠于职守,不要骄横跋扈和贪赃枉法。她也处处谨慎,严格要求自己,对待嫔妃、宫女和周围的太监都很和善。她还经常劝诫汉顺帝以国事为重,不要贪恋酒色,要亲近贤臣,远离小人。因此,她在宫中很有威望,也深得汉顺帝的宠爱和敬重。遗憾的是梁皇后没有生育。她的姑姑梁贵人也没有生育。汉顺帝的虞美人生有一子一女,梁皇后非常宠爱他们,视为自己的亲生。建康元年(144年),汉顺帝立虞美人的儿子刘炳为皇太子。

梁商并不是那种因为自己的女儿富贵,就飞扬跋扈的小人。梁妠被封为皇后之后,汉顺帝厚赐这位老丈人驷马大车。阳嘉二年(133年),又下诏封梁商之子梁冀为襄邑侯。梁商觉得自己的儿子没有为国家做出贡献,就没有接受这个对别人来说求之不得的爵位。梁商为人诚实雅重,天资聪敏,孝顺父母,兄弟和爱,又不爱钱财,是个廉洁不贪的好官。

梁商深知自己以外戚的身份才得以骤升高官,待人更加谦柔和顺。每逢饥年,就令仆人赶着牛车,把米盐菜钱送给饥民,甚至连姓名都不留下。无论从哪方面讲都是个宽厚的彬彬君子。

但是,梁商为人性格懦弱,没有威断的气派,和太监曹腾等人私交甚厚,两个儿子梁冀、梁不疑也和宫内几个小黄门关系密切。宫内太监之间关系复杂,相互倾轧,中常侍张逵等人就诬陷梁商和太监曹腾等阴谋废立,向皇帝告状。汉顺帝一点也不糊涂,愤言道:"梁商是我的亲戚,曹腾是我所倚重的人,他们肯定没有这个阴谋,肯定是你们陷害他。"张逵等人听后非常害怕,离开皇帝后就假传圣旨把曹腾等人在宫内逮捕收押。皇帝听说此消息后震怒,命人立刻释放曹腾等人,逮捕张逵和几个兴事的太监,严刑拷打后杀掉。

虽然梁商此次幸免于难,也是受惊不小。两年以后,病重卧床。他临终嘱咐儿子梁冀等人:"我本来没有为朝廷作出什么贡献,但却一直享受荣华富贵。死后千万不要为我耗费公款。金珠宝玉随葬,对我的这一把骨头没有什么用处!我死之后,用我平时所穿旧衣收敛,祭奠用常饭,不必用三牲的大礼。你们要是孝顺的孩子,就听我的话,千万不要违背我的遗言。"梁商死后,汉顺帝亲临其丧,赐以东园秘器陪葬,钱二百万,布三千匹,仍旧按照朝廷礼制厚葬。即便如此,梁商一辈子仍旧是勤勤恳恳,任劳任怨,忠君孝义,说他是君子长者一点也不为过。

永和六年(141年),梁商死后,梁冀接替父职。梁冀的出现,像一颗灾星,不仅使外戚专权达到了空前地步,更使东汉的政治进一步昏暗。

冲帝、质帝之死与桓帝继立

梁冀是梁商的儿子,梁商虽然一辈子正正直直,但是梁冀却没有继承父亲的遗风。他自幼生长在京师洛阳,他长相凶恶,面目可憎,两肩像鹞鹰一般向上突起,如同现代女式服装的垫肩,眼睛像豺狼一样横眉立目,直眼瞅人贼溜溜的,说话结结巴巴,吐字不清,要文化没文化,仅能记个简单的数字而已。由于自小生长于豪门贵戚之家,因此自少年时候起,便游逸成性,恣意妄为,横膀子到处乱逛。他还是个大酒包,弹棋、踢球、耍钱、玩鹰弄狗、走马斗鸡无所不好。最初在宫里混个黄门侍郎,掌管通风报信,跑腿学音,不几年间青云直上,当上了负责京师治安的执金吾。永和元年(136 年),又升任河南尹,为京都地区最高行政长官。

他在任上嗜酒放任,干了不少违法的事情。梁商的老朋友洛阳令吕放趁进京的机会,常常提起梁冀骄纵不法的事情,梁商知道了自己的儿子干的这些坏事后,派人去责骂梁冀。梁冀很气恼,派人埋伏于路,趁吕放回洛阳时把他刺杀。为了打消老父梁商对自己的怀疑,他推荐吕放的弟弟吕禹为洛阳令,对外扬言吕放是被与吕氏平素有过节的仇家所杀,然后帮着吕禹包围全然不知就里的吕氏"仇家",连带宾客全部杀尽,屠戮一百多人。

建康元年(144 年),年仅 30 岁的顺帝由于得了重病死掉了,太子刘炳(母为虞贵人)即皇帝位,时年不到一岁,还在襁褓之中,是为冲帝。大权落到了梁太后手中,梁太后虽然是一个比较知书达理的女主,但是她既要处理后宫之事,又要处理朝政,忙不过来,因此很倚重自己的哥哥,这样朝廷的大权便落到了梁冀手中。冲帝在位不到一年,也病死了。当时,候选皇帝有清河王刘蒜和渤海孝王之子刘缵。太尉李固等人劝梁冀等人迎立长君,以安天下。但梁冀为了长期把持朝政,最终立年仅八岁的刘缵为皇帝,这就是汉质帝。

汉质帝是东汉章帝刘炟的玄孙,他即位后,梁太后非常信任正直的大臣李固,将朝廷的很多大事都委任给他,梁冀对此深为嫉恨,他派人写匿名信诬陷李固说:"太尉李固假公济私,树立私党。李固拉帮结派,罪应诛杀。"梁太后倒是个明白人,看完匿名信就扔掉,根本不相信其中言辞。

汉质帝虽然是个小孩子,但非常聪慧,很会识别好坏人。有一次举行朝会,他望着梁冀说:"这真是个跋扈将军啊!"梁冀听说后,又恨又惧,生怕小皇帝长大了会不利于己,就派手下在汤饼中下毒药给小皇帝吃。小孩子吃了毒饼后非常难受,腹内如绞,痛苦之余叫人把太尉李固召至殿内。小皇帝此时还能说出话来,李固问他病因原由,孩子说:"吃了汤饼就变成这样。现在我肚里烦闷疼痛，喝了水兴许还能活下来。"当时大将军梁冀也在一旁，竭力反对："喝了水就会呕吐，不能喝水。"阻止周围的人给汉质帝喝水，汉质帝辗转痛苦了好一阵子后终于毒发身亡。李固伏尸痛哭，让人深究病因和御医的责任。梁冀害怕阴谋败露，更加怨恨李固。在梁冀的干预下，查来查去也没有查出个所以然来。

汉质帝死后，大臣们又聚集在一起，商议立新帝的事情。太尉李固、司徒胡广与司空赵戎都向梁冀表示："现在我们王朝非常不幸，还没过几年，就已经死掉三个皇帝了。另立皇帝的事情重大，应该好好考虑。"意思是要他扶立长君，不要再弄个孩子坐上皇位。由此，大臣们再次推举清河王刘蒜。

此前，皇宫内的大太监曹腾曾经拜见过刘蒜，想拥立他为皇帝，从而捞取自己的利益，但是刘蒜对曹腾很不客气，这就引起了曹腾的嫉恨，曹腾回宫后，宣扬说：刘蒜说他当上皇帝后对那些干预政事的太监要给予重罚，由此宫内的宦官势力都认定刘蒜上台不利于自己。当时，平原王刘翼的儿子蠡吾侯刘志已经十五岁，梁太后想把自己的妹妹许配给他，叫他来京城相亲。正好赶上汉质帝被毒死，梁冀就想顺势迎立刘志。曹腾等人也支持梁冀，连夜劝说："大将军您几世贵为外戚，长期执政，宾客纵横，多有过失。清河王刘蒜为人威武明断，果真他当上皇帝，大将军您就大祸临头了呵。不如立刘志，可以长保富贵。"梁冀认为曹腾说得很对，为了自己继续掌握大权，他决定立刘志为帝。

当朝廷公卿们聚集在一起商议谁将继位的大事时，梁冀不仅表面上气势汹汹，而且还带着军队包围了皇宫，他提出要立刘志为帝。大臣都慑于他的淫威，而惊得屏息低头不敢言语，只有大臣李固和杜乔坚持原来的意见。梁冀理也不理他们，一扬手，厉声喝道："散会！"下朝后，李固仍继续写信请梁冀三思，这使梁冀对李固更加忌恨。他进宫逼妹妹梁太后下诏罢免了李固的官职，接着梁冀本人亲自以青盖车迎接刘志入宫为帝，梁太后临朝听政。这位皇帝就是东汉末年最出名的桓帝，与汉灵帝一起被后世称为乱国之君的典范。

由于梁冀拥立了刘志，有定策的大功，朝廷下诏增封梁冀一万三千户，连几个附和梁冀的太监也封了侯爵。汉桓帝又立新娶入门的梁太后妹妹为皇后。可笑的是,虽为亲姐妹,姐姐是太后,妹妹是低一辈的皇后,无论如何,都是梁家人。同时,英明严毅的清河王刘蒜也被诬称与贼沟通妄图称帝,贬为侯爵后迁到桂阳,后自杀。不久,梁冀又诬称李固、杜乔暗地里勾结,阴谋不轨,将二人逮捕入狱并很快派人把他们杀死后暴尸街头。两人皆以三公之尊,未经正式审讯就轻易杀掉,可见梁冀的权势已经到了何种地步。

汉桓帝为什么要卖官鬻爵

汉桓帝,名刘志,是汉章帝的曾孙。因为汉质帝被梁冀毒害,他得以幸运地登基为帝。汉桓帝在位时间二十一年,而前十三年间,他只是个傀儡皇帝,真正的朝政大权由外戚梁冀总揽。在二十八岁亲政后,汉桓帝在宦官势力的协助下灭了梁氏一族,结果却引来了宦官专权,使朝政更加混乱。

汉桓帝还到处搜集美女,在后宫藏了佳丽千万。以满足其奢侈荒淫的放纵生活。他还异想天开地要"卖官鬻爵",公开破坏了东汉的政治法规,败坏了社会风气,引发了激烈的社会和阶级矛盾,实际上加速了东汉王朝的灭亡。那么,汉桓帝为什么要"卖官鬻爵"呢?

当时,梁冀是大将军,是当朝梁太后的哥哥。梁冀专横跋扈,无所不为,朝廷内部呈现出贿赂公行,政出私门的局面,造成了政治上的极端黑暗。梁冀册立了汉桓帝后,权力达到了顶点。汉桓帝对他极端尊崇,委以重任,甚至准许他可以"入朝不趋,剑履上朝,谒赞不名,礼仪比萧何",又加了四县给梁冀作为其食邑,赏赐金钱、奴婢、车马、甲第等。梁氏一族中,还有梁不疑被封为颍阳侯,梁蒙被封为西平侯,梁胤被封为襄邑侯,梁冀由此更加专横暴虐。百官升迁,居然要先到他的家里谢恩,然后才能到尚书台办理手续。地方贡品,上等的献给梁冀,次等的才给汉桓帝。梁冀的跋扈张狂,其实让汉桓帝无比痛恨。延熹二年,梁太后病逝,汉桓帝依靠宦官单超等五人的势力,一举诛灭了梁氏的势力。

这次政变,消灭了梁氏外戚的势力,却又导致了宦官专权时代的到来,朝政非但没有平定下来反而更加混乱了。单超、左悺、徐璜、具瑗、唐衡等五人,因诛灭梁氏有功,位同三公,朝政大权由宦官们牢牢把持。这些宦官一朝得势,横行霸道,穷极奢侈,倒行逆施,把东汉政府弄得乌烟瘴气。他们还在地方上安排爪牙,把持从中央到地方的各级政务。甚至还强抢民女,强迫逼为妻妾;霸占民田民宅,大兴土木;收养义子,世袭爵位;滥施淫威,追求铺张排场。各级官吏上行下效,都是贪婪暴虐之徒,鱼肉乡里,导致民不聊生。东汉的社会矛盾不断尖锐和激化起来,人民群众开始觉醒,奋起反抗了。

公元159年,羌族人民再也忍受不了贪官污吏的疯狂野蛮压榨,掀起了少数民族大起义,声势浩大。他们的起义军很快扩展到了三辅及并州和凉州,东汉政府派护羌校尉段颎进行了血腥的镇压,起义的大旗却更加高高飘扬,熊熊的起义大火越烧越旺。随后,东汉政府改派中郎将皇甫规,他采取镇压和安抚相结合的办法,严惩了一大批贪官污吏,这才逐渐平息了羌族人民倡导的大起义。

公元162年,荆州南部地区的人民也举行了英勇的起义,起义军攻打长沙、桂阳等地,在苍梧、南海、交趾等地厮杀,联合当地人民,杀富济贫,惩治贪官污吏。人民群众纷纷投奔起义军队伍,给东汉王朝以很有力的打击。东汉政府不得不消耗了大量的财力、物力来镇压人民的反抗。然而,被压迫的人民并没有屈服,从当时流传着一首民歌我们就可以看出:发如韭,割复生,头如鸡,割复鸣,吏不必可畏,小民从来不可轻。

汉桓帝无视内外交困的局面和国库空虚的现状,恣意圈养着上万宫女,供其淫乐,以维持、满足他腐朽糜烂的生活。以汉桓帝为首的统治阶级,穷极奢侈,致使国库枯竭。他还借口羌族人民大起义,从公元161年开始,施行"卖官鬻爵",以此来聚敛财富,供其挥霍。他下令以不同的价格售卖关内侯、羽林郎和五大夫等重要官职。不问来人的才学和品德,只要有钱就可以买官来作。这样的官吏一上任,就开始疯狂野蛮的搜刮老百姓,他们残暴凶恶,盘剥压榨老百姓,以此来把他们买官的钱加倍地夺回来。东汉各级官吏一时间横征暴敛,贪赃枉法,奢侈糜烂,穷凶极恶。汉桓帝靠这"卖官鬻爵"的办法确实大捞了一把,他还为自己的"灵活机智"而洋洋得意,却不知自己的无知、昏庸、荒唐、愚昧,早已使原本就岌岌可危的东汉王朝更加腐败,吏治更加黑暗,各种矛盾日益突出尖锐。这下子,东汉政权真是摇摇欲坠,真的走向灭亡和崩溃的边缘,无药可救了。

由此,我们可以看出,外戚和宦官交替专权,是东汉政局的一大特征。帝多年少,太后势力强大,母家党羽众多;宦官身居朝中日久,自然也不甘落后。外戚和宦官这两股势力,以皇帝为筹码,在宫廷中明争暗斗,把持朝政大权,是实质上的皇帝。小皇帝多年少不经事,以为后党干涉朝政,便依靠宦官以图夺权亲政,殊不知自己赶走的是一匹狼,引来的却是一群狼,终落得个被人利用的下场,或死于非命,或亡于声色犬马之中。可叹汉高祖刘邦和光武帝刘秀开创和后续的汉室基业,就这样毁在了外戚和宦官这两股势力手中。

灵帝为何修建裸游馆

汉灵帝刘宏的"灵"在谥法中解释为:"乱而不损曰灵",汉灵帝确实是个极度追求淫欲的皇帝。灵帝即位之后立宋氏为皇后。宋皇后是扶风平陵人,因为她性情平和、缺乏女人味而得不到灵帝的好感。但是又处在正宫的风口浪尖上,后宫里受到宠爱的嫔妃都交相诋毁她。中常侍王甫枉杀渤海王刘悝及他的王妃宋氏,宋氏是宋皇后的姑母,王甫怕宋皇后迁怒于他,就与太中大夫程阿诬陷宋皇后在宫廷里挟巫蛊诅咒皇帝,灵帝正愁没有废去皇后的借口,于是在光和元年收回她的玺绶,宋皇后不久忧郁而死。接着她的父亲和兄弟全部被杀。这般冤枉,宫中的人都很同情她。一天灵帝做了个梦,梦见已故的桓帝指责他枉杀宋皇后,还说宋皇后到天帝那儿去告他。天帝很生气,后果很严重,是不会赦免他的。先帝托梦本来就是很严重的事情,又加上天帝生气,这事情就更严重了。灵帝十分害怕,就问羽林左监许永这是什么征兆。许永就趁机表明了宋皇后的无辜,还请求改葬以便冤魂得到安宁。灵帝虽然受制于宦官,没有听从许永的话,但他能做那样一个梦,说明在内心的深处多少也是有一些愧疚的。

皇后不能得到灵帝的欢心,他就把眼光放到宫里别的女人身上。随着年龄的增长,他对女人的兴趣也就随之增加,"淫乱"的本性渐渐暴露出来。他在后宫里随时随地看中了哪个女子长得美艳就拉到床上交欢。这种荒唐的行为实在令人瞠目结舌,不过在汉代可能还算不得不能接受。灵帝同时的大儒郑玄,就曾在《周礼注》中为皇帝精心制出过一份性交日程表:"女御八十一人,当九夕。世妇二十七人,当三夕。九嫔九人,当一夕。三夫人,当一夕。后,当一夕。亦十五日而遍。"也就是说,皇帝要在短短的半个月里和这121个女子颠鸾倒凤。看来这份任务实在艰巨,做皇帝的得"鞠躬尽瘁"才行,也难怪东汉那么多皇帝都短命而死了。不过由此也可以看出,只要不是皇后,即使贵为夫人九嫔,也得大家一起任皇帝当众乱搞。

中平三年(186年),灵帝又在西园修建了1000间房屋。让人采来绿色的苔藓覆盖在台阶上面,引来渠水绕着各个门槛,到处环流。渠水中种植着南国进献的荷花,花大如盖,高一丈有余,荷叶夜舒昼卷,一茎有四莲丛生,名叫"夜舒荷"。又因为这种莲荷在月亮出来后叶子才舒展开,月神名望舒,就又叫它"望舒荷"。在这个恍如仙境的花园里,汉灵帝命令宫女们都脱光了衣服,嬉戏追逐。有时他自己高兴起来,也脱了衣服和她们打成一片。所以,他就给这处花园赐名为"裸游馆"。

说起来,这种男男女女一起光着屁股打打闹闹的创意,并不是汉灵帝第一个想出来的,商代有名的暴君纣王就干过这样的事情。他那个有名的"酒池肉林",就是以酒为池,悬肉作林,让男女一起脱光了衣服来做"长夜之饮"。不过那时毕竟是上古,物质条件匮乏,人们也编不出什么新花样,只以满足口腹为第一要务,所谓"淫欲"不过是附带而已。汉灵帝既然是威震四方的大汉天子,自然要比那个比部落酋长好不了多少的商纣王有情调。于是,当夏天到来的时候,他就选择肌肤如玉、身体轻盈的宫女执篙划船,摇漾在渠水中。有时盛夏酷暑,他还命人将船沉没在水里,观看落在水中的裸体宫娥们玉一般华艳的肌肤。这些宫女的年纪都在14岁以上18岁以下,正值青春年少,妖娆如花。汉灵帝看着她们载沉载浮,莺歌燕语喧闹一片,自然心怀大畅,不免也下水与她们"裸游"一番。他又让宫女们演奏《招商七言》的歌曲来招来凉气,于是莺莺燕燕们便品丝调竹,曼曲轻歌起来:凉风起兮日照渠,青荷昼偃叶夜舒,唯日不足乐有余,清丝流管歌玉凫,千年万岁喜难逾。灵帝与美女在裸游馆的凉殿里裸体饮酒，一喝就是一夜。他感叹说："假如一万年都如此，就是天上的神仙了。"灵帝整夜的饮酒直到醉得不省人事，天亮了还不知道。宫廷的内侍把一个大蜡烛扔在殿下，才把灵帝从梦中惊醒。

汉献帝是怎么变成傀儡的

汉献帝，名刘协，他的父亲就是东汉有名的昏君汉灵帝。他就是东汉的最后一个皇帝，在汉室皇位落入曹氏父子手中之前，他一直都是一个傀儡皇帝。

在刘协年幼的时候，经历了外戚和宦官交替掌权的这样一个在东汉一朝特有的政治局面，其间围绕着权力，产生了很多的血雨腥风。九岁时，刘协被当时的大奸臣丞相董卓立为皇帝，随后就开始了他一生饱受欺辱的傀儡皇帝生涯。他就像一个玩偶，被各种势力争来抢去，受尽挟制，也任人摆布，可谓是失去了尊严还要遭到凌辱。直到最后，刘协落入了曹氏父子手中，在曹操和曹丕的淫威之下，继续苟且偷生。公元 220 年，曹氏的羽翼已经丰满，不再需要他这个傀儡皇帝作为自己夺取政权的幌子了，于是，汉献帝被迫将自己的汉室皇位让位给曹丕，结束了自己屈辱悲惨的一生，也同时结束了汉朝的历史。

纵观东汉一朝，皇帝年幼，外戚和宦官交替专权是一个很明显的政治特征，汉室政治格局也因此而与众不同。很多小皇帝都悲惨地沦为外戚和宦官们争权夺势的工具。那么，汉献帝又是怎么沦为一个傀儡的呢？

这要从他的父亲、昏君汉灵帝说起。汉灵帝荒淫无度，贪婪无耻，不分是非，混淆黑白。这导致了宦官在宫内玩弄权术，官僚也无心治理，只贪图敛财，终致民不聊生，百姓怨声载道。汉灵帝末年，爆发了著名的黄巾大起义，这沉重地打击了早已摇摇欲坠的东汉政权，整个王朝在衰落，不可逆转地在瓦解中走向灭亡。汉献帝刘协就是在这样一个积贫积弱的历史背景中，登上了皇位，纵然他再有千万般本事，也回天乏术了。

汉献帝刘协生来命运坎坷。他的母亲是汉灵帝时的王美人。王美人怀孕时，害怕当时的皇后何氏——一个屠夫的女儿嫉妒自己，就不敢产子，遂服用了打胎药,可是,没有奏效,刘协还是历尽艰难地来到了人世。善妒的何皇后闻听此事,果然醋劲大发,以至于真的毒死了王美人。此时刘协尚未过满月,就被祖母董太后抚养。刘协从小举止高贵端庄,颇有皇家风范,因此很得汉灵帝的喜爱。而何皇后的儿子刘辩举止轻浮粗俗。由于刘辩是皇长子,因此汉灵帝犹豫着一直没有确立太子的人选。结果不久后汉灵帝就病死了,刘辩被他的舅舅,大将军何进立为少帝,刘协被封为陈留王。

少帝新继位,东汉的宦官势力和外戚势力又一如既往地为权力争夺了起来。最后,是并州牧董卓取得了胜利,控制了京师的政治形势,他以司空的身份废掉了少帝,改立陈留王刘协为帝。从此,年仅九岁的刘协开始了他痛苦悲惨的一生。

董卓自封为相国,又加封了太师,横行霸道,鱼肉乡里,为所欲为。汉献帝在董卓的淫威逼迫之下,噤若寒蝉,是个名副其实的傀儡。各地豪强地主,纷纷以讨伐董卓这个大奸相的名义起兵,共同推举了袁绍为盟主,围攻洛阳。董卓挟持着汉献帝,迁都于长安。其实汉献帝无时不想摆脱董卓对自己的控制,他希望借助军阀势力来消灭董卓,可惜无人把他当回事,自然没有人理睬他。公元192年,司徒王允和中郎将吕布密谋,利用貂蝉这一美人计策划刺杀了董卓,朝政大权遂由此二人把持。

王允是个狭隘多疑的人,也树敌无数,后来也被诛杀。汉献帝又落入了旁人的手中,依然不得自由,又从长安颠沛流离地回到了洛阳。刘协本以为能过几天安宁的日子了,却又遭遇了愈演愈烈的军阀争霸之战,最后,曹操抢先占领了洛阳,牢牢控制住了汉献帝。"挟天子以令诸侯",曹操后又要挟汉献帝迁都许昌,就连皇宫侍卫也都换成了曹氏党羽,汉献帝与自己的臣子们被隔绝起来,忠于汉室江山的朝臣被杀,再也没有人真心为汉家江山着想了,刘协真的成了孤家寡人。

在被曹氏软禁的日子里,刘协也想过抗争,可他的力量太薄弱了,根本就不堪一击,终究还是敌不过曹氏的强权,改变不了自己受挟制被凌辱的命运。汉献帝有个贵人姓董,是董承之女,本已怀孕,她的父亲被曹操视为眼中钉,所以就连汉献帝含泪恳求曹操放过董贵人一马时都被曹操粗暴地拒绝了,董贵人终于被曹操所害。可怜一个堂堂天子,竟连一个怀有自己骨血的女人都保护不了,刘协心中的悲愤可想而知。

公元213年,曹操自立为魏公,汉献帝明白,曹氏自立代汉的日子不远了,自己傀儡的命运也快到头了。汉献帝的皇后姓伏,是伏完之女。伏皇后目睹了曹操对汉献帝的残暴和凌辱,感到汉室江山已经危在旦夕,再不救就来不及了,于是偷偷地写信给自己的父亲,求父亲伏完采取行动来推翻曹操。可伏完知道自己的势力根本不足以与曹操抗争,不敢以卵击石。可这封密信的内容不知被谁泄露,让曹操知道了,曹操大怒,代替汉献帝写好了废后的诏书,命令汉献帝废后,又派御史大夫去捉拿伏皇后。当伏皇后从宫内拖出时,她披头散发,赤裸双脚,其惨无比。她跪着向汉献帝哭诉道:你是一国之君啊,就不能给我求情,留下一条生路吗?可曹操根本就不理睬汉献帝的苦苦哀求。最后,伏皇后被幽禁而死,她的两个皇子也被毒死。汉献帝眼睁睁地看着自己妻离子散,自己却无力保护他们,大受刺激,痛苦时时折磨着他的心。然而,他也深刻的明白,更大的变故,还在后面等着自己。

公元220年,曹操病死,曹丕逼迫汉献帝让位给他。曹丕还居然封汉献帝为山阳公,还要汉献帝向自己磕头谢恩。刘协就这样孤寂地又活了十四年,最后抑郁而终。

汉献帝刘协的一生,是傀儡的一生,历尽磨难,饱受欺凌,任人摆布,生不如死。和历代帝王相比,他的命运是比较悲惨的。汉室江山败落在他的手里,他自然受后人唾骂,可殊不知,他继位时的天下,就已不是他的天下了。

第二章　皇后妃子篇

国学经典文库

皇家的韵事一向是人们最感兴趣的话题，社会是由男人和女人两部分组成的结合体，皇帝的后宫，历来都是女人钩心斗角、兴风作浪的地方，于是，历史上就有了吕后巾帼不让须眉的专制与狠毒；戚夫人的绝美与凄惨；阿娇在"金屋"中的不满与绝望；卫子夫的柔媚；赵飞燕的风情……

吕后为什么那么狠毒

吕后是中国历史上一位十分狠毒的皇后，她为人刚烈，为刘邦巩固政权、诛除异姓王侯出了不少力。刘邦死后，她的狠毒和野心进一步暴露出来。

吕后的儿子刘盈性格软弱，刘邦觉得刘盈的性格不像自己，一直对他没有好感。而刘邦的另一个妻子戚夫人的儿子赵王刘如意却英武果敢，和刘邦年轻时一模一样，因而深得刘邦的欢心。刘邦几次想立刘如意为太子，但由于大臣们的极力反对，刘邦才只好作罢。刘邦对戚夫人的宠爱引起了吕后的醋意，而刘邦想立刘如意废刘盈的念头更让吕后仇视戚夫人。吕后认为这一切都是戚夫人背后捣的鬼，她咬牙切齿，一直想置戚夫人于死地。

戚夫人是刘邦在战争中认识的。她能歌善舞，又年轻貌美。因此深受刘邦宠爱，也让吕后嫉恨在心。戚夫人生了一个儿子，取名如意。刘邦常说："这个孩子像我，甚合我心意。"因此，萌生了废吕后所生的太子刘盈，改立如意为太子的想法。不过，吕后毕竟心计颇深。她求张良帮忙，为太子刘盈请来了四位号称"商山四皓"的老人。刘邦见了，十分惊讶，问他们："朕

曾经请你们出山,你们不肯,现在怎么肯帮助太子了?"四位老人回答:"太子仁厚,礼贤下士。我们甘愿为他效命。"刘邦回去后,无奈地对戚夫人说:"太子羽翼已丰,请来了商山四皓帮忙,废不掉了。"

刘邦死后,吕后便做了太后,她令戚夫人穿上囚衣、戴上铁枷在永春巷春米。戚夫人悲痛欲绝,作歌曰:子为王,母为虏,终日春薄暮,常与死为伍!吕后知道后,就毒死了赵王如意并下令斩断戚夫人的手脚、挖眼熏耳、喂以哑药,丢入厕所,称为"人彘",并带儿子汉惠帝前来观看。汉惠帝见了,都不忍心,吓得脸色大变,大叫:"这不是人做出来的事!我是你的儿子,我没脸再掌管天下了!"于是,此后,刘盈果然不理朝政,吕后就名正言顺地开始处理朝政。

吕后不仅杀害了赵王,残害戚夫人,而且还着手清洗刘邦的另一些已封为王的儿子,以防止他们威胁汉惠帝的皇位。不久,楚王、齐王入朝拜见汉惠帝,汉惠帝见到他们非常亲热,就请吕后一起来陪着饮酒。在酒席上,汉惠帝认为齐王比他年长,就请他坐在了上座。这下可把吕后惹恼了,她暗想:"齐王欺我儿子软弱,竟敢堂而皇之坐上座,这不是公开藐视我们母子吗?"于是,她令人斟了两杯毒酒,放在齐王的桌上,并催促他赶快喝掉。

汉惠帝见吕后神色不对,怀疑她赐给齐王的酒中有毒,当齐王举杯欲饮的时候,他也拿起齐王桌上的另一杯酒,做出准备和齐王同饮的样子。吕后见势不对,急忙上前打翻了汉惠帝手中的酒杯。齐王看见事情不妙,连忙装出喝醉了酒不能再饮的样子。

后来齐王主动交出了几座城给吕后的女儿鲁元公主,才让吕后解了心中怨气,自己也逃过一命。齐王逃过了太后的谋害,赵王刘友却没有这么好的运气。赵王的夫人是吕后娘家的人,赵王因为得罪了她,惹火了吕后。于是,吕后派人将赵王召回长安,然后将他软禁起来,不给他饭吃。可怜赵王就这样被活活地饿死了!赵王饿死后,吕后让梁王刘恢当赵王,刘恢心怀不满。为了防范刘恢,吕后在刘恢的宫中遍插亲信,并处处压制刘恢。刘恢不堪其辱,不久自杀身亡。

就这样,吕后用种种方法,先后杀死了刘邦的好几个儿子。但是她一心想保护的亲生儿子知道她的种种恶行后,让人对吕后说:"你这样残害戚夫人和我的兄弟,已经没有半点人性了。可悲的是,我竟然是你的儿子。有你这样心如蛇蝎的母亲,我还有什么面目面对天下百姓呢?"

从此以后,汉惠帝整日闷闷不乐,纵情酒色,不久就抑郁成疾,一命呜呼了!

戚夫人究竟是怎么死的

汉高祖刘邦前半生过的孤孤单单的,后来当上了汉王,继而又成为皇帝,则一改往日的惨景,招揽了许多美女环绕在自己身边,供自己享乐。在这些美人之中,他最宠爱的就是戚夫人。据说这位戚夫人生性温婉,美丽迷人。刘邦常常当着大臣的面儿,毫不避嫌地怀里抱着她,同时纵谈国事。戚夫人还为刘邦生了一个儿子,起名叫如意,就是后来的赵王。如意这孩子也很得刘邦的宠爱,聪明伶俐、坚决果敢,常在刘邦身边撒娇,喜得刘邦合不拢嘴。刘邦常觉得如意才真正像自己的继承人,比太子刘盈合适多了。

戚夫人当然也明白母以子贵的道理,自己现在还很年轻,容貌尚在,所以刘邦还很宠爱自己,但是等到自己年老色衰了,刘邦对自己失去了兴趣,或是刘邦不在了,自己母子的日子就难过了。于是,她也把宝押在儿子如意身上,希望刘邦因为对自己和儿子的宠爱,能废掉吕后所生的儿子刘盈,改立如意为太子。这样,日后自己就能成为皇太后了。所以,为了这个目的,她经常在刘邦的耳边吹枕边风,说什么也要刘邦改立太子。那时,吕后尽管把戚夫人视为眼中钉、肉中刺,但是因为刘邦太宠爱她,也无可奈何,尤其是废立太子的事,更让吕后感到忧心忡忡。戚夫人整天在刘邦身边哭哭啼啼的,刘邦被她哭的实在烦了,而且自己也确实有改立太子的想法,就决定让大臣们讨论改立太子之事。

然而在群臣的坚决否决和吕后的干预下,戚夫人的计划最终没能实现。刘邦在权力平衡的思量之下,仍旧选择了保留刘盈的太子之位。刘邦深知自己的妻子吕后善妒,在他临死前,仍然对戚夫人和如意感到非常不放心,对他们的归宿做了很好的安排。他封如意为赵王,留守赵地,同时派周昌保

汉宫秘史

卫辅佐他,希望这样可以让如意避开吕后,或许可以使他们母子免于劫杀。然而,他的苦心安排终于还是没有能够避免惨剧的发生。刘邦一死,戚夫人母子就遭了殃。

刘盈即位为惠帝后,知道母亲一心想害自己的弟弟如意,就特意把如意接到自己身边,以便就近保护他。但是,惠帝千防万防,如意还是被吕后下毒毒死了,而戚夫人更是遭受到灭绝人寰的杀戮。

吕后实在恨戚夫人入骨,她让人拔掉戚夫人的头发,给她戴上沉重的枷具,整日游街行走,极力羞辱她。后来,吕后还觉得不甘心,又命人斩断戚夫人四肢,挖眼熏耳,灌哑药使其失声,再把她扔到茅房里,让她身上长满了蛆虫。她还非常恶毒的通知宫中的人,让大家都来看"人彘"。应命而来的人们看到这种惨状,全都不禁落泪。可怜戚夫人这一代美人,在刘邦生前集万千宠爱于一身,身后却落得个如此下场,死时连尸骨都未能保全。更何况临死前还要遭受如此非人的折磨。

惠帝刘盈也曾经亲眼看见了"人彘",当时只觉得恶心。后来,当他知道如此残忍的事正是自己的母亲所为时,更是感到深恶痛绝。然而,当他知道那"人彘"就是宫内最美艳,当初父王最宠爱的戚夫人时,他的精神受到了强烈的刺激,竟然从此病了一年多。从这以后,他也就心灰意冷,不理朝政了,使汉室大权落于吕后之手。

戚夫人的死是吕后铲除眼中钉肉中刺、不择手段的结果。和戚夫人相比,薄姬就是幸运的了。同为刘邦的妃子,戚夫人受宠,薄姬则遭冷遇。年轻时她颇为伤怀,可到老了这失宠却帮了她的大忙。薄姬由于不怎么受宠,日日以泪洗面,憔悴异常,尽管她也生下了一个皇子,却也同样不受刘邦的喜爱。就是因为这样,这对母子才得以在宫中平平安安的存活了下来,没有因为招致吕后的妒忌而被害死。这个不受宠的皇子刘恒,后来被封为代王,就是日后的汉文帝。

史家关于戚夫人的死因,没有太多的争执。女人间钩心斗角的动心眼儿,最终演变成你死我活的杀戮之争。吕后的残忍有目共睹,可其也为汉室的奠定做出了不可磨灭的贡献,因而深得老臣们的敬重。戚夫人虽得刘邦宠爱,可刘邦越是宠她,吕后就越是嫉妒她,而她年轻不经事,却也不懂得迁

中华宫廷秘史

回处世的道理,倚仗刘邦的宠幸,就不把吕后放在眼里。这样下去,矛盾一日深似一日,终于在刘邦死后招致杀身之祸。同时,她不似吕后善于与权臣们搞好关系,也是她不得人心的原因之一。况且,大臣们还都以她为祸水,认为是她导致刘邦欲违反立长不立幼的祖制,演出废立太子之说的罪魁祸首。

自古红颜多薄命,戚夫人因为太疏于心计,没为儿子刘如意找到一个可靠的归宿,不仅自己香消玉殒,反累得儿子也跟着自己丧了命。如果她当初机敏一点,懂得左右逢源、见风使舵,也许在刘邦死后,她们母子的日子也就不会这么难过了。不过,即使她改变了,吕后依然是那个心狠手辣的吕后,依旧是不会轻易放过她们母子的。可叹刘邦生前指点江山、纵横疆场,死后竟连一个自己最心爱的女人、最宠爱的儿子也保护不了。

窦皇后姐弟重逢内幕

汉文帝即位后,在众大臣的建议下,立长子启为太子,并想立太子的母亲窦氏为皇后。汉文帝虽然很喜欢窦氏,却不想自己出面册立她,就去向他的母亲薄太后请示。薄太后也喜欢窦氏这个孝顺贤良的儿媳,就以皇太后的名义下诏书立窦氏为皇后。薄太后喜欢窦氏还有一个重要的原因,就是她们俩的遭遇差不多,都很有传奇色彩。

薄太后早先是魏王豹的妃子。楚汉战争期间,汉将曹参俘房了魏王豹,把薄姬也抢了过来,罚她到织房里做苦工。一次汉王刘邦去织房里玩,无意中发现薄姬长的很是秀丽,就收她作了自己的姬妾。薄姬本来以为自己从此能过上好日子,但谁知从那以后,刘邦就好像把薄姬遗忘了似的,有一年多都没有和她见过面。

在薄姬小的时候,曾经和管夫人、赵夫人很要好。她们曾经在一起发过誓,说:"不管以后谁富贵了,都不要只顾自己,忘了别人。"但管夫人、赵夫人在作了汉王刘邦的爱妾后,就把以前说过的话都忘了,把薄姬也给忘了。直到有一天,管夫人、赵夫人在陪刘邦玩要时,突然不禁失笑。刘邦感到奇怪，便问是怎么一回事，她们说是突然想起了小时候和薄姬说过的话，并且把那些约定的话一五一十地和刘邦说了。这使得刘邦忽然想起了薄姬，不禁觉得她很可怜，就把她召来陪伴自己。可薄姬仍然不是很得汉王刘邦的宠爱，即使是后来薄姬生了刘恒，她仍然很少和刘邦见面。刘恒八岁时，被封为代王，薄姬也就陪着他到代地去居住了。虽然当时看起来，薄姬不免显得不得志，但后来却正是因为薄姬的这种与世无争，使她在戚夫人和赵王如意等都被吕后杀了时，他们母子二人反而保全了性命。如今儿子作了皇帝，她也就平步青云，由一个默默无闻的人物，成了举世瞩目的皇太后。

窦皇后，是清河观津（今河北邑东南）人。她出身贫寒，父母都死的早，从小就跟着哥哥长君和弟弟少君一起生活。有一次，朝廷派人来挑选宫女，她为了得到一笔安家费，就报了名。在她被送到长安后，就和她的兄弟失散了。

窦氏到了后宫，先是被派去伺候吕后。后来，因为吕后嫌宫女太多，就把她们发放给诸侯王，每个诸侯王分到五个人。窦氏想离自己的老家近一点，以便照顾自己的兄弟，就央求管事的宦官，把她们分派到赵王那去。本来那个宦官觉得这也不是什么难办的事，就答应了下来。可等到确定分配名单的时候，那个宦官却记性不好，阴差阳错地把她分给了代王刘恒。窦氏也没有别的办法，只好被送到代王刘恒那里去了。

当时，代王刘恒已经立了王后，并且和王后还有四个儿子。窦氏虽然自叹命苦，但也还是小心翼翼地伺候代王刘恒和太后、王后。他们看她安分守己，倒也很喜欢她。在代地时，窦氏就给代王生了三个孩子，分别是长女刘嫖、长子刘启和次子刘武。后来，王后年纪轻轻地就病死了，代王也就把窦氏当作王后般看待。等到刘恒作了皇帝后，王后以前所生的那几个儿子也都接连得病死了。所以刘启就以长子的身份被立为皇太子，窦氏也跟着被立为皇后，她的女儿刘嫖，被封为长公主，小儿子刘武被封为梁王。连她死去的父母，也分别被追封为安成侯和安成夫人，并且还给他们在清河修建了陵园，让二百家老百姓在那守护着。

窦皇后的兄长后来经过多方探访，也被找到，可她的弟弟却早已失踪，不知道现在在什么地方。正当窦皇后想念弟弟的时候，有个宦官从外面给她带来一封据说是一个叫窦少君的年轻人写的信。信上说,他四、五岁的时候,就被坏人拐骗走了,前后被转卖过十几家人。最后,他被卖到了宜阳,在山里给主人家挖煤炭。有一天黄昏,大家正在崖下休息,忽然山崖倒塌了,压死了一百多人。他坐在最外边,又跑得快,才没有被压死。后来,他从主人家里逃了出来,到了京城长安后,听人说新立的皇后姓窦,也是清河观津人,很可能就是自己失散多年的姐姐,所以就写了这封信,到皇宫里来认亲。

　　窦皇后看了这封信,也不知道是真是假,一时没了主意,就急忙去找汉文帝商量。汉文帝听说后,马上下令,让卫兵把那个年轻人带进未央宫。窦皇后和那人见了面,两人谁也不认识谁,无法确定这个年轻人是否就是她失踪多年的弟弟。为了确认,窦皇后就先问他,既然是她的弟弟,那是否还记得小时候发生的事情。那年轻人说,他被坏人拐骗的时候,虽然只有四、五岁,却很清楚的记得县名姓氏。而且他还记得,有一次和他姐姐去采桑叶,他自个儿爬到树上去玩,还不小心摔了下来。窦皇后也记得这件事,已经有半分相信这就是她要找的弟弟了,感到很是激动,但她仍然接着问他是否还记得其他的事情。那年轻人想了想还说,记得他姐姐离开家的时候,他和哥哥一直把姐姐送到驿站里。要分别的时候,姐姐向驿站的人要了一盆水,一边给他洗脸,一边在流眼泪。最后,他姐姐还给他要了一碗饭,等他吃饱了,他姐姐也就走了。听到这里,窦皇后再也抑制不住自己激动的心情,认定这个年轻人就是自己的弟弟。她伸手抱住弟弟,伤心地痛哭了起来。在一旁的汉文帝和其他侍从,也被这感人的场面感动的直流眼泪。

　　事后,汉文帝给窦长君和窦少君不少的田宅和金钱,并且就让他们住在长安,好经常和窦皇后见见面。长期遭受亲人流散之苦的窦皇后,也算是苦尽甘来了。

窦太后由权力顶峰跌落谷底之谜

　　东汉汉章帝的皇后窦皇后,出生于权贵之家,自小在官场中熏陶,深谙权术之道。她的曾祖父窦融,曾是光武帝刘秀的大司空,非常受恩宠,任职时无比荣耀。她的母亲，就是光武帝刘秀的孙女阳公主。身为皇亲国戚，窦家显赫一时。窦皇后少女时代就姿色出众，且精明能干，又有家族势力做坚强后盾，因此得以入宫，蒙汉章帝的恩宠。那么，在入宫之后，面对那么多的后宫贵人，她是如何一步步爬上权势的高峰，实现干预朝政直至独断专权的呢？

初入宫之时，窦氏由于家族势力的缘故，被立为贵人。她花容娇美，机智沉稳，颇有风范，非寻常女子所能及，因此很受汉章帝的喜爱。她入宫第二年，就被立为皇后，统领后宫。汉章帝原来有三位贵人，宋贵人生下了皇子刘庆，被立为太子；此外还有两个梁贵人，是姐妹俩，妹妹生下了皇子刘肇。窦氏没有生育，担心自己后位不稳，就把小梁贵人的儿子刘肇过继到了自己的名下。小梁贵人忍气吞声，不敢有怨言。宋贵人自入宫

长信宫灯

起，就受到汉章帝母亲，当时的马太后的喜爱，又生下了太子，势力不容忽视。窦皇后决心要除掉她这个对自己构成潜在威胁的要害人物。

窦氏派人到处搜集宋贵人的过失之处，甚至偷偷地监视她的生活。一次，宋贵人生病，一个平素里很受宋贵人照顾的宫人听说宋贵人想吃兔肉，就捎信儿让家里人送只活兔进宫来。这被窦氏派去盯梢的人听说了，就故意放跑了兔子，并到处大声嚷嚷，说不知是什么怪异的东西窜进了宫中。窦皇后一口咬定，是宋贵人带进宫的巫蛊之物，用来陷害汉章帝和皇后的，宋贵人的儿子即太子刘庆就可以早日继位。自汉武帝以来，汉朝宫廷对巫蛊之事十分敏感，汉章帝自然也不例外。他听信了窦皇后的话，废掉了刘庆，并把宋贵人打入冷宫，不久，宋贵人蒙冤而死。

随后，窦皇后过继的原小梁贵人的儿子刘肇被立为太子，他的亲生母亲

中华宫廷秘史

小梁贵人的娘家人暗自摆酒席以示庆贺。窦皇后听说此事,深感不安。她多次诽谤两位梁姓贵人,致使汉章帝渐渐疏远了她们。后来。窦皇后的父亲窦宪又写信诬告梁贵人之父谋反,导致梁父与梁兄犯罪致死,梁贵人的母家被流放,不久梁氏姐妹忧愤而亡。

窦皇后用奸计除去她认为对自己能构成威胁的几位贵人后,牢牢地巩固了自己的皇后宝座。她的哥哥窦宪,先拜为郎中,后升任中郎将。窦宪之弟窦笃,拜为黄门侍郎。窦氏兄弟二人势力极大,从此骄傲无比。汉章帝自幼身体虚弱,不堪政事劳顿,窦氏兄妹就借此机会参与辅政,从而获得了很大的政治权力。

大臣郑弘直言不讳,上书汉章帝,指出西汉已有外戚之害,望汉章帝引起重视,可却被窦宪恶人先告状,导致郑弘被罢官,后病死。窦宪又把当初审理他祖父和父亲一案的韩纡的儿子杀死,以祭奠他父亲窦勋的在天之灵。窦氏外戚们仰仗着窦皇后在宫中受宠,横行霸道,鱼肉乡里,连诸王、公主,甚至殷皇后、马皇后的亲属都敢欺凌,无所顾忌。窦宪甚至以低价强买强卖汉章帝的姐姐沁水公主的园田,非常嚣张。

公元88年,汉章帝逝世,窦氏过继的原小梁贵人的儿子刘肇继位,是为汉和帝。窦氏升为太后,此时幼主年仅10岁,窦太后顺理成章地临朝听政,开始专权政事。窦氏一族被委以重任。其中,窦宪以侍中的身份,主管皇室机密,负责宣读诏命;窦笃以中郎将的身份,窦景、窦环以中常侍的身份,掌管皇宫的警卫事宜。此时,汉朝太傅邓彪虽然负责尚书事务,可他性情懦弱,知道窦氏一族的权势自己无法比拟,就采取了明哲保身的为官处世之道,不敢介入政事。司徒袁安、太尉宋由、司空任隗又都没有实权,只是担个虚名。从此,汉室江山再度沦为外戚之手,成为窦氏的天下。窦氏外戚大权在手,为所欲为。

汉章帝死后,都乡侯刘畅来京吊唁。窦太后经常召见他,关系甚是密切。窦宪得知此事,害怕刘畅得宠分权,影响自己的势力,就派人暗杀了他,并嫁祸给刘畅的弟弟刘刚。后来,真相大白,窦太后十分愤怒,将窦宪扣押,不得放出宫去。窦宪请求北伐匈奴以赎罪,窦太后应允。公元89年,窦宪率领汉军,从朔方出塞,联合南匈奴单于万名精兵,大败北匈奴,战果辉煌,斩获了很多匈奴士兵，更有二十多万人归附了汉朝。三年后，又战一场，匈奴政权完全瓦解，从此便退出了漠北地区。窦宪远征匈奴的军事胜利，使得窦氏集团的政治势力空前高涨。

窦氏一门，可谓是一人得道鸡犬升天。他们欺上瞒下，作恶多端。年幼的汉和帝对舅舅们的为非作歹很是不满，他十四岁的时候，决心除掉外戚，夺回政权。窦宪察觉了汉和帝的想法，加紧密谋，打算杀害汉和帝。汉和帝闻听此风声，积极做好了应变的准备。由于窦太后专权已久，汉和帝和朝中大臣们关系疏远，难以相信他们并且托付此等大事。汉和帝依靠宦官郑众，先下手为强。他亲自来到北宫，关闭了城门，处死了窦氏党羽；又下令包围大将军府，收回了窦宪的大将军印，将窦氏兄弟遣回他们自己的封国，后又下令迫他们自杀。从此，嚣张跋扈一时的窦氏外戚被剿灭，窦太后自然也被夺权，窦氏一族就这样退出了东汉的历史舞台。汉和帝夺回了原本属于自己的政权。公元96年，窦太后在孤独和寂寞中痛苦地死去。

邓太后为什么能临朝听政

汉和帝四年，即公元92年，汉和帝已经十四岁了，八月，因为尚未婚娶，就广选美女，以充实后宫。其中，两位女子是特选，一位是殷刚的女儿，另一位是邓训的女儿，此二女都是年方十三岁。殷刚的女儿应选入宫，封为贵人。邓训的女儿因为邓训亡故，没有能参选。三年后，邓氏女十六岁，因为皇后人选尚未确定，得以再次进选，选中，入宫做了贵人。这邓氏女子就是后来成了东汉贤明女主邓太后。

邓氏，名绥，自幼聪明过人，而且天性善良，宅心仁厚。她五岁时，深得祖母即太傅公邓禹的夫人的喜爱。一次，太夫人要主动给这位孙女剪发，但是太夫人年纪老迈，老眼昏花，竟剪破了邓绥的额头。可她却一直忍着不出声，直到太夫人剪完为止。左右人见此情景，都觉得很奇怪，于是问她为什么，邓绥回答说，额头破了，不是不痛，可祖母年纪大了，因为喜欢我才会给我剪发。我如果喊痛，岂不是要让祖母难过吗？所以我就忍忍嘛。一个五

岁的孩子，就这样懂事，真的是很难得啊。

邓绥可谓是人小鬼大，她很是喜爱读书。据说，她六岁能读史书，十二岁能通读《诗经》《论语》。她给哥哥们提出的学习上的问题，常让他们不知该如何回答。家里人于是就称邓绥为小才女。母亲见邓绥终日手不离书，不喜欢做些女红之类的针线活，就很是奇怪，也有些担心，于是就劝导邓绥说，你整天与书为伴，不学着做女红家事，将来如何能治家啊？邓绥对母亲的教诲一向都是恭恭敬敬地聆听。她虽然不喜欢女红家事，但为了顺应母亲的心愿，不惹母亲生气，于是就决定白天学做女红家事，晚上再挑灯读书。

父亲邓训去世后，邓绥守了三年孝，不吃荤腥，很是憔悴。三年后再次参加入宫的例选，邓绥不知自己命运会如何。于是家中开始讨论起来，并请来了相士为她相面。相士苏文来到邓家，仔细端详邓绥的面貌、骨相，见她皮肤雪白，眉眼秀丽，鼻高唇薄，头发乌黑，一时间惊叹不已。相士对邓家人说，小姐是大贵之相啊，相法属成汤之格，真正贵不可言，此相男必能封侯拜爵，女必能选为后妃。

邓绥果然被选中，册封为贵人。在进宫前，母亲反复叮嘱邓绥说，皇家重视礼法，凡事要柔顺谦退。入宫后是福是祸，就全靠自己了。

邓绥入宫后，一开始很长时间，都没有机会接近汉和帝，因为此时的汉和帝，正宠幸着殷贵人。

殷贵人比邓绥早三年进宫，捷足先登。她是光武帝殷皇后殷识的曾孙女，容貌出众，才艺过人，而且也是聪慧温婉，善解人意。邓绥入宫半年后，即公元96年，汉和帝十八岁时，册封殷氏为皇后，邓绥只不过是作为贵人当个陪衬。

然而，是金子到哪里都会发光的。不久后，汉和帝就发现身边这位邓贵人柔顺体贴，兰心蕙质。邓贵人的美，高雅别致，与众不同，为宫中其他女子所没有的。殷皇后虽然生得娇巧可人，有一种玲珑之美，可邓贵人袅娜秀丽，谈吐文雅，娴静中别具一种风趣迷人的妩媚。邓贵人入宫后，住在嘉德宫，于是汉和帝到嘉德宫的次数就越来越多了。

殷皇后见此情景，怒火中烧。一次皇室家宴中，殷皇后伺机出言讽刺说："邓贵人长身玉立，如鹤立鸡群，我等真是自惭形秽啊。"邓贵人听了这样的话,大为惶恐,立即明白了殷皇后所指,于是马上跪下说,臣妾托体父母,一切都在皇后的荫庇之下,伏望皇后海涵。邓贵人说得十分恳切,而且话语得体,殷皇后没再多说什么,宫中众人倒是益发敬重邓贵人了。

邓贵人由此知道了宫中的确险恶,于是回想起进宫前母亲叮嘱自己的话,就更加小心了,对皇后尤其不敢有半点的怠慢。邓贵人爱护下人,克己待人,后宫的宦官宫女们都很爱戴她。

汉和帝见到邓贵人如此这般,心中更是喜欢她了,也更加怜惜这位柔顺可人的爱妃,甚至在邓贵人生病时,汉和帝破例准许她的母亲、兄弟入宫照顾她。邓贵人婉言谢绝了汉和帝这样的恩宠,她说,宫里规矩森严,臣妾家人进入后宫是宫禁所不允许的。陛下降恩于臣妾,外廷会批评陛下,会指责臣妾,这样于公于私都不可以。汉和帝听到邓贵人这样说,更是大加赞赏她了,心中除了怜爱的感情外,又添了一份敬重。

殷皇后却更加嫉恨邓贵人了,而邓贵人也更加小心谨慎,不敢有丝毫的僭越。在各种皇室聚会的场合,她从不与众嫔妃们争奇斗艳,绝不和皇后的衣饰、颜色相同。她总是素衣素服,不加饰物。有皇后在自己身旁,她绝不就座,而是恭恭敬敬地站在一旁,极其谦卑,并且从不先皇后而答话。汉和帝爱惜地称赞邓贵人有修德之劳,这般用心真是难为她了。

于是,汉和帝的感情天平日渐发生了倾斜,对邓贵人的宠爱与日俱增,相对应的,对殷皇后就越来越冷淡了,这使得邓贵人更加不安了。汉和帝连日留宿在嘉德宫内,邓贵人就假称患病,亲自挑选宫女送给汉和帝,希望他广延帝嗣。邓贵人这样地谦卑不妒,使得宫内人人对她交口称赞,而殷皇后却反而益发地恨她了。

公元 101 年,汉和帝得了重病,卧病不起。殷皇后就对身边的人说,我如果能得志,一定要灭邓氏家族,看她还能神气几时?邓贵人闻听此言,顿觉得像晴天霹雳,她非常痛苦的哭泣道,我这样地顺从皇后,她还不能容纳我,看来我的祸事也不远了。她觉得自己死不足惜,只是牵连到家人,不如自己早死,这样既能求得皇帝平安康复,还可以保佑家里平安。

邓贵人做了赴死的决心,身旁的宫人反复劝阻她,她都不听,吩咐准备好香案供品,准备当晚再做一次祷告后,就饮鸩自杀,并且亲自写了一篇祈祷文。当晚,邓贵人正准备在嘉德宫内自尽,忽然听宫人报告说,汉和帝的病已经有了起色。邓贵人跪在地上说,谢天谢地,皇帝平安,我就心安了。第二天,汉和帝的病真的痊愈了,也等于是救了邓贵人一命。

殷皇后还是难以平复自己的嫉恨,最后竟然铤而走险,用巫蛊诅咒邓贵人。这巫蛊之术本是宫廷中的大忌,殷皇后这么一做,结果被人告发,汉和帝派人调查,查明属实。于是殷皇后被废,一年后抑郁而终。邓贵人在废后之后的当年十月,被册立为皇后,此时,她二十二岁。

位居中宫后,邓皇后不要当时嫔妃们都喜爱的奇珍异宝,只要求供给书籍和纸墨。她还拜才女班昭为师,刻苦学习。两年后,汉和帝驾崩,时年二十七岁。邓皇后无子,就先排除了弱智的汉和帝长子刘胜,立了皇帝的次子,出生还不足百日的刘隆为皇帝。此后,邓太后紧紧握住了汉朝的最高权力。

从一个普通民女,到汉室太后,邓绥靠的是自己的修养和耐心,这就是她的过人之处。在邓绥临朝听政的日子里,东汉社会经济有了很大的发展,她可谓是贤明的女主。

金屋藏娇的由来

金屋藏娇的典故出自汉武帝刘彻与其皇后陈阿娇的故事。刘彻与陈阿娇青梅竹马,还是幼年的时候其祖母窦太后问他长大要娶一个什么样的媳妇,他言要娶表姐阿娇为妻并为阿娇盖一座金屋子,自此有了金屋藏娇这一戏言。

汉景帝的妃子王美人生子刘彻。这时景帝已有好几个儿子,其中栗姬生子最多,景帝以前本来最宠爱栗姬,曾与她私下订约,将栗姬生的长子刘荣立为储君。如今景帝宠爱王美人,王美人又生下一子,传说王美人怀孕时梦见了太阳钻入怀中,汉景帝很高兴,认为是个吉利的梦,预示着小孩子将来会有大作为。栗姬听到后自然是非常生气。

馆陶长公主是景帝胞姊,生有一女,芳名叫阿娇。长公主打算将女儿许配太子,将来就是皇后。使人问栗姬的意思,长公主以为门当户对,一说便成。谁知栗姬不愿联姻,竟然一口回绝。原来长公主与景帝姐弟关系很好,许多后宫妃子为得宠幸,都奉承长公主。长公主也不忍却情,时常代为荐引。栗姬素来妒忌,对此事耿耿于怀,加上见识又短,因此当长公主为女议婚,便不顾情谊,随口谢绝。

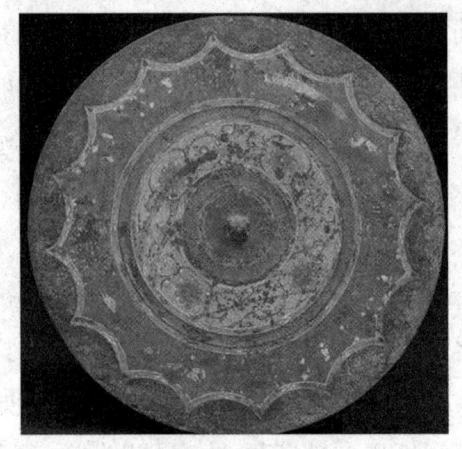

彩绘车马人物纹镜

长公主这一气,非同小可,遂与栗姬结下冤仇。

王美人听说这件事,趁此机会,劝慰长公主。长公主说及栗姬,尚有恨意。长公主随口接说:"彼既不识抬举,我将阿娇配与彻儿,也是一样。"王美人心中自然暗喜,但嘴上谦逊道:"彻非太子,怎敢有屈阿娇。"惹得长公主耸眉张目,且笑且恨道:"栗氏以为己子立储,将来定得为皇太后,千稳万当,哪知还有我在,管教她儿子立储不成!废立常事,且看我的手段如何。"王美人又假装劝慰,长公主愤然道:"她既无情,我也无暇多顾了!"王美人善于以退为进,最后激长公主与她暗订了婚约。

王美人见了景帝,就说起长公主愿结儿女姻亲。景帝以阿娇长刘彻数岁,似乎不合适,所以没有匆忙答应。王美人又将长公主请至,想让她去向景帝求亲。长公主索性同女儿一起入宫。长公主顺手携住刘彻,拥置膝上,就顶抚摩,戏言相问道:"儿愿娶妇否?"刘彻生性聪明,对着长公主嬉笑无言。长公主故意指示宫女:"此等人为汝做妇,可合意否?"刘彻皆摇首不悦。至长公主指及阿娇道:"阿娇可好么?"刘彻独笑着道:"若得阿娇为妇,当以金屋贮之。"此言一出,非但长公主、王美人听了笑不可抑,连景帝也笑骂说:"小孩子脸皮也太厚了!"景帝想他小小年纪,唯独喜欢阿娇,大概是前生注定姻缘,不如顺便允许,成就儿女终身大事,于是就认定了这门婚约。长公主与王美人,彼此更加情好关系深,两人就私下计议,怎样把栗姬母子除去。成语"金屋藏娇"就是这样来的。

虽然在立太子的问题上颇费周折,但景帝鉴于历代废长立幼的动乱教训，最终下决心立栗姬的儿子荣为太子，这样栗姬就成了皇后。长公主连忙进谗言，说栗姬崇信邪术，与人合不来，日夜诅咒其他妃嫔，每次与其他妃子遇见，往往唾别人的背后，肚量十分狭隘，恐怕一旦为后，又要重演吕后人彘的惨剧了！景帝听到"人彘"二字，出了一身冷汗，他打算试探栗姬的内心到底如何。于是有一天他问栗姬道："我百年后，后宫诸姬，皆已生子，你应善待她们，千万别忘记了。"一面说一面暗中看栗姬的反应。谁知栗姬的脸色一会儿紫一会儿青，半天不发一言。待了多时，栗姬仍然无语，并且转过脸不看景帝。景帝不禁暗中叹气，遂决意废去栗姬。他刚出宫门，就听见里面有栗姬的哭骂声，隐约有老狗二字。景帝忍气而去。

隔日长公主与景帝闲聊，乘机猛夸刘彻如何聪毅仁孝，若立为太子，必能缵承大统。景帝也动了心，于是找借口废太子荣为临江王。栗姬从此失宠，被贬入冷宫，连见景帝一面也难，不久一病而亡。

太子刘彻即皇帝位时是 16 岁。这就是历史上有名的汉武帝。中国历史上的年号就是武帝始创的。因为他未即位时，已娶长公主的女儿陈阿娇为妃，此时尊为天子，当然就立陈氏为皇后。当初年少的武帝看中陈阿娇固然有好感的因素在内，但这一婚姻更多地有政治的成分，加上武帝好色成性，必然导致了阿娇的悲剧命运。

回顾历史上帝王的情感生活，所谓"金屋藏娇"的故事，可以说不过只是"抱置膝上"的小儿的童话罢了。

不过，阿娇也算是个幸运的女人。除了曾经享受"咳唾落九天，随风生珠玉"的得意而外，她的命运凝结成"长门怨"三个字，受到历代文士的关注，已经成为一种文化符号。许许多多的诗人骚客都有命题《长门怨》的作品。如僧皎然"春风日日闭长门，摇荡春心似梦魂"；刘长卿"何事长门闭珠帘，只自垂月移深殿"；陆游"咫尺之天今万里，空在长安一城里，春风时送箫韶声，独掩罗巾泪如洗"；岳珂"宫车辘辘春雷晓，明星初荧绿云扰，增成丙舍争迎銮，惟有长门闭花鸟"等等，都以凄切笔调，表露了对长门宫主人深深的同情。当然，有些诗句，也借"长门"以为寓托，抒发着作者自己怀志不遇、怀才不遇的幽怨。

班婕妤因何遭受冷落

　　班婕妤是汉成帝的后妃,在赵飞燕入宫前,汉成帝对她最为宠幸。她的父亲是班况,班况在汉武帝出击匈奴的后期,驰骋疆场,建立过不少汗马功劳。班婕妤生得聪明伶俐,秀色可餐,少有才学,工于诗赋。成帝时被选入宫,立为婕妤。她不争宠,不干预政事,谨守礼教,行事端正。当初汉成帝为她的美艳及风韵所吸引,天天同她在一起。班婕妤的文学造诣极高,尤其熟悉史事,常常能引经据典,开导成帝内心的积郁。班婕妤又擅长音律,使成帝在丝竹声中,进入忘我的境界,对成帝而言,班婕妤不只是侍妾,她多方面的才情,使汉成帝把她放在了知音的地位。

　　汉朝时期,皇帝在宫苑巡游,常乘坐一种豪华的车子,绫罗为帷幕,锦褥为坐垫,两个人在前面拖着走,称为"辇";至如皇后嫔妃所乘坐的车子,则仅有一人牵挽。汉成帝为了能够时刻与班婕妤形影不离,特别命人制作了一辆较大的辇车,以便同车出游,但却遭到班婕妤的拒绝,她说:"看古代留下的图画,圣贤之君,都有名臣在侧。夏、商、周三代的末主夏桀、商纣、周幽王,才有嬖幸的妃子在座,最后竟然落到国亡毁身的境地,我如果和你同车出进,那就跟他们很相似了,能不令人凛然而惊吗?"汉成帝认为她言之有理,同辇出游的意念只好暂时作罢,当时王太后听到班婕妤以理制情,不与皇帝同车出游,非常欣赏,对左右亲近的人说:"古有樊姬,今有班婕妤。"在这里,王太后把班婕妤与春秋时代楚庄公的夫人樊姬相提并论,给了她这个儿媳妇最大的嘉勉与鼓励。楚庄王刚即位的时候,喜欢打猎,不务正业,樊姬苦苦相劝,但效果不大,于是不再吃禽兽的肉,楚庄王终于感动,改过自新,不多出猎,勤于政事。后来又由于樊姬的推荐,重用贤人孙叔敖为令尹宰相,三年而称霸天下,成为"春秋五霸"之一。王太后把班婕妤比作樊姬,使班婕妤的地位在后宫更加突出。班婕妤当时加强在妇德、妇容、妇才、妇工等各方面的修养,希望对汉成帝产生更大的影响,使他成为一个有道的明君。

不过，班婕妤庄重自持、拘泥于礼法，时间久了也埋下了成帝对她渐渐失去热情的隐患。班婕妤曾生下一个皇子，数月后夭折。从此，她虽然承宠很长时间，却再也没有生育。自赵飞燕姐妹入宫后，声色犬马，班婕妤受到冷落。赵氏姐妹入宫后，飞扬跋扈，许皇后十分痛恨，无可奈何之余，想出一条下策，在孤灯寒食的寝宫中设置神坛，晨昏诵经礼拜，祈求皇帝多福多寿，也诅咒赵氏姐妹灾祸临门。事情败露以后，赵氏姐妹故意讲，许皇后不仅咒骂自己，也咒骂皇帝，汉成帝一怒之下，把许皇后废居昭台宫。赵氏姐妹还想利用这一机会对她们的主要情敌班婕妤加以打击，糊涂的汉成帝色昏头脑，居然听信谗言。然而班婕妤却从容不迫地对称："妾闻死生有命，富贵在天，修正尚未得福，为邪欲以何望？若使鬼神有知，岂有听信谗言之理；倘若鬼神无知，则谗言又有何益？妾不但不敢为，也不屑为。"汉成帝觉得她说的有理，又念在不久之前的恩爱之情，特加怜惜，不予追究，并且厚加赏赐，以弥补心中的愧疚。

　　班婕妤是一个有见识、有德操的贤淑妇女，哪里经得起互相谗构、嫉妒、排挤、陷害的折腾，为免今后的是是非非，她觉得不如急流勇退，明哲保身，因而缮就一篇奏章，自请前往长信宫侍奉王太后，聪明的班婕妤把自己置于王太后的羽翼之下，就再也不怕赵飞燕姐妹的陷害了，汉成帝允其所请。

　　从此深宫寂寂，岁月悠悠。班婕妤悯繁华之不滋，藉秋扇以自伤，做《团扇诗》：

> 新制齐纨素，皎洁如霜雪。
> 裁作合欢扇，团圆似明月。
> 出入君怀袖，动摇微风发；
> 常恐秋节至，凉飚夺炎热；
> 弃捐箧笥中，恩情中道绝。

　　班婕妤自知，自己如秋后的团扇，再也得不到汉成帝的轻怜蜜爱了。不久，赵飞燕被册封为皇后，赵合德也成了昭仪，然而这一切在班婕妤看来，似乎都与她毫无关联了，心如止水、形同槁木的她，除了陪侍王太后烧香礼佛之外，长昼无俚，弄筝调笔之余，间以涂涂写写，以抒发心中的感慨，从而为文坛留下了许多诗篇。

她最有名的一首诗是《长信宫怨》。诗从入宫受宠写起，一直写到顾影自怜，自己爱惜羽毛，而摒绝繁华，效法古代贞女烈妇，甘愿幽居长信宫中，孤灯映壁，房深风冷，想起旧日与皇上的恩爱之情，不觉珠泪飘零，令人肝肠寸断，一个接一个的白昼，一个接一个的夜晚，无情地吞噬着花样的年华，最后写到只希望百年之后能够埋骨故乡的松柏之下。饱含无限的凄怆情怀，使人不忍卒读。

汉成帝在绥和二年（前7年）三月，崩于未央宫。汉成帝崩逝后，王太后让班婕妤担任守护陵园的职务，从此班婕妤天天陪着石人石马，谛听着松风天籁，眼看着供桌上的香烟缭绕，冷冷清清地度过了她孤单落寞的晚年。

晋朝顾恺之在他所画的《女史箴图》中，描绘了西汉成帝与班婕妤同乘一驾肩舆的情景，图中人物宛然，细节体物精微，所画妇女尤端庄娴静。"女史"指宫廷妇女，"箴"则为规劝之意。可见图画本意在劝导嫔妃们谨言慎行，普天下女子也可以此为鉴。班婕妤成了妇德的某种化身。梁代的钟嵘《诗品》中评论的唯一女诗人班婕妤："从李都尉迄班婕妤，将百年间，有妇人焉，一人而已。"汉代宫廷中的美女数目，扩张到4万有余，创造中国历史上宫女人数最多的纪录，不但空前，而且绝后。班婕妤算得上一个出类拔萃的才女，但宫廷女子的作用本来就是讨皇帝的欢心，是否有才倒不重要。才女固然有些许妙文传世，然而总是有点儿让人敬而远之。会作诗的班婕妤，终是敌不过会飞舞的赵飞燕。班婕妤堪称古代妇德的楷模，但从某种意义上说，她又未尝不是为此所害。

马皇后为什么不给自己的兄弟封侯

汉光武帝去世以后，即位的皇帝是汉明帝。他的妻子马皇后，是一位赢得了全天下人称赞的好皇后，她一直在背后支持劝谏着明帝，才促使明帝勤政爱民，延续了光武中兴的盛世局面。

马皇后是光武帝的大将伏波将军马援的小女儿。她小时候非常聪明，才思敏捷。据说她十岁的时候就能帮助母亲很周全地料理全家的事务了。

后来,她被选入宫中作了太子的妃子,那时她刚刚十三岁。她虽然年纪小,但是做起事来有条不紊,头头是道,很会伺候人,所以当时的光武帝的殷皇后非常喜欢她。太子也非常喜欢这个聪敏得体的妃子。

汉明帝即位的那年,马氏已经二十二岁了,但是一直没有生下儿子。她有一个表妹,是和她同时入宫的,这时已经生下了一个男孩,取名叫刘炟。明帝因为喜欢马氏,就把这个孩子要过来交给马氏,做了马氏的儿子。马氏小心翼翼地带着这个孩子,母子俩人感情非常好。

明帝一直想立马氏做自己的正宫皇后,但是又不愿意由自己提起。后来,有很多大臣们都上书请求立马氏为皇后,明帝还是回答说要和太后商量。殷太后听说了这件事,马上说:"在这个后宫之中,马氏的品行数的上是第一了,不立她做皇后还要立谁呢?"于是,明帝这才名正言顺地昭告天下,正式的立马氏为皇后,立刘炟为太子。

马皇后现在做了正宫,但她还是像以前那样谦虚谨慎,一点也没有皇后的架子。她总是穿着粗布做的衣服,也不加什么装饰。那些每天忙着争奇斗艳的后宫嫔妃们都觉得很奇怪,问她为什么总是喜欢穿这样的衣服。马皇后笑着回答说:"这种布料并不坏,染上颜色也不爱褪色。"那些妃子一听都傻了,她们有谁在意过衣服褪不褪色的问题呀?

汉明帝即位的时候还很年轻,很喜欢四处游玩,马皇后则总是好言好语地劝告他,希望他能够专心政事。有一次,明帝去一个有名的花园赏花,把自己所有的妃子都带去了,唯独马皇后没有来。那些妃子平时都很喜欢敬重马皇后,这时见她没来,就纷纷请求派人去叫她。明帝却摇了摇头说:"还是不要叫她了,她不喜欢游玩。即使来了,她也不会高兴的。"就因为马皇后一直在明帝身边督促他,所以明帝游玩的时候就少多了。

明帝见马皇后一天到晚一有时间总是在读书,不知道她到底有什么本事和才能,成心想考一考她。他把大臣们的奏章拿来给马皇后看,询问她处理的意见。马皇后仔仔细细的看过奏章以后,果然一条一条,清清楚楚地列出了各种事情的处理办法。明帝见了非常佩服她,从此以后,凡是在朝廷上遇到了难以解决的事情时,明帝就会回来和马皇后商量,听取她的意见。

明帝当了十八年皇帝,一直是兢兢业业的管理着国家大事。后来,他病死了,太子刘炟即位做了皇帝,就是汉章帝。马皇后也升格做了皇太后。她亲自动笔给明帝写了一篇《起居注》,章帝看过以后,请求马太后加上他的舅舅马防服侍明帝的事情。他对太后说:"先帝生病的时候,我舅舅不分昼夜地在身边伺候了一年多,太后既不奖赏,也不记功,现在《起居注》上也没有记载这件事。这样未免太不公平了吧?"马太后回答说:"我是不想让后人知道先帝和外戚亲近的事。"章帝听了,很赞成母亲的这种做法。

第二年,有些大臣为了讨好皇帝和太后,找了个理由,上书请求加封马皇后的亲戚,像光武帝加封殷皇后的族人一样,也封马防等人为侯。汉章帝马上回去和马太后商量这件事情。马太后知道后很生气,马上下了一道诏书,大意是说:封不封侯,和天旱有什么关系呢?你们拿这件事做借口,无非是想向皇帝讨好,为自己谋求富贵罢了。汉成帝在位的时候,把外戚王家五人同时封了侯,也没见天下雨。汉武帝在位的时候,那些受到封赏的外戚横行非法,最后没有一个有好下场。所以先帝才没有让马家的人担任中枢要职,也没有封他们为侯。光武帝在位的时候,殷家确实有几个人封了侯,但是那是因为他们跟随着光武帝打天下,立下了大功的原因。现在,马家的人毫无功劳,怎么能跟殷家相比呢?"

章帝读了诏书以后,深受感动。以后,他又几次想为舅舅加封,但是都被马太后严辞拒绝了。章帝没有办法,既佩服又遗憾,最后只好听从了马太后的要求。

建初四年(79年),马太后终于去世了。在中国历史上,像她这样严于律己,约束外戚,劝谏皇帝的皇后真是太少见了。

卫子夫母子惨死之谜

人们总是说红颜薄命,汉武帝的皇后卫子夫虽然谈不上什么红颜薄命,并不是年纪轻轻就死了,而是稳稳当当的作了三十几年的皇后,但是这并未避免她最终落了一个悲惨的下场。

汉武帝刘彻年轻的时候很宠爱卫子夫。卫子夫出身卑微,她的母亲卫氏是汉武帝的姊夫平阳侯曹寿家的一名姬妾。据说这个卫氏人长的风流秀美，曾经和人私通，生下了一男三女。后来，她到了平阳侯的府中，又与府中的郑季欢相好，生下了一个儿子，就是后来的大将军卫青。卫氏这先后私通，一共生下了三子三女，长子卫长君，次子卫青，三子卫步；长女卫君孺，次女卫少儿，小女卫子夫。

其中，卫氏的长女卫君孺嫁给了胡人公孙贺，次女卫少儿和霍仲孺私通，生下了一个儿子，就是后来的大将军霍去病。三女卫子夫明艳动人，从小在平阳侯家中学习歌舞，是一名多才多艺的歌女。有一次，汉武帝到平阳侯家中喝酒，在众多的歌女之中一眼就看中了年轻貌美的卫子夫，并且在更衣室中迫不及待地临幸了这个美人。随后卫子夫就被送入汉武帝的后宫之中。

但是后宫的美女实在太多了，卫子夫原本以为入宫之后就会得到汉武帝的宠爱，可没想到汉武帝竟然忘了她，而且这一忘就是一年多。直到一年以后，后宫遣散多余的宫女，卫子夫也在遣散之列，出宫时汉武帝亲自做最后的鉴别，才发现了卫子夫。此时的卫子夫，面对自己未卜的前程，想起汉武帝之前在平阳侯府中对自己的恩爱，不尽悲从中来，掩面而泣。汉武帝见到这个哭得梨花带雨的娇小美人很是惹人怜爱。再定睛一瞧，竟是被自己临幸过的更衣室中的女子，于是亲自拉过她，卫子夫就这样留了下来，后来就渐渐受宠起来。

不久，卫子夫怀孕了。卫子夫于是趁机请汉武帝封自己的兄长卫青以官职，卫氏一门渐渐飞黄腾达，显贵起来。

后来，汉武帝原来的皇后陈氏失宠被废，卫子夫更加专宠后宫。她的兄弟卫青也因此跟着发达起来，官拜大将军，竟然婚配了平阳公主。原来的主子变成了现在的妻子，可见卫氏一族的地位早已经不同往日了。

卫子夫接连给汉武帝生了三个女儿，后来，在公元前128年，她终于如愿地生下了儿子刘据。这时，汉武帝二十九岁，已经即位十三年了。母以子贵，既然陈皇后已经被废，卫子夫便被册立为皇后了。又过了六年，刘据被立为太子。太子喜爱读书，汉武帝就在太子宫中盖了一座博望苑，供太子招纳文人。

卫子夫中年之后，年老色衰，汉武帝移情于赵夫人、李夫人。晚年的汉武帝喜怒无常，猜忌疑心，经常无中生有。结果，宫中兴起巫蛊之祸，无数人惨死其中，皇后卫子夫和太子刘据就是巫蛊案中的最大牺牲者。

巫蛊是当时盛行于宫中的一种民间巫术，即是用巫术诅咒，据说将木偶埋在地下，就可以害死自己憎恨的人。汉武帝晚年多病，总疑心是左右有人用巫蛊害自己，于是就在宫中大兴巫蛊之祸。

巫蛊之祸从公孙贺开始。有人上书汉武帝，说公孙贺的儿子和阳石公主私通，并且在汉武帝常常出入的甘泉宫地下埋有木偶，诅咒汉武帝。汉武帝听了大怒，立即查办治罪。公孙贺父子惨死在狱中。

随后，又有人诬告说太子宫中也有木偶人，且木上有字，不堪入目。太子大为恐惧，知道一旦沾惹上这种事端，就于事无补了。慌乱中，竟调用了皇后的车马和军队，打开了宫中的武器库，集结卫士，想去捉拿散布谣言的奸人。结果一时间长安城里大乱，人心惶惶，都传说太子要谋反。

于是，和太子有私仇的奸人江充禀告汉武帝，说太子兴兵作乱。汉武帝开始还不相信，后来就派兵镇压，要捉拿太子。太子很害怕，就匆匆忙忙地逃出了长安，到一农户家避难。可地方官一路追杀至此，太子无处可逃，只好闭门自缢身亡了。皇后卫子夫，也在宫中含恨自尽了。

一年之后，汉武帝才查清了此事的原委，方知错怪了太子，也连累了皇后卫子夫。他后悔不已，可是已经太迟了。

后来，汉武帝为了追思太子，在长安城内修建了思子宫，以寄托自己对卫氏母子的哀思。可无论如何，他的妻子，他的儿子，都死于他的一时昏庸和不辨是非。可叹卫子夫当年如此专宠，到头来竟落得个如此悲惨的结局。太子刘据也是自幼就深受父皇和母后的喜爱，可谓是衔金而生，最后却仍旧死于非命。就是因为汉武帝的一时糊涂，大兴巫蛊，害死了众人，导致汉朝宫廷混乱，也直接害死了自己的皇后和太子，使自己晚年尽尝了苦果。

赵飞燕为什么能得宠

赵飞燕是汉成帝的皇后，而且是第二任皇后。据说她妖娆冷艳，舞技高超，貌美不可方物。她的妹妹赵合德，也被选入汉宫之中，封为昭仪。赵氏姐妹受汉成帝专宠近十年，权倾后宫。那么，赵飞燕是如何"集三千宠爱于一身"的呢？

让我们从赵氏姐妹的家庭背景谈起吧。赵飞燕的父亲赵临是汉朝宫府中的家奴，由于生活贫困潦倒，女儿赵飞燕出生后他无力抚养，于是将她扔到了荒郊野外。传说赵临回家后晚上总是梦到婴儿在啼哭，心中不安，四天后他终于决定到郊外再去看看自己的女儿。结果所见令他大吃一惊，孩子竟然没死。于是赵临就又把她抱回家中，日子拮据，勉强养活。赵飞燕由于家境的原因，从小就被卖到当时的阳阿公主家做歌舞伎。她聪敏过人，很有天分，练成了一副迷人的歌喉和高超的舞技。

有一次，汉成帝微服出巡，来到阳阿公主的家中。公主命令自己的歌舞伎们为汉成帝表演助兴。这是汉成帝与赵飞燕的第一次见面。只见赵飞燕眼神勾人魂魄，歌喉清丽动人，舞姿曼妙婀娜，一下子就深深地吸引了汉成帝，使之为她倾倒。从此，汉成帝就非常乐意来到阳阿公主府，每次都为赵飞燕而来，时间长了，渐渐有了感情。

这阳阿公主看出了汉成帝的心思，一直不主动提出让赵飞燕侍奉汉成帝的事，为此汉成帝心中很是痒痒，多次来到公主府邸，阳阿公主从中获得了不少的好处，便开始为汉成帝和赵飞燕的独处创造条件。

终于，汉成帝将赵飞燕带回宫中，正以为自己如愿以偿得到佳人的时候，没想到赵飞燕使了个欲擒故纵的计谋，一连三夜都拒绝了汉成帝召幸的要求，她这样的举动极大地激起汉成帝作为男人和帝王的征服与掠夺之心，从此夜夜临幸赵飞燕，再也离不开她了。

赵飞燕容貌出众，身材娇小，舞技过人，这些因素使得她在汉成帝众多后宫嫔妃中鹤立鸡群，非常突出。她创造出一种舞步，手做拈花颤动状，身则仿佛轻风移动,这令年轻的汉成帝十分着迷。

曾经,汉成帝专门为赵飞燕举行舞技表演,安排在汉宫太液池中的瀛州高榭之上。汉成帝用玉环来击打节拍,令乐师冯无方吹笙伴奏,赵飞燕跳起"归风送远曲"。一阵风吹过,赵飞燕竟被吹了起来,险些落在太液池中,多亏冯无方抓住她的水裙衣角,才有惊无险。汉成帝又产生奇思妙想,令宫女手托水晶盘,让赵飞燕站在盘上跳舞。她的绝妙舞伎,可谓是前无古人后无来者,深深地吸引了汉成帝,给年轻的君王以全新的视觉享受,从此对她更加迷恋。

赵飞燕不仅是个美貌的女人,更是个心思缜密的女人。为了能够抓住汉成帝的心,她又把容貌更胜自己一筹的妹妹赵合德推荐给成帝。本来赵飞燕的美貌已令汉成帝倾心不已,又见到赵合德,这让他非常惊羡,而赵合德柔情万种,更令汉成帝神魂颠倒。于是,他一刻见不到赵氏姐妹就心神不安。赵氏姐妹的话汉成帝更是言听计从。当时他本有一位皇后,姓许,赵飞燕姐妹俩设计陷害许皇后,成帝就废后,改立赵飞燕为皇后,册封赵合德为昭仪。从此,赵氏姐妹掌握了汉室后宫的生杀大权,不可一世。

赵氏姐妹虽然得宠,可从未怀孕,也有人说这是她们的报应。然而,自己怀孕不成,她们便害怕别的嫔妃怀孕生子,威胁到自己在后宫专宠的地位。于是,姐妹俩开始疯狂地摧残宫人,一时间,宫里堕胎的宫女无数。由此,民间流传着"燕飞来,啄皇孙"的儿歌。曾有位曹姓宫女生下一个男孩,她竟被赵氏姐妹活活逼死,孩子也被扔出宫外。许美人生下一子,赵合德哭闹不已,逼迫汉成帝赐死许美人母子才罢休。色迷心窍的汉成帝,直到年近不惑时,仍然膝下无子。为讨好赵氏姐妹,他竟然不惜两次杀害亲生儿子,置江山社稷于不顾,可谓是"爱美人不爱江山"的古代典范。

赵飞燕姐妹为什么没能怀孕呢? 原来是她们为使自己皮肤白皙娇嫩,把一种药丸塞入肚脐之中。这种药丸确实有很显著的功效,使用后皮肤如凝脂,香气甜蜜,可以青春不老,用现在的话说叫养颜美容永葆青春。可这种药却导致了她们姐妹俩不能怀孕,也算是报应了。

据说赵氏姐妹服用此药后,浑身散发撩人的香气,令汉成帝不能自持,不施云雨绝不罢手。于是她们就把汉成帝死死迷住,成帝毕竟精力有限,遂服补药以满足自己淫乐的需要。为了取悦汉成帝,当时的方士们争相献上自己研制的灵丹妙药,都号称有补肾益气的作用。起初汉成帝服用一粒丹药,即刻精神亢奋,继而临幸赵氏姐妹,好像恢复了青春活力一般。可长期服用,汉成帝体力不消,便不断增加剂量,最后竟在某日连续服用十九丸丹药,终于泄阳而亡。

这一次,汉成帝死在了昭仪赵合德的床上。朝野震动,群臣声讨赵氏姐妹,说她们是祸水,祸及后宫。赵合德自知罪责难逃,终于自杀而亡。

赵飞燕不愧是心思缜密的皇后,她帮助汉成帝的侄儿刘欣即位,就是汉哀帝。汉哀帝感谢她的恩德,仍然尊奉她为皇太后。谁知汉哀帝是个短命皇帝,六年后即逝世,大司马王莽掌握了实权。他以杀害皇子的罪名,逼迫赵飞燕自尽。风光一时,权倾一时的赵飞燕,就这样香消玉殒了。

赵飞燕从一个小小的歌舞伎,一直爬到皇后的宝座上,可谓是费尽心机,用尽手段。不过她善于把握机会,不择手段地迎合汉成帝的色心,也是很大的因素。为讨好汉成帝,她不惜献出亲妹妹赵合德;为了引诱汉成帝的淫乐之心,她不惜以不孕的代价服用药丸;为鼓励汉成帝纵欲,她积极搜罗天下的春药;为迷住汉成帝使自己获得专宠,她苦练歌舞技能。一个女人,如此利用自己的优势,尽情发挥,终于在设计陷害并成功除掉许皇后之后,当上了皇后,得以母仪天下,集三千宠爱于一身。到最后,仍是落得个横死的下场,也可谓是红颜薄命了。

赵合德真的比姐姐还漂亮吗

中国的成语中有一句"环肥燕瘦"的话,"环"指的自然是杨贵妃,而"燕",则是指的中国古代的另一位大美人——赵飞燕。据说她身轻如燕,色艺俱佳,才得以从一个舞姬的卑贱身份爬上了皇后的宝座。有一种非常夸张的说法,就是描述她能够用一双纤纤玉足在汉成帝的手掌上跳舞。不过,人们殊不知,赵飞燕的妹妹赵合德的姿容比姐姐更是美上十倍,不知为什么却没有被列入四大美人之中。

飞燕姐妹的母亲本来是汉朝的一个郡主,她嫁给了一个叫赵曼的人,但是又不守妇道的和人私通,生下了飞燕和合德姐妹。狠心的母亲不敢抚养自己的女儿,就把他们扔到了郊外。可谁知这两个小女孩竟然大难不死,活了下来。后来她们凭着绝美的容貌,被成帝的姐姐阳阿公主看中,买进府中学习歌舞。

汉成帝有一次路过阳阿公主的家,进去坐了坐,却在众多美貌的舞妓中发现了轻盈如燕的赵飞燕,立时惊为天人,马上把她招入后宫,大加宠幸。

赵飞燕从此一步登天。但是,她又一直惦记着从小相依为命的妹妹合德,加上妹妹的姿色比自己更胜一筹,就向汉成帝推荐了自己的妹妹。

赵合德一入宫,成帝一下子就看傻了眼。他本来以为赵飞燕的容貌就足以能倾国倾城,是天下第一的美人了,却怎么也想不到,赵合德竟然比姐姐还美上十倍!赵飞燕见了皇帝的一副呆样,不由得美目流盼,巧笑嫣然,合德则是羞红了脸,含娇带媚地垂下了蟒首。就这一微笑,一低头,成帝的魂魄顿时被姐妹俩勾了去,从此一头撞进她们织下的温柔陷阱,再也不能更不愿自拔了。他左拥右抱,大感人生至此再无他求,不禁喃喃自语道:"温柔乡,温柔乡,我宁愿死在这温柔乡,也不想要什么长生不老的白云乡!"看来,他为了这两个美人,连帝王一向最热衷追求的长生不老都不要了,这可真是"牡丹花下死,作鬼也风流"啊!

成帝从此再也不看别的女人,对赵氏姐妹的宠爱日甚一日,极度的幸爱竟然导致成帝心理和生理上都发生了病态的扭曲。据说,他只有握住赵合德的一双白玉小脚,才能产生出强烈的性欲。于是,贪淫好色的皇帝要想享乐,就更离不开赵合德了。

赵合德不但是天生丽质,更十分善于打扮。她发明了许多独特的化妆技巧,都巧夺天工,独出心裁。例如,她刚入宫时,用一种类似于今天发胶一样的东西抹在头上,把头发向上梳起来,做成一个挺立俏拔的发髻。她还把眉毛描得又细又长,线条柔美,这种眉型后来就被人称作"远山黛"。她又在脸上薄施粉妆,画的若有若无,好像一抹朝云,这就叫作慵来妆。这一套迷人的打扮,再加上她原来的风姿柔骨,白玉肌肤,更让宫里的众多女子相形失色了。

中华宫廷秘史

见到妹妹日渐受宠,赵飞燕倒也不嫉妒,她的心思已经转到别的地方去了。原来,这时赵飞燕已经当上了皇后,虽然受宠日久,却始终没有怀孕。聪慧的赵飞燕深知,在这诡谲万变的后宫中,单凭美貌是不足以常侍的,只有生下皇子,立为太子,自己姐妹的荣华富贵才能够得以长久。可是成帝又不能让自己姐妹受孕,于是她开始派出心腹,四处搜罗年少美貌的男子,偷偷引入宫中,日日私通,这样既可以享受偷情之乐,又可以使自己尽快怀孕。有了妹妹合德拴住了成帝的全部心思,她才好放手去做。后来,她干脆以祈祷为名,另开一室居住,除了贴身的宫女以外,任何人,甚至包括成帝,都不能擅自进入。她就在里面整日和那些四处找来的美貌少年寻欢作乐。

与此同时,合德与姐姐分工合作,施展出各种手段,牢牢地把成帝拴在自己的身边,迷的他神魂颠倒,寸步不离。她知道姐姐的事情一旦败露,恐怕就会性命不保。于是她就处心积虑的为此做好准备,经常向成帝吹吹枕边风,含泪诉苦说姐姐的个性过于刚烈,很容易招人忌恨,如果有人告她不贞,请皇帝千万不要听信那些诬告之词。成帝这时对她爱如珍宝,对什么都言听计从,又怎么舍得让美人流泪呢?于是对她的要求一一答应。果不其然,后来不断有人向皇帝告发皇后的淫乱丑行,但是因为有了赵合德打下的"预防针",成帝把这些一概视为诬告,不但不加详察,反而还把那些上告的人都杀了。这样一来,有了妹妹的掩护,赵飞燕就更加肆无忌惮了。

成帝对合德的宠爱由貌及人,不但是言听计从,而且还产生了一种帝王之中并不多见的惧内之情。有一次,赵合德听说了后宫有一位许美人前几天生下了一个皇子,立刻不依不饶地哭闹了起来,责问成帝说:"你有时候不回我的寝宫,说是去了姐姐的中宫,原来却是去了许美人那里!你倒是说说看,许美人是怎么生下儿子的!"说完,她就发疯似的用手拉扯着自己梳的整整齐齐的一头秀发,还半真半假地作势把头往墙上撞去。成帝一向最爱她的美貌,怎么忍心让她如此自残?连忙让人上去拉住了赵合德。赵合德本来也不是真的要撞墙,这时就一下子扑在床上大哭了起来。成帝站在床边急的手足无措,也陪着美人一起落泪。结果,两个人就这样闹了一夜。第二天,赵合德仍然余怒未消,不吃不喝地闹绝食。成帝也不上朝了,就坐在宫里不吃不喝地陪着。两个人就这么僵持了一天,到了晚上,赵合德也觉得这样下去不是办法，就含着泪对成帝说："我本来就是一个卑贱之人，饿死了也没什么。可你是皇帝，是君临天下的君主，天下的子女玉帛都是你的，你陪着我不吃干什么？你曾对我们姐妹说，绝不辜负我们移情别恋。现在倒好，孩子都生出来了，你还能说什么！"成帝一见赵合德终于肯和自己说话了，连忙赔不是，还保证说今生再也不会负于她们姐妹。赵合德这才回心转意，但她仍逼着成帝用实际行动表明诚意，让他把许美人生的孩子赐死。在当时，皇帝的儿子地位尊贵无比，更何况已经而立之年的成帝还没有嗣子，这个孩子也就显得格外重要。但是成帝可不管这些，为了讨美人的欢心，他命人把孩子抱来，当着赵合德的面掐死在摇篮中。赵合德这才最终转怒为喜。

赵飞燕、赵合德姐妹俩就这样完完全全地把成帝玩弄在自己的股掌之中，想借此谋求一世的尊荣。但是她们费尽了心机，却始终没能生下皇子，她们永保富贵的美梦也在成帝死后不久灰飞烟灭了。

赵飞燕后宫争斗之谜

当时正值西汉后期，在位的乃是汉成帝刘骜。这个成帝，既没有开疆拓域的雄心，也缺乏治国安邦的高才，是个地地道道的昏君。他统治的时期，西汉王朝正面临着深刻的社会危机：贵族豪强大肆兼并土地，广大失去土地的农民，背井离乡，颠沛流离。而朝廷内部，更是乱相横生：外戚擅权，把持朝纲；朝臣结党，互相倾轧。地方上，吏治十分腐败，横征暴敛，弄得家家鸡犬不宁，怨声载道。而昏庸无道的成帝对这一切视而不见。为了满足自己的穷奢极欲，连年大兴土木，营建宫殿，广储美女娇娃。俗话说玩物丧志，成帝留恋于声色犬马之间，哪里还有心思料理国事，时常不登朝堂，偷偷与富平侯张放等一班佞臣微服出游，或近游都市，或远历郊野，斗鸡走狗，寻欢作乐，最令人啼笑皆非的是，为了免遭廷臣议论，他竟自称是张放的家人，号曰张公子。

一次，在游玩之时，一个大臣为了讨好成帝，就对他说：听说阳阿公主家有个舞伎飞燕，舞技超群，而且美貌绝伦。成帝听后，心痒难搔，马上决定造

国学经典文库

中华宫廷秘史

访公主府。皇帝的突然驾临，弄得公主府上下一片忙乱。不久，公主便在府中安排好了盛宴，为成帝接驾。席上虽有美味佳肴，琼浆玉液，但是成帝醉翁之意不在酒，若见不到臣下所说的美女飞燕，哪里能够安心。公主见他东张西望，心神不宁，顿时猜透了七八分，于是便对身边的侍女轻声嘀咕了两句。一会儿工夫，但听得一阵环佩金玉之声，一位绝色佳人款款而来，只见她面如桃花，目似秋水，体态轻盈，歌舞起处，似花枝轻颤，如燕子点水，一曲未尽，便有万种风情，妙不可言。

赵飞燕那勾人魂魄的眼神、清丽动人的歌喉、婀娜曼妙的舞姿，一下子就让成帝倾倒了。席间，成帝不知不觉竟看呆了，马上便要带这女子一同回宫。公主虽有几分不舍，但碍于情面，只得做个顺水人情，将舞伎献给了成帝。不消说，芙蓉帐里，帝泽如春，翡翠衾中，妾情似水，两情依依，恩爱无限。第二天，成帝迫不及待地封赵飞燕为婕妤。

赵飞燕能歌善舞，通音律、晓诗书，妖娆媚艳，是一个地地道道的天生尤物，成帝对她是备极娇宠。据说，赵飞燕册封为皇后以后，移居豪华的东宫，汉成帝特地赐给她一把古琴。每当月白风清之夜，赵飞燕抚琴而歌，宫苑一片宁谧，只有皇后的琴韵歌声回荡在花丛林梢。汉成帝每每为之尘虑顿消。心想：两人倘若置身水上舟中，自当别有一番风味。于是立刻命人在太液池中起瀛洲台，做千人舟。

竣工之时，已是金风涤暑、玉器生凉的季节。汉成帝与赵飞燕双双登上瀛洲台，遥见帝京繁华，俯视宫苑景物，笑看云霓，兴寄烟霞，十分畅快。从台上下来泛舟太液池中，相对饮酒谈心，酒兴来时，赵飞燕颤巍巍地站起身来，高歌《归风送远》之曲，汉成帝以玉管击节，侍郎冯无方吹笙相和。舟在湖中，忽然一阵风来，赵飞燕衣袂随风飘舞，大有御风而去之势。汉成帝一时情急，连忙命冯无方拉住皇后裙角，只听得"吱啦"一声，薄如蝉翼的云水裙被扯下了一片，真是有惊无险。赵飞燕趁势跌入汉成帝怀中撒娇："要不是你命人拉住我，我岂不成了仙女了嘛！"汉成帝又命宫女手托水晶盘，令赵飞燕盘上歌舞助兴，赵飞燕的舞技前无古人后无来者，给汉成帝带来全新的享受，成帝对她更加迷恋了。

自此以后，宫中佳丽都将裙后留一缺口以为时髦，名为"留仙裙"，走动起来，一双玉腿隐约可见。人们都以为是赵飞燕为了吸引皇帝视线的巧妙构思，又哪里知道是无意之间成就的美事呢？直至今日妇女的裙后开叉，仍然是汉宫服饰流传下来的式样与习惯！

但是，宫廷并非是香格里拉一样的人间乐园，相反，它尔虞我诈，杀机四伏，到处是险滩暗礁，稍不留神，就会死无葬身之地。赵飞燕初沾成帝雨露，就被封为婕妤，后宫哪里肯服，议论纷纷，都认为她只不过是个惯于蛊惑圣心的货色，难登大雅之堂。飞燕见此，只好一味地谨言慎行，对皇后很恭谨地执婢子礼，从而消除了皇后的戒心，待之如姐妹；又刻意低声下气地与宫中粉黛结好，也逐渐打消了后宫佳丽对她的敌意。

赵飞燕不仅漂亮，心思也非常缜密，为紧紧抓住成帝的心，她又把容貌更胜她一筹的妹妹赵合德推荐给成帝，赵合德的美貌令成帝惊羡不已，合德的柔情更令成帝神魂颠倒，成帝一刻见不到赵氏姐妹便心神不安。姐妹俩的话，成帝更是言听计从。姐妹设计陷害许皇后，成帝就废掉许后，册立赵飞燕为后，赵合德为昭仪。赵氏姐妹掌握后宫生杀大权，不可一世。

赵合德虽然比不上其姐的蛊惑手段，但是她丰满的身躯，状若含苞待放的蓓蕾；酷似粉雕玉琢，相比飞燕的纤腰细肢，完全是另一种风情，恰好形成了对汉成帝一层强烈的补偿心理。在与赵飞燕日日夜夜缠绵得昏天黑地时，情不自禁地就会想到赵合德，总觉他心中的需求，又能从另外一个角度得到充分的满足。还是在赵合德与汉成帝度过第一个不眠之夜后，汉成帝就在欢畅无比中，把赵合德叫作"温柔乡"，说："我当终老是乡，不愿效武帝之求白云乡了。"

两姐妹轮流承欢侍宴，不但后宫莺莺燕燕被抛诸九霄云外，就连原先宠爱有加的许皇后与班婕妤，也被冷落一旁。于是两人为了利害而结合在一起，与赵氏姐妹展开一场白热化的争宠斗争。由卑贱的宫婢一跃而为尊贵无比的婕妤，赵家姐妹可谓志得意满，然而，随着地位的提高，她们的权力欲望也越来越强。尤其是赵飞燕，她窥视皇后的宝座已久，把在位的许皇后以及班婕妤等人视为眼中钉、肉中刺，处心积虑地要搞垮她们。

原来，在成帝时期，外戚争权夺势的斗争十分激烈，其中，以许氏外戚与在朝掌权的王氏外戚的矛盾最为突出。几经较量，许氏外戚已呈明显颓势，更为糟糕的是，许后此时已人老珠黄，失去了皇帝的欢心，只能在宫中如履薄冰地度时光。赵飞燕看准了这一有利时机，终于有一天她开始发难，告发许皇后之姐许谒，说她设坛诅咒已怀孕的王美人以及王凤，并牵连到班婕妤。

当时，成帝已过而立之年，却苦于膝下无子，皇统无继。飞燕的告发正好触动了他的心病，加上王氏外戚的挑唆，盛怒之下，成帝下令将许谒处死，许皇后则被废入冷宫；班婕妤也蒙受了极大的屈辱，避往长信宫。这样，飞燕利用外戚间的矛盾，巧施计谋，终于扫清了通往皇后宝座的两大障碍。

飞燕一心要做皇后，成帝也有了立她为后的念头，没想到，这事到太后王政君那里却碰了个大钉子。原来，太后十分看重皇后的出身门第。她对飞燕出身官奴一事很是在意，极力反对立飞燕为后。任凭成帝百般求情，太后就是置之不理，使得成帝进退维谷、左右为难。尤其令成帝恼怒的是，一些大臣也竭力阻挠立后之事。大臣刘辅上疏成帝，指责他"触情纵欲，竟令卑贱之女，以母仪天下，惑莫大焉"？成帝勃然大怒，将刘辅下狱问罪。幸有众臣相救，刘辅才免于一死。自此，群臣无敢反对者。

正当成帝踌躇之际，一个名叫淳于长的佞臣跑来为他谋划。这淳于长是太后的外甥，官拜卫尉。他见成帝在太后面前碰了钉子，感到这是一个巴结成帝的好机会。于是，他便经常到太后那里为成帝游说，他一会儿夸奖成帝如何孝顺，飞燕如何贤惠，一会儿又言国家不可一日无后。如此再三，一年的时间过去了，凭着三寸不烂之舌，淳于长终于说动了太后。不久，飞燕被册封为皇后，戴上了她渴望已久的凤冠，合德也进封为昭仪，后宫成为赵家姐妹的天下；飞燕当上皇后以后，与其妹合德双艳并峙，专宠后宫。许多嫔妃根本难见君王，只能暗地独自哀叹命薄。

随着时光的流逝，飞燕姐妹又开始担忧起来。在宗法制盛行的汉代，母以子贵，对于后宫中的嫔妃来说，则更是如此，一旦生有子嗣，便可保证一生的荣华富贵；否则，随时都有失宠甚至被打入冷宫之虞。由于生理上的原因，飞燕姊妹虽然长期侍奉，都始终未能生下一男半女，与此相反，成帝偶尔临幸的其他嫔妃宫女，不少人都怀孕、生子，对此，飞燕姊妹又惊又怕。为了保住自己的既得利益，她们决定铤而走险，由飞燕幕后操纵，合德前台动手，姊妹俩合力铲除潜在的对手,疯狂地摧残怀孕的宫人,杀害成帝的子嗣。她们姐妹的行径流传到民间,因此有了"燕飞来,啄皇孙"的童谣。

元延元年(前12年),一个名叫曹宫的宫女偶尔得成帝临幸,后来便生下一子,住在皇帝的一个侍从官家里,并且有6名宫婢伺候。赵氏姐妹得到这一消息后,大惊失色,立即紧锣密鼓地商议对策。在经过短暂的商议后,姐妹俩决定立即派人手持皇帝玺书,秘密将曹宫毒杀,6个宫婢也被灭了口。赵氏姐妹当然也不会放过那个孩子,下令将其除去。此事传到了汉成帝的耳朵里,他不由得大吃一惊,欲将自己的孩子留下来,可是赵氏姐妹连哭带闹。汉成帝本就是个昏君,在赵氏姐妹的强烈要求下,便也不再坚持了。于是,一个刚刚出世不久的小生命便被赵氏姐妹狠毒地扼杀了。

第二年,后宫的许美人又得一子,便又一次成了宫中的焦点问题。因为汉成帝有了上一次的教训,这一次希望能把这个儿子留下来,便派了专人看护,以防被赵氏姐妹突然害死。可他却未料到,尽管他多方保护,却仍然无济于事。

赵氏姐妹对这事当然不会不知。赵合德立即找到成帝,对他怒斥说,皇上曾许诺只宠幸她姐妹二人,如今许美人突然生了儿子,这如何对得起她们姐妹?说完便开始大哭大闹,甚至不惜以头撞墙来威胁成帝。

汉成帝立刻慌得手足无措,便连连向她道歉,并且表示一定不会立许氏为后,而且保证天下女子绝不会有人在地位上超过她们姐妹。

几天后,汉成帝命人去许美人处,用一个苇草编的小箱子将婴儿装了进去,带到了汉成帝那里。汉成帝与赵合德单独私下处置了这个婴儿。之后,他们便把小箱子封上,让宫婢交给了掖庭狱长,偷偷带到掖庭监狱的墙角下埋掉了。赵氏姐妹心肠狠毒也就罢了,汉成帝居然为了她们的意愿而杀死自己的亲生骨肉,着实令人感到震惊。

赵氏姐妹想尽办法摧残后宫怀孕嫔妃,只要是怀孕的嫔妃都难逃一死,她们绝不会再让其他任何嫔妃有机会为汉成帝生下孩子。汉成帝因宠爱她们姐妹两人太深,不但不加以阻止,反而加以纵容。皇帝如此昏庸,后妃狠毒至此,朝廷岂能安宁?后来惩罚果真出现了,因为后来汉成帝再也没有过孩子,自此便绝后了。

为了达成巩固自己地位的目的,赵飞燕可谓是用尽了一切心机。有一次,她在周密计划之后,佯装怀孕,用物品将腹部隆起,乍看便真似怀孕了。汉成帝大喜,而赵飞燕却让他在一个月内不能再接近自己,怕伤了胎儿,实际是怕汉成帝发现秘密。过一个月后,赵飞燕托人在外面将已经商议妥当的婴儿买回宫中,声称是自己所生。汉成帝大喜过望,立即告诉群臣自己终于有了皇子,并且将此喜讯告诉了皇太后。太后与群臣都十分欢喜,唯有赵合德已经猜到其中缘故,但她与姐姐一条心,便没有泄露。

可是活该汉成帝无后、赵后无福,没过 5 天,这个婴儿就得了重病,一命呜呼了,刚刚充满喜气的皇宫立刻陷入了一片沉痛的气氛之中。而赵飞燕虽然因手段狠毒而让阴谋一再得逞,但面对这样的结果却也无可奈何,她也只能接受了。但汉成帝无后之苦果,他不得不无奈地吞下了。

"飞燕"的由来

汉元帝建昭元年,江都王刘建的孙女姑苏郡主,经好事者做媒,嫁给了苏州大才子赵曼为妻。几个月后,赵曼得了一种怪病,接连半月时间高烧不退,便落下后遗症,阳物难以再举,成为废人。赵曼抛尽金钱,寻药觅医,却没有成效。姑苏郡主貌如七仙,生性也风流,难忍守活寡的生活,暗恋起英俊的乐师冯万金。春季的一天中午,暖阳之下的盛开花丛中,一对男女躺在一起,女的是赵夫人,男的是冯万金。

"我怀了你的孩子。"赵夫人嗲声说。"太好了! 老爷知道吗?"冯万金问。"他不知道。我要把孩子生下来,养大成人。"赵夫人深情地望着冯万金说。

两人甜言蜜语,沉浸在喜悦中,他们没有发现一名家奴已经偷偷地听见了他们的谈话。

不久,赵曼怒气冲冲地跑到赵夫人和冯万金面前,后边跟着几个身强力壮的家奴。二人吓坏了,没有地方躲,抱在一起。"你竟敢搞我的女人! 冯万金,你真是色胆包天啊! 来人! 给我往死里打。"赵曼大声吼道。

赵夫人给赵曼跪下，求道："老爷，都是我不要脸，他是被迫的，你放了他吧。""哎，你们真是把我气死了！快把他给我轰出去，再踏进我赵府半步就杀了你。"冯万金惊慌失措，逃出了赵府。

赵曼知道夫人怀的是野种，责令她吃药堕胎，但堕胎药却不管用。最后产下一对双胞胎的女婴。这对女婴可爱至极，但却为赵曼所不容，赵夫人忍痛把她们装在竹篮子中放到野外。

初秋的野外寒意浓浓，她们紧紧依偎在一起，若只有一个，早就冻死了。三天后，赵夫人跑到野外，发现两个孩子还活着，又哭着抱了回来。

赵夫人以"天意活之"为由哀求丈夫手下留情，赵曼不能容下野种，决定把这对婴儿还给冯万金。赵夫人经常派人偷偷地接济冯万金。一怒之下，赵曼搬家，冯家日渐衰落，越来越穷了。

两个女孩，姐姐叫宜主，妹妹叫合德。冯万金教她们学习歌舞，宜主练功很刻苦，长得纤细。合德肌肤凝白，经常偷懒，受父亲责打。宜主总是护着合德，代她向父亲告饶，父女三人勉强维持生活。冯万金由于多年心情抑郁，病逝了。

14岁的两姐妹过着悲惨的生活，她们白天卖艺，晚上打草鞋，仍吃不饱。一天，她们去集市卖草鞋，卖了几个小钱买来2斤米，在回家的路上被大雨淋湿了。回家后发现干柴也被淋湿了，两人冻得直发抖，只好脱掉湿衣服，抱在一起取暖。

宜主对妹妹说："合德，父亲死的时候告诉我，我们是私生女，妈妈是姑苏郡主。"合德问："私生女都像我们这样缺衣少食吗？"宜主说："我们不会永远这样，以后会好的。父亲说母亲在长安，我们去找她吧。"

"母亲会不会不理我们呀？"合德说。宜主说："不理没有关系，我们可以养活自己呀。我要赚很多钱，给你买衣服，我们一定能过上好日子。"

宜主将仅有的一条被单盖在合德的身上，合德在睡梦中感到暖和多了。第二天，合德默默地看着宜主瘦削不堪的脸，哭道："姐姐，我不会忘了你对我的好，要是有一天过上好日子，我会加倍报答你。"姐妹俩跑出去找些柴火，煮点儿米，边吃边谈。合德说："姐姐，长安太远了。我们怎么去呀？"宜主说："我们一路卖艺，能赚些路费。若继续留在这儿，只有冻死饿死了，冬宜主与合德卖艺为生,挨饿受饥,来到长安。繁华的街道、宫殿让她们眼界大开,她们看见长安的女孩子个个穿得好,十分羡慕。这么大的长安城,去哪儿找母亲呢? 一个多月后,没有打听到母亲的消息,可能姑苏郡主家不在长安。姐妹俩白天找人多的地方唱个歌儿、跳个舞挣些小钱。一天,合德得了场大病,发起高烧来,宜主抱着她哭了一夜。

她们饱尝了饥寒交迫的辛酸,这段经历磨炼了意志,使她们在任何情况下都能顽强不屈,她们在这段苦难的日子结下深深的姐妹情。

一天,姐妹俩在街道上唱歌,被阳阿公主府中的乐师看到。那个乐师看到宜主虽瘦,但很有姿色,身轻似燕,舞技高超。合德身段丰满,长着娇巧可爱的脸蛋儿,声音像黄莺般动听。合德轻唱着,更显得无比妩媚。乐师上前去对她们说:"跟我到阳阿公主府中练歌舞吧,你们能穿到漂亮的衣服,吃到上等的好饭。"

正处在落难时候的姐妹俩不假思索跟随乐师到阳阿公主家做舞奴。宜主身轻如燕,跳起舞来翩翩如飞。《赵飞燕别传》中有这样的描述:"赵后腰骨尤纤细,善踽步行,若人手执花枝颤颤然,他人莫可学也。""踽步"是赵飞燕独创的技巧,可见其舞蹈功底深厚,并能控制呼吸。明朝艳艳生的小说《昭阳趣事》有幅木刻《赵飞燕掌上舞图》,是赵飞燕站在一个宫人的手上,做出各种舞蹈动作,扬袖飘舞,宛若飞燕。汉成帝专为她造了一个水晶盘,叫宫人将盘上托。赵飞燕在盘上起伏进退,下腰轻提,旋转飘飞,就像仙女在万里长空中迎风而舞一样优美自如。

阳阿公主十分宠爱,便把宜主改名为飞燕。

玉玺坏角之谜:王政君的幸运与无奈

在汉代,被视为皇权神圣标志的,是那块据说由秦始皇命李斯用和氏璧雕制的传国玉玺。不过,这块传国玉玺在西汉时是完整的,而在东汉时却缺了一小角。这是怎么回事呢?

王政君是糊里糊涂地成为汉元帝的皇后的。

18岁那年,王政君成了汉宣帝时的掖庭里的一名宫女。一年后,皇太子刘奭的爱妃司马良娣病死,临死前,她对皇太子说:"妾死不是天命,是那些妃嫔咒的。"司马良娣死后,刘奭万分悲痛,迁怒于宫中诸女,发誓不再接近她们。而当朝天子汉宣帝担心太子这样闹下去会绝了后嗣,要皇后为太子选一个宫女。皇后选了包括王政君在内的5个宫女送过去,心灰意冷的太子根本无意于她们,碍于皇命及母后亲自操办,随口说了声"这个就行"。其实太子并没有指是谁,但是因为王政君穿着一件与众不同的粉色边饰的大掖衣,座位又离太子最近,皇后便误认为太子所指的是王政君。于是,王政君成了太子的妃子。

一年后,王政君生了一个男孩,而太子宫中虽有嫔妃数十人,却没人生子育女。汉宣帝有了嫡孙,高兴万分,亲自为此子取名刘骜。三年后,太子即位,是为汉元帝。登基后,立皇太子和皇后是必须做的两件大事。刘骜是他的长子,又很得汉宣帝喜爱,遂被立为皇太子。

按说,刘骜被立为太子,母以子贵,他的母亲王政君当立为皇后。不过,汉元帝很踌躇,因为他并不爱相貌平平的王政君。王政君侍宿刘奭仅一夜就再未得过恩宠,但这一夜却使她有了刘骜。汉元帝考虑了三天,无可奈何地册立王政君为皇后;却另创设了一个"昭仪"的名号给他心爱的傅、冯二妃。王政君虽为皇后,实际上却仍然是被汉元帝冷在一边的。

刘骜长大成人后,好读经书,恭敬有礼。有一次,汉元帝召他,他闻诏忙跑。他住的桂宫与未央宫之间有条皇帝专用的通道。刘骜不敢横穿而过,绕了一个大弯。汉元帝见太子迟到,问他是怎么回事,刘骜说明了原因,汉元帝很高兴。但好景不长,刘骜对经书不久就厌烦了,喜欢上了喝酒、游玩。汉元帝对他的颓废很生气,多次训斥,但他却屡教不改,于是汉元帝打算废黜刘骜,另立傅昭仪之子刘康。

侍中史丹闻听此事,闯进汉元帝寝宫,顿首涕泣说:"皇太子以嫡长子而立,已10多年了,名闻天下,臣民归心。今臣听流言蜚语,陛下有废立之意。若是这样,公卿百官都决心以死谏争,不奉诏令。请陛下先赐我死吧!"汉元帝见状,长叹一声。于是,刘骜保全了皇太子名号,王政君也保全了皇后的

凤冠。

黄龙元年(公元前49年),汉元帝去世,太子刘骜即位,是为汉成帝。王政君成了皇太后,移住长乐宫。

耽于声色的汉成帝发出的第一道诏命是:任命帝舅王凤为大司马大将军领尚书事,掌理朝政。汉成帝自己整日游山玩水,斗鸡走狗,朝政大权实际上掌握在皇太后王政君和她的哥哥大司马大将军领尚书事王凤的手中。王姓子弟纷纷封侯,参与朝政,成为势力强大的外戚集团。

阳朔三年(公元前22年),王凤病重,其侄儿王莽在侧侍候,照顾备至,数月未解衣带。王凤弥留之际,重托皇太后和汉成帝照顾王莽。于是,王莽成为黄门郎,不久升为射声校尉。王莽更加小心谨慎地侍奉姑母,王政君于是对侄子颇有好感,后来就让王莽出任了大司马。

随着汉成帝、汉哀帝的去世,继位的汉平帝年仅9岁,于是,太皇太后王政君临朝称制,行使皇帝的权力。她依赖王莽,委政于他。可是王莽是有野心的,他结党营私,排除异己,又沽名钓誉,广施恩惠,经过几年的经营,把朝政大权牢牢地控制在了自己手中。

年迈的太皇太后王政君仍握有相当大的权力。对这位太皇太后,王莽不愿意惹。他指使爪牙上书,说太皇太后至尊,不宜操劳过度,一些小事就不必躬亲了。太皇太后高兴地接受了这个建议,规定以后唯有封侯赐爵一事须奏闻于她,其他事一概由王莽裁决。

汉平帝渐渐长大了,王莽觉察出汉平帝对他不满,便先下手鸩杀了汉平帝,又拥立了一个年仅两岁的孩子刘婴为"孺子",自己做起"摄皇帝"来。王莽要代汉自立的野心已经昭然若揭。太皇太后万万没有想到她一手栽培的侄儿竟欲篡夺她儿孙的天下!可是已经晚了,她已把权力交给了王莽,朝廷上下都是他的人,自己有名无权,已经没有什么力量能阻止王莽代汉自立了。

居摄三年(公元8年),王莽代汉的种种条件已经具备了。他在爪牙们的欢呼声中戴上皇冠,去谒见太皇太后,说他秉承天命,代汉而立,建立新朝。太皇太后虽然早已料到会有这一天,但仍然为之惊恐。而在惊恐之余,她也只有愤慨、怒骂的能力了。

翌年正月元旦,在未央宫前殿隆重地举行了新朝皇帝即位典礼。王莽登上龙座,南面称帝,接受百官朝贺。然后,王莽率公卿百官朝见太皇太后,奉上"新室文母太皇太后"的玺绶,去掉汉朝的称号。

但王莽此时还有一个心病,因为被视为皇权受命于天象征的传国玉玺还在太皇太后王政君手里。这块玉玺是秦始皇命人用和氏璧雕琢的,上面篆刻丞相李斯手书的"受命于天,既寿永昌"八个字。当年,刘邦率大军进抵灞上,秦王子婴投降,奉上这块玉玺。刘邦做了皇帝后,命名为"汉传国玺",世世传受。汉平帝被王莽鸩杀后,太皇太后将这块玉玺收藏了起来。

王莽代汉自立,觉得只有接管这块玉玺后,才算真正地取代了刘氏。因此,他称帝才几天,便迫不及待地遣王舜去长乐宫向太皇太后索要"汉传国玺"。

王舜来到长乐宫,向太皇太后说明了来意。太皇太后大怒,骂道:"王舜,你家蒙受汉室皇恩,几代富贵。你们兄弟不思报答,反而乘汉家人孤势微,帮着王莽篡位。像你们这样的人,猪狗都不如!他王莽不是天命的新皇帝吗?自己做一块玉玺,传之万世就是了,何必要这块亡国不祥之玺!"太皇太后边骂边哭,左右侍婢也皆涕泣。太皇太后愤愤地说:"我乃汉家老寡妇,活不了几天了。我死了,就拿这块玉玺随葬,他王莽休想得到!"

王舜听了太皇太后这番话,羞赧汗颜。他在地上跪了很久,才抬头对太皇太后说:"皇上意在必得,太后今天不给,明日还能不给吗?"

太皇太后担心王莽得不到"汉传国玺"会加害于她,遂拿出玉玺,扔在王舜面前,骂道:"我老将死,你们兄弟定受灭族的报应!"

王舜从地上拾起玉玺,发现太皇太后这一扔,已将玉玺一角摔坏。王舜不敢声张,只得拿着摔坏的玉玺去向王莽回报。王莽也没有办法,只得令工匠用黄金精心镶补。此后,这块著名的传国玉玺就不再是完整的了。这块玉玺后来经更始,经赤眉,再由刘秀得之,仍然作为东汉王朝的传国玉玺。

力图挽救王朝颓势的"梁小贵人"

汉顺帝刘保年仅30岁就驾崩于玉堂前殿,之后主掌朝政的是曾被称为"梁小贵人"的皇太后梁妠。她有心恢复东汉的强盛,然而,已经衰败的王朝令她难展宏图。

永建七年(公元132年),17岁的汉顺帝刘保准备册立皇后。这时,后宫贵人受宠爱的有四人,汉顺帝拿不定主意究竟选哪一个好。于是想借助神意,通过抽签来定选。尚书仆射胡广表示反对,他说:"不以才德,而以神卜来定皇后,不符合经典,违背祖宗成法。"汉顺帝只得作罢。

在汉顺帝宠爱的四个贵人中,有乌氏(今宁夏固原东南)人梁商的妹妹及女儿。姑、侄两人一同被选入掖庭,又一并被封为"贵人"。因为当时尚没有皇后,后宫中以贵人最为尊贵。为了区分梁家两贵人,后宫称梁商的女儿梁妠为"梁小贵人"。

梁妠从小就聪明伶俐,才貌出众,好读书,9岁时便能背诵《论语》,谈论《韩诗》也能略举大义,还善女工。13岁入宫后,梁妠受到汉顺帝的格外垂青,常被召去侍寝。召的次数多了,梁妠推辞说:"希望陛下像天下雨那样都能洒到。"意思就是说,也要照顾到其他嫔妃。汉顺帝认为梁贵人很有德行,更加宠爱她。经过考评,梁妠于阳嘉元年(年)被册立为皇后。

在梁妠登上皇后宝座的那天,她的父亲梁商加位特进,加封户邑,赐安车驷车。她的哥哥梁冀也迁为步兵校尉。

梁氏一家的突然显贵,引起了士大夫们的忧虑。他们担心重蹈外戚专权的覆辙。汉中南郑人李固上书汉顺帝,疾言外戚专权之祸,建议对梁氏外戚给予高官厚禄,却不可委之以权柄;步兵校尉梁冀等,应调为黄门之官。汉顺帝非但没有采纳,反而越来越倚重梁氏外戚。阳嘉三年(公元134年),汉顺帝拜梁商为大将军,总理朝政。梁商任大将军后,不像汉和帝时的外戚窦宪、汉安帝时的外戚阎显那样跋扈,他身居高位,柔和谦恭,虚己进贤。每年发生饥荒,他便令家吏用车拉着粮食去赈济贫民,朝野上下对他颇多称誉。

可是，梁商的儿子梁冀却在外面胡作非为。他游手好闲、嗜酒能饮、踢球下棋、斗鸡走狗，无所不好。更令人生畏的是他心狠手毒，凡有冒犯他的人，他必置之死地而后快。但他是皇后的兄长，大将军的长公子，所以仍旧官运亨通。永和元年（公元136年），这位纨绔子弟荣升河南尹。他恶习不改，恣肆暴戾。有个叫吕放的，曾是梁商所信任的门客，现在梁冀手下任洛阳令。吕放见梁冀胡作非为，恐危及梁大将军和梁皇后，便到梁商府上告了梁冀一状。梁商听完大怒，将梁冀叫来训斥了一遍。后来梁冀听说是吕放告的状，便派人刺杀了吕放。

永和六年（公元141年）秋，梁商病故，汉顺帝任命梁冀为大将军，继父辅政；任命梁冀之弟梁不疑为河南尹。他把朝政大权再一次交给了梁氏外戚。

建康元年（公元144年）八月，年方30的汉顺帝崩于玉堂前殿。皇后梁妠侍奉汉顺帝16年，无子。与她同年入宫的虞美人生有一子，叫刘炳，继位为帝，是为汉冲帝，年仅两岁。梁妠成了皇太后，临朝听政，掌起东汉帝国的大权。

梁太后发出的第一道诏令，是以赵峻为太傅、李固为太尉，与其兄梁冀大将军共理朝政。赵峻是蜀郡成都人，博学多才。此人为官严明，不畏权贵，当荆州刺史时，就曾弹劾梁商之弟、南阳太守梁让贪赃枉法；任南阳太守时，奏免在南阳当县令、县长的权贵子弟。李固是当时鼎鼎有名的大臣。此人少好学，常步行寻师，不远万里；为官刚正不阿，多有建树。在东汉王朝日趋衰颓之世，像赵峻、李固这样的大臣凤毛麟角。梁太后此举，足见她有志于国、重振朝政的决心。

梁太后发出的第二道诏令，是诏三公百官推举贤良方正之士，策问治国安民之道。被推举的安定朝那（今宁夏固原东南）人皇甫规对曰："皇上好比是舟，国人是水，群臣是乘舟者，梁冀大将军是操楫人。梁大将军身为社稷之臣，实应克己修行，省去游娱不急之务，损减府第无益之饰，尽心于国，尽力于民。"梁冀听后大为愤恨，在他的干预下，皇甫规只被评了个下等，授给他"郎中"的小官。皇甫规见梁氏权势熏天，自知难有作为，遂托病回家。

梁太后虽有志于国,意欲重整朝纲,扭转颓势,却无奈其兄梁冀专权跋扈、恣意妄为,她又不忍心除去兄长的权势,反而越来越顺从他、器重他。

永熹元年(公元145年)正月,小皇帝刘炳重病垂危。梁大将军见状,赶忙另寻帝位继承人。他看中了勃海王刘鸿的儿子刘缵。刘缵之所以被这位权臣青睐,是因为他年仅8岁。把这样一个乳臭未干的孩子捧上帝位,朝政大权还是他梁冀的。于是,他派人把刘缵偷偷地接到洛阳都亭,准备汉冲帝一死,便抢先拥立刘缵为帝。这事不仅瞒着百官,也瞒着梁太后。

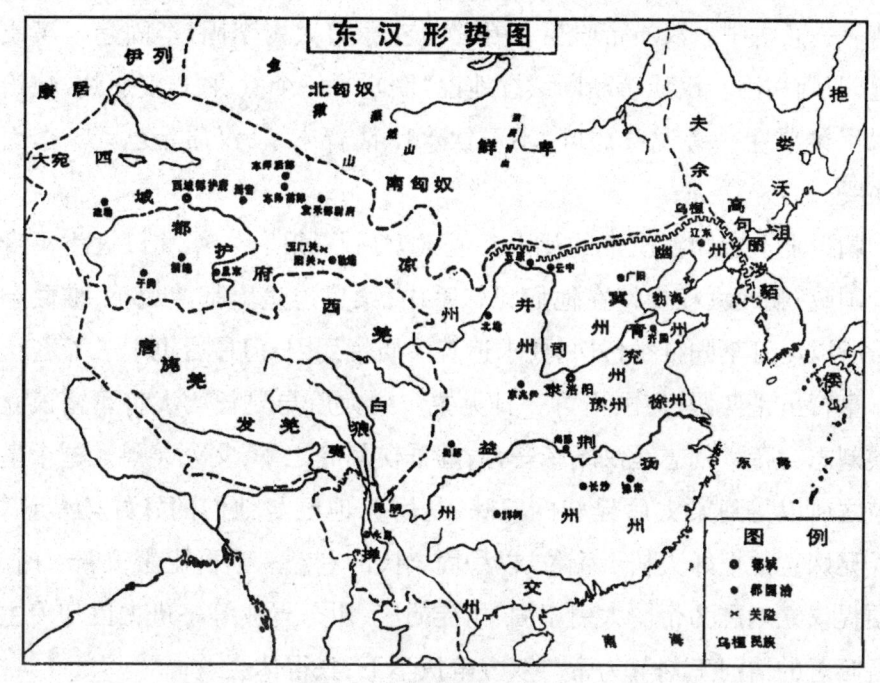

东汉形势图

不久,汉冲帝夭亡。梁太后担心杨、徐一带的农民起义军乘机进攻,派中常侍诏令李固等人,不得泄露汉冲帝驾崩的消息,待征诸王来京,确立帝位继承人后,再发布消息。李固不同意,他认为汉冲帝虽然年幼,仍是天子,不应掩匿其死,应立即公布于天下。梁太后同意了。

汉冲帝驾崩的消息一公布,在朝野上下立即引起震动。但人们所做的不是举国悲哀,而是担心新皇帝的人选。李固等人认为清河王刘蒜年长有德,应当立之。他对梁冀说:"我们应拥立年长有德,能亲自处理朝政者为帝,愿大将军以社稷为重!"这正是梁冀所忌讳的。他驰入皇宫,向妹妹梁太

后述说了立刘缵为帝的想法。在这关键时刻，家族的利益压倒国家利益占了上风，梁太后同意了兄长的意见，立刘缵为帝，是为汉质帝。

汉质帝虽幼，却极聪慧。这位小皇帝逐渐明白了自己的身份：虽贵为天子，却有职无权，不过是梁氏兄妹手中的一个傀儡而已。他对此处境很不满意。本初元年(公元 146 年)六月的一天，他朝见群臣，看见梁冀那副嚣张的样子，便冲他说道："此跋扈将军也！"梁大将军没有想到自己亲手扶上帝位的汉质帝竟如此嫉恨他，担心小皇帝长大掌权后会找他算账，遂把毒药搀进御膳——煮饼中。汉质帝吃后，中毒发烧，急召太尉李固，李固趋至汉质帝身边，叩问病因。汉质帝断断续续地说"朕吃了一个煮饼，口渴腹烧，快给朕水喝！"梁冀在一旁说："恐吐，不可饮水！"话音未了，汉质帝已死。李固抚尸痛哭。

朝野上下皆知汉质帝的死因。但梁太后临朝听政，梁冀以大将军身份总理国政，朝政大权操持在他们兄妹手中，梁冀连皇上都敢鸩杀，谁敢奈何他？所以尽管李固推举侍医，要求追查汉质帝死因，但最后也不了了之。

皇帝虽是傀儡，但国不可一日无主。梁太后与兄长梁大将军密谋立蠡吾侯刘志为帝。刘志是汉章帝曾孙，蠡吾侯刘翼之子，父死袭爵。这个皇室远枝之所以得到梁太后兄妹的青睐，是因为他已与他们的妹妹梁莹订婚。梁氏兄妹意欲把妹夫扶上帝位，以稳固梁氏的利益。当群臣聚议新君时，梁冀便提议立刘志为帝。太尉李固、司徒胡广、司空赵戒等一班大臣却力主立德行昭著的清河王刘蒜为帝。双方争执不下，只得休会。

当天晚上，官居中常侍的宦官曹腾拜谒梁冀。曹腾因为曾拜谒刘蒜，而刘蒜看不起宦官，对曹腾轻蔑无礼。宦官集团由此而嫉恨刘蒜，反对立他为帝，所以派曹腾去见梁冀。曹腾对梁冀说："将军累世外戚，秉摄万机，门下宾客多纵横犯法。清河王严明，若他继位为帝，将军祸将临头；如立蠡吾侯，则可永保富贵。"宦官们的支持，坚定了梁冀立刘志为帝的信心。

第二天，梁冀重会公卿大臣，他气势汹汹，言辞激烈，声言非刘志不立。胡广、赵戒等官僚畏惧梁氏权势，屈服了，说："唯大将军令是听！"只有李固坚持要立刘蒜，不肯屈从。梁冀恨得咬牙切齿，驰入皇宫，去见妹妹梁妠太后，由太后下诏，罢免了李固。

接着,梁太后遣梁冀持节迎刘志入南宫,即日登帝位,是为汉桓帝。梁太后仍旧临朝听政,梁冀不仅仍做他的大将军,且又得到加封一万三千户的奖赏,大将军府的官属也大为增多,是三公府的一倍!梁冀的两个弟弟梁不疑、梁蒙,以及梁冀的儿子梁胤,皆为万户侯。梁氏的势力达到了顶峰。

可是,国势却愈加衰颓。难以活命的农民纷纷揭竿而起。再次临朝的梁太后,接连发出几道诏令:守土之官要恤民爱民;三公九卿上书言朝政得失;赐天下父老爵,鳏寡孤独粟帛;遣使赈济荆、扬二州灾区;大将军、公卿举贤良方正,策问朝政得失;郡国囚徒减死罪一等,修建皇陵的刑徒减刑六个月……。梁太后试图通过这些措施来挽救颓势,保护刘汉王朝和她的家族利益。

但是,梁太后的这些诏令措施却被那些贪官污吏破坏,而罪魁祸首便是她的兄长梁冀大将军。梁大将军贪赃枉法,带着钱财到大将军府请罪求官者,相望于路;各地进贡的物品,上等的送到大将军府,剩下的才送进皇宫给皇上;梁冀和他的夫人孙寿又大兴土木,修建房第,穷极奢侈;他又圈占了大片的土地作为菟苑,捕猎虎豹放养其中,猎杀者罪至死;有个西域商人不知禁律,误杀一虎,梁冀不但杀了那个商人,又广为株连,连杀十几人;他又在洛阳城西大起第舍,藏纳亡命,强取良民为奴婢,名曰"自卖人"……

尽管梁冀贪残如此,但只因他是梁太后和汉桓帝皇后的兄长,故可逍遥法外。东汉王朝在这位权臣的手中一步步腐败衰颓。梁太后虽有挽救之心,但她既不忍又不能惩办兄长,她的一道道救亡图存的诏令措施也就毫无作用可言。于是,正直有识之士对这位"有志而无力于国"的临朝听政的太后越来越失望,越来越怨恨。

和平元年(公元 150 年)春,梁太后重病缠身,体力不支,归政汉桓帝。她坐着御辇来到宣德殿,召见宫省官属和梁氏外戚,宣布了自己的病情。这位 45 岁的太后面对百官欷歔而言:"我把皇上和大将军兄弟托付给各位,望你们好自为之。"两天后,她去世了。她力图挽救东汉王朝的颓势,但她已无回天之力。她苦心经营的梁氏集团也在她死后被汉桓帝铲灭。

第三章　皇子公主篇

在普通老百姓的眼里，身为大汉皇帝的皇子公主们，无疑是普天之下最为幸福的人了。他们似乎拥有高贵无比的身份，富甲天下的财富，能够随心所欲地支配任何事情。——其实不然，皇子公主们也有说不尽的烦恼，道不完的苦楚，他们往往成为国家与宫廷斗争的牺牲品。汉代的皇子公主们要么牺牲在皇权斗争的利刃下，要么被迫和亲到塞外荒漠之地。试想，这样的命运结局是他们自己能够选择的吗？两千多年过去，我们似乎还能隐隐约约听到他们不堪屈辱的哽咽之声！

太子刘荣的死因

汉景帝宠爱的栗姬生了3个儿子，长子为刘荣。景帝即位的第四年，景帝乘机立儿子刘荣为皇太子，但窦太后一心想让景帝立刘武为皇位继承人。不到一年后，景帝便因事废黜，窦太后乘机再次进言，要立刘武为嗣。后来刘荣母亲栗姬失宠，刘荣被废为临江王。汉景帝中元二年（前148年），他又因侵占宗庙地修建宫室犯罪，被传到中尉府受审。郅都责讯甚严，刘荣恐惧，请求给他刀笔，欲写信直接向景帝谢罪，郅都不许。窦太后堂侄魏其侯窦婴派人悄悄送给刘荣刀笔，刘荣向景帝写信谢罪后，在中尉府自杀。窦太后闻讯大怒，深恨郅都不肯宽容，责景帝将他免官还家。

且说王美人生刘彻的时候，景帝早已奉薄太皇太后之命，娶了薄氏的内侄孙女为皇后。薄皇后有薄太皇太后撑腰入主后宫，倒也没有人胆敢动摇她的地位。

但薄皇后命运不济,一直没能给汉景帝生个一儿半女。"不孝有三,无后为大。"薄皇后不能生育,注定了她将来失宠的命运。

果然,公元前155年的早春,薄太皇太后死去,薄皇后失去了靠山,不久就被废掉了皇后的称号,凄惨地离开了正宫。这样皇后位置出现空缺,而且又一直没有设立太子。于是皇储争夺战和后位争夺战又交织在一起,形成了一种微妙的关系。

景帝宫中配有大量的嫔妃,虽然人数众多,却不是王美人的对手,唯独薄皇后和栗妃是王美人的眼中钉、肉中刺。因为薄皇后被废,所以王美人少了一个强劲的对手。而在废掉薄皇后的过程中,栗妃是个急先锋,她一直起着很大的作用。

栗妃是汉景帝做太子时的妃子,长得漂亮,而且她又给汉景帝生了3个儿子,其中刘荣又是长子,所以栗妃很受汉景帝的宠爱。

由于自己容貌俊美,生子又多,况且又得汉景帝专宠,所以栗妃自然目中无人,加之她生性心胸狭窄,终于没有保持住专宠的地位,在宫闱斗争中败下阵来。

王美人工于心计,能揣摩景帝的心思。有一次她对汉景帝说:"妾在怀上彻儿的时候,梦见一轮红日直入怀中。"景帝也觉得刘彻出生有贵征,心里便有些想立刘彻为太子的意思。王美人又把这番话通过自己身边的宫女传遍宫中,使得刘彻的出生套上了一轮神秘的光环。

王美人知道皇家里是信奉皇权天授的,所以她才编出一个梦,用意无非是想暗示她所生的儿子是神授的真命天子,为自己的儿子将来争夺皇太子的席位预造舆论。

王美人的这番鬼话居然起了很大的作用。本来栗妃最受汉景帝宠爱,而且栗妃生了长子刘荣,所以景帝受不住栗妃的软磨硬泡,私下里答应栗妃,将来立刘荣为皇太子。后来景帝因为听了王美人编的祥瑞,他又想毁约,改立刘彻为皇太子。但景帝又不敢得罪栗妃,这样在两难之中,时间过去了两个春秋,景帝一直没有立储。

栗妃看景帝犹豫不决,怕夜长梦多,常在枕边逼汉景帝兑现他曾许下的诺言。景帝也禁不住栗妃的屡屡絮聒,他又私下里想,立幼废长,有违祖训,所以他这才下了决心,于前元四年(前153年)立刘荣为皇太子。封刘彻为胶东王。不久刘彻取太子而代之的契机出现了,原因是馆陶长公主刘嫖插进来了。

刘嫖是汉景帝的姐姐,窦太后的爱女长公主想把其女阿娇嫁给太子刘荣,没想到竟遭到了栗妃的一口拒绝,刘嫖因此与她结下怨恨,心存报复之念。与栗姬不同,王美人机敏圆滑,当馆陶长公主刘嫖想将比刘彻大四岁的女儿许配给他时,王美人见长公主地位崇高,在窦太后跟前说一不二,当下满心欢喜地答应下来。

于是6岁的刘彻与10岁的陈阿娇订了婚,时在景帝前元六年(前151年)。同年九月,皇后薄氏因无嗣被废,从此,馆陶长公主屡屡向景帝称赞刘彻如何聪明、如何达理,使景帝更加喜爱这个孩子。同时,长公主经常向景帝进谗,诬陷栗姬。景帝便在前元七年(前150年)十一月,废栗太子刘荣为临江王。

有些大臣也不赞成汉景帝的这种做法,可是他们看到景帝正在气头上,谁也不敢找麻烦。栗妃的兄弟栗卿出来反对,结果仍然是胳膊拧不过大腿,被景帝送到监狱里办成死罪,以后再也没人敢反对这事了。

栗妃没有捞到皇后的位置,反而砸了儿子的储位,送了兄弟的性命,自己也被汉景帝打入冷宫,就连想与汉景帝见上一面都不可能了。她心中凄苦异常,愈想愈怨,终于在冷宫里恚恨而死。

在争储位的宫闱斗争中,刘荣由于生母栗妃的过失而丢掉了储位,这意味着刘彻原来几乎不可能超越的竞争对手被取消了比赛资格。如今储位空缺,在刘彻争储的道路上,升起了希望之光。

临江王刘荣丢了太子的地位,死了母亲和舅舅,心里当然十分难受。可是他还算仁厚,在临江的都城江陵还能爱护百姓。刘荣在长安城住惯了,嫌那临江的宫殿太小,想扩建宫殿。但苦于宫外没有余地,只有文帝的太庙近在咫尺,于是他占用了太庙空地边上的一面墙。宫殿还没建成,就有人上京告发了。景帝听了之后勃然大怒,把这个案子交给了郅都去审问。

刘荣动身去长安的时候,江陵的父老给他送行,甚至于有流眼泪的。他们知道刘荣这一去肯定凶多吉少。

刘荣落到郅都的手里又有什么生存的希望呢？郅都是个有名的酷吏，他最初担任宫廷禁卫官的中郎将一职，因勇于向景帝进言规劝，而得到重用。郅都为人极为严厉，他秉公办事，从不徇私情，就连他自己的亲属也不敢当面求他办事，只好用写信的方式提出来。郅都见亲友有人用书信托他办事，再也不拆阅私人给他的信件。郅都做事廉洁公正，任何馈赠和礼物以及人情慰问等等，他都从不接受，更不用说请托谒见了。

刘荣的老师魏其侯窦婴前去看望落难的学生，师生抱头痛哭一场，刘荣求老师想办法给他捎副刀笔来，窦婴派人偷送进去。刘荣估计自己已无继续生存的希望，他不愿在公堂上受辱，就给汉景帝写了一封绝命信，在狱中悲切地自杀了。

变态的广川王刘去

春秋战国时代，诸国割据，群雄争霸，弱肉强食。经历几番征战，在华北一带就分布有燕、齐、晋、魏、赵等诸国，这些诸侯国的王公将相死后都建有墓地，至今仍能在华北一带发现春秋战国时期的古墓群。这些古墓埋藏了很多奇珍异宝，成了几千年来盗墓贼觊觎的对象，广川王刘去就是其中的一个。

盗墓有的是泄愤，有的是贪财，但中国历史上有一盗墓者却很变态，首先是为了好玩，他就是西汉时期广川王刘去。刘去为西汉皇室，封地在河北、山西、山东相连区域，原为信都国，后称广川王。据说，刘去当年名声很差，做事不靠谱，吃喝玩乐样样精。据晋人葛洪编著的《西京杂记》记载，在其封国内"国内冢藏，一皆发掘"，有点儿名气的古墓几乎没有一座能逃过刘去的铁锹。刘去盗掘的对象主要是春秋战国时期的王族墓，魏襄公、晋灵公的陵墓都让他掘开了。宋代李昉奉敕编修过一套500卷的大书，专收野史、传记和小说，因编成于太平兴国三年（978年），遂定名为《太平广记》。这部书里对刘去盗墓有较详细的记录。

魏襄王墓是刘去盗窃的古墓中规模很大的一个。据《太平广记》的记载,魏襄王墓是用带纹理的石料做成的外椁,高八尺,宽窄能容纳 30 人,用手触摸,光滑如新。外椁中间有石床、石屏风,刘去看到的时候,依然摆放周正。但是棺柩和陪葬的珍宝全部不见踪影,只是床上还有一个玉痰盂、两把铜剑,几件日常应用的金器像新的一样。广川王便把其中的一把铜剑拿起来带在自己的身上。

襄王墓的挖掘很让刘去费了点儿工夫,不知是出于防盗的目的还是为了显示自己的气派,襄王墓上面是用铁水灌注的,刘去带人整整开凿了 3 天才打开。开凿后,从墓穴里冒出的又苦又辣的黄色气体浓得像雾一样,强烈地刺激人们的眼睛和鼻子,使人无法进入。刘去别无他法,只好暂时用兵把守,等 7 天气体出净才又来继续自己的恶行。

初进襄王墓时,刘去遇到一个门,门上没锁。里面的石床长宽四尺,上面有石几,左右各有 3 个石人站立侍奉,都是武士装扮,身佩刀剑。再入一室,石门上有锁。推开门就看到了棺材,黑亮亮的可以照人。用刀砍不进去,用锯截开,才知道棺材是用生漆杂以犀牛皮做成的,有好几寸厚,摞了十多层。由于当时的力量不是很够,刘去他们没有办法打开,只好作罢。随后又进一室,也有石门,打开锁,看到一张六尺见方的石床。有石屏风,装饰铜叶的帐幔一具。铜叶有的散落在床上,有的掉在地上,显然是因为帐子腐烂了,所以铜叶坠落到地上。床上还有一个石枕,旁边很厚一层黑乎乎的灰尘,好像是衣服腐烂后形成的。床的左右各有 20 个站立的侍女,有的是拿着面巾、梳子、镜子的形象,有的是端着盘子送饭的姿态。没有其他的器物,只有铁镜数百面。广川王刘去收罗了里面所有值钱的东西并且把这些归为己有。

刘去盗墓并不总能满载而归,有时候也是收获甚小。不过他只在乎盗墓游戏的过程,结果怎样他并不怎么放在心上。不幸的是,晋灵公的墓竟然也位于刘去的封国境内。晋灵公生前荒淫暴虐,民怨沸腾,宰相赵盾屡屡进谏劝说无效,史称“晋灵公不君”。晋灵公墓在今山西绛县境内,墓冢如馒头状,系五花土堆成。刘去进去时看到,墓室豪华富丽,四角都放置用石头雕刻成的鹰犬,上刻有壁画。在棺椁两边,有男女石人 40 多个,捧着灯烛什么的站立在周围。虽然棺椁已经朽烂,但尸体还没有坏,晋灵公的九窍之中都放有金玉。刘去看上了陪葬品中一个拳头大的玉蟾蜍，拿回去当储水磨墨用的水盂使。

刘去在盗魏王的儿子且渠的墓时，发现墓既浅又窄也没有棺材，只有一张石床。石床宽六尺、长一丈，除此之外还有一面石屏风。床下全都是云母。床上有两具尸体，一男一女，全都20来岁。两具尸体头朝东裸身躺卧，没有盖被和穿衣服。他们皮肤的颜色像活人一样，鬓发、牙齿和手指也看不出同活人有什么差异。广川王非常恐惧，不敢触动他们，慌忙退了出去，并按当初的模样将墓穴掩盖。

刘去在挖掘幽公的墓时发现，幽公的墓很高大。墓道的门打开以后，再下去一尺左右里面全是白垩土。将白垩土铲除一丈多深以后，见到云母，再下去一尺左右就是100多具尸体，横七竖八相互枕压，都没有朽烂。奇怪的是，这些人当中，只有一个是男子，其余全是女子。有的坐着，有的躺卧，也有站着的。衣服的形色同活人一样。更为神奇的是广川王在栾书墓里的遭遇。栾书墓棺椁和器物全都朽烂了。墓穴中有一只白色的狐狸，看见有人来吓跑了。随从们追赶着去刺它，没能抓到，只把它的左脚刺伤了。当天晚上，广川王梦见一个男子，鬓发眉毛都是白的，走进来对他说："何故伤吾脚？"并"以杖叩王左脚"，广川王睡醒后，发现自己的左脚肿了起来并且生了疮，到死都没有好。

广川王刘去在汉朝可谓是臭名昭著，他残暴成性，曾派人将自己的老师一家全部刺杀，又亲手杀死自己的两个姬妾，并将她们的尸体挖出来挫骨扬灰。这种令人发指的暴行，在广川王府已是寻常之事，单是被刘去肢解的姬妾就多达14个。后来刘去的丑恶罪行被揭露，朝野哗然，汉宣帝下诏革去了刘去的王位，将他贬为庶民，流放上庸（今湖北竹山县）。刘去在流放途中自杀身亡。

史称，刘去盗掘古墓的数量"不可胜数"，但具体有多少，又获得多少宝物，现在已无从考证。

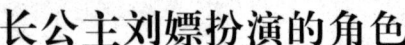

长公主刘嫖扮演的角色

馆陶长公主刘嫖,是汉景帝的同胞姐姐,因姐弟之间从小亲昵惯了,汉景帝即位之后,她仍经常出入宫闱。窦太后的宠爱、景帝的纵容,使这位长公主在汉宫中成为一个不可小视的人物。

馆陶长公主工于政治心计,将女儿陈氏(陈氏小名阿娇,世人又称陈阿娇或陈娇)作为政治筹码。她先是想把女儿许配给栗姬的儿子太子刘荣,但因她经常向汉景帝献美女而与栗姬矛盾甚深,此议被栗姬严辞拒绝。刘嫖大为愤怒,对栗姬表示:"你以为当太子的一定能成为皇帝吗?"表现出欲推翻刘荣的倾向。此时,景帝的另外一个妃子王美人主动提出联姻,给了馆陶长公主一个台阶下。后来长公主的女儿陈娇被许配给胶东王刘彻(也就是后来的汉武帝)为妃。刘嫖因此也积极活动,最终推翻刘荣,使刘彻成为太子。同汉武帝青梅竹马一起长大的陈娇,成年后做了太子妃,继而又正位中宫。她是太皇太后的外孙女儿,母亲馆陶长公主又是辅立太子刘彻的有功之人,再加上陈娇娇艳无比,所以非常受宠。这时的馆陶长公主已由皇帝加了封号,跟从窦太后的姓尊称为窦太主了。

窦太主的丈夫陈午过世后,她已是个50多岁的妇人,寡居在家。此时,她迷恋上一位叫董偃的美少年。董偃的母亲本是卖珠人,他从13岁起就常与母亲出入窦太主家,当时旁人都称他长相俊美,于是窦太主召见他,并且从此将他养在府里,供他读书,并让他学习各种才艺。董偃到18岁时,在外做窦太主的随从,回府里则是她的内侍。董偃生性温柔和善,再加上窦太主的关系,因此许多人都接见他,称他"董君"。后来有个安陵爰叔告诉他,私侍太主是有罪的,而董偃自己也很担心这件事,爰叔便献计要董偃建议太主向武帝献上长门园作为离宫。果然,武帝为此相当高兴,将此园命名"长门宫",而太主也乐得赐爰叔万金作为寿礼。

后来爰叔又献一计给董偃,让太主称病不能见武帝。武帝前往探病,太主表达想招待武帝的意愿。等太主病好后,武帝便让太主安排宴会。等武帝到太主那边后,太主解下首饰,向武帝下跪谢罪,等武帝让她起来后,又拉董偃叩拜谢罪。整场宴会上太主与董偃对武帝毕恭毕敬,招待有加,让武帝非常高兴,从此董偃颇受尊宠,常出入宫中参加活动。

东方朔对董偃相当不以为然,认为他私侍公主,败坏男女风化,又使君王不务正业。武帝从此疏远董偃,董偃也渐渐不得宠信,在30岁那年郁郁而终。窦太主在失去董偃后数年才过世,遗言不愿与其夫陈午合葬,而是要求与情夫董偃合葬于霸陵。窦太主的要求,也被认为是往后公主贵人做越礼之事的开始。

乌孙公主

几乎整个西汉王朝,蒙古高原的匈奴势力一直是西汉政权面临的最大外在威胁。早在汉高祖时期,刘邦为了国家的稳定,曾经打算把嫡出的女儿鲁元公主送去和亲,只是由于吕后的一再哭求才作罢,最后汉廷在后宫中挑选了几位美女送给匈奴可汗,又陪送大量金银珠宝,才算勉强解决了暂时的危机。此后,汉朝诸帝继续推行"和亲"政策换取暂时的和平,同时采取各种措施大力发展经济。汉武帝即位时,社会经济经过长达70余年的休养生息,已经得到恢复和发展。汉高祖时期,即使皇帝出行也凑不齐4匹同样颜色的马,宰相只能乘牛车;而"文景之治"后,各个仓库中堆满了粮食和金钱,甚至穿铜钱的绳子都放得腐烂了,社会的富足可想而知。

公元前135年,文帝窦皇后(窦太皇太后)病死,武帝终于摆脱束缚,随即清除异己,终止"无为而治"的黄老学说,独尊儒术。他大力加强中央集权,大刀阔斧地进行经济、政治、文化多方面的改革,取得辉煌成就。国家富足,皇帝又大权在握,抗击匈奴的时机终于成熟了。在前127年—前119年的几年中,武帝大举讨伐匈奴,终于迫使匈奴北迁。然而,西域却并未安宁,剽悍的匈奴民族也从未罢休。为了彻底铲除匈奴的威胁,武帝广泛展开外交攻势,其中一条,就是与西域大国乌孙结盟以"断匈奴右臂"。

公元前115年,乌孙国王昆莫派使者出访汉朝,使者亲眼见到汉朝的富强,深感不虚此行。昆莫听了使者的汇报,不由得对汉朝产生了仰慕之情,他派人送来1000匹良马作为聘礼,表示愿与汉朝通婚,武帝当然答应,从宗室女中选中刘细君嫁与昆莫。

元封三年(前108年),汉武帝将宗室江都王刘建的女儿细君公主,嫁给乌孙王昆莫猎骄靡为右夫人,匈奴同时也嫁女给乌孙王为左夫人。乌孙两娶,表明已不再一面倒,匈奴嫁女,说明欲击乌孙已力不从心,而乌孙与汉朝联姻使匈奴不敢轻举妄动。刘细君是江都王刘建的女儿、武帝的同父异母兄弟刘非的孙女。早在前121年皇室的互相倾轧中,细君的父亲刘建和母亲成光就以谋反罪被处死,家族受牵连也被夷灭三族,细君因是幼小的女孩得以幸免,但身价却因此一落千丈,她是靠父辈亲戚的怜惜才得以长大成人的。虽然依然保持着皇族的身份,但皇族的荣华富贵却与她无关。身世的坎坷和世事的冷漠,使柔弱的细君过早地尝到了人生的苦难和无奈。

但细君毕竟拥有皇室血统,又生得美丽,所以在她16岁时被选为和亲公主。瞬息之间,早已被世人遗忘的孤女成了高贵的公主。然而,这样的大起大落,对细君究竟是福是祸呢?前105年,细君到达乌孙首都赤谷城,乌孙国王昆莫举行盛大的婚礼迎娶细君为右夫人(第二王后,第一王后是匈奴女子)。可是再喜庆的场面也冲淡不了细君内心的忧伤,因为新郎昆莫已是一位年过七旬、满头白发的老人了。

尽管细君从小失去父母、寄人篱下,过着与平民无异的生活,却从未丧失过对幸福生活的追求;16岁正是花一般的年纪,在她的内心深处,多少次编织过未来的美好生活,她渴望有一个如意郎君能给她爱给她保

乐人俑

护给她幸福,可是,眼前漫天的沙暴和狂风卷走了她所有的渴求和盼望,使本来就多愁善感的细君心中更加悲苦!她因语言不通,生活不习惯,思念家

乡等原因,心情忧郁,写了一首《悲愁歌》表达了这种情感:吾家嫁我兮天一方,远托异国兮乌孙王。穹庐为室兮毡为墙,以肉为食兮酪为浆。居常土思兮心内伤,愿为黄鹄兮归故乡。

两年后,昆莫去世。临死前,昆莫留下遗言,要细君按乌孙风俗嫁给自己的孙子岑陬国王。这显然与细君从小受到的道德伦理相距太远了,细君抵死不从,并上书汉廷请武帝为自己做主。武帝虽然同情细君,可对他而言,政治需要永远是放在第一位的。他回书细君,要她为国家大计着想,按乌孙风俗行事。细君无奈,只得含泪顺从又成为岑陬国王的妻子。

乌孙与匈奴习俗相同,至细君公主出嫁时也未改变乌孙役属匈奴的局面。老昆莫猎骄靡是乌孙一代名王,尚且对匈奴的牵制措施和汉朝的和亲联盟对策首鼠两端,两不得罪。张骞出使乌孙时提出和亲迁回旧地共拒匈奴时,乌孙大臣皆不愿东迁,乌孙上层中亲匈奴势力影响很大。猎骄靡众多子女中大禄是乌孙王的高级佐臣,掌握军政大权,居功自傲,对军须靡立为太子耿耿于怀,猎骄靡在世时也只能妥协将国一分为三,名义上由猎骄靡统治,实则潜伏着政权危机,猎骄靡去世后,政治斗争必然更加复杂激烈。细君公主出嫁乌孙后,在联系乌孙上层人物加强汉朝和乌孙的友好关系方面做出了一定努力和贡献,但并非已臣属于汉朝。臣属的基本标志有两点:一是由汉朝颁发印绶(官印)给臣属国;二是臣属国必须将亲子送去作为人质。细君公主出嫁时带去乌孙的只是武帝赐给的大量宫廷服饰用品、车马和宦官侍御数百人,以后武帝知细君苦闷,派使者送去的也是帷帐锦绣之类,以示慰问和鼓励。不久,细君为岑陬生下一个女儿,取名少夫。然而,由于几年来一直郁郁寡欢、悲愁过度,此时的她大概已经得了产后忧郁症吧,加上身体虚弱,产后不久,细君公主便撇下襁褓中的女儿撒手而去。

第四章　太监宫女篇

在封建专制的国家里，太监和宫女的地位可谓卑微至极。太监自被选进宫来，便被剥夺作为人的尊严，永世都不能与女子婚配。宫女也与之相仿，虽然生理健全，却整日与宫墙大院为伴，也无法享有人间的爱情。然而，他们的命运并非都是这般凄惨。只要他们获得帝王的垂青，他们也能够攫取权力，呼风唤雨。太监和宫女，这个专制制度下的牺牲者，或沉于地狱，或平步青云，在两千多年的中国历史大舞台上，演出了一幕幕惊心动魄的活剧。

李延年因何受宠

李延年是汉武帝时期造诣很高的音乐家，中山人（今河北定县一带），父母兄弟妹妹均通音乐，都是以乐舞为职业的艺人。

李延年年轻时因犯法而被处腐刑，以"太监"名义在宫内管犬，其"性知音，善歌舞"，颇受武帝器重，被任为"乐府"音乐的最高负责人。

李延年把乐府所搜集的大量民间乐歌进行加工整理，并编配新曲，广为流传，对当时民间乐舞的发展起了很大的推动作用。可以说，李延年对汉代音乐风格的形成及我国后来音乐的发展，做出了卓越的贡献。

"自古受命帝王及继体守文之君，非独内德茂也，盖亦有外戚之助也。"帝王家对外戚眷顾与倚重属情理之中——在世俗社会，普通百姓跟内亲之间同样走得亲近，又何况普通百姓眼里的皇亲国戚呢。

汉朝帝王重用外戚之家在历史上很有名，刘彻在位时"卫青、霍去病皆

爱幸"，二人都是外戚，二人都"以功能自进"封侯。

刘彻对李延年的音乐才华本来就青睐有加，对李家其他人也寄予厚望。李延年的哥哥李广利和弟弟李季，都很快成为刘彻预备重用的人选。"中山素女，抚流徵于堂上"，刘彻虽然军国大事缠身，和李夫人的蜜月进行得却相当和谐通畅，不久他们有了骨肉结晶，生下一个儿子。做了舅舅的李延年跟刘彻的关系由此更加亲密，史书说他"与上卧起，甚贵幸，埒如韩嫣"。

汉佞幸宠臣列入正史者，汉武帝刘彻时"士人则韩嫣，宦者则李延年"。韩嫣从小和刘彻一起长大，"武帝为胶东王时，嫣与上学书相爱。及上为太子，愈益亲嫣。嫣善骑射，聪慧。上即位，欲事伐胡，而嫣先习兵，以故益尊贵，官至上大夫"。韩嫣从刘彻手上获得的恩赏可跟刘彻爷爷文帝刘恒的宠臣邓通相比。但韩嫣这样的人，"常与上共卧起"，却不懂自觉和内敛，颐指气使目中无人，终于玩大发了，"嫣侍，出入永巷不禁，以奸闻，皇太后怒，赐嫣死"。刘彻讲情都不准，他便只有死了。

李延年为什么被司马迁和班固打入被鄙视的佞幸行列？他被他们看不起。或许他们会这样说：什么音乐呀，这方面有本事算什么有本事，这方面有才能算什么有才能，"非独女以色媚，而士宦亦有之"，他不过是"以色幸者"的男色而已，"进不由道，位过其任，莫能有终，所谓爱之适足以害之者也"。

"上古明王举乐，非以娱心自乐，快意恣欲，将欲为治也。"李延年这样的歌者，现在我们谓之音乐家，在汉朝则称为"倡"。更为不幸的是，汉朝以后，很长的一个历史时期，倡属下九流，在所谓的正人君子中真正关心音乐的人很少，音乐只是他们纯粹的取乐工具。而即便在今天，在我们某些人眼里，音乐仍然是娱乐和腐化堕落的衍生物。

"王者不私人以官"，被列入佞幸列传的汉朝外戚，李延年排在第一个，大抵也是历史上唯一的一个以倡出身列入佞幸当中的外戚。从此非议相伴，这真是天大的冤案。

汉宫秘史

石显如何惑帝王掌朝纲

石显出身于书香门第的大地主家庭，济南（今属山东章丘）人。小时候的石显在家人的宠爱下要风得风要雨得雨，逐渐养成了以自我为中心的性格，心情不好时便拿家中的佣人出气。随着年龄的增长，石显越发嚣张跋扈，他倚仗家中的势力，在当地无恶不作，经常欺负穷苦百姓，当地人无不在背地里骂他为恶少。有一天，石显带着家中打手又在外面招惹是非，因一件小事与当地的另一贵族发生冲突，并闹到了当地官府，因对方的势力比石显家大，加上石显平日的所作所为触犯众怒，因此被官府判处腐刑。

一个男人遭受此刑便失去了娶妻生子的权利，变成了不男不女的中性人，在当时属于奇耻大辱。石显遭受腐刑之后，生理和心理发生了极大的变化，残忍、贪婪、复仇占据了他的身心。按照惯例，人们在遭受腐刑之后，就会被送到宫中服役。石显也就顺理成章地来到皇宫里，当上了一名普通太监。

曾经目中无人、为所欲为、天天有人侍候的公子哥，突然间变成了太监，离开家人去侍候别人，生活环境的巨变使石显骄横的性格有所收敛。他刚进宫时是宫院里身份最低的小太监，被安排做一些杂活。此时，石显改变了以往的恶习，抱着谨慎的态度处世，谦和待人，并且寻找机会攀附权贵。他依靠自己善于钻营的本领，很快就结交了宫中的第一个狐朋狗友——弘恭。弘恭，沛县（今属江苏）人，进宫前研读过经史，通晓汉律，因犯法受腐刑进宫。弘恭为人圆滑，处世老练，在宫中很吃得开，也成为石显心目中的楷模。在与弘恭结交后，石显很快就学到了弘恭阿谀奉承、尔虞我诈的处世经。通过石显的苦心经营，加上弘恭的鼎力相助，没用多长时间，石显便由普通的服役太监升为中黄门，专门在禁中做事。

因为有了一定的身份和头衔，地位较之以前也有了很大的提升，这大大激发了石显的权力欲望。在随后的时间里，石显和弘恭狼狈为奸，想方设法讨好上司，很快又爬到中尚书的职位。专门服侍皇帝，掌管文书，地位颇为

重要。有一年，汉宣帝在宫中的众多太监中选拔尚书长官，由于弘恭通晓法令，熟知当朝的典章制度，又能说会道，善于溜须拍马，被皇帝视为最合适的人选，升任他为中书令，石显也得以升迁，被任为中书仆射，成为弘恭的副手。在汉朝，所有宦官的职称前都被加上"中"字。所以弘恭、石显担任的官职被称为中书令、中书仆射。

由于汉宣帝在民间长大，深知百姓疾苦，所以他在位期间励精图治，轻徭薄赋，而且能够知人善任。虽然信任弘恭和石显二人，但并没有给他们太大的政治权力。所以，弘恭和石显并不安于现状，仍然在暗暗寻找着掌权的机会。汉宣帝晚年，发现太子刘奭偏好儒术，而且性格懦弱，不善用人，宣帝担心刘奭继承自己的皇位会败坏汉室，便打算更换太子。但是，皇后许氏是刘奭的生母，汉宣帝曾答应皇后不废太子，所以，在汉宣帝身染重病，快要归天之际，虽然叹息"乱我家者必太子也"，但还是降旨将皇位传给刘奭，同时任命3位大臣辅政。一位是外戚史高；另外两位是刘奭的师傅肖望之（任命为前将军光禄勋）和周堪（任命为光禄大夫），二人兼领尚书事。黄龙元年（前49年），宣帝病重，经医治无效逝世，终年43岁。

这时，27岁的太子刘奭即位，被称为汉元帝。弘恭和石显早已看出汉元帝懦弱的本性，此时身居尚书之职的弘恭、石显认为有了窃取权柄的机会。随着皇上的日益宠信，石显的权力也日益增大，埋藏多年的骄横本性慢慢暴露出来，逐渐开始了夺取朝政大权的行动。

石显在皇上的日益宠信下，不断拉拢朝臣，许多胆小怕事、贪图富贵的小人纷纷投靠了他，他的势力也日益增强。要想夺取朝政大权，首先便是削弱辅政大臣的权力。为此，石显和弘恭越发地献媚讨好汉元帝，在获得极大的信任之后，他们便倚仗自己熟悉朝政的优势，想方设法刁难抵制辅政大臣的意见。

在随后的几年里，阴险毒辣的石显又想方设法陷害了大量的贤良大臣，被罢官、入狱、杀头者不计其数。朝中百官都非常惧怕石显，人人自危。

石显的所作所为，得罪了很多人，他也深知自己不得人心，许多大臣都在盯着自己，寻找自己的过失，如果自己稍有差错，定会招来群臣的攻击。为了让汉元帝不听他人对自己的攻击，石显处心积虑地想出了一个花招。

汉宫秘史

中华宫廷秘史

当时汉宫的制度是夜闭宫门，严禁人员出入。有一天，石显特意外出办事，临出发前，他向汉元帝请示道："皇上，此次出行，时间较长，恐怕回来时天色已晚，宫门关闭，请允许我以皇上的诏令让把守宫门的官员打开宫门。"汉元帝信以为真，点头答应了。当天，石显在外游玩，故意深夜回宫，来到宫门前，他声称皇帝同意自己晚归。守门官员只得打开宫门，石显迈着四方步，大摇大摆地走进宫中。事情过去没几天，便有人上奏章，说石显矫造诏书私开宫门。汉元帝看完奏章，微笑着递给石显。石显看罢，装作惊慌失措的样子跪在汉元帝面前，很委屈地哭泣道："皇上信任奴才，才将国家大事交给我处理。朝中的官员都很嫉妒皇上对奴才的信任，想方设法陷害我。像这样的事情，已经不止一次了。皇上是英明的君主，能明白事情的真相。奴才出身微贱，无才无德，很难让百官满意，让我放弃中书令的职务，到后宫做些端茶送水的杂活，那样就不会遭到他人的攻击。恳请皇上恩准我的请求，以保全奴才的性命。"天性柔弱的汉元帝怎能经得起这种悲悲切切的诉说，他急忙宽慰石显。汉元帝以为，石显精通朝政，没有骨肉之亲，又不勾结外官，完全可以信赖。大臣们跟他过不去，全都是出于妒忌，像这次宫门之事便是明证。此后，大臣们越是弹劾石显，汉元帝就越宠爱信任他，而且还厚加赏赐。公元前33年，汉元帝病重，经医治无效，死于长安未央宫。当年六月，太子刘骜继承皇位，称为汉成帝。成帝的生母为皇太后，大舅王凤为大司马将军，二舅王崇为安成侯，5个小舅也都封侯。其他子弟都在朝中担任要职，皇太后的侄子王莽也在此时逐渐高升。于是外戚王家成为西汉建国以来最为显赫的家族。俗语道：一朝天子一朝臣。宦官得宠于当时的专制君主，主存，他便能继续得宠专权；主死，他便随之失势，这是不争的事实。所以，成帝即位之初，就以石显服侍先帝劳苦功高为名，加封他为长信太仆，秩中二千石，地位虽然有所高升，却被调离中书，失去了权柄。

　　几个月后，朝中大臣纷纷上疏陈述石显过去的恶行。成帝根据大臣的揭发，将专权达十余年之久的石显及其党羽全部罢官。至此，石显的恶势力顷刻间瓦解，上自文武官员、下至黎民百姓，无不拍手称快，京城中的百姓奔走相告："伊徙雁，鹿徙菀，去牢与陈实无贾。"

　　石显被罢官后，回归故里。失去权势的他回想起以前风光的自己，不禁感慨万千。公元前 33 年冬,石显去世。成帝在位期间,没有再封赏宦官,四年之后,也就是公元前 29 年,专门由宦官任职的机构中书被撤销。

石显虽然死了,但是他对西汉王朝由盛转衰却负有不可推卸的责任。他因为取得了汉元帝的过分宠信而得到中书令的身份,继而又网罗党羽,形成势力网,专擅朝政,排除异己,致使朝中大臣无不为自保而敷衍公事。石显结党营私,贪赃枉法,最终造成地方吏治腐败,贪污成风,导致民不聊生,西汉王朝也因此走向了末日。

造纸术是蔡伦发明的吗

造纸术是中国四大发明之一,对促进世界文明发展有重大作用。关于蔡伦与造纸术的关系,当今有两种不同意见。第一种意见认为他是造纸术发明者,第二种意见认为西汉初已用纸代简,蔡伦只是造纸术革新者。现在看来第二种意见是正确的,因早于蔡伦 200 年前的西汉初即已有用于书写的麻纸。

在纸出现以前,人类曾经使用过许多材料来写字记事。我们的祖先最初是把文字刻在龟甲或兽骨上,叫作甲骨文。商周时代,人们又把需要保存的文字铸在青铜器上,或者刻在石头上,叫作钟鼎文、石鼓文。到了春秋末期,人们开始使用新的书写记事材料,叫作"简牍","简"就是竹片,"牍"就是木片。把文字写在竹片、木片上,比刻在甲骨上、石头上,比铸在青铜器上,要方便得多、容易得多,可就是连篇累牍,十分笨重。当时,也有用绢帛做书写材料的,故《墨子》曰:"书之竹帛,传遗后世子孙。"但绢帛价格昂贵,一般人用不起,就连孔圣人都说:"贫不及素。"这里的"素",指的就是绢帛。汉代一匹绢帛(长约 10 多米,宽不及 1 米)的价格相当于 720 斤大米。

伴随着生产的发展、社会的进步,我们的祖先不断地在寻找新的书写材料,最终发明了理想的书写材料,那就是纸。我国造纸术的发明,长期以来一般都归功于东汉时的宦官蔡伦,这是因为《后汉书·蔡伦传》明确记载:"自古书契多编竹简,其用缣帛者谓之为纸,缣贵而简重,并不便于人。伦乃

造意,用树肤、麻头及敝布、鱼网以为纸。元兴元年奏上之。帝善其能,自是莫不从用焉,故天下咸称'蔡侯纸'。"

自此,人们常把蔡伦向汉和帝献纸的那一年——元兴元年(105年),作为纸诞生的年份,蔡伦也因此而被奉为造纸祖师,差不多所有产纸的地区都为他塑像造庙。在他的故乡湖南耒阳县,元朝曾重修蔡伦庙;在他的墓地陕西洋县龙亭铺(蔡伦于114年被封为龙亭侯),也建有祠庙;日本等国的造纸工人,也奉蔡伦为"纸神"。蔡伦受到国内外人们的纪念和崇敬,蔡伦发明造纸术似乎也成定论。但是,自20世纪30年代以来几十年的考古发掘实践,动摇了千余年来盛行的蔡伦发明造纸术的说法。

首先是1933年,黄文弼先生在新疆罗布泊汉代烽燧遗址上发现了一片古纸,这是一片麻纸,长约40厘米、宽约100厘米,纸面可清晰见到麻,在同一遗址中还发现有汉元帝元年(前48年)的木简,因此,该纸当为西汉时期的文物,比"蔡伦造纸"的公元105年早了一个半世纪。

其后是1957年,在西安市东郊的灞桥再次出土了比新疆罗布泊的纸还要早约一个世纪的西汉初期的古纸,而且有数十张之多,经科技史专家潘吉星教授的研究和分析化验,确认此灞桥纸主要由大麻和少量苎麻的纤维所制成。在这之后,1973年在甘肃居延汉代金关遗址、1978年在陕西扶风中颜村汉代窖藏中,也分别出土了西汉时的麻纸。再后是1986年,在甘肃天水市附近的放马滩古墓葬中,出土了西汉初年文、景二帝时期(前179—前141年)的绘有地图的麻纸,这是目前发现的世界上最早的植物纤维纸。1990年,在敦煌甜水井西汉邮驿遗址中发掘出了多张麻纸,其中3张纸上还书写有文字。

以上事实有力地说明了,早在公元前2世纪的西汉初期,我国已发明了造纸术,而且当时造出的纸已经可以用于书写文字和绘图,这比蔡伦早了两三百年。东汉蔡伦虽然不是纸的最早发明者,但他改进了造纸技术。蔡伦认真总结了前人的经验,他认为扩大造纸原料的来源,改进造纸技术,提高纸张质量,就可以使纸张为大家接受。蔡伦首先使用树皮造纸,树皮是比麻类丰富得多的原料,这可以使纸的产量大幅度地提高。树皮中所含的木素、果胶、蛋白质远比麻类高,因此树皮的脱胶、制浆要比麻类难度大。这就促使蔡伦改进造纸的技术。西汉时利用石灰水制浆,东汉时改用草木灰水制浆,草木灰水有较大的碱性,有利于提高纸浆的质量。元兴元年(105年)蔡伦把他在尚方制造出来的一批优质纸张献给汉和帝刘肇,汉和帝很称赞他的才能,马上通令天下采用。这样,蔡伦的造纸方法很快传遍各地。

蔡伦的贡献就在于使皮纸生产在东汉发展起来。麻纸及皮纸是汉代以来1200年间中国纸的两大支柱,中国文化有赖这两大纸种的供应而得以迅速发展。至晋代(4世纪)时,纸已最终取代帛简成为主要书写材料。蔡伦在促进麻纸及皮纸生产方面起了很大作用,他虽不是造纸术发明者,但作为技术革新者和组织推广者的历史地位应予肯定。

罪恶满盈的张让

东汉末年,以张让为首的十常侍宦官集团独霸朝纲,权倾天下。张让从宫中一杂役太监,逐步爬上太监首领中常侍。

张让自小聪明伶俐,7岁时,父亲为了光宗耀祖,将他净身送入皇宫做宦官,从此,他察言观色,献媚邀宠,深得汉桓帝、灵帝、少帝和诸多皇后、皇太后的宠信,灵帝常谓"张常侍是我父"。

张让年轻时都在宫中供职办事,桓帝时担任小黄门。赵忠因参与诛杀梁冀的功劳被封为都乡侯,延熹八年(165年)被贬黜为关内侯,每年收入本县租税一千斛。灵帝时,张让、赵忠一齐升任中常侍,被封为列侯,与曹节、王甫等人互相呼应。曹节死后,赵忠兼任大长秋。

张让有一个奴仆头目为他掌管家务,勾结官府,收受贿赂,声势显赫,令人生畏。扶风人孟佗财产丰饶,他与张让家的奴仆勾结,倾尽家财,赠送礼物,奴仆们都很感激他,便问他说:"你想得到什么,我们可以办到。"孟佗说:"我希望你们给我一拜。"当时,求见张让的宾客乘坐的车子经常有成千上百辆,孟佗那时去见张让,到得较晚,无法进去。那奴仆首领便带领众仆人到路上来迎接拜见他,随即拥卫他的车子进了大门。宾客都很吃惊,以为孟佗与张让关系很好,争着把珍贵的玩物赠送给他。孟佗拿出一部分送给

张让,张让大喜,便让孟佗担任凉州刺史。

这时,张让、赵忠以及夏恽、郭胜、孙璋、毕岚、栗嵩、段珪、高望、张恭、韩悝、宋典等12人都是中常侍,被封为侯,尊贵得宠,父兄子弟都安置在州郡做官,所到之处,贪婪残暴,损害百姓。黄巾军兴起后,盗贼如同沸汤,郎中中山人张钧上书说:臣认为,张角之所以能兴兵作乱,万民所以愿意归附张角,根源全在于十常侍多数安排父兄、子弟、姻亲、宾客把持州郡,垄断财利,侵夺百姓。百姓的冤苦无处申诉,所以聚集起来,去当盗贼。应该斩杀十常侍,在南郊悬首示众,向百姓道歉,并派使者布告天下,就可以不用军队而平息。

灵帝把张钧的奏章拿给张让等人去看,张让等人都除去朝冠,光着双脚,伏地叩头,要求自投洛阳奉诏关押犯人的监狱,并拿出家财,资助军费。有诏书命令他们仍然穿戴官服,任职治事。灵帝对张钧发怒说:"这真是个狂妄之人!十常侍中难道就没有一个好人?"张钧再次上书,像前一次上书一样,又被搁置,不给答复。灵帝颁诏命令廷尉、侍御史拷问入张角黄巾道的人,御史秉承张让等人的意旨,随即上奏诬称张钧学黄巾道,将他收捕入狱,拷打致死。但实际上张让等人多半与张角交往。后来,唯独中常侍封谞、徐奉沟通张角的事被朝廷发觉,两人获罪被杀,灵帝因此生气地质问张让等人说:"你们经常说党人图谋不轨,一概予以禁锢,有的还被处死。如今党人又为国家效力,你们反而与张角交往,是不是该杀?"张让等人叩头说:"是原先的中常侍王甫、侯览干的。"灵帝这才没有追究。

次年,南宫发生火灾。张让、赵忠劝灵帝在全国征收田税,每亩十钱,以便修建宫室。朝廷征调太原、河东、狄道各郡的木材和有纹理的石头,每当州郡押送到京城时,黄门、常侍就吩咐呵责那些不合格的州郡,于

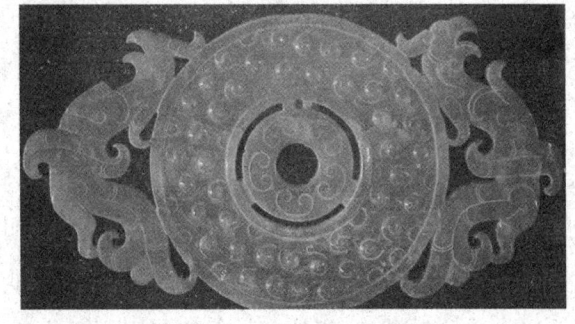

玉双凤饰系璧

是强迫折价贱买,售价只给十分之一,然后再卖给宦官,宦官又不马上接受,终至木材积压腐烂,连年建不成宫室。刺史、太守又把私人征调加进去,百姓大声悲叹。

凡是诏书征用官员,灵帝都让西园侍从暗中督促。号称"中使",他们惊动州郡,大量收受贿赂。升迁除授刺史、二千石以及茂才、孝廉时,都责成这些人交纳助军钱和修宫钱,大郡多达二三千万钱,其余官职要出的钱也各有等差。应该赴任的人,都需要先到西园谈好价钱,然后才能前去。有些人交不足钱,甚至被迫自杀。清廉自守的人要求不去上任,就一律强迫他们前往。当时,钜鹿太守河内人司马直刚刚受任新职,由于他有清廉的名声,便少让他交钱,减为 300 万钱。司马直接到诏书,惆怅地说:"为民父母,反而要剥削百姓,来满足时下的索求,我不忍心。"便托称有病,要求辞官,朝廷没有答应。他行至孟津时,上书极力陈述当世的失误和古今祸乱亡国的教训,随即吞药自杀。奏书呈送上去后,灵帝为此暂时不收修宫钱。

灵帝又在西园内建造万金堂,动用司农掌管的金钱丝帛充积其中。灵帝还回到河间去买田地住宅,起造府第楼观。灵帝原来出身侯爵之家,过去资财不丰,往往感叹桓帝不能积蓄家产,所以聚积私人财产,还在小黄门、常侍那里分别寄存了数千万钱。宦官得志,无所忌惮,一齐起造宅第,模仿宫室。灵帝曾经登上永安宫的瞭望台,宦官唯恐灵帝望见自己的住处,便让中大人尚但进谏说:"天子不应该登高。天子登高,百姓就会失散。"从此,灵帝不敢再登台榭。

后来,灵帝委派赵盾令宋典修缮南宫的玉堂殿,委派掖庭令毕岚铸成 4 个铜人,陈列在仓龙阙和玄武阙。又铸成 4 座钟,容积都是 2000 斛,悬挂在玉堂殿和云台殿前。又铸造天禄和蛤蟆,在平门外桥东吐水,把水转入宫中。又制造翻车和渴乌,安设在桥西,用来喷洒南北郊的道路。又铸造四文钱,钱上都有四道纹路。有识者私下说,奢侈暴虐过甚,已经在形象上表现出征兆,这种钱铸成后,必然四道而去。及至京城大乱,这种钱果然流散全国。灵帝又任命赵忠为车骑将军,一百多天后免职。

中平六年(189 年),灵帝去世。张让率领十常侍,颠倒黑白除异己,捏造罪名杀朝臣,终于引起以何进为首的外戚集团不满。张让先下手为强,诱杀何进,导致京师卫军变乱,而袁绍率兵杀死赵忠,逮捕宦官,无论老少,一律处死。张让等数十人劫持献帝为人质,逃到黄河边。追兵迅速赶来,张让等人伤心哭泣,向献帝诀别说:"臣等被消灭后,天下也就乱了。请陛下自爱!"然后跳到黄河里自尽了,结束了罪恶的一生。

王昭君是自愿出塞和亲的吗

汉元帝刘奭爱好儒术。先后任贡禹、薛广德、韦玄成、匡蘅等为丞相。宦官弘恭、石显为中书令,赏赐金钱无数。又重用外戚史氏、许氏。统治期间,赋役繁重,西汉开始由胜而衰。

汉元帝竟宁元年(前33年)春三月,匈奴呼韩邪单于,自请入朝,奏诏被批准。呼韩邪便由塞外启程,直抵长安,见到了元帝,行过胡邦最敬之礼以后,仍乞求元帝降公主以和亲。

元帝正担心边疆生出是非,希图暂时羁縻匈奴,省得劳民伤财,多动干戈,当下慨然允诺。等得呼韩邪退出,元帝回到后宫,却又踌躇起来,他一个人暗想前代曾有和亲故事,都是私取宗室子女,充作公主,出嫁单于。历朝以来,从没一次败露。现在呼韩邪亲自来长安,随从人等耳目众多,况且匈奴日衰,今非昔比,若仍照从前的办法,必然露出破绽;但若以真的公主遣嫁蛮荒之地,于心不忍。元帝不禁愁眉不展。

王昭君

当时冯昭仪在旁,她对汉元帝说:"后宫宫人上万,十之八九从未见过陛下一面。陛下平时要幸宫人,都是按图索骥,看见图画上面哪个美貌,就选哪个前来侍寝。这样拣取,就是陛下圣寿万年,也幸不完许多宫人。如今不妨选一个姿色平常的宫女即可。"原来元帝即位后，嫌后宫女子年长色衰，就下令挑选天下美女入宫，并让画工为她们摹画形貌，以便他每晚看图择其美者召幸。元帝便命人把后宫美人图，皆取至面前。元帝见了许多图画，哪有工夫细审，随便选定了姿色较陋的一个，命有司代办妆奁。

到了第二天，元帝特意在金銮殿上，设席宴请呼韩邪。酒至半酣，便命可将公主召出，以便与呼韩邪单于同赴客邸完婚。只见一群宫女拥出一位美人，袅袅婷婷地轻移莲步，走近御座之前辞行。元帝不瞧犹可，瞧了一眼，直把他惊得魂飞天外。原来此人真是一位绝代佳人。但见她云鬟拥翠，娇如杨柳迎风；粉颊喷红，艳似荷花映日；两道黛眉，浅颦微蹙，似乎含着嗔怨的模样，仿如空谷幽兰，直令后宫粉黛失颜色。

元帝当下如丢了魂魄，忍不住轻轻地问道："你叫什么名字，何时入宫？"她柳腰轻折，缓启珠喉，犹如呖呖莺声地奏道："臣女王嫱，小字昭君，入宫已有三年了。"元帝听了暗想该女入宫多年，为何并未见过？可惜如此美貌，反让与外夷享受，本想把王嫱留下，另换一人赐与呼韩邪。回顾呼韩邪坐在殿上，只把一双眼睛尽管望着王嫱，不肯转动。元帝又恐失信外夷，且被臣民谤以好色的訾议。没办法只好镇定心神，嘱咐数语，闭着眼睛，将手一挥道："这是朕负美人，你只好出塞去了！"呼韩邪看见元帝恍惚的神情，还以为骨肉远别而难舍，慌忙出座，向元帝跪奏道："臣蒙陛下圣恩，竟将彩凤随鸦，请陛下放心，臣定会对公主优礼相待，子子孙孙，臣服天朝，决不再有二心。"元帝听呼韩邪这番说话，仅把他的头连连点着，吩咐护送公主至客邸成婚，目送她起身出去，拂袖入宫。

心中怏怏地回宫后，元帝命将待诏宫女图取来细看，王昭君的画像十分中仅得形似两三分，还是草草描成，毫无生气。接着又把已经召幸的宫人画像一看，画工精美，比本人要胜过几分，始知画工作弊。便命有司将画王嫱容貌的这个画工缉拿审讯。有司将长安画工一律传讯，当场查出此人是杜陵毛延寿，为后宫画像时索贿不成的，都故意把花容玉貌，绘作泥塑木雕一般了无生气的平庸女人。案既审定，毛延寿欺君不道，绑出斩首。

王嫱字昭君，是南郡秭归人王穰的长女。王嫱入宫以后，照例须由画工画了容貌，呈上御览，以备随时召幸。毛延寿本是一名画家，写生最肖。只是生性贪鄙，屡次向宫女索贿，宫女都希望入宫见宠，大都倾囊相赠，毛延寿就从笔底下添出丰韵，能使其易为西施、郑旦的容颜。若没有钱送他，便画作嫫母、无盐的丑陋相貌。王昭君家境寒素，更自恃美冠群芳，既无力贿赂，又生性奇傲未肯迁就，因此毛延寿刻意毁损。因此，几年过去了，她仍是个待诏的宫女。后宫佳丽如云，毛延寿多年这样作弊，竟没有人察觉。此时，王昭君只得携了她的琵琶，跟着呼韩邪凄凉地走向漫天黄沙的塞外去了。

　　朝廷派出的卫护组成的队伍，浩浩荡荡地经过长安大街，离开繁华的帝京，前往荒凉的胡地，陪伴一个垂垂老矣的匈奴单于。从长安到匈奴，是一望无际的大漠。昭君想到元帝和她分别时候的情形，心中十分凄苦，倘若不被画工作弊，一定得蒙宠幸。像她这般花容月貌，如在元帝身边，岂不是日夜笙歌？她一边走一边暗自伤怀。塞外每年自春至冬，地上不生青草。王嫱一个人自思自叹，自怨自艾，百无聊赖，无可解愁，只有在马上抱着琵琶，弹《出塞曲》，藉以消遣。满腔幽怨，无限感伤，混合着浓重的乡愁与一丝丝的憧憬，声声令人肝肠寸断。谁知天边飞过的大雁，见她如花美貌，听了凄婉的琴声，居然扑扑地掉落在地上。这个便是"沉鱼落雁"中"落雁"的典故。

　　出了雁门关，黄尘滚滚，牛羊遍地，无边草原直到天际。王嫱到了匈奴之后，呼韩邪倒也待她很好，号为宁胡阏氏。然而胡笳悲鸣，饮腥食膻，使王昭君总是对故国充满思念之情。逾岁生下一子，叫作伊屠智牙师。后来呼韩邪病死，长子雕陶莫皋嗣位，号为若鞮单于。那时王嫱尚是 24 岁的花样年华，若鞮单于见王昭君华色未衰，复占为妻室。她在匈奴已有数年，故国规矩，略知一二。胡人的习俗，父死可以娶母，她在若鞮登基的那一天问他："你是胡人，我是汉女；你现在做了单于，我却不知从胡还是从汉？"若鞮道："本国风俗如此，自然应从胡俗。"若鞮即封王嫱为阏氏；一切待遇，倒也和去世单于一样。后来昭君复生二女，长女为须卜居次，次女为当于居次。又过十余年，昭君病逝。葬在大黑河南岸，墓地至今尚在，入秋以后塞外草色枯黄，唯王昭君墓上草色四季都是青色，故时人呼为青冢。因她红粉飘零，远适异域，后人特为制了一曲，谱入乐府，名叫《昭君怨》。有人说是昭君出塞时在马上自弹琵琶，编成此词。

王昭君出塞以后，汉元帝依照她的意思，把她的父母兄弟一齐接到长安，赐宅赐田，妥善安置。而呼韩邪自得汉廷绝色美人之后，心中大为高兴，整天置酒作乐，并遣使致送大批玉器、珠宝及骏马，以报答汉天子的特别恩遇，甚至上书愿保境安民，请罢边卒，以休天子之民。汉宣帝在看了郎中侯应上奏的"十不可"之后，谢绝了他的这一好意。

就在王昭君抵达匈奴王廷3个月后，汉元帝在思念与懊恼之中，恹恹病榻，拖到初夏时节，竟在榴花耀眼中崩逝。

关于王昭君出塞的动机，历代的文人墨客给出了不同的版本进行不同角度的描述，产生许多争议。

有人认为昭君出塞是自"请掖庭令求行"，也就是说是出于自愿前往而不是被迫的。她之所以要自愿出塞，是因为"入宫数岁，不得见御，积悲怨"，于是利用出塞的机会，主动要求离汉宫而去匈奴，借机解脱只有寂寞老死于汉宫的可悲结局。

又有人认为，王昭君入宫后，因恃才恃貌而自傲，未行贿买通画师毛延寿，结果被丑化。按图索人的皇帝自然不会见到昭君，美貌的昭君也因此而得不到皇上的宠爱。她久留宫中实在无聊，于是当匈奴入朝"求美人为阏氏"时，便自请去匈奴。经汉元帝的同意，就出塞和亲去了。

还有人认为，王昭君之所以出塞，是毛延寿设下的救国计策。据传，王昭君以良家女被选入宫中后，宫廷画师毛延寿见其貌美非凡，生怕已经沉恋于女色的汉元帝更不能自拔而误国，于是在画王昭君的肖像时，有意把她丑化了。汉元帝未能察觉。后来呼韩邪入朝求汉女为妻，汉元帝按"图"选宫中丑女，于是"以昭君行"。当后来见到昭君丰容盛饰、光明汉宫的真面目时，曾想反悔，无奈君主金口玉言，只好忍痛割爱。历史上的一些文人据此还认为毛延寿此举实在高明。汉元帝好色，如果不把王昭君送出去，她有朝一日得宠，就会变成妲己式的人物，到时误国殃民，后患无穷。按此说，毛延寿成了于历史有功的忠臣和好人了。

据正史记载，王昭君出塞和亲，对汉边疆的安宁起了良好的作用。《汉书·匈奴传》载：昭君，赐单于，号宁胡阏氏。呼韩邪死，立雕陶莫皋为复株累若鞮单于，复妻王昭君，生二女：长女云为须卜居次，小女虹为当于居次。

王莽秉政时,曾令遣王昭君长女云为须卜居次入侍。从这些记载中可以看出,昭君出塞和亲,在呼韩邪父子当政时期,汉匈关系和睦,这说明这宗政治联姻还是有积极意义的。

但也有人认为,汉室谋臣如云,猛将如雨,用妇人去安邦息事,实在是有伤国体。有诗说:"当年遗恨叹昭君,玉貌冰肤染塞尘。边塞未安嫔侮虏,朝廷何事拜功臣……"汉朝当时外戚宦官专权,王昭君"为救苍生离水火"而出塞,这是作为一个普通妇人能对国家和人民的最大奉献了。

王昭君是我国古代著名的"四大美女"之一。她的事迹在《汉书》《后汉书》等正史中都有记载。然而,在长达60余年汉匈和亲期间,众多担负"和亲"重任的汉宗室公主无一在历史上留下任何痕迹;与之形成对照的则是身份不如宗室公主尊贵的王昭君的事迹却均史有详载,而且衍生了许多新的故事。究其原因,是昭君的低微身份格外引起一般民众的同情与关切,加上各种民间文艺、野史小说的流传,文人墨客也便多对她进行描述、吟咏、赞叹,使王昭君的事迹广为流传。所以其离奇的遭遇,留给后世不少悬而未决的问题。

昭君陵墓之谜

昭君到达五原城后,与呼韩邪单于举行了匈奴式的婚礼。当她满怀热情开始新生活时,她发现匈奴人对她十分友好,充满了敬意。

心地善良的昭君与匈奴人一起住穹庐、披毡裘、食畜肉、饮熏酪。渐渐的,大臣、妃子们开始亲近她,热情好客的匈奴百姓称美丽的王后为"塞外女神"。昭君亲自教匈奴妇女纺纱织布、缝衣绣花、锄草种地。她经常接济贫苦的百姓,学说胡语、唱胡歌。呼韩邪单子上书元帝,称赞昭君。昭君爱弹带来的琵琶,倾诉思乡之情。呼韩邪单于对她精心照料,百般温存。

第二年,草原出现了严重的灾害。狂风怒号,久旱不雨,水草大片枯死,牛羊一群群地饿死,牧民们极度恐慌。呼韩邪单于与昭君的感情深厚,再加上汉天子对他的恩德,他非常宠信昭君。只是由于深重的灾难,使他整天劳碌，渐渐疏远了昭君。一天夜里，昭君愁眉不展，坐在毡帐里弹起琵琶。夜已很深，昭君仍在苦苦思索着。在夜深人静的时候，毡帐外只有饥民的痛苦呻吟。昭君心里很难过，恨不得替牧民们受苦。昭君联想起家乡的水草，想出了治灾的办法，用她的聪明才智使牧民们的生活重新安定起来。

从此，匈奴人民更加爱戴她了，把她比作阴山巅峰上最美的花，把她比作夜空的明月。昭君所到之处，都是欢声笑语。呼韩邪单于不再奔波于灾区了，又搬回到昭君的毡帐中重续旧梦。

不久，昭君生下一个王子，呼韩邪单于欣喜若狂，给王子取名伊屠智牙师，即右日逐王。呼韩邪单于派使者赶到长安，向汉朝报喜。

汉成帝建始二年（公元前 31 年）夏，呼韩邪单于病逝。冬季，漫漫长夜十分难熬，昭君走出毡帐，寒星闪烁。昭君抱着琵琶，如泣如诉的琵琶声在黑夜中回响。

按照胡俗，昭君必须嫁给新单于。昭君强忍着悲痛，嫁给了呼韩邪单于的长子复株累单于。完婚后，复株累单于对昭君体贴入微，昭君为他生下两女。大女儿名云，嫁给右骨都侯须卜当，即须卜公主；小女儿虹，嫁给当于氏，即当于公主。

复株累单于在昭君的协助下，将匈奴治理成处处水草丰美的好地方，辽阔无际的大草原上，牧笛传天际，牛羊卧草底。勤劳勇敢的匈奴人过上了幸福的日子。

昭君指挥汉族木匠们建造简易的砖房，发现了很多清泉。这些泉既能喂养牛羊，又能食用和灌溉良田。匈奴人将一口最甘美的泉命名为昭君泉，永久纪念。昭君从大汉王朝要来的许多菜种、果苗、药材也得到培植，草原上到处焕发着生机。精美的瓷器、药材和铁器等从中原运来，纷纷出现在草原百姓家中，匈奴人学习了冶铁、制服饰、医疗等技术。在昭君的倡导下，匈奴人学会了用驼绒织地毯、织布、制衣服。昭君来到草原后，匈奴的生产力得到快速发展，汉匈贸易频繁，两国百姓和平相处。

鸿嘉元年（公元前 20 年），复株累单于病逝，年仅 33 岁的昭君从此寡居。

此后的 20 多年中，昭君将全部精力投入到匈奴的农牧业发展上。在一个春光明媚的日子里，为匈奴贡献一生的昭君闭上了美丽的双眼。昭君死后，其子孙继续为汉匈友好而努力，自昭君出塞的竟宁元年起，40年来两国一直友好，直到王莽篡汉后撕毁盟约。

王昭君的历史功绩，不仅仅是她主动出塞和亲，更主要的是她出塞之后，使汉朝与匈奴和好，边塞的烽烟熄灭，增强了汉族与匈奴民族之间的民族团结，是符合汉族和匈奴族人民的利益的。她与她的子女后孙以及姻亲们对胡汉两族人民和睦亲善与团结做出了巨大贡献，因此，她得到历史家的好评。绝代佳人王昭君在草原人民心中，她是带来幸福安宁的女神，民族友好的象征。在她去世后葬于今呼和浩特市南郊，墓冢依附大青山，傍黄河水。后人称之为"青冢"。

青冢是王昭君的墓，王昭君死后，没有人知道她确切的埋葬地点，可是人民为了纪念她，就在昭君出塞的沿途修建了大大小小数十座昭君坟。其中呼和浩特市南郊的昭君墓，又称"青冢"，因它所独有的景致"青冢拥黛"而最为著名。"青冢"只是昭君的衣冠冢，里面只埋着昭君娘娘的一只绣花鞋。

传说当年昭君出塞路过黄河渡口时，因为河水湍急，昭君所骑的白马受到惊吓，嘶鸣一声，前腿立起。昭君急忙拉紧缰绳，身体前倾，一不留神脚上的一只绣花鞋脱落了，随后滚进了河里。昭君的送亲队伍走后，当地的百姓纷纷下河打捞，终于找到了那只绣鞋。百姓们把它当作吉祥之物埋进了土中，以示敬重。多年后的一天夜晚，黄河渡口突然红光乍现，瑞彩升空，紧接着一声巨响，在埋着昭君绣鞋的地方突然出现了一座巨大的坟茔，简直就像小山一样。后来百姓们才听说，昭君娘娘在匈奴胡地已经去世了。大家感怀昭君"客死异乡"的千古悲哀，遂把这座一夜之间突兀而出的大型坟茔当作昭君的真正坟墓来祭奠了，这也就是今天的昭君墓——青冢。

据传昭君曾有一次回乡省亲，回京时乡亲们再三挽留，连香溪里满身桃花的鱼儿也绕在她周围。那些美丽的桃花鱼是不是游到了昭君的灵魂里梦境里呢？

因为，人世不可琢磨，矛盾就是生活。花开花落，死亡不过剧落。

乘一叶扁舟，在这莺红柳绿的三月，踏水而来。碧波涟漪，载着我怀古的情伤，一路雨丝，一路花香，一路叹息，一路结着幽怨的惆怅。

"可怜青冢已芜没，尚有哀弦留至今。"历史上真实的王昭君怎样，或许只有无边的青草知道了。

第五章　王侯将相篇

汉朝，文臣武将云集，他们共同驰骋在这片广袤的大地上，共同演绎着纵横捭阖、波澜壮阔的时代。但是，在他们共同写就辉煌壮丽的历史乐章、绘成斑斓多彩历史画卷的同时，也给我们后来的人们留下了无数难以解说的秘密。这些秘史散发的巨大魅力像磁石般吸引着人们好奇的目光，并刺激着人们探究其真相的强烈兴趣。

韩信为何遭受胯下之辱

韩信是西汉的开国功臣，也是第一个被杀的功臣。那么韩信是一个什么样的人？他有一个什么样的出身呢？

秦朝末年，一位名叫韩信的少年出生在江苏省淮阴区西南的一个平民家庭，家境十分贫寒。可是与一般的平民百姓相比，这个少年却显得有一点儿奇怪，他既不耕田务农，也没有什么其他的经商谋生之道，性格还非常放纵，从来不拘礼节，已经是堂堂七尺男儿还要靠别人的救济才能勉强饶馊口度日，因此，许多人都不喜欢他。

韩信对这一切并不以为然，言行依旧十分狂妄。他母亲死的时候，他虽然穷得没有一分钱来办丧事，但是在寻找墓地的时候，却一定要找又高大又宽敞的墓地，说那墓地的四周一定要可以安顿得下 1 万户人才可以。

韩信因为没饭吃，所以常常到别人家吃闲饭，有一次他在下乡南昌亭的亭长家里一连吃了好几个月的闲饭，这可把亭长的妻子给吃急了，心想："你怎么还来呀？难道真想要我们白白养着你吗？你要是我儿子也罢了，可你

韩信

又不是我儿子!"于是,亭长妻子一大早就把饭烧好了,还立马就把它全吃完了。等到吃饭的时候韩信去了,可压根儿就没有饭。韩信一看,就明白是啥意思,一气之下就说自己要与亭长绝交,还转身就走了。没有闲饭可吃的韩信每天只能到城河或沟里去钓钓鱼,眼巴巴地望着池水,希望能有条大鱼上钩,好让自己美美地喝上一碗鱼汤,可是他的垂钓之术并不高明,连着几天都无鱼上钩,只饿得饥肠辘辘、眼冒金星。在韩信钓鱼的小河边上,有许多老妇人在冲洗丝絮,其中一位见韩信饿得实在可怜,就给他饭吃,韩信倒也并不客气,一连吃了几十天,最后,韩信对这位老大娘说:"日后我一定会重重地报答您。"老妇人听了,并不以为然,还有些生气,跟韩信说:"看看你,连自己都养活不了呢!我就是看着你可怜才给你饭吃,你以为是为了图你以后报答我呀!"

虽然穷困潦倒,韩信每天还是什么也不做,经常挎着一把剑,在街上闲逛。此时的韩信是十分不讨人喜欢的,都瞧不起他,还常常羞辱他。

有一天,淮阴市面上一个屠户跑来羞辱韩信,说:"韩信你过来,你这个家伙,个子是长得蛮高的,平时还带把剑走来走去的,我看啊,你就是一个胆小鬼!"他这么一说,呼啦一下子就围上来一大群人看热闹。这个家伙气就更盛了,说:"韩信你不是有剑吗?你不是不怕死吗?你要是不怕死,你就拿你的剑来刺我啊!你敢给我一剑吗?不敢吧?那你就从我两腿之间爬过去吧。"

大家听了这话都很惊讶,有的在交头接耳,有的瞪大眼睛等着看一场好戏上演。只见韩信手握着剑把,盯着屠户看了很久。周围一片安静,等待战斗爆发。令大家没有想到的是,韩信竟然慢慢地弯下腰去,从屠户的裤裆下爬了过去。周围传来巨大的哄笑之声,人们一边指指点点、一边议论。韩信

中华宫廷秘史

站起身来，分开人群，头也不回地大步走去，不顾人们在他身后的议论。从此，大家都认为韩信是个没出息的软骨头，再也没有人理他，而韩信依然是行为狂放，并不把这些放在心上。

胯下之辱对一个男人来说那可是奇耻大辱，大家都知道一句话："士可杀而不可辱。"韩信为什么接受这样一个奇耻大辱呢？他还是不是一个士？他究竟是英雄还是懦夫呢？其实我们不要认为弯下膝盖就是懦弱，这要分两种情况：第一种是心胆俱裂，胆战心惊，丢掉了灵魂，"扑通"一声跪下来，这是懦夫；还有一种是先弯一下，然后往上一蹦——因为人只有蹲下来以后才能跳得高——如果是为了将来跳得高些蹲下来一下，这是英雄。而韩信就是这样的英雄，因为他懂得有屈才有伸的道理。

韩信终得拜将的缘故

韩信终于成为一个英雄是遇到了一个时势，这就是"时势造英雄"。他一直在等待一个时机，最终也遇到了一个伯乐，这就是萧何。韩信的荣辱成败写就了那一段最辉煌的历史篇章。

秦朝末年，苛捐徭役十分繁重，民不聊生，终于在大泽乡爆发了陈胜、吴广领导的农民起义。之后各地的农民起义也纷纷爆发。其中，项梁领导的一支起义队伍也渡过淮河北上，路过韩信的家乡。韩信带着宝剑投奔了项梁的军队，在军队中韩信一直默默无闻。后来，项梁战败身亡，韩信归属了项羽。在项羽的军中，韩信终于被提拔了，做了郎中。韩信以为自己这回终于可以大展宏图了，多次给项羽献计献策，但是项羽从来没有采纳过。韩信非常沮丧，每天都郁郁寡欢。

刘邦入蜀后，韩信离开了项羽投奔了汉军，当了一名管理仓库的小官，但是依然没有被人所知。后来韩信受别人案件牵连，要被斩首，同案的13人都已处斩，马上就要轮到韩信了，韩信举目仰视，看到了滕公夏侯婴，说："主公难道不想夺取天下吗？那为什么要斩壮士！"夏侯婴觉得此人话语不同凡响，看他相貌威武，就放了他，同他交谈起来，还十分欣赏他，于是进言汉王。汉王并没有发现韩信有什么与众不同的地方，就只是封了他一个管理粮饷的官职。

一次偶然的机会，韩信结识了刘邦军中的丞相萧何。两个人多次谈起军中大事，萧何非常赏识韩信。秦朝灭亡之后，刘邦被项羽封为汉王，实际上是被项羽排挤到了汉中，从长安到达南郑，数十位将领看刘邦失势了，就逃走了。韩信想到萧何等人多次在刘邦面前举荐过自己，汉王都不用，估计自己

是没什么机会了，也逃走了，打算另投明主。萧何听说韩信逃走，非常着急，来不及向刘邦报告便连夜去追赶韩信。军中有人向汉王报告："萧何丞相逃走了。"刘邦听了之后十分生气，就如同失掉了左右手一般，连续两天都闷闷不乐。过了两天，萧何前来晋见，刘邦又气又喜，骂萧何为什么逃跑，萧何说他不敢逃跑，只是去追逃亡的韩信。刘邦又骂道："那些逃走的将领多得都以十来计数了，你一个都不追，偏偏去追一个什么韩信，真是撒谎！"

萧何说："那些将领都是很容易得到的人才，而像韩信这样的人才，全国再也找不出第二个人来，汉王您如果只想在汉中长期称个小王，那就不必用韩信了，如果您想要争夺天下的话，除了韩信就没有能帮您谋划这件事的人了。所以说您自己要做什么样的决定呢？"刘邦表示自己也想向东发展，绝非甘居汉中，定要取天下。萧何说："汉王您既然是立志向东发展以图霸业，如果能对韩信委以重任，韩信就能留下；如果不能委以重任，韩信最终还是会逃跑的。"刘邦看在萧何的情面上同意让韩信为将，但萧何坚持一定要再加以重用，终于，刘邦表示可以让他做大将军。刘邦想把韩信随便召来任命他，试试他的能力，不行撤换也不迟。可萧何说："汉王既然已经决意要拜他为将了。就要选择一个良辰吉日，事前斋戒，到时候要设一个祭台，所有的礼仪都应该齐备，才可以。"经过萧何的一番劝说，刘邦最终同意了萧何的要求。

诸将听说汉王要拜将了，都很高兴，人人都觉得自己有机会被选拜为大将军了。等到了拜大将军的时候，没想到被拜将的人竟然是那个名不见经传的韩信，全军都感到十分惊讶。韩信接受拜将后，刘邦问韩信有什么定国安邦的良策。韩信问："同您东向而争天下的不是项羽吗？那大王自己估计一下，论兵力的英勇、强悍、精良，同项羽比谁高谁下？"刘邦沉默了很久后，认为自己不如项王。

韩信听后，对刘邦深深鞠了一个躬，赞同地说："不仅大王，就连我也觉得您不如项王。可是我曾经侍奉过项王，请让我谈谈项王的为人。项王只要一声怒喝，人人都会吓得胆战腿软，可是他不能放手任用贤将，所以他也就只能算是匹夫之勇。项王待人恭敬慈爱，语言温和，人有疾病，同情落泪，把自己的饮食分给他们。可是等到部下有功应当封爵时，他把官印的棱角都磨光滑了也舍不得给人家封官，这是妇人之仁。项王虽然独霸天下而使诸侯称臣，可是却不居关中而都彭城，又违背义帝的约定，把自己的亲信和偏爱的人封为王，诸侯对此忿忿不平。诸侯见项王驱逐义帝于江南，也都回去驱逐他们原来的君王而自立为王了。凡是项羽军队经过的地方，百姓无不遭蹂躏残害，所以天下人都怨恨他，只是在他的淫威下勉强屈服。他名义上虽为天下的领袖，实质上已失去民心，所以他的强大会很快变成衰弱的！现在大王如能反其道而行之，任用天下武勇之人，何愁敌人不被诛灭！把天下的土地分封给功臣，何愁他们不臣服！率领英勇的一心想打回老家去的士兵，何愁敌人不被打散！况且三秦的封王章邯、董翳、司马欣本为秦将，率领秦国弟子已有数年，战死和逃亡的人不计其数，又欺骗他们的部下和将领投降了项羽，至新安，项羽用欺诈的手段坑杀秦降卒20余万人，唯独章邯、董翳、司马欣得脱，秦人对这三人恨之入骨。现在项羽以武力强封这三人为王，秦国百姓都不拥戴他们。您入关时，秋毫不犯，废除秦苛酷刑法，与秦民约法三章，秦国百姓无不想拥戴您在关中为王。根据当初诸侯的约定，大王理当在关中称王，关中的百姓都知晓。可大王失掉应有的封爵而被安排在汉中做王，秦地百姓无不怨恨项王。现在大王起兵向东，攻三秦的属地，只要号令一声即可收服。"

刘邦听后大喜，对韩信相见恨晚、对韩信言听计从，部署诸将准备向东出击。韩信的这番议论,实际上为刘邦制定了东征以夺天下的方略。

吴王刘濞为何叛乱

景帝前元三年(前154年),爆发了以吴王刘濞为首的7个诸侯王国的叛乱,史称吴楚之乱,或"七国之乱"。

刘濞为王期间,就在封国内大量铸钱、煮盐,减轻赋役,以招纳其他郡国亡人和"任侠奸人",借机谋反叛乱。而在当时,不只刘濞,刘邦分封的其他诸侯王的势力也都在迅速扩张。他们自置官吏、自征赋税,不服从中央的领导,成了各自为政的独立王国。文帝时,吴太子入朝,与皇太子刘启(即景帝)博弈,因争棋路发生争执,皇太子抓起棋盘将吴太子砸死。汉文帝派人将尸体运回吴国,吴王刘濞愤怒地说:"天下一宗,死长安即葬长安,何必来葬?"又将灵柩运回长安埋葬。从此,刘濞称疾不朝。汉文帝干脆赐他几杖(茶几、手杖,对老年人尊敬和优待的象征),准许他不用朝请。但吴王刘濞不但没有悔改,反而更加骄横。于此,时任中大夫的晁错就上书文帝,提出了削夺诸侯王、修改法令等主张,文帝考虑当时形势,未敢轻举妄动。后来景帝即位,晁错升为内史,不久任御史大夫,成为举足轻重的国家重臣,很受景帝器重。他依旧主张削夺同姓诸侯王的封地,达到巩固中央集权的目的。最终,景帝采纳了他的建议,并且要削夺吴王刘濞的封地。

御史大夫晁错给景帝上《削藩策》,力主"削藩",指出:"今削之亦反,不削亦反。削之,其反亟(迅速),祸小。不削,其反迟,祸大。"景帝采纳了晁错的"削藩"建议,于公元前154年,以各种罪名先后削去楚王戊的东海郡,赵王遂的常山郡和胶西王的6个县。

同年正月,汉朝廷削地的诏书送至吴国。眼看自己的利益将要受到侵害,吴王刘濞当然不服气,于是他立即诛杀了由朝廷派来的二千石(郡级)以下的官员,串通楚王、赵王、胶东王、胶西王、济南王和淄川王等六王,提出"诛晁错,清君侧"的口号,联合起来叛乱。

刘濞发难后,即率20万大军西渡淮水,并与楚军会合后,组成吴楚联

军。随即挥戈西向，杀汉军数万人，颇见军威。梁王刘武派兵迎击，结果梁军大败。

叛乱的消息传到长安后，景帝立即派中尉周亚夫（绛侯周勃的次子）为太尉，率36位将军迎击吴楚叛军，派曲周侯郦寄击赵，将军栾布率兵解齐之围，并命窦婴（窦太后堂兄之子）为大将军，驻荥阳督战。

景帝派周亚夫等迎击叛军的同时，内心却摇摆不定。而在景帝身边的外戚窦婴等人，他们原来就和晁错矛盾很深，此时见有机可乘，他们立刻就响应起刘濞的号召，提议景帝杀晁错来平息叛乱。袁盎原为吴相，与刘濞关系甚密。袁盎对景帝说："方

周亚夫

今之计，独有斩错，发使赦吴、楚七国，复其故地，则兵可毋刃血可俱罢。"景帝为换取七国罢兵，果然相信袁盎的话，表示"不爱一人以谢天下"，于是腰斩晁错于东市，并残酷地族诛。可惜晁错一片忠心，就这样为小人谗言所害。

刘濞简简单单的一句"诛晁错，清君侧"的口号，何以得到那么多人的支持呢？其中根本焦点就是晁错的《削藩策》一文。明确提出晚削藩不如早削藩。当然，削藩必然会损害诸侯国的利益，而恰在这时，刘濞提出"诛晁错，清君侧"这样一个口号，无疑是在为大家争取利益，这样就必然很快会得到大家的支持，由此不仅形成武力威慑的局面，而且还形成了一个舆论导向，就是晁错必须死。这样一个舆论导向一旦形成，纵使晁错德才再高，也不得不面对被腰斩的命运。景帝诛晁错，去掉了七国起兵的借口，然而七国仍不罢兵，这就进一步暴露出其反叛的面目。景帝后悔莫及，于是决定以武力平息叛乱。汉军很快平定了七国之乱，吴王濞逃到东越被杀。

班超为什么要投笔从戎

班超出生于一个书香门第,父亲班彪、哥哥班固、妹妹班昭(即"曹大家"),一家子都是著名的史学家、文学家。班超也是自幼饱读诗书,志向远大,他从小就立下了建功立业、报效国家的理想。

他勤奋好学,思路敏捷,颇有口才,且胆识过人。在班超三十岁时,他的家庭遭到意外事变。正当哥哥发愤编著《汉书》的时候,有人向皇帝告发其"私修国史",因而被捕入狱。班超为了替哥哥辩明冤屈,向汉明帝说明班固修《汉书》的目的是颂扬汉德,并无毁谤朝廷之意。明帝将班固召进京城做了兰台令史,并对班超的口才和学识有了深刻印象。

班超

班超的字非常漂亮,年轻时就经常被朝廷雇佣,抄写文书。当时,北方的匈奴时常侵犯汉朝的边疆地区,还控制了西域,割断了西域各国同汉朝的联系。此时的他已经是博览群书、胸怀韬略、小有名气的史学家了。一天,班超正在抄写文书,忽然又想起了自己的将来,难道就这样在抄写文书中度过吗?想到这里,他情不自禁地把笔扔到地上,感慨道,男子汉大丈夫,活在世上就应当有报效国家的远大理想,至少也应该像张骞那样到边关为国出力,怎么能像现在这样,整日和笔墨纸砚打交道呢?

班超的一席话,遭到了同事的讽刺和嘲笑,然而他并没有将这些放在心上。班超心想,一般的人是不会理解想干一番大事业的人的思想的,既然自己认准了目标,就应该坚定地走下去。

公元前 73 年,班超的机会来了。东汉政府决定出击匈奴,恢复和西域地区的友好关系。班超跟随大将军窦固出征匈奴,在军中任假司马。这路大军出酒泉塞(今甘肃酒泉),西北至天山,大败匈奴呼衍王,并攻占了伊吾庐(今新疆哈密)。班超在战斗中初露锋芒,他的军事才能深得窦固赏识,立下了大功。为了联络西域各国孤立匈奴,恢复汉朝同这些国家的友好关系,在窦固的推荐下,他被任命为出使西域的使者。

班超带领着一支由三十六人组成的使团,先到达了鄯善国(在今新疆境内)。鄯善国王友好地接待了班超及其随员,表示鄯善愿意同汉朝建立友好关系。可是,几天后,班超发现鄯善国王开始有意疏远自己了,他警觉起来。通过观察,班超推测匈奴也向鄯善派来了使团,而且鄯善国王已经倾向于匈奴了。于是,他十分机智地请来了接待汉朝使团的鄯善官员,两人一见面,班超就突然很严厉地问道,匈奴使团来到鄯善几天了,你们偷偷地把他们安排在什么地方? 这位鄯善官员一听,以为机密已经泄露,只好把详细情况一五一十地说了出来。果然被班超料到了,匈奴派来了一个一百多人的使团,住在离汉朝使团驻地三十里处。鄯善国王看到匈奴使团人多势众,无奈地准备和匈奴结成友好关系,从而抛弃汉朝。

班超闻听此言,立即召集自己的随员们商议对策。班超说,现在匈奴来了一百多人的使团,鄯善国王正准备和匈奴建立友好关系,如果他们达成共识,我们必将死无葬身之地,大家说,我们现在应该怎么办?

随员们都说,班大人,我们要生就生在一起,要死就死在一起,你说应该怎么办,我们万死不辞。

班超想了想,鼓动大家说,不入虎穴,焉得虎子。现在也只有一个办法了,先下手为强。我们今天夜里就突袭匈奴使团的驻地,把他们全部杀掉。只有这样,鄯善国王才会和我们汉朝建立友好关系。

众人一致同意了班超的决议,个个摩拳擦掌,跃跃欲试。

当夜,班超率领这三十多位勇士,以迅雷不及掩耳之势,冲进了匈奴使团的驻地。班超一马当先,一路砍杀,冲进了匈奴使者的大帐。一时间,匈奴人的大营里,火光冲天,鼓角齐鸣。等匈奴使者明白到底是怎么回事时,大多数匈奴人的脑袋都搬了家。转瞬间,匈奴使团被班超和他的随员们消灭得一干二净,而班超一行则无一伤亡。

第二天,班超不露声色的去见鄯善国王。鄯善国王此时已经知道匈奴使团被汉朝使团消灭的事了。这样,导致鄯善和匈奴已经结下了仇怨,鄯善只有死心塌地地依附于汉朝了。于是,鄯善国和汉朝建立了友好关系。

班超前前后后在西域共活动了三十多个年头,经过长期的艰苦努力,汉朝终于和西域五十余个国家都建立了政治、经济、文化上的联系。他为我国统一的多民族国家的巩固和发展,做出了不朽的业绩。班超被封为定远侯,实现了自己年轻时立下的宏伟愿望。

班超弃文从武,使班氏一族在班彪、班固、班昭这些著名的史学家、文学家之外,又出了一位大将军,是著名的武将。而他当初放下书本,投身疆场的故事,也就是"投笔从戎"这个成语的来历。

霍光专权内幕

霍光是汉武帝时大将军霍去病的同父异母弟弟。他从小就很聪明,十几岁时被霍去病带到京城,当上了汉武帝的随从侍卫郎官,后来又升为奉本都尉光禄大夫。

公元前 87 年,汉武帝临终时,像周公相成王一样,把自己八岁的儿子,太子刘弗陵托付给了霍光,任命他为大司马大将军,辅佐太子治理国家。从此,霍光辅政近二十年,勤于政务,决策国事,独揽朝纲,威名显赫。昭帝亲政后,仍旧把军事大权委任给霍光,汉朝的政事全凭他一个人专权独断。这是为什么呢?

这要从霍光的为人谈起。

汉昭帝即位时,年仅八岁,霍光以大司马大将军之位领尚书事,负责决策方针。霍光积极推行汉武帝时的"轮台罪己诏"所采取的社会政策,实行与民休息。他思富养民,大力发展农业生产,恢复社会经济,为"昭宣中兴"的盛世局面奠定了基础。

当时有以御史大夫桑弘羊为首的保守派与霍光支持的变革派相争论。

经过著名的盐铁会议的辩论后,改良方针得以推行。汉朝百姓生活逐步富足,国力稳步增长,霍光也受到百姓们的拥护。他出色的治国才能,也令朝臣佩服。久而久之,他的主张也没人敢公开反对了,慢慢形成了他独揽朝纲的局面。

上官桀是当时的左将军,与霍光同为顾命大臣,他们彼此又是儿女亲家,可上官一家十分不满意霍光的独揽大权,于是就与桑弘羊等人结成联盟,反对霍光。

上官桀的儿子上官安,娶了霍光的女儿为妻,他们生有一女,年方六岁。上官安恳请霍光出面,把自己的女儿即霍光的外孙女立为皇后。可霍光却出乎上官安的意料没有答应。上官安为达到自己的目的,又找了长公主说情,公主答应了他,立他女儿为后。上官安为报答公主,就积极为她的情夫找官职,这次他又求到了霍光身上,恳请他封公主的情夫为侯,遭到了霍光的严辞拒绝。霍光本是从国家的利益出发,公正无私,可他这样做却触怒了上官家和公主,险些遭到他们的暗算。

上官桀和桑弘羊暗中勾结,指使爪牙弹劾霍光,上书汉昭帝。可十四岁的昭帝一点都不含糊,他说:"大将军忠心耿耿,谁敢诋毁,重重治罪!"霍光听到自己从小看护辅佐的幼主如此信任自己,不禁深受感动,涕泪纵横,于是更加废寝忘食地操劳国事。

上官桀还是不甘心失败,又与桑弘羊、长公主策划了一场政变:由长公主请霍光饮酒,派伏兵杀他。不料,阴谋败露,昭帝和霍光抢先发兵,逮捕了上官父子、桑弘羊等人,并诛杀了他们的三族,长公主见此,畏罪自杀。这场政变之后,昭帝更加信任霍光了,放手让他执掌大权。

霍光虽然掌权却不专权,心中只有皇室。所以昭帝对他一直都十分信任,即使是他十八岁亲政以后,依然把军政大权都委托给霍光。一时间君臣和睦,政局稳定,社会发展,成为历史上的美谈。

汉昭帝亲政三年后病逝,因为他没有孩子,霍光等大臣就选择了汉武帝的孙子刘贺为帝,然而刘贺仅仅做了二十七天的皇上就被霍光废掉了。从表面上看,刘贺的被废是因为他行为不端,淫乱宫廷,而实际上则是刘贺从一开始就没有重用霍光的打算,而是把自己原属地的人马带到了京师,准备除掉霍光，抢夺权力。他的这种想法对汉室旧臣的权力和利益构成了威胁，因此被废掉了。

霍光敢于除去刘贺，说明这时他的权力已经一手遮天。而他的霍氏家族，更是因为他的权力，封侯封王，不可一世。霍氏家族形成的势力，构建起一张权力网，笼罩着汉室朝廷。霍光的权势和威望，达到了登峰造极的地步。

废了刘贺后，霍光又立刘询为汉宣帝。汉宣帝即位后，时刻感到霍光集团对自己咄咄逼人的政治压力。宣帝比他的前任聪明的多，他采取了先忍耐克制再后发制人的策略，以此来消除霍光对自己的提防和猜忌。他拒绝了霍光还政于己的要求，并且当众宣布：朝廷之事，先报请大将军，再奏知皇上。他以这种策略，使霍光放松了对自己的警戒，默默培植自己的势力，等待政治时机的到来，伺机夺回政权。

六年后，霍光刚一去世，汉宣帝就展开准备已久的行动，架空了霍姓权臣，解除了他们的职务，逼得霍氏一门走投无路，只得铤而走险，发动了叛乱。汉宣帝趁机宣布他们的罪过，派兵剿灭了霍氏一族，从而确立了自己的君主绝对统治地位。

纵观霍光将近二十年的辅政历程，可以看到，他的确是以非凡的政治才能，治理着汉家江山。昭帝将权力下放给他，主要也是为了稳定政局。而且自己羽翼未丰，难与霍光抗衡。宣帝礼遇霍光，是因为他的势力庞大，一时难以挣脱，只好暂时听凭于他的制约。霍光有很优秀的治国才能，能消灭敌对势力，发展生产，稳定边疆，并为自己树立了很高的威信。这也是他能够在汉朝专权近二十年的原因。

汲黯为何失宠

汉武帝初年，大刀阔斧地兴造功业，他收揽天下豪杰，求之惟恐不及。所以，一时间，贤臣良将济济一堂。然而，满朝文武当中，饱学者众多，敢于直言、讲真话、为民请命的人，却少之又少。这里，我们要提到的汲黯，就是这样一个使权贵忌惮的人。但是这样一个忠正之臣,却始终没有受到汉武帝的重用,这是为什么呢?

汲黯,字长孺,是河南濮阳人。他出身于官宦世家,当汉武帝刘彻还是太子时,汲黯出任太子洗马,侍奉在太子左右,严而有礼,很得刘彻的赏识。刘彻即位后,封汲黯为谒者,出入禁中,管理内外事务,是汉武帝的心腹之臣。

传说汲黯为人严以律己,很重视气节,他不畏权贵,甚至连汉武帝也要敬畏他三分。当时,汉武帝的舅舅武安侯是丞相,贵极人臣,朝中权臣拜谒武安侯时,常行大礼,可武安侯从不回礼。汲黯见到武安侯,从不跪拜,只是拱拱手作罢。大将军卫青因为自己是皇亲国戚,就自以为尊贵无比,别人参见他时也都行跪拜之礼,唯有汲黯,也只是拱手就得。汉武帝接见其他大臣时,衣着都很随便,或是不穿戴整齐就坐在床边,或是不戴帽子,唯独见到汲黯时,汉武帝不敢不穿戴整齐。一次,汉武帝没戴帽子,听说汲黯来奏事,就赶紧躲到帷帐之中,隔着帷帐让汲黯奏事。汉武帝对汲黯如此忌惮,就更不用说其他大臣们了。

汲黯刚正不阿,疾恶如仇,不能容人之过,并且他敢于直言犯众。汉武帝独立执政后,尊崇儒术,任用吏治,外儒而内法。因此,公孙弘得以以公羊学博士封侯拜相,张汤以更定律令封为廷尉,受到汉武帝的重视和任用。汲黯对此事很是不平,多次与公孙弘和张汤进行辩论,斥责他们是奸贼。他甚至当着满朝文武的面指出汉武帝的好大喜功,结果惹得汉武帝大为光火,怒而罢朝。

汉武帝嫌汲黯说话太直,一点都不留余地,不注意场合与分寸。旁人听说了就转告汲黯,替他捏了把汗,可汲黯却满不在乎。由此可见,他的刚正不阿。也正是因为如此,淮南王谋反时,还暗自说,从丞相公孙弘起,满朝文武都好对付,唯独汲黯难以对付,肯定会守节死义。

汲黯又敢于坚持己见,守节死义,为民请命。汉武帝曾多次派兵攻打匈奴,取得了一定程度的胜利,导致匈奴单于率领部众投降。汉朝准备派两万辆车去迎接匈奴降兵,需要数十万匹民间良马。当时长安的县官没有钱,只得向百姓赊马。但是由于多年征战,长安城内的马匹已所剩不多,再加上有人把自己的马藏起来,使得一时间难以凑齐几万匹马。汉武帝听说此事大怒,就要杀了长安县令。这时汲黯挺身而出,向汉武帝直言劝谏,他说:长安县令有什么罪呢？您只要杀了我一个,百姓害怕,就会献出马匹了。而且,匈奴人投降汉朝,本来是一件好事,为了这件事,又何必搞的天下骚动,人心大乱呢？汉武帝被汲黯说得无言以对。

等到匈奴降兵到来,又有商人纷纷和他们做买卖,结果五百多商人被判死罪。汲黯再次进谏,指出讨伐匈奴,死伤费用不可计算,纵使不能以胡人降兵赐予死难烈属,以谢天下之苦,塞百姓之心,也不该像奉养一般良民一样侍候他们。再说,普通百姓哪里知道和匈奴降兵做买卖会犯法呢。枉杀五百多人已经够惩戒的了。汲黯建议汉武帝立即下令停止杀戮,汉武帝答应了。可这次为民请愿后不久,汲黯就被罢官了。

汲黯这么敢于直言进谏的人,为什么得不到汉武帝的重用,反而多次被贬外放？直接的原因是汲黯的忠正和耿直导致他敢于直言犯上,得罪了皇亲国戚和达官贵人们,伤害了汉武帝的"天子的威信",因此,汲黯受到了排挤。但另一方面,问题主要集中在汉武帝和汲黯二人君臣之间在治国方略上的分歧。汲黯喜好黄老之术,这在文景时期,需要恢复经济,保持政局稳定的情况下,是可行并适宜社会发展的。但是到了武帝时期,社会财富逐渐积累和丰富起来是守成之术,人们的物质、精神生活的需求日益有了提高,清静寡欲的黄老之术已不再适应变化了的社会形势和发展趋势了。这时,汉武帝适应社会进步的需要,采取了罢黜百家、独尊儒术的方针,以儒学辅助吏治,本质上是开放的进取的。可汲黯依旧固执己见,不能与时俱进,继续因循守旧,在思想认识、价值观念、待人接物各个方面都与汉武帝形成了很大的反差,纵然汲黯有无比的刚正不阿、忠诚老实,守节死义的高风亮节,汉武帝还是嫌他迂腐,所以外放贬官。尽管后来张汤等人以欺君之罪而被杀,汉武帝开始怀念汲黯的朴实,可最终汉武帝并未诏汲黯返回京师。汲黯就这样含恨死在了淮阳郡守任上。

汉武帝和汲黯能够互相都变通一些,他们之间也不会是这样的结局了,但历史不容假设。纵观汉武帝一朝,有学识的人不少,有真正出类拔萃学识的人却不多,尽是些在汉武帝招揽天下贤能之士时浑水摸鱼来的。像汲黯这样刚正不阿、秉公执法的人更少,失去汲黯,不能不说是汉武帝的悲哀。

季布真的是一诺千金吗

战国末年,楚国人季布一向轻财仗义,侠肝义胆,以任侠名闻于当时。楚汉相争之际,季布是项羽手下的大将,后来又归顺了刘邦,被刘邦拜为中郎将。但是,季布最为人称道的却是他的语言信实、说话算话,当时人曾流传着这样的话:"得黄金百斤,不如得季布一诺。"季布的军功政绩都为人们所忘记,而季布"一诺百斤"的佳话却至今为人们所称颂。

当初,季布在项羽手下做大将,曾经好几次带着军队把当时力量还不强大的刘邦逼得走投无路,所以刘邦一直对他恨之入骨。项羽兵败自杀之后,刘邦建立了汉朝,当上了皇帝。他发下命令,悬赏千金捉拿季布,想报以前被季布追逼的仇。他还宣布,谁都不能收留季布,否则就要被诛杀九族。季布从此不得不东躲西藏。最后,他藏在了濮阳的一个姓周的人家里。那个姓周的人在乡里一向以侠义敢为出名,他听说过季布的侠义名声,所以一向想要帮助他。季布一到他家,他就对季布说:"现在皇帝正在下令捉拿将军,追捕的很急,马上就会搜捕到我家,到时被朝廷的人发现了,就没有办法逃脱了。您如果愿意听我的话,我就斗胆献上一计;如果您不信任我,不能从我的计策,我情愿先行自杀。"季布相信周氏,答应全听他的安排。于是,周氏就让季布剃掉头发,穿上粗布衣服,然后藏在丧车里,与几十个家童一起,把他送到鲁国去,卖给了朱家。朱家人也心知肚明,知道自己买回来的这个高大魁梧的佣工就是非常有名的大将季布,所以对他都很敬重,田地里的劳动全部由他支配安排,吃饭的时候,也让他和主人一家坐在一起。

周氏把季布安顿好以后,就骑了一匹快马赶到洛阳,求见汝阴侯滕公。滕公和周氏早就认识,留他在自己家中吃饭。席间,周氏就问滕公说:"季布究竟犯了什么大罪,陛下这么急着要抓到他?"滕公回答说:"季布曾经帮助项羽多次围困陛下,陛下一直恼恨他,因此才非要急着抓到他。"周氏又问:"您看季布这个人怎么样呢?"滕公直率的回答说:"他是一个人才。"周氏于

是借这个机会劝说道："人臣各为其主,季布为项羽效力,不过是尽他身为人臣的职责罢了。只因为这样,就要抓他,难道那些曾经当过项羽的属下的,可以因此而被斩尽杀绝吗?如今陛下刚刚得到天下,还没有安定下来。现在却要因为个人的恩怨追捕一个人,这在天下人面前显得何等的小肚鸡肠啊!况且,季布这样的人才,如此苦苦追逼下去,到最后,他不是北投胡人,就是南奔越地。记恨壮士而逼他资助敌国,这不是明摆着给敌人输送人才吗?您何不把这些道理找个机会奏明陛下呢?"滕公听了心里就明白了,他知道这个周氏一向很有侠义心肠,估计季布就藏在他的家里,便也答应为季布说情。后来,滕公果然把周氏说的这些话在汉高祖刘邦面前说了,又说了季布许多好话。高祖觉得他说得很有道理,就下令赦免了季布,还把他招到朝中,任命他为郎中。

季布在汉朝做了官以后,仍然本性不改,为人耿直,不善于阿谀奉承。惠帝时,他任官中郎将。那时候,汉朝和匈奴的关系很紧张。有一次,匈奴单于写信给吕后,吕后觉得其中有侮慢之意,便召集诸将商议讨伐匈奴之事。上将军樊哙说,他愿意率领十万兵众横扫匈奴。樊哙是吕后的妹夫,一向很受吕后的器重,手中掌握了很大兵权。朝中的大臣们见樊哙说出了这样的话,吕后又连连点头表示赞许,就也都顺着吕后的意思,表示赞同樊哙的意见。这时只有季布站出来对吕后说:"樊哙这是当面欺瞒,按律当斩。当年高皇帝率了四十万兵马去攻打匈奴,仍然被围困在平城,当时樊哙也在军中,对这件事很清楚。可现在樊哙却说以十万兵就能横行匈奴,这不是在当面欺瞒吗?秦朝就是因为向匈奴起衅,而不得不修长城进行抵御,为此耗费了大量的人力物力,而使得陈胜吴广起义,这创伤至今还没有被平复。现在,樊哙又当面奉谀,想要发动对匈奴的战争,这是要动摇国家的根基!难道不应该斩吗?"大臣们听季布说得如此直接,都很恐慌,生怕吕后会动怒。但是吕后听了却什么也没说,只是点了点头,从此以后再不议论讨伐匈奴的事儿了。

汉文帝时,季布做了河东的郡守。当时有人向文帝推荐季布,说他是一位贤者。文帝便诏季布到京城,想提升他为御史大夫。但是,季布来到京城后,却又有人向文帝说季布好喝酒,难以接近。文帝于是又放弃了原意。就这样,季布留在京城整整一个月无所用事。后来,他面见文帝时说:"臣因为陛下的恩宠任河东守,现在陛下无故召臣到京城来,大概是有人向您说了我的好话。但是我到了以后,却又无所受事,这大概是因为又有人向您说了我的坏话。陛下以一个臣子的称赞召臣来,又因为一个大臣的贬低而疏远我,陛下这样做,我只恐怕有人会利用您这一点的。"文帝听了觉得很惭愧。不久,季布就辞官而去,离开了朝廷。

在那个动乱的时代,季布能直言无忌,做到这一点是极不容易的。唐代诗人李白在他的诗中,把"一诺"和"千金"联系起来,于是就有了这个"一诺千金"的故事。这当然是一种夸张,但也可见这事受到重视,历久不衰。

贾谊为什么一生不得志

贾谊是西汉前期杰出的政治家、思想家和文学家。他少年得志,才华横溢,后遭猜忌排斥,抑郁而死。

贾谊从小精通诗书,18 岁时就写得一手好文章,在洛阳一带很有名,被以爱才著称的河南郡守吴公赏识,招为弟子。后来吴公上调,贾谊也被吴公推荐做了博士。

贾谊年纪轻轻,21 岁就当上了博士,深得汉文帝赏识。但是,和许多悲剧性人物一样,他太过于锋芒毕露了,难免引起某些人的嫉妒,给自己埋下了隐患。这时朝廷官员多为年长者,因自汉朝建立二十多年来一些功臣宿将多据要职,一般老官吏也未退休。贾谊入朝时年仅二十出头,在朝廷官员中最为年少。他年轻敢为,思想敏锐,每当朝廷商议国家大事,许多老臣往往无言对答,贾谊却能对答如流。汉文帝赏识器重他,一年之中,三次擢升,从博士提为大中大夫(较高级的顾问官)。但是,当汉文帝还准备提升他为公卿时,丞相周勃和太尉灌婴等人,十分妒忌他的才能,交相诋毁,说什么贾谊夸夸其谈,意在擅权,不宜重用。汉文帝见这么多大臣反对,就动摇起来,逐渐疏远了贾谊。另外,贾谊虽才高,但不懂人情世故,不知权衡轻重,从统治者及权贵的利益出发。他迫不及待的提出许多改革措施,文帝不但没有采纳，反而觉得他书生气，华而不实。

后来贾谊建议为了强化皇上的权力，让列侯离开京城，回到他们的封地去，结果得罪了列侯，招致后祸。

贾谊年纪轻轻就得皇帝赏识，招致小人的嫉妒，又大力提倡改革，得罪权贵，结果上下左右均在文帝面前诽谤他，久而久之，文帝也觉得他人缘不佳，就把他调出京，下诏将他贬往长沙，作了长沙王的太傅。

长沙国在遥远的南方，距离京师数千里。贾谊辞别京师前往长沙，因是被排挤出京，又听说长沙炎

贾谊

热潮湿，担心身体不能适应，心情非常不好，深感委屈，慨叹人心险恶，哀伤自悼，一蹶不振。后来，他在渡湘水时，写了《吊屈原赋》，把自己的遭遇与屈原的命运联系起来，认为同是遭庸人的排挤与迫害，只好远走高飞；并要发扬屈原精神，坚决与庸人对立与斗争。

这篇《吊屈原赋》传入京都后，文帝虽然赞赏其文采，但又觉得贾谊气量小，言过其实，更觉得此人不堪重用。

贾谊流放到长沙之后，每日就这样郁郁寡欢，终日不乐，时间转眼就过去了。

四年后，文帝忽然想到贾谊年青有为，是个人才，又将他召回京城。贾谊接到圣旨，喜出望外，立即收拾行李，离开长沙。回京以后，贾谊进宫去拜谢文帝。当时文帝刚刚祭完鬼神，正静坐宣室（即未央宫前殿的正房）休息，贾谊来时，他脑子还不断萦绕着鬼神的事，见到贾谊，便向他询问各种鬼神的由来。贾谊想不到文帝竟会向他提出这样的问题，大出意外，但皇上垂询，不能不答，只好将鬼神的起因，鬼神的形象，鬼神的危害等等，一一尽述。

文帝听得津津有味，竟忘记了疲倦。贾谊见文帝听得这样入神，也就越讲越长，从下午一直讲到夜色朦胧。内侍几次来请文帝用晚膳，他竟全然不知，却接连三次将身体移近前席（古人席地而坐），尽量与贾谊靠得近些，唯恐贾谊说的某一句话未听清楚。待贾谊出宫，三更已过，文帝方才进入内寝，长叹一声道："我长期信奉鬼神，以为贾谊这方面的知识定不如我，今天一席交谈，才知我远不如他。"

贾谊回家之后，觉得这次谈话，虽使文帝高兴，自己却感凄然。原来他以为文帝召他入京，是要与他商议国家大事，谁知却与他大谈鬼神，使他十分失望，报国无门，壮志难酬，不禁喟然长叹一声，真有不胜唏嘘之感。

这次论鬼之后，贾谊本来以为从此会留在京城了，谁知汉文帝又把他派去作梁怀王的太傅。梁怀王刘胜（又名揖），是文帝的小儿子，非常受宠爱，而且还喜好读书，所以文帝才把学问渊博的贾谊派去辅导他。

梁怀王与贾谊相处很好。过了几年，梁怀王刘胜从马上坠下而死，贾谊，本来没有什么责任，但他害怕文帝追究，又追悔自己疏忽，没尽太傅的责任。从此更加郁郁寡欢，哭泣不已，经常为此而感到伤感。过了一年多，也去世了。他死于文帝十二年（公元前168年），终年仅三十三岁。

贾谊在其短暂的政治生活中，非常关心国家大事。他察觉当时社会存在严重矛盾，政策有着不少过失，反复思考国家长治久安之计，或著书立说，或上书建议，发表一些具有重要意义的政论，最著名的是《过秦论》和《治安策》。《过秦论》的主要论旨，就是如何安民的问题，认真地总结了秦朝兴亡的历史经验和教训，为汉初的政治改革提供了历史根据。而《治安策》则是在揭露现实矛盾的前提下，提出治国安民的方案。他的这些论点在当时虽然没有引起封建君王的足够重视，但是却成了我们今天学习古文的经典篇章。

李广利缘何投降匈奴

李广利，是汉武帝征西时的得力干将，人称"贰师将军"。他曾远征大宛,使大宛重新建立了亲汉朝的政权,为确立汉朝对西域的宗主统治地位立下了汗马功劳。他还曾率部和匈奴军队血战边塞,立下过显赫军功。然而,当他最后一次征战匈奴时,听说其李氏家族因受"巫蛊"的牵连,遭受满门抄斩。李广利悲愤之余,率七万汉朝大军投降匈奴。那么,这位贰师将军是汉朝的功臣,还是罪臣呢?

李广利出身于一个艺人之家,起先并不懂得军事理论和养兵、用兵之道。但是他的妹妹和兄长,都是汉武帝身边的红人。其妹李夫人是汉武帝的宠妃。李夫人娇媚迷人,且舞艺精妙,深得汉武帝宠爱,生有一个皇子,后尊称为李夫人。其兄李延年因为妹妹的关系,被授予两千石的官职,称"协声律"。李延年擅长逢迎汉武帝,本人又漂亮柔媚,得以和汉武帝同榻而眠,极得宠幸,地位也相当显赫。李氏兄妹俩都受到汉武帝的宠爱,自然李广利也就被破格提拔,得以去沙场扬名立功,升官封侯。

当时,汉朝正在开拓西北疆域,对西域各国攻伐和安抚相结合,恩威并施。汉武帝听说大宛贰师城盛产汗血宝马,就想据为己有,于是派使臣带了千金前去交换。可大宛人却抢夺了汉朝使臣带去的财物,并且杀掉了汉使。这使得汉武帝很是震怒,命李广利为贰师将军,率领六千骑兵,以及几万备用人马,攻讨大宛。

李广利率兵向西,在过盐泽时粮食供应发生了问题,士兵饥饿劳顿,攻打又受阻,于是只得退回敦煌。两年后,再次携带充足的军需供应,杀向大宛城。汉军断绝了大宛的水源,包围了城池。四十多天后,外城被攻破,大宛的守城勇将被俘虏,大宛人开始恐惧汉军。于是,密谋杀掉了当时的大宛皇族,献出了汗血宝马,以求汉朝退兵。李广利同意了大宛的求和条件,结盟罢兵,班师回朝。

李广利凯旋时,沿途小国听说大宛被汉军攻克,纷纷派遣王子王孙随同汉军,前往长安拜见汉朝天子。他们让王子王孙住在长安,作为人质,以此来寻求得汉朝的保护。李广利此次出征,威震西域,为确立大汉王朝对西域的宗主统治地位,立下了汗马功劳,汉武帝封他为海西侯。然而,他却纵容下属贪污粮饷,苛扣士卒,而且不加制止,结果汉军饿死的远多于倒毙在战场上的,老百姓对此怨声载道。可由于其妹李夫人的原因,他一直都深得汉武帝的偏爱,所犯过错也不被追究。

汉朝西北疆域的匈奴,极不好管制,经常出尔反尔,侵扰汉朝边关。匈奴单于还扣押了汉朝使臣苏武,以此向汉朝示威。公元前100年,贰师将军李广利率领三万汉朝大军出击匈奴,他在酒泉和当时的匈奴右贤王相遇,大败匈奴,斩获敌军首级一万多个。可匈奴不甘失败,召集大批人马将李广利所率的军团团包围,李广利几次突围,均告失败,危在旦夕。这时,赵充国将军杀开一条血路,才使汉军突围成功,可惜伤亡十分惨重。

两年后,贰师将军李广利再次率骑兵六万人,步兵十万人,攻打匈奴。同时,有三路侧军配合李广利。李广利本无将帅之才,缺乏军事指挥的能力,苦战十多天,无功而返。匈奴由此得势,侵入五原、酒泉等地,杀死、抢掠汉朝居民,老百姓苦不堪言。汉武帝命李广利率兵七万赴五原,另派莽通率兵四万赴酒泉,商丘成率兵三万出西河攻打匈奴。而此时,李广利忽然听得自己李氏家族因为受到"巫蛊之祸"的牵连,满门抄斩。想到妹妹李夫人曾经非常得宠,现在备受冷落,竟难逃一死;兄弟李延年也遭遇不幸。这都是因为汉武帝听信谗言所至。李广利想到此处心情悲愤难忍,知道自己就算回到汉朝也难免一死,于是干脆报复性地投降了匈奴。

李广利虽然由于妹妹受宠而被破格提拔为贰师将军,可他也确实做出了大破大宛、大败匈奴的壮举。他在驻守边关,征战多年,为汉朝西北边疆的安定做出了很大的贡献。尽管其缺乏军事才能和英雄气概,并且对属下疏于管理反倒纵容,致使士卒生活困苦,可他的战绩是不能抹杀的。即使他没有立下像卫青、霍去病、李广那样的赫赫战功,可他也有英名存世。至于他投降匈奴,走上叛国通敌之路,虽然结合当时史实,有情可原,但也的确是很大的罪过,也是他的任何功绩所不能掩盖的。

总之,对于李广利,人们的评价褒贬不一。我们既要看到他对国家以及边疆稳定做出的巨大贡献,也要看到他由于裙带关系登上将军之座后又由于裙带关系失宠而一怒叛国的事实。可以说,在某种程度上,他的作为恰恰体现了他是由于攀附权贵才出人头地的,正是由于这一点,他不如那些经过正式文举或武举而出仕的人,他的心胸是很狭窄的。所以,他投降了匈奴,也是可以理解的,也是符合他的为人的。

张骞的探险故事

张骞,汉中成固(今陕西成固)人,西汉外交家、探险家、旅行家。他是我国历史上最早出使西域的人。西汉前期,居住在我国北方的游牧民族——匈奴,经常南下侵扰掠夺。汉武帝刘彻即位时,西汉王朝经过60多年休养生息,经济繁荣,国力强盛。汉武帝决心解除匈奴多年来对汉朝的威胁,积极进行军事反击的准备工作。当时西域有36个小国,其中大的有几十万人,小的只有一两千人。西汉初年,匈奴征服了西域诸国,对当地人民进行残酷的掠夺和剥削,并把西域作为向西汉进攻的据点和经济后盾。

公元前138年,汉武帝得知,在今甘肃西北部,原来居住着一个叫作大月氏(zhi 支)的部落。匈奴曾经杀死月氏王,并把月氏王的头颅做成酒器,大月氏被迫迁到西域,时刻想报仇雪恨。汉武帝认为如能在西方联合大月氏夹击匈奴,汉朝反击匈奴的战争就有了胜利把握。可是,去西域的必经之路——河西走廊处于匈奴控制之下,联络大月氏的任务十分艰险。于是汉武帝下令招募使者,担任皇帝侍从的张骞勇敢地担当了这个使命。

武帝很欣赏张骞的胆识,当即给他选派100多名随行人员,还派了一名叫甘父(又名堂邑父)的匈奴人做向导。张骞第一次出使,被匈奴俘获,羁押8年后,他与甘父逃出,到达大月氏,没有达到结盟的目的,但却获得了大量有关西域各国的人文地理知识。

张骞历经艰辛回汉后,将西域一些国家的地理、风俗、物产、政治、军事等情况,报告给汉武帝,使汉朝政府对于西域有了比较清楚的了解,不仅为以后沟通西域做了初步准备,而且大大激发了汉武帝"拓边"的雄心,发动了一系列抗击匈奴的战争。

元狩四年(前119年),汉朝对匈奴发动第三次军事反击,取得了重大胜利,匈奴王廷被迫迁到大沙漠以北。为了防止匈奴势力再起,汉武帝任命张骞为中郎将(统领皇帝侍卫的高级官吏),派他出使乌孙。乌孙原来游牧于甘肃西北部。后来西迁到今新疆伊犁河流域。

张骞奉命第二次出使西域，劝说乌孙重返故地，与汉朝共同对抗匈奴。张骞此行率领 300 多人，每人各备两匹马，并携带价值"数千巨万"的金帛货物和 1 万多头牛羊。出使的队伍中还有一些持节的副使，以便沿途派往各地。到达乌孙国后，由于乌孙国王已经年老，加上子侄们为继承王位争斗不休，国内比较混乱，因而无意东归。张骞原定目的虽未达到，但他的副使分别访问了中亚的大宛、康居、大月氏、大夏等国。

张骞塑像

　　张骞两次出使西域，虽然都没有达到预定目的，但其意义和影响却远远超出他的直接使命。张骞出使西域，打通了经过我国新疆地区到达西亚的交通要道，开辟丝绸之路是历史上的重大事件。张骞通西域后，中原先进的生产技术，包括冶铁、凿井术等，相继在西域得到推广；精美的手工业品，如丝绸和漆器，也传入西域各地。西域的许多物产，如蚕豆、黄瓜、大蒜、胡萝卜、葡萄等植物及骆驼、驴、汗血马等动物，也在此时或以后输入中原。尤其中原人民与西域各族人民联系的不断加强，对统一多民族的西汉王朝的形成与发展，更具有重要的历史意义。

　　在元鼎二年（前 115 年），张骞回到汉朝，第二年病逝。但他原来派遣的副使先后带着西域各国的使节来到汉朝，而且乌孙后来还和汉朝通婚，共同夹击并打败了匈奴。汉朝之所以能打通和西域的联系，功劳首先应归于张骞，因为他在西域各国极有威信。张骞对于中原通往西域的丝绸之路的开辟有着不可磨灭的贡献。

东方朔的政治幽默

东方朔是汉武帝时代的人物。他作为汉武帝身边的臣子，却能够多次对身为天下之尊的帝王直接发表批评意见。

有人曾经建议扩大皇家园林上林苑的规模，汉武帝深表赞同。东方朔却说，关中土地肥沃，物产丰富，成为百姓维持生活的资本，现在取良田规划为苑囿，对国家没有益处，却使农桑之业大受侵夺。虎狼狐兔的生存空间扩大了，百姓的田园屋舍却受到破坏，让幼弱者思念故土，年长者泣涕而悲，这实在是违背了强国富民的国策啊。东方朔的意见虽然没有被采纳，却记录在史书之中，使后来的执政者可以时时接受警诫。

汉武帝时，天下习俗追逐侈靡，有虚华之风，而不注重开发实业。汉武帝问道，我要扭转风习，教化百姓，有什么好办法吗？东方朔在回答时以汉文帝为标范，赞美这位崇尚节俭的帝王富有四海，而衣食器用都十分朴素，于是天下望风成俗，昭然化之。与此对比，东方朔尖锐地批评了汉武帝本人宫室服用的富丽豪华，说道：陛下消费浮侈如此，而想要让民众不奢侈失农，事之难者也！

东方朔的政治批评，通常是以幽默的方式巧妙地表达的。

有一次，汉武帝问道，先生视朕是何等样的君主？东方朔回答：自先古圣王唐虞之盛世，以及周代成康之世，都不足以比喻现代的繁荣安定。现在政局，比三皇时代要好，也优越于五帝时代。不仅如此，现在能够得天下贤士。高级官员都得其优选，好比任用周公、召公做丞相，以孔丘为御史大夫，姜太公为将军，皋陶为大理，后稷为司农，子夏为太常，伯夷做京兆尹，管仲做左冯翊长官，百里奚为典属国，柳下惠做大长秋，孙叔敖做诸侯相，子产做郡守。汉武帝于是大笑。对于权贵者的霸权意识，东方朔曾经用富有生活辩证法的语言予以调侃。他说，干将、莫邪，是名闻天下的利剑，能够水上断鹄雁、陆上断马牛，但是用它们来补鞋子，却不如价值只有一钱的锥子。骐骥、绿耳、蜚鸿、骅骝，是名闻天下的良马，但是用它们来捕捉深宫之中的老

中华宫廷秘史

鼠，却不如一只瘸腿的猫。

有关东方朔的传说很多，最有趣的，当数他喝"君山不死酒"的故事。

据说，君山上有美酒数斗，如能喝到，可以不死为神仙。武帝得知后，就斋居七天，派了栾巴带童男童女数十人到山上求之，果然得到了"仙酒"，就带回来给武帝喝。武帝未喝之前，东方朔就偷偷地喝光了。于是武帝大怒，下令推东方朔出去斩首。东方朔就说："假如酒有灵验，你杀我，我也不死；要是没有灵验，这酒有什么用呢？"武帝想了一下，明白了其中的道理，才笑着把他放了。

东方朔当太中大夫时，昭平君娶了武帝的女儿夷安公主为妻。这昭平君是武帝妹妹隆虑公主的儿子，平日飞扬跋扈，经常犯罪，所以隆虑公主很不放心。在病重临终前，拿出钱千万，为儿子预赎死罪，武帝答应了。果然，昭平君自母亲死后，更加骄横，竟然醉杀了夷安公主的傅母（古时负责辅导、保育贵族子女的老年妇人）。按汉代法律，应是杀人偿命，但朝中大臣都不敢问斩，因为隆虑公主曾预赎过死罪，而且皇上又同意了的。于是将此事奏请武帝，由他亲自裁夺。武帝说："我妹妹已故，只有这么个儿子，死前，又嘱托过我。"讲到这里，他泪流满面，叹息良久。又说："但法令是先帝制定的，我不能因妹妹而违反先帝的法令，否则，我有什么脸面进高庙见祖先？何况还要辜负天下万民。"于是下令廷尉斩了昭平君。斩了昭平君，武帝十分悲痛，左右大臣也为之伤心。

此时，只有东方朔没有哀伤的表情，反而拿了一杯酒，为武帝祝寿。他说："我听说圣明的君王治理国政，赏赐不避仇人，杀戮不择骨肉。这就是古书上所说的'不偏不党，王道荡荡'。这两件事，是五帝所推重的，也是三皇所难以办到的。现在陛下却做到了，这样，天下的老百姓都能各得其所。这是值得庆幸的事。我手捧酒杯，冒死再拜，祝皇上万岁。"武帝没说什么，就起身进入宫内。到了傍晚，武帝召见东方朔说："《传》曰：看准时机后再说话，别人不讨厌。今天先生给我祝寿，认为是看准时机了吗？"东方朔马上脱下帽子，磕头请罪道："我听说快乐过分就阳溢，哀伤过分就阴损。阴阳变化就心气动荡，心气动荡就精神分散。精神一散，就邪气侵入，消除愁闷最好的是酒。我所以用酒向皇上祝寿，是表明陛下刚正不阿，用它来替皇上止哀

汉宫秘史

的。我不知忌讳,罪该死。"武帝听了,觉得很有道理。以前,东方朔曾喝醉了酒,闯入宫殿,而且在宫殿中小便,宫中值巡发现了,弹劾他大不敬。武帝就下诏,免去了他的官职。现在,通过这件事,又恢复了他的中郎官职,并且还赏给他100匹帛。

东方朔言行不凡,许多人称之为"狂人"。东方朔则说,像我这样的,所谓避世于朝廷间者也。古之人,则避世于深山之中。他曾经于酒酣之后,踞地而歌:"陆沈于俗,避世金马门,宫殿中可以避世全身,何必深山之中,蒿庐之下。"

东方朔承认自己的滑稽笑语,其实是一种巧妙的"避世"方式。他对当时政治的机智批评,其中有时暗藏着原则性的反对意见。东方朔的滑稽,有时是不同政见的表现。

骑奴如何变成将军

西汉汉武帝时期的大将军卫青是一位颇具传奇色彩的历史人物:从一个遭人嫌弃饱受欺凌的侯府女仆私生子,到抗击匈奴开疆拓土战功赫赫的大将军;从公主的骑奴到公主的丈夫,权倾朝野,位极人臣。但卫青却能做到居功不傲,小心谨慎地得以善终。卫青身上似乎聚集了太多不可思议的神秘光环。

卫青的出身卑微到了不能再卑微的地步。他的母亲在平阳公主家做女仆,因丈夫姓卫,她就被称为卫媪。平阳公主原号阳信长公主,是汉武帝的姐姐,因嫁与平阳侯曹寿(汉初名臣曹参之曾孙)为妻,所以也称平阳公主。卫媪生有一男三女,即儿子长君、长女君孺、次女少儿、三女子夫。丈夫死后,她仍在平阳侯家中帮佣,与同在平阳侯家中做事的县吏郑季私通,生了卫青。卫青在母亲的关怀下度过了童年。七八岁时,卫氏无力抚养,他被送到了亲生父亲郑季的家里。按常规,一个县吏的儿子,是应该上学读书的。但卫青的私生子身份必然不会使郑家人对他有什么好感,连他生父都不太怜惜他,让他去放羊,更不用说其他人了,他的同父兄弟们甚至都把他当奴仆看待。卫青在这样的环境下生活,受尽了苦难,在他的性格形成上打下了深深的烙印。

为了放好羊群,小卫青必须每天起早贪晚,跋山涉水,寻找草地,常遭风吹雨打,忍饥受饿。劳累了一天,回到家中也得不到一点儿温暖,家里所有人对待他都像对待小奴隶一样,随意鞭笞辱骂,他饱尝了人间的苦难。唯一使他感到欢乐的是大自然的美丽风光和牧童小伙伴的纯朴友谊。

卫青在艰难困苦中熬煎,他顽强地挣扎着,终于送走了辛酸的童年和少年,等到卫青稍大的时候,不愿再过那种受虐待、受凌辱的生活,便回到了母亲身边,回到了曹家。从此,他跟着皇帝的姐姐平阳公主,平阳公主十分喜爱这个英俊懂事、勤奋好学的青年,让他做了自己的侍从骑奴。这样,卫青又开始了一种新的奴仆生活。每当公主出行,卫青即骑马相随。虽然没有一官半职,但与在郑家时的情景相比已是天壤之别。

作为皇亲国戚的公主府的家奴,卫青逐渐学到了一些文化知识,懂得了一些封建社会上层待人接物的道理。这时他最小的姐姐卫子夫,也已长大成人,长得更加美丽,成了公主府里一名才貌双全的歌女。他们一家几口,都在公主府里过着寄人篱下的日子。反正供人驱使、低贱的地位是没有多少改变的。

有一次,卫青跟随别人来到甘泉宫,一位囚徒看到他的相貌后说:"你现在穷困,将来定为贵人,官至封侯。"卫青笑道:"我身为人奴,只求免遭责骂,已是万幸,哪里谈得上立功封侯呢?"

上面的故事是司马迁在《卫青、霍去病列传》里说的一个小细节,很容易被忽略,但这种细节是不能忽略的。我们应该知道刘邦和项羽看见秦始皇仪仗时的表现,刘邦说:"大丈夫当如是。"项羽说:"彼可取而代之。"就这两句话,他们二人一个深沉一个张扬的性格就跃然纸上。不能因为卫青说这种"没人打骂就不错了"显得很窝囊的话,就认为他是一个没有抱负的人。卫青是笑着说的,说明他很高兴,也暗示着他未必没想过报国封侯的事,只是现在的境遇与理想差得太远。卫青从小就生活在被人歧视奴役的环境里,他所能做的只能是谨慎做事、小心做人,不大可能像项羽一样嚣张,甚至都不会如陈胜,敢说"燕雀安知鸿鹄之志",他的志向是埋在心里的。

公元前 139 年春,卫青的姐姐卫子夫被汉武帝选入宫中,卫青也被召到建章宫当差。这是卫青命运的一大转折点。卫子夫入宫不久,就有了身孕,引起了陈皇后的嫉妒。原来陈皇后虽然与汉武帝结婚数年,被立为皇后,但没有生过儿子,她想到如果卫子夫生下男孩,就会被立为太子。子贵母荣,卫子夫也就会扶摇直上,成为皇后。她深感自己的地位受到了威胁,因而悲愤交加。可是卫子夫正得皇帝宠爱,陈皇后不敢直接加害于她,就经常在自己的母亲大长公主面前诉委屈、发怨言。大长公主是汉武帝的姑母,也深知此中的利害,唯恐女儿失宠,自己的尊荣受影响。于是就找了个借口,要加害卫青,并把他逮捕下狱,准备把他处死。当时卫青有一个好友,名叫公孙敖,是皇帝身边的一个侍从,他听到了消息,率领平时和卫青要好的几名壮士,闯进囚室,把卫青救走。

汉武帝得知后,非但没有怪罪,还赏赐了他们。卫青同母兄弟姐妹都显贵了,几天里赏赐达千金之多。连公孙敖都由此显贵。等到卫子夫成为皇后,卫青也被任命做了大中大夫。真是大难不死,因祸得福啊。由于卫青精于骑术、善于骑射,常随武帝外出围猎,很得武帝赏识。经过几年的接触观察,武帝发现卫青是个将才就破格升他为车骑将军。这时,正是汉武帝一改文、景帝时期对匈奴和亲政策而开始对匈奴发兵的时候。公元前 133 年,武帝出动 30 万大军埋伏在马邑(今山西朔县)附近的山谷中,并派人引诱匈奴单于深入内地抢掠,以歼匈奴主力,但此计未能成功,从此西汉和匈奴的矛盾激化。

汉武帝从马邑事件中看到,原有的一些将领老成持重有余,主动进攻不足,魄力不够,很难适应战争的需要。他认为"有非常之功,必待非常之人",要想取得胜利,必须提拔后起之秀。

汉朝对匈奴的反击,使得匈奴的进犯更加猖狂了。公元前 128 年的秋天,匈奴骑兵大举南下,先攻破辽西,杀死了辽西太守,又打败渔阳守将韩安国,劫掠百姓两千多人。匈奴骑兵乘胜西进,势如破竹,锐不可当,很快便突入雁门。西汉整个北部边郡形势紧张,京师长安一片惊慌,各地告急的文书雪片般地飞奏朝廷。

在这危难之际,汉武帝又重新起用李广,派他到右北平(治所在今辽宁凌源西南）担任太守，这时匈奴骑兵有意避开飞将军李广，不向右北平进攻，而向西北各郡进犯。为此，卫青再次受命出征，迎战匈奴。与此同时，汉武帝还指令李息从代郡出兵，袭扰匈奴后路，同卫青一路遥相策应。

卫青在分析了敌我双方的情况后认为：匈奴虽奔袭千里，斩将夺城，但是士卒疲惫，汉军则是养精蓄锐，士气高昂。因此，利在速战。他得到出战的命令以后，马上率领3万多精骑，挥师北上，风驰电掣般赶到前线。卫青一马当先，冲杀在前。校尉士卒见主将亲冒矢石，也勇气倍增，无不人人争先，拼死杀敌，两军展开了一场惊心动魄的激战。匈奴被汉军打得七零八落，丢下数千具尸体，狼狈逃窜。

至此卫青漂亮地完成了他的首次出征，得到了汉武帝以及其他大臣将领的认可。虽然说卫青是凭借着裙带关系而突然飞黄腾达的，但是他绝非碌碌无为之辈，他用事实证明了自己的能力，用实力赢得了他人的认可。这次龙城战役卫青虽然只消灭敌人700人，但却粉碎了许多汉朝主和大臣宣扬的"匈奴不可战胜"的神话，使汉朝将士树立了必胜匈奴的坚定信念。第一次对每个人都很关键，卫青也不例外。汉武帝看到只有卫青胜利凯旋，非常赏识，加封关内侯。

霍去病因何受宠

公元前140年（建元元年），年轻的汉武帝刘彻登基。

刘彻的一个姐姐封为平阳公主，落落大方，平阳公主府中养着众多年轻美貌的侍女。这么多美貌的单身女人在一起，难免招蜂引蝶，自然会招来许多偷腥男人，上自君王，下至封地的小吏，平阳公主府上常年宾客不绝。日子久了，免不了生出许多私情，侍女未婚有孕的情况也不是一个两个，平阳公主看在眼里也并不怪罪，将母子一概养了下来，都作为家奴，府上有了孩子的笑声，倒也增添了很多喜气。就在汉武帝登基的这一年，一个叫作卫少儿的侍女生下了一个男婴。

新生的这个婴儿有一个很奇特的名字，霍去病，让人过目不忘。霍去病

的父亲霍仲孺是河东郡平阳县的一名小吏，因为公事经常来到平阳侯家，结果就与平阳公主家的侍女卫少儿有了私情，生下了霍去病这个私生子。霍去病诞生在一个地道的"私生子之家"。霍去病是私生子，他的母亲卫少儿同样是个私生子。他的舅舅卫青、姨妈卫子夫同样都是私生子。这些都源于他有一个风流的外祖母——卫媪。

卫媪是平阳公主家的侍婢，风流而美貌，她和平阳县吏郑季私通生下了霍去病的舅舅，随母姓，取名卫青，就是后来汉朝的大将军——卫青。之后，卫媪还生了几个孩子：二子长君，长女君孺，次女少儿（霍去病的母亲），三女子夫（后来成为刘彻的皇后），三子步广。这些孩子都是卫青同母异父的弟弟和妹妹。他们都姓卫，也就是说他们的生父是谁不得而知。真应该为当时平阳公主家的宽容感到庆幸，因为汉代的两位伟大将军和一位皇后都是在她府中产生的，而且都是侍婢卫媪私生的后代，要是在程朱理学占上风的南宋和明清，估计别说出人头地，就是这几个人能不能活下来还都是一个问题。

卫媪一家人都是平阳公主的家奴，女孩子当侍女，男孩子当骑卒，卫青就是平阳公主家的骑卒兼保镖。卫媪的小女儿卫子夫长相尤其漂亮，平阳公主就把她编进歌女团，训练她唱歌跳舞。没想到，在霍去病1岁的时候，这个家族所有人的命运，都由卫子夫这个美貌的女儿改变了。

汉武帝的皇后是长公主刘嫖的女儿陈阿娇，金屋藏娇的典故说的就是她。可是，阿娇作为皇后却不能生育，这在那个以血统来延续政权的时代是绝对不允许的。加上阿娇出身高贵，从小娇生惯养，性格比较刁蛮，刘彻又是那种控制力很强的男人，所以两人婚后也不是很和谐，汉武帝心中非常失落。

有一天，汉武帝去霸上祭祀，到姐姐平阳公主家歇脚，看到了表演歌舞的卫子夫，刘彻被卫子夫的美貌打动，苦闷的心理也找到了宣泄口，在换衣服的时候就临幸了卫子夫，然后赏赐平阳公主千金，把卫子夫带回了宫中。此时卫氏家族的命运还没有改变多少，汉武帝把卫子夫带回宫中后好像就忘了她，再没有见她。

直到一年后，汉武帝要淘汰宫人，卫子夫哭着要求出宫，汉武帝才想起她，再次临幸，卫子夫在这之后有了身孕，身份才尊贵起来。从此，卫家的命运彻底改变了，卫少儿改嫁给詹事陈掌为妻，少儿姊卫君孺也改嫁太仆公孙贺，卫青做了太中大夫，这时霍去病刚刚3岁，一下子从奴仆的后代成了贵族的子弟。

霍去病的童年和少年时代应该是尊贵而幸福的，这期间卫家的地位一直在提升，先是在元光五年（前130年），舅舅卫青官拜车骑将军，兵出上谷，直捣龙城，成为四路出塞军队中唯一获胜的军队，以功封为关内侯。元朔元年（前128年），霍去病的姨妈卫子夫生下皇子刘据，被封为皇后，走上当时女性所能达到的顶峰。同一年秋天，舅舅卫青奉命率骑兵3万人从雁门出击，击败匈奴，第二年又率领所部从云中郡出击，至朔方郡（今内蒙古河套以南鄂尔多斯市等地）之高阙向西扫荡追击，直至陇西郡（今甘肃西南部）。这次漠南之役，卫青所部汉军纵横数千里，击败匈奴，赶跑白羊、楼烦两王，遂以河南地为朔方郡，夺取了匈奴入侵中原的前哨鄂尔多斯草原。战后，卫青被封为长平侯，食邑3800户。到此时，卫家的身份已经是异常尊贵，无人能及了。

这时，霍去病12岁，正是一个拥有梦想的年龄，舅舅的巨大成功无疑对他是一种榜样，他立下远大的志向，要驰马北疆，开创一番丰功伟业。

元朔五年，大汉再次向匈奴出兵，车骑将军卫青率领3万骑兵从高阙出击；同时，以卫尉苏建为游击将军、左内史李沮为强弩将军、太仆公孙贺为骑将军、代相李蔡为轻车将军，各率领部下从朔方出击，皆受卫青指挥。这次战役大败匈奴部众，右贤王率领剩下的几百骑兵远逃了。

此战之后，汉武帝拜卫青为大将军，后迁大司马，成了大汉军队的实际总指挥，卫青的3个儿子也都被封侯。年少的霍去病作为皇后和大将军的外甥，应该是除了皇族以外最受宠信的贵族子弟了，所以，他被封为汉武帝的侍中，出入宫禁，侍从武帝，深受皇帝的信任。

去时儿女悲，归来胡笳竞。试问行路人，何如霍去病！这是一首在一般古诗选本中很难找到的诗，但是它却能让人过目难忘。诗的作者也不是才情出众的文人骚士，而是南朝梁时一位骁勇善战的武将曹道宗。在感受这首诗雄豪气度的同时，不难发现曹道宗对汉朝名将霍去病有着一种特别的崇敬与喜爱。

元朔六年，霍去病刚刚年满18岁，少年的梦想一直在他的心头萦绕，他渴望像舅舅一样建功立业，不甘愿呆在宫中做一名保镖，哪怕保护的人是皇上。所以，霍去病向汉武帝请战，要奔赴战场。汉武帝对这个年少英武的外甥非常偏爱，答应了他的请求。这一年(元朔六年)，大汉出击匈奴的时候，武帝任命18岁的霍去病为"骠姚校尉"，上了战场，一代少年英雄从此鹰击长空的传奇就此展开。

作为大将军的外甥和汉武帝的爱将，霍去病受到了很好的照顾。当时，汉武帝选了陇西、天水、安定、北地、上郡、西河等6郡最优秀的良家子弟组成一支骑兵，来戍卫建章宫，作为皇帝的护卫，称为"羽林骑"，是取了"像羽毛一样快，像密林一样多"的意思。霍去病作为皇帝的侍中，就出自羽林骑。这支骑兵来自上面所说的6郡，都是民风剽悍、善于骑射的，可以说是汉朝最精锐的骑兵部队。霍去病率领的800骑兵就是从这里面挑选出来的。

在武帝之前汉朝因为国力衰弱，一直对匈奴采取和亲的政策，到了汉武帝这一代经过了几代君主的休养生息政策，汉朝的国力已经大大增强，汉武帝雄才大略，开始对匈奴用兵。在这一战之前，卫青取得了阶段性的胜利，夺回了河套以南的地区，拿下了匈奴入侵中原的前哨鄂尔多斯草原。如今，霍去病参加的这一战是汉武帝开始大规模反击匈奴的第一战。

霍去病第一次带兵打仗丝毫没有畏惧之意，反而初生牛犊不怕虎，带领他的800骠骑勇士径直抛开大军几百里，深入匈奴腹地寻找战机。结果，霍去病发现并袭击了匈奴人的营地，杀死了匈奴相国和当户，杀死单于祖父一辈的籍若侯产，活捉单于叔父罗姑比，斩首2028人，凯旋而归。

此战，霍去病年青、骁勇，没有经验，能一战封侯确实有运气好的成分，800骁骑虽然悍勇，但大漠中敌我不明，极可能遭遇匈奴主力，被聚而歼之、血本无归，(汉匈战争中这样的例子屡见不鲜，苏建、李广都有这样的经历，赵信也是在寡不敌众部下将尽的情况下归于匈奴的)，而且出发时也没有明确目标，基本是寻敌决斗，长途奔袭，打的是遭遇战、突袭战，勇则勇矣，实在是险到了极点。也许是天赐名将，战争要催生这样的一代名将，便不会让他湮灭在自己的处女作里，而是送了他一个大胜利。

但是此战对霍去病和整个汉军来说意义重大,那就是长途奔袭战术小试锋芒便显示其巨大的威力,霍去病误打误撞,无意中走对了路、摸对了门,对于霍去病这样的军事天才来说一次胜利可以总结的地方太多了,从此后轻装简从、长途奔袭的战略思想成为他主要的对敌战术并在以后的历次战役中屡试不爽,成为克敌制胜的不二法则。

这里也总结一下长途奔袭战法的基本条件:部队必须骁勇,要求极强的单兵作战能力,行动迅捷、出击凶猛、号令严明、整齐划一,几百人乃至数万人进退有如一人,机动性强,快打快收,决不恋战。而长途奔袭战的性质也决定了其必然是以少打多,人多了,部队缺乏灵活性和机动性,闪击战的迅疾和暴突威力就发挥不出来,所以综观霍去病的以后几次战役虽然统兵越来越多,但其以少打多的性质从来没变过。

一代名将横空出世,这位大汉朝最耀眼的将星甫一出场就以其势不可当的锐气、充满新意的战法、崇尚进攻的风格昭示了汉匈战争即将进入战略反击阶段,汉军横扫大漠、称雄塞外的日子为期不远了。

鉴于汉朝此时已经强大起来,单于应该远逃漠北,如果汉军远征而来,长途奔袭必然疲惫不堪,匈奴趁机攻击就可以取胜。单于采纳了这个计划,远遁漠北了,留下在河西走廊地区的右贤王和在东北地区的左贤王。

元狩二年(前121年)春,汉武帝发动了对河西走廊的攻击。由于霍去病在上一战当中崭露头角,出塞之前,汉武帝封霍去病为"骠骑将军",品秩与大将军卫青相等。此次,霍去病率领的骑兵由800增至1万,由陇西出发,进击河西匈奴右贤王(匈奴辖西部地方的最高长官)诸部。匈奴最高的首领是单于,之下就是左贤王和右贤王。

元狩二年的夏天,汉军又发动了对河套地区的第二次战役。这一次,战争的规模更大,汉武帝意在彻底打败河套地区的匈奴,迫使他们退出河套,以打通西域。同时,为了有利于西北河套地区的作战,汉武帝派出另一支军队出兵东北地区,以达到牵制匈奴援兵的目的。

这一战,大司马卫青没有出战,由四位将军兵分四路。骠骑将军霍去病与合骑侯公孙敖率两路军分别进攻西北,博望侯张骞、郎中令李广率两路军分别进攻东北。东北线路,汉武帝派出了1.4万人,是一次战略牵制,目的是牵制位于东北地区的左贤王集团，使西北战场的霍去病和公孙敖能够彻底消灭右贤王集团。

在东北战场上，郎中令李广、博望侯张骞率骑兵万余，从右北平（今辽宁凌源西北）出发，进击左贤王。李广率4000骑兵向北推进数百里，张骞部未能按时出发，导致李广部孤军被左贤王4万骑兵包围。汉军将士都非常恐慌，李广命其子李敢率数十骑冲击匈奴骑兵队伍，以鼓舞士气，并将骑兵列成圆阵御敌。匈奴一旦进攻，就弓弩齐发。激战整整进行了一天，匈奴军虽然将汉军重重包围，但是碍于汉军的弓箭也没能攻上前来。

汉军的弓箭就要用尽了，匈奴人还是不停地发起进攻，多亏飞将军李广手持强弩"大黄"，连续射杀匈奴裨将数人，才缓解了匈奴的进攻。战斗进行到第二天，汉军死伤过半，匈奴也伤亡很大。这时候，张骞终于率1万骑兵赶到。左贤王看大援前来，解围北撤了。右路军虽然伤亡很大，还是完成了牵制左贤王部的任务。

在西北作战中，公孙敖部沿焉支山北正西挺进，却于半途迷失了道路，没能和霍去病会合，霍去病随机应变，率军越过居延海（今内蒙古自治区西北），由西北转向东南，深入2000多里，从祁连山麓烁得（今甘肃张掖西北）猛攻浑邪、休屠二王侧翼，俘虏酋涂王，杀敌3.02万人，俘获5个匈奴小王、5个匈奴小王的母亲、单于的妻子、匈奴王子59个，还俘获匈奴相国、将军、当户、都尉等共63人，获得了很大的胜利。

遭此惨败，匈奴人几乎失掉了富庶的河西走廊。他们悲伤地唱道："亡我祁连山，使我六畜不蕃息；失我焉支山，使我妇女无颜色。"汉武帝的战略目标初步完成。

在此战中，霍去病的指挥艺术日臻成熟，汉军的损失也只有十分之三左右，不像上两次那样将近一半。汉武帝加封了5000户食邑给霍去病。霍去病的部下赵破奴、高不识、仆多三人被封侯，随霍去病到达小月氏的校尉们都被封为左庶长的爵位，霍去病的军中班底开始形成。

李陵为何感到羞愧

苏武出使后,久不见归,汉武帝派人暗自打听,方知匈奴变卦,扣押了苏武等人,十分震怒,派李广利率兵3万出击匈奴,右贤王应战,汉军得胜而归。第二年,汉武帝派李陵带兵5000,与匈奴作战,被匈奴3万骑兵包围,李陵指挥有方,军队撤出。不料右贤王率7万人马,李陵佯装让敌人觉得有伏兵的样子撤退,且斩杀敌兵数千,匈奴军队大惊,不敢再追击,这时有个叫管敢的部下被俘,报称汉朝并无后援,只有5000人马,匈奴大军这才快速追击,李陵寡不敌众,被匈奴擒获,最后投降匈奴,被封为右校王。由于单于知道李陵与苏武是好朋友,就派李陵来北海劝降苏武。李陵怀着复杂的心情,硬着头皮,带上酒食,来到北海。

李陵为苏武安排了酒宴和歌舞。李陵趁机对苏武说:"单于听说我与你交情一向深厚,所以派我来劝说足下,愿谦诚地相待你。你终究不能回归本朝了,白白地在荒无人烟的地方受苦,你对汉廷的信义又怎能有所表现呢?以前你的大哥苏嘉做奉车都尉,跟随皇上到雍的棫宫,扶着皇帝的车驾下殿阶,碰到柱子,折断了车辕,被定为大不敬的罪,用剑自杀了,只不过赐钱二百万用以下葬。你弟弟苏贤跟随皇上去祭祀河东土神,骑着马的宦官与驸马争船,把驸马推下去掉到河中淹死了。骑着马的宦官逃走了。皇上命令孺卿去追捕,他抓不到,因害怕而服毒自杀。我离开长安的时候,你的母亲已去世,我送葬到阳陵。你的夫人年纪还轻,听说已改嫁了,家中只有两个妹妹、两个女儿和一个男孩,如今又过了十多年,生死不知。人生像早晨的露水,何必长久地像这样折磨自己!我刚投降时,终日若有所失,几乎要发狂,自己痛心对不起汉廷,加上老母拘禁在保宫,你不想投降的心情,怎能超过当时我李陵呢!并且皇上年纪大了,法令随时变更,大臣无罪而全家被杀的有十几家,安危不可预料。你还打算为谁守节呢?希望你听从我的劝告,不要再说什么了!"

苏武说:"我苏武父子无功劳和恩德,都是皇帝栽培提拔起来的,官职升到列将,爵位封为通侯,兄弟三人都是皇帝的亲近之臣,常常愿意为朝廷牺牲一切。现在得到牺牲自己以效忠国家的机会,即使受到斧钺和汤镬这样的极刑,我也心甘情愿。大臣效忠君王,就像儿子效忠父亲,儿子为父亲而死,没有什么可憾,希望你不要再说了!"

李陵与苏武共饮了几天,又说:"你一定要听从我的话。"苏武说:"我料定自己已经是死去的人了!单于一定要逼迫我投降,那么就请结束今天的欢乐,让我死在你的面前!"李陵见苏武对汉朝廷如此真诚,慨然长叹道:"啊,义士!我李陵与卫律的罪恶,上能达天!"说着眼泪直流,浸湿了衣襟,告别了苏武。面对苏武的赤胆忠心,李陵感到羞愧不已。他想亲自送礼物给苏武,却不好意思,就让自己的妻子赐给苏武几十头牛羊。

后来李陵又到北海,对苏武说:"边界上抓住了云中郡的一个俘虏,说太守以下的官吏百姓都穿白的丧服,说是皇上死了。"苏武听到这个消息,面向南放声大哭,吐血,每天早晚哭吊不休,一连几个月。

时光伴着痛苦一日一日地熬过,岁月在苏武的额头上刻下了深深的皱纹,他须眉尽白,一个人在异地他乡,无时无刻不在思念故土和亲人,每当大雁南归时,他望断南飞雁,忍不住泪流满面。他把自己全部的爱都倾注在出使时带来的符节上,多年了,这杆符节毛旄已脱落,这杆符节给他增添了克服困难坚持生存的勇气。他期望有朝一日,手持符节,回到长安。

苏武归汉之谜

北海牧羊近20年的苏武,后来终于返回了故土。那么,严守秘密的匈奴,是如何被汉使知道苏武依然存活,并且不得不放归苏武的呢?

后元二年(前87年)汉武帝死,昭帝即位。又过了几年,匈奴内部发生叛乱,新单于知国力减弱,无力南侵,又派使者去汉朝议和。昭帝派人到匈奴去,要求放还苏武,单于说:"苏武已经病死很久了。"后来,汉朝又派使者到匈奴来,副使常惠知道了消息,偷偷去见汉使,把详细情况告诉了汉使,并告诉汉使索要苏武的办法。第二天,汉使去见匈奴单于,仍然索要苏武,单

于仍说："苏武病死很久了。"汉使立刻变了脸色说："单于别再欺瞒了，如今既与汉朝交好，为何还不守诚信？我们天子不久前在上林苑打猎，射落一只大雁，足上系有一封书信，乃是苏武的亲笔，说他被流放到北海放牧公羊。"这一席话，使单于吃惊，面露愧色，说："苏武忠节，竟感动了鸟兽了！"赶忙向汉使道歉，答应放苏武等人回去。他还以为真的是苏武的忠义感动了飞鸟，连大雁也替他送消息呢。他向使者道歉说："苏武确实是活着，我们把他放回去就是了。"

于是，李陵奉单于之命到北海召还苏武，说："今天你还归，在匈奴中扬名，在汉皇族中功绩显赫。即使古代史书所记载的事迹，图画所绘的人物，怎能超过你！我李陵虽然无能和胆怯，假如汉廷姑且宽恕我的罪过，不杀我的老母，使我能实现在奇耻大辱下积蓄已久的志愿，这就同曹沫在柯邑订盟可能差不多，这是以前所一直不能忘记的！逮捕杀戮我的全家，成为当世的奇耻大辱，我还再顾念什么呢？算了吧，让你了解我的心罢了！我已成异国之人，这一别就永远

苏武

隔绝了！"李陵起舞，唱道："走过万里行程啊穿过了沙漠，为君王带兵啊奋战匈奴。归路断绝啊刀箭毁坏，兵士们全部死亡啊我的名声已败坏。老母已经死去，虽想报恩啊何处归！"李陵泪涕纵横，于是同苏武永别。单于召集苏武的部下，除了以前已经投降和死亡的，总共跟随苏武回来的有9人。

苏武出使的时候，才40岁。在匈奴受了19年的折磨，胡须、头发全白了。回到长安的那天，长安的人民都出来迎接。他们瞧见白胡须、白头发的苏武手里拿着光杆子的旌节，没有一个不受感动的，说他真是个有气节的大丈夫。

苏武于汉昭帝始元六年春回到长安。昭帝下令叫苏武带一份祭品去拜

汉宫秘史

谒武帝的陵墓和祠庙。任命苏武做典属国,俸禄2000石;赐钱200万,官田2顷,住宅1处。常惠、徐圣、赵终根都任命为皇帝的侍卫官,赐给丝绸各200匹。其余6人,年纪大了,回家,赐钱每人10万,终身免除徭役。常惠后来做到右将军,封为列侯,他自己也有传记。

苏武归汉第二年,上官桀、子安与桑弘羊及燕王、盖王谋反,苏武的儿子苏元因参与上官安的阴谋,而被处死。起初,上官桀、上官安与大将军霍光争权,上官桀父子屡次把霍光的过失记下交给燕王,使燕王上书给皇帝,告发霍光。又说苏武出使匈奴20年,不投降,回到汉廷后,只做典属国,而大将军属下的长史官并无功劳,却被提升为搜粟都尉,霍光专权放肆。后来,燕王等人谋反,遭受杀戮。苏武一向与上官桀、桑弘羊有旧交,燕王又因苏武功高而官小数次上书,替他抱不平,他的儿子又参与了谋反,主管刑狱的官员上书请求逮捕苏武。霍光把刑狱官的奏章搁置起来,只免去了苏武的官职。

过了几年,昭帝死了。苏武以从前任2000石官的身份,参与了谋立宣帝的计划,赐封爵位关内侯,食邑三百户。过了很久,卫将军张安世推荐说苏武通达熟悉朝章典故,出使不辱君命,昭帝遗言曾讲到苏武的这两点长处。宣帝召来苏武在宦者令的衙门听候宣召。多次进见,又做了右曹典属国。因苏武是节操显著的老臣,只令他每月的初一和十五两日入朝,尊称他为德高望重的"祭酒",非常宠幸他。苏武把所得的赏赐,全部施送给弟弟苏贤和过去的邻里朋友,自己家中不留一点儿财物。皇后的父亲平恩侯、宣帝的舅舅平昌侯和乐昌侯、车骑将军韩增、丞相魏相、御史大夫丙吉,都十分敬重苏武。

苏武年老了,他的儿子以前被处死,皇帝怜悯他。问左右的人:"苏武在匈奴很久,有儿子吗?"苏武通过平恩侯向宣帝陈述:"以前在匈奴发配时,娶的匈奴妇人正好生了一个儿子,名字叫通国,有消息传来,想通过汉使者送去金银、丝绸,把男孩赎回来。"皇帝答应了。后来通国随汉使者回到了汉朝,皇帝让他做了郎官。又让苏武弟弟的儿子做了右曹。

苏武一直活到80多岁,汉宣帝神爵二年(前60年)病亡。

王莽真的杀死了亲生儿子吗

王莽是西汉末著名的外戚,他以外戚的身份专权,掌握汉室大权,并最终篡夺了刘氏的江山,自立国号为"新",自己当起了皇帝。在他逐渐攀登上权力顶峰的日子里,他杀害了自己的女婿汉平帝,毫不手软,令人发指。那么,他的亲儿子是怎么死的,是史书上所记载的自杀吗,还是另有原因?

实际上,王莽为了他朝思暮想的皇位,可以说是"大义灭亲"地逼迫了自己的亲儿子自杀,这要从他担任大司马时说起。

公元前8年,王莽刚刚三十八岁,就被升为大司马。他平素一向尽力表现出仁义礼孝、忠君爱国的样子,希望博取皇帝和朝臣们的尊敬与信任。旁人也确实都被他表面上做出来的样子骗住了,认为他是一个正直诚实的君子。然而,信任他的汉成帝去世后,哀帝即位,任用了新外戚傅、丁两族,王莽的大司马之职刚当了一年,就不得不被迫让位给丁氏。王莽于是回到自己的老家南阳,积极结交地方上的士大夫,准备东山再起。

但就在他家居之时,他的家人却又出了问题,到了考验王莽的时候。他的二儿子王获,意外之下杀死了一个奴隶,这种事在当时本来不是什么大事。要知道那个时候,官宦世家都养着很多奴隶和婢女,尽管皇帝有严令,不允许任意杀害奴隶,但是在大家族里死一两个奴隶实在不是什么大事。可是王莽为了博取自己的好名声,却对自己的儿子痛加斥责,而且还命令儿子王获自杀给那个奴隶偿命。王莽这样"大义灭亲"的举动,虽是小题大做,却果然如愿地为自己赢得了极好的声誉,朝野上下对他是一片赞美之声。在强大的舆论压力下,汉哀帝只好恢复了王莽的官职。于是,他踏着亲生儿子的鲜血,重新登上了大司马的高位。

公元前1年,汉哀帝驾崩,汉平帝即位,平帝的皇后就是王莽的亲生女儿。平帝年幼,王莽从此得以掌握了朝政大权。他还怕有其他人来争夺自己手中的权力,就卑鄙地用计排挤了平帝的母亲卫氏一族,不许平帝的亲生母亲和小皇帝见面,也不让卫氏族人到京城来。他的大儿子王宇很担心汉平帝长大后怨恨王莽造成自己骨肉分离，从而迁怒于王氏一族，甚至要王氏后代遭受灭门之祸，一直为此而忧心忡忡。可他知道，父亲是无论如何也不会听从自己的劝说的。为了避免日后的灾祸，他想出了一条"妙计"，但他却绝对没有想到，这条"妙计"一出，就搞掉了自己的性命。

为了这件事，王宇找到了自己的老师吴章和妻子的哥哥吕宽商议计策。吴章知道王莽迷信鬼神，就出主意说，把狗血洒在王家的大门上，让他感到害怕，吴章再去借机说天神之意是让王莽迎接汉平帝的母亲卫姬入京，还政于卫氏一族。王宇也认为这个办法行得通，就让吕宽赶快去办理。于是这三个人分头行动，吕宽趁着夜黑人静的时候，把狗血淋在王莽府门上，随后慌慌张张地就跑开了。不料王莽的门吏竟然看见了他，还认出这黑影竟是吕宽，就禀告了王莽。正感觉毛骨悚然的王莽听说此事，连夜审问吕宽，吕宽又供出了王宇。

王莽面对自己的亲儿子王宇，气得眉毛倒竖。他呵斥王宇，问是谁指使的，谁是主谋。王宇战战兢兢地供出了老师吴章。他以为父亲这一次大发雷霆，一定会重重处罚自己的。可他万万也没想到，王莽问完话后，什么也没再说，只是冷冷的跟他说："你自杀谢罪吧！"说完就走开了。王宇实在想不到父亲竟然如此绝情，失魂落魄地倒在地上，再也起不来了。逼着儿子自杀后，王莽又杀掉了吴章。然后，他决定一不作、二不休，又将屠刀伸向了卫氏一族，杀尽了除平帝的亲生母亲以外的所有卫氏亲族，还把王氏一族内与自己不和的亲属，全都扣上通谋卫氏作乱的罪名，杀了个干干净净。朝中大臣也被他借此机会铲除异己，死掉了许多人。

这一次，王莽的"大义灭亲"又为他赢得了巨大的荣誉，王宇的鲜血让他荣膺了"宰衡"的称号，得到了"九锡"的待遇，荣耀显贵，无可比拟。

王莽踏着两个儿子的鲜血，一步步登上日益升高的台阶，平步青云。公元8年，他成功地篡夺了刘氏的汉室江山，坐上了自己所建立的新朝的龙椅。

然而，因为是靠阴谋夺位，他也时时刻刻提防着别人篡夺他的宝座。王莽共有四个儿子，王宇、王获被他逼死后，另外一个儿子被吓疯了，他只好封仅剩的一个儿子王临为皇太子。王莽连续诛杀了两个儿子，妻子为此而哭瞎了双眼，王莽就让王临来侍奉亲母。王莽的妻子有个侍女叫原碧，曾经与王莽私通，这时王临来到后宫时，也和原碧勾搭在一起。日子久了，王临害怕自己的丑事被父亲知道，就和妻子密谋杀掉王莽篡位。可是在他还没来得及行动前，王莽就发觉了这件事，废掉了王临的皇太子之位，并把他撵出京师。第二年，皇后病危，王临写信给母亲，说皇上对子孙太苛刻，大哥、二哥都是三十岁时被父亲逼着自杀了，就不知道自己今年也已经三十岁了，能否保的住这条性命。正巧这时王莽来探视病危的皇后，见到了这封信，顿时震怒异常。皇后一死，他就拷问原碧，问出了她和王临私通的事。王莽怕家丑外扬，竟把参与审问的官吏一同处决，并勒令王临自杀，王妻也被逼自尽。

为了皇位，王莽不惜杀死了自己的三个儿子，充分暴露了他性格中恶毒残忍的本性。连亲生儿子都可以杀了，还有什么是他不能做的呢？为了权力而不择手段，这样的人在历史上也不是没有。但像王莽这样杀子杀婿的，到真是不多见的。俗话说："虎毒不食子"，这句老祖宗的话用在王莽身上，是肯定不会合适的。

新朝皇帝王莽的结局如何

公元 8 年，西汉的外戚王莽在蓄谋已久后，终于如愿以偿地篡夺了汉朝的天下，建立了自己的新朝。

王莽即位做了皇帝以后，面临着西汉末年一片衰败混乱的政治局面。为了挽回败局，王莽实行了一系列的改革措施。王莽首先改革了官制，将传说的上古官制拿来和汉朝官制结合，就成了新朝的官制。关于土地改革，王莽参照了夏商周的井田制，颁布"王田令"，即将天下土地改称为"王田"，同时禁止土地的买卖。如果一家人中男丁不满 8 人，但土地超过了 900 亩，就要将多余的土地交给国家，再分给本族人耕种。以前没有土地的家庭则依照一夫一妻一百亩的标准分配。违背法令的人将被流放。流放在封建社会是仅次于死刑的一种刑罚，流放后还要服劳役，以后也不准再返回家乡。为了防止奴婢的增多，影响国家劳动力的减少，还颁布了"私属令"，将奴婢改

称为"私属"，禁止买卖，违令者也是流放。另外，国家还将盐、铁、酒收回专卖，国家垄断铸钱，国家管理山林水泽，并收山泽税等等。他还先后改革币制，有四次之多，可是每改一次，都使人民更加贫困不堪。

王莽的新政并没有使他的政权稳固。他的所作所为导致了北方匈奴的不满，致使边陲重起战祸。当对外的战争正节节败退的时候，朝中的大臣又发生了叛乱。因为这次事件的刺激，对很多的亲信也不再相信了。每当外出的时候，他都要事先派兵在京城搜查，还取名叫作"横搜"。有一次外出，王莽惶恐得竟命令在京师搜查了五天之久。为了防范其他的人谋反，王莽对大臣入宫的随从人数做了限制，这又导致了新的矛盾。太傅平晏有一次进宫时带的随从超过了规定的人数，结果被把守宫门的仆射拦住，双方发生了纠纷，平晏的随从盛怒之下将仆射捆了起来。王莽听说后，气得七窍生烟，马上命人围攻太傅府，把闹事的卫士处死，这才算完。王莽还总是觉得自己的儿子想夺权，因此把儿子也一个一个地杀死了。

就这样，他虽然用杀戮的手段将内部的祸患消除了，但外面的威胁即起义军却已经壮大起来无法消灭。王莽的统治已经走上了末路。

在这动荡的乱世之中，王莽再有办法，也不知道该如何挽救自己的命运了。最后，他的所谓救亡措施给后人留下了很多的笑柄。

有人见他很害怕，便对他说，远古的黄帝曾经建了一个华盖，后来黄帝就成了仙。王莽听了，赶忙命人建了一个九重的华盖，高达八丈一尺，将这当成了成仙的车。每次外出，都要在前边拉着。还让几个人在车上击鼓，同时，拉车的三百名勇士边拉边喊："登仙！登仙！"

还有人献计说，按照古时礼制，国家有大难时，就以哭来向上天求救。于是，王莽就率领大臣们到了郊外，王莽抬头喊道："苍天！你已将天命授与我，但为什么不替我消灭反贼！如果是我有大错，就请用雷电击死我吧！"然后，王莽就痛哭不止，也许是王莽真的着急了，结果哭得昏了过去。为了向上天表示自己的真心，王莽还命令太学生和百姓们每天都到郊外去哭，早晚各哭一次。他为了让大家尽心地替他哭，还下令说，哭得悲痛的就给郎官做。重赏之下必有"哭夫"，结果短短几天工夫，就有五千人得到了郎官的职位。

在公元 23 年，即地皇四年，绿林起义军拥立刘玄称帝，年号定为"更始"，刘玄就是更始帝。这使王莽受到了前所未有的打击。为了冲走这个不好消息带来的晦气，王莽举行了盛大的婚礼。为了显示自己没有老，他还特意将自己的胡子染成了黑色。但这丝毫不能挽救王莽的败亡命运。

公元 23 年的六月，王莽派出的军队和起义军在昆阳交战，结果王莽军几乎全军覆没。起义军乘胜直捣长安。十月一日，义军攻进了长安的宣平门，进入城内。最后，王莽被起来响应义军的一名商人杜吴杀死。

王莽死后，民间流传着这样一个传说：当初刘邦起义的时候路上遇到了一条巨大的白蛇挡住去路，刘邦抽剑要斩杀这条蛇时，那条蛇忽然说出刘邦有帝王相，但它还是要和他做对，它说，如果刘邦斩他的头他就在他朝代的头捣乱，如果斩他尾，它就在朝代的尾捣乱。结果刘邦将蛇拦腰斩断。最后，汉朝（包括西汉和东汉）就在中间被王莽的"新"朝捣了十七年的乱。而王莽就是这条蛇后来变成的，而"莽"正好和蟒蛇的"蟒"同音。如此看来，王莽的灭亡真是从一开始就定下来了。

王莽复古改制为何失败

王莽出身于一个权倾朝野、声势显赫的外戚之家。其姑母王政君为汉元帝皇后。元帝死后，汉成帝刘骜即位，尊其母王政君为皇太后。汉成帝昏庸荒淫，无心于朝政，他认为宦官和朝官都是外人，只有母亲家舅才是最可靠的人，因此，将朝政完全委托于外戚王氏，当时王氏外戚威震天下。

王莽自幼聪明颖悟，敏思多才。受到整个家族的影响，他也想像他的伯父、叔父们那样，执持朝政，主宰朝纲。为此，他恭俭克己，尽可能去获得名誉，以求人们对他的好感。随着年龄的增加，社会历练的增长，王莽体会到除读书之外，还须伯叔父的帮助，因而对伯叔父刻意的恭顺，官居大司马的大伯父王凤生病时，莽亲自煎药尝汤，守在榻前数月，不眠不休，比王凤的儿子还孝顺，王凤临死前告诉妹妹皇太后王政君，要她照顾王莽。在成帝阳朔三年（前 22 年），拜莽为黄门郎，稍后拔为射声校尉（掌管善射武士的军

官)。

西汉自中叶以来,皆以外戚辅政,元帝皇后王政君,历佐四世60余年为天下母,莽以姑母为凭依,初以谦恭下士,勤俭廉朴收揽人心,后以爵位益尊,节操益谦,常把自己的俸禄和皇帝的赏赐分给宾客,甚而卖掉车马,救济穷人,朝野上下皆赞王莽,声望之高,超越了伯叔父。

公元前22年,莽24岁入中枢开始做官,办事认真,对人更加恭敬,叔父王商上书成帝,愿把封邑部分给王莽,朝中名望大臣,也上表推荐王莽;30岁时,封王莽为新都侯、骑都尉、光禄大夫侍中(皇帝侍卫近臣)。而莽之伯叔父凤、商、根相继为大司马辅政。

30来岁的王莽已是掌握大权的重臣了,但王莽并没有显露出一点儿骄横之气,相反,他更加谦恭了。不仅广交名士,和众大臣友好往来,还经常将家财分发救济贫寒的宾客。这时的王莽确实有些做事给别人看的意味了。

王莽当时之所以不敢太放肆,是因为他还有一个强大的对手,这就是淳于长。这也是王氏的外戚之一,并且其官位和声势在王莽之上。当初,为了能日后高升,他极力说服了太后,将成帝宠爱的妃子赵飞燕立为皇后,这使汉成帝对淳于长感激不尽。很快便封他做了关内侯,然后又封定陵侯。

这个淳于长虽然有计谋,但没有长久的大谋略,在得志之后便忘乎所以,不知道螳螂捕蝉黄雀在后,那个王莽正在盯着找他的短处。大权在握的淳于长骄横过度,还和被废的许皇后的寡居姐姐许嬷私通,后来又纳为妾。淳于长为了讨被废许后的欢心,向成帝说情,使成帝又将许后升为婕妤,但淳于长胆大包天,对许后也敢调戏。这事被王莽举报,使淳于长丧失了所有的要职,回到了自己的封地,最后,成帝将他定为大逆之罪,淳于长死于狱中。

成帝之世,王氏为侯9人,为大司马5人。公元前8年,王根病重,举荐莽代替大司马之位,成帝接受了,王莽时年38岁。王莽做了一年多的大司马,成帝就病死了,太子哀帝即位,母亲定陶丁皇后派的外戚得势。莽不得不请辞下台,退居新野(河南属地),闭门读书,一面注意朝廷动态,等待机会,准备东山再起。他的儿子王获杀死了家奴,王莽逼子自杀偿命,此举得到人们的好感。

汉成帝死了以后,不出十年,换了两个皇帝——哀帝和平帝。汉平帝即位的时候,年纪才9岁,国家大事都由大司马王莽做主。有些吹捧王莽的人都说王莽是安定汉朝的大功臣,请太皇太后王政君封王莽为安汉公。王莽说什么也不肯接受封号和封地。后来,经大臣们一再劝说,他只接受了封号,把封地退了。

公元2年,中原发生了旱灾和蝗灾。由于多少年来,贵族、豪强不断兼并土地、剥削农民,逢到灾荒,老百姓没法活下去,都骚动起来。为了缓和老百姓对朝廷和官吏的愤恨,王莽建议公家节约粮食和布帛。他自己先拿出100万钱、30顷地,当作救济灾民的费用。他这样一起头,有些贵族、大臣也只好拿出一些土地和钱来。太皇太后把新野(今河南新野)的2万多顷地赏给王莽,王莽又推辞了。王莽还派8个心腹大臣分头到各地方去观察风土人情。他们把王莽不肯接受新野封地这件事到处宣扬,说王莽怎么虚心、怎样谦让。当时,中小地主都恨透了兼并土地的豪强,一听王莽连封给他的土地都不要,就觉得他是个了不起的好人。王莽越是不肯受封,越是有人要求太皇太后封他。据说,朝廷里的大臣和地方上的官吏、平民上书请求加封王莽的人共有48万多人。有人还收集了各种各样歌颂王莽的文字,一共有3万多字。王莽的威望就越来越高。

别人越是吹捧王莽,汉平帝可越觉得王莽可怕、可恨。因为王莽不准平帝的母亲留在身边,还把他舅家的人杀光。汉平帝渐渐大了,免不得背地说了些抱怨的话。有一天,大臣们给汉平帝上寿。王莽亲自献上一杯毒酒。汉平帝没有怀疑,接过来喝了。第二天,宫里传出话来,汉平帝得了重病,没有几天就死了。王莽还假惺惺哭了一场。汉平帝死的时候才14岁,当然没有儿子。王莽从刘家的宗室里找了一个两岁的幼孩为皇太子,叫作孺子婴。王莽自称"假皇帝"(假是代理的意思)。

有些文武官员想做开国元勋,劝王莽即位做皇帝。王莽也觉得做代理皇帝不如做真皇帝。于是,有一批吹捧的人纷纷制造出许多迷信的东西来骗人。什么"王莽是真命天子"的书也发现啦,什么在汉高祖庙里还发现"汉高祖让位给王莽"的铜匣子啦。一直以推让出名的王莽这会儿不再推让了。王莽向太皇太后去讨汉朝皇帝的玉玺。王政君这才大吃一惊,不肯把玉玺交出来。后来被逼得没法子,只好气愤地把玉玺扔在地上。

公元8年,王莽正式即位称皇帝。改国号叫新,都城仍在长安。从汉高祖称帝开始的西汉王朝,到这时候就结束了。王莽做了15年皇帝,欲有所作为,动引经义,以周礼等三代政治为理想,变法大肆改革,号为新政,却是复古。首定国家经济政策,立井田制度,奴婢私属,五均赊贷,六筦政策,即把盐、铁、酒、币制、山林川泽收归国有,利用公权力控制市场,平衡物价,防止商人剥削,增加国库收入。下至人民养生嫁娶,上达宫室封国、刑罚、礼仪、田宅车服等仪式皆依周礼,一系列改革,充满理想;但徒法不足以自行,奉行不得其人,百姓未蒙其利,先受其害,且改革步骤太快,朝令夕改,使百姓官吏不知所从。"王田""私属",影响了大地主、官僚及商人的利益,加上刘姓宗室失去权位,自然引起不满和抵制。王莽看不起边疆诸国,削王为侯,致使边疆乱起,不得平息。

东方朔到底是一个怎样的人

东方朔是汉代政坛中的一个神秘人物,就好像是刘备身边的诸葛亮,朱元璋身边的刘伯温一样,深受皇帝的尊重与信任。他原本姓张,小名曼倩,但后来却又为什么又姓起"东方"来呢? 原来他是一个"弃儿"。生父姓张,名夷,字少平,母亲田氏。当他来到人间刚三天,母亲就去世了。父亲觉得实在无法养活他,只好把他扔出了家门。当邻家听到婴儿啼哭声将他抱回来的时候,此时正值东方发白,于是便取姓"东方",名"朔"。据说,东方朔生性滑稽,出语诙谐,举止荒诞,常给他的升迁带来麻烦,甚至引起人们的攻击,用"狂人"的称呼来侮辱他。但是看起来东方朔对这个外号却并不怎么在意,反而还有一些得意呢!

他虽然在无知中就失去了亲生父母的爱抚,但在义母的精心抚养下茁壮成长起来了。刚满三岁,就显露出独特的性格。他记忆力特别强,而又富有好奇心,对周围的一切充满兴趣。尤爱"天下秘识","一览"就能"暗诵于口",且又喜欢指天画地,像着了迷一样地独言自语。为了探索书中的奥妙

和寻求未知的世界，小小年纪就敢离家出走，经月不回。义母虽曾严加管教，但这个放纵不羁的孩子，在猎奇心的驱使下，多次逃离家园，在外流浪，即使是被蚊叮蛇咬，狼追狗扑，也在所不惜。就是这样，东方朔渐渐的从苦难中挣扎出来，得到了足够的知识、胆识和体魄，就等着有伯乐来发现他这匹千里马了。这样的机会很快就来临了。

武帝即位初年，为了招揽天下贤才为自己的帝业效忠出力，便下了一道征召天下贤良方正和有文学才能的人的诏书。于是，四海有识之士，纷纷聚集长安。他们殚精竭智、洋洋洒洒向皇上进言，希望自己的言论能够被皇帝所赏识，进而分得个一官半职。机灵洒脱的东方朔当然也不会放过这个机会，他也给汉武帝上了一封书信。据说，这封上书足足用了三千片竹简，要两个人才能扛得起，武帝读了二个月才读完。在自我推荐书中，他毫不自逊地夸赞自己"身长九尺三寸，目若悬珠，齿若编贝"，是一个英俊潇洒的后生，具有勇、捷、廉、信的性格特征。即自诩有齐国勇士孟贲般的膂力，春秋时庆忌般的敏捷，齐国鲍叔般的廉洁，战国尾生般的信守，具备了成为"天子大臣"的条件。他还声称，自己大器早成，才学过人，说："我十三岁才读书，勤学刻苦，三个冬天读的文史书籍已够用了。十五岁学击剑，十六岁学《诗》《书》，读了二十二万字。十九岁学孙吴兵法和战阵的摆布，懂得各种兵器的用法，以及作战时士兵进退的钲鼓。这方面的书也读了二十二万字，总共四十四万字。"看起来他非常有自信的认为皇帝一定会对自己感兴趣的。果然，武帝读了东方朔自许自夸的推荐书，被他这种不亢不卑、大言不惭的自白，引起了好奇心，又很赞赏他的气概，所以就召他在公属中作了一个小官。

过了一段时间，东方朔不满意目前的处境。因为他始终没有机会接近皇上，发表自己对治国的建议，施展自己远大的抱负，而且，生活待遇低下，每天都食不果腹。一天他出游都中，见到一个侏儒，就恐吓他道："你的死期要到了！"那侏儒问他这是为什么，他回答说："像你这样矮小的人，留下来根本毫无用处，要你们去种田吗？你们不能耕地扛锄，算不了一个好农民；叫你们去当官吗？你们没有理政、治民的本领；要你们去当兵吗？你们又不能横枪跃马、杀敌夺虏，留着你们对国家对社会都是一个累赘，不如统统杀了的好,这样可以减少一些只知伸手要吃、要穿的人。所以如今皇上一律要杀掉你们。"侏儒听后大哭起来。东方朔对他说:"你暂时不要哭,皇上就要来了,他来了你就去叩头谢罪,也许还能得到宽恕。"一会儿,武帝真的乘辇经过这里,侏儒立即上前去哭着跪下,连连磕头。武帝觉得很奇怪,就问他:"你为什么这样哭啊?"侏儒回答说:"东方朔说皇上要把我们这些矮小的人全都杀掉!"

汉武帝这才知道原来是东方朔出的歪点子,就找他来责问。东方朔却振振有词地说:"侏儒身长不过三尺许,他们一月能得到一袋口粮,还有二百四十钱俸金。他们撑饱了还有余有剩。我身高九尺三,每月也是一袋口粮、二百四十钱俸金,食不饱肚,衣不蔽体,这实在是不公平了。如果陛下认为我是一个可用的人才,就应该给予优厚的待遇才对。如果认为我是无用之辈,就应该早早遣散我回家。您怎么能忍心让我沦为长安城中的一名乞丐呢?"汉武帝听罢,哈哈大笑。不仅没有责备他,反而升了他的官,让他留在自己身边以备咨询。从此,东方朔的生活待遇得到了改善,更重要的是有了接近皇帝的机会。

据说,因为东方朔读的书很多,总是知道一些别人闻所未闻的稀奇古怪的事情。所以,武帝也经常找他来询疑解惑。有一次,皇宫的花园中忽然钻出一头奇怪的动物,有人向汉武帝报告,并引来一群人围观,但谁也说不清这是什么,于是只好诏见东方朔。狡黠的东方朔一看就知道答案了,但他却故弄玄妙地先提出个要求道:"我知道这是什么动物,但陛下先赐给我美酒佳肴,我才愿说出来。"汉武帝满口答应了。等到他酒足饭饱之后,又提出一个要求道:"某地有公田、鱼池、蒲苇数顷,陛下要是慷慨赐给我,我立即就说出来。"汉武帝急于要了解这头不知名的怪物究竟是什么,也就爽快地答应了。东方朔这才胸有成竹的说出:"这是一种名叫驺牙的动物。这种罕见的动物出现,说明远方必有来归附的人,所以驺牙先来预报。"武帝听了,若有所悟的点了点头。一年以后,果然有匈奴混邪王率领着将士十万前来降汉。真不知这是一种奇妙的巧合,还是真如东方朔所说这是一种预告迹象的动物。反正不管如何,这都博得了汉武帝的欢心,又赐给他很多钱财。

又有一天,武帝在宫里玩耍嬉戏,把一只壁虎放在盂盆下要大臣们猜是何物,大臣们都猜不出。东方朔上前猜道:"这是龙吧,没有角;是蛇,却有脚,它趺趺脉脉地会在墙壁上爬行,这不是壁虎,就是四脚蛇!"汉武帝便赐给他十疋缎子。接连又叫他猜,他都能猜中,得到很多的赏赐。真不知他到底是如何猜中的。

正是因为东方朔来自下层社会,接触面较广,加之又读过很多书,有着超人的见识,常能为汉武帝解疑答难,且性格活泼,出语诙谐,深得武帝的欢心。所以虽然他经常有一些行为不检的地方,但是武帝都会原谅他的过错。例如有一天,天气特别热,汉武帝下诏要官员们到宫里来领肉。官员都到了,可是等了好久,分肉的官员还未来,东方朔就自己拔出剑割了一大块肉,并对同僚们说:"大伏天,肉容易腐烂,大家快快拿回去吧!"第二天,武帝很生气的对东方朔说:"昨天赐肉,你为何不等诏书下来,擅自割肉归家,这是为什么?"东方朔却诙谐的说了一首顺口溜:"朔来!朔来!受赐不等诏书下来,为何这样的无礼!拔剑割肉,为何这样勇敢!割得不多,为何如此廉俭!带回家给细君(即妻妾),又为何表现得如此的仁爱!"汉武帝听了,不但没有再生气,反而被他逗笑了,说:"我要你作自我批评,你倒是表扬起自己了!"于是又赏赐给东方朔酒一石,肉一百斤,让他都拿回家去孝敬老婆。

正是由于东方朔在许多时候能为皇上解难答疑,又很机敏灵活,汉武帝一直把他留在身边,他的官职也逐步由待诏公车、待诏金马门,直至太中大夫的很高职位。

周勃是如何消灭诸吕的

周勃是汉初的功臣,他的祖先原是卷城(在今河南省原阳)人,是迁徙来沛县的。后来,刘邦在沛县起义时,周勃投身义军,做了刘邦的侍卫官。从此,他跟随着刘邦东征西战,在战场上冲锋陷阵,立了不少战功。

汉朝建立以后,周勃又接受刘邦的命令,到处征讨叛乱的诸侯王,先后赢得了许多胜利,因为功劳很大,被刘邦赐爵列侯,食绛县八千多户,所以又被称为绛侯。刘邦去世后,周勃就以列侯辅佐惠帝。惠帝六年(公元前189

年），朝廷设置了太尉的官职，这是掌管行政军事的重要官职，周勃因为深受朝廷的信任，就被任命为太尉。

不过，当时朝廷的大权都掌握在太后吕雉的手中，因为惠帝没有儿子，吕后就从外面找了一个婴儿冒充是惠帝生的，立为太子。公元前 188 年，惠帝一死，由这个婴儿接替皇位，吕太后就名正言顺地临朝执政。她陆续的把自己的内侄、侄孙，像吕台、吕产、吕禄、吕嘉、吕通等一个个都封了王，还让他们掌握了军权。整个朝廷大权几乎全落在吕家的手里了。所以，周勃虽然名为太尉，实际上却手无寸兵，没有实权。

周勃

吕太后临朝的第八年，得了重病。临死前封赵王吕产为相国，统领北军；吕禄为上将军，率领南军，并且叮嘱他们说："现在吕氏掌权，大臣们都不服。我死了以后，你们一定要带领军队保卫宫廷，不要出去送殡，免得被人暗算。"

吕太后死后，兵权都在吕产、吕禄手里。他们想发动叛乱，但是一时不敢动手。

刘章从妻子那里知道了吕家的阴谋，就派人去告诉他哥哥齐王刘襄，约他从外面发兵打进长安来。

齐王刘襄向西进兵，吕产得到这个消息，立刻派将军灌婴带领兵马去对付。灌婴一到荥阳，就跟部将们商量说："吕氏统率大军，想夺取刘家天下。如果我们向齐王进攻，岂不是帮助吕氏叛乱吗？"

大家商量下来，决定按兵不动，还暗地里通知齐王，要他联络诸侯，等待时机成熟，一起起兵讨伐吕氏。齐王接到通知，也就暂时按兵不动。

周勃、陈平知道吕氏要发动叛乱，他们想先发制人，但是兵权在吕氏手里，怎么办呢？

他们想到大臣郦商的儿子郦寄和吕禄是好朋友，就派人要郦寄去劝说

中华宫廷秘史

吕禄："太后死了，皇帝年纪又小，您身为赵王，却留在长安带兵，大臣诸侯都怀疑您，对您不利。如果您能把兵权交给太尉，回到自己封地，齐国的兵就会撤退，大臣们也心安了。"

吕禄相信了郦寄的话，把北军交给太尉周勃掌管。

周勃拿了将军的大印，迅速跑到北军军营中去。向将士下了一道命令："现在吕氏想夺刘氏的权，你们看怎么办？谁帮助吕家的祖露右臂，帮助刘家的祖露左臂。"

北军中的将士本来都是向着刘家的。命令一传下去，一下子全脱下左衣袖，露出左臂来（文言叫"左祖"）。周勃顺利地接管了北军，把吕禄的兵权夺了过来。

吕产还不知道吕禄的北军已落在周勃手里，他跑到未央宫想要发动叛乱。周勃派朱虚侯刘章带了一千多个兵士赶来，把吕产杀了。接着，周勃带领北军，把吕氏的势力消灭了。

到这时候，大臣们胆子就大了。他们说："从前吕太后所立皇上不是惠帝的孩子。现在我们灭了吕氏，让这种冒充的太子当皇帝，长大了不是吕氏一党吗？我们不如再在刘氏诸王中推一个最贤明的立为皇帝。"

大臣们商议的结果，认为代王刘恒在高祖的几个儿子中，年龄最大，品格又好，就派人到代郡（治所在今河北蔚县）把刘恒迎到长安，立为皇帝，这就是汉文帝。

文帝即位以后，右丞相陈平却声称有病不肯上朝。文帝觉得很奇怪，就亲自到陈平家中去探望他，询问他不愿上朝的原因。结果，陈平对文帝说："当初跟随高皇帝打天下时，太尉周勃的功劳不如我；但是现在平定诸吕之乱，我的功劳就不如周勃了。因此，我想把自己右丞相的职位让给周勃，所以才没有去上朝。"文帝见他说得很诚恳，这才放下心来。第二天上朝，他果然拜周勃为右丞相，改任陈平为左丞相。但是汉朝是以右为尊，所以这样一来，周勃的官位就在陈平之上了。

不过，周勃虽能征善战，但是对治理国家、处理政事却是一窍不通，很快就在朝廷上闹出了笑话。有一天上朝，文帝问周勃："现在全国一年判处的囚犯有多少？"周勃摇了摇头说："不知道。"文帝又问："那现在全国一年的赋税收入有多少?"周勃仍然答不上来,急的出了一身汗。文帝见了,就转过身来问陈平:"左丞相知道吗?"陈平不慌不忙的答道:"这些事都有主管的人。陛下如果想了解监狱的情况,可以问负责刑狱的廷尉;要了解钱粮的收支情况,可以问负责税收的治粟内使。"汉文帝又说:"既然这些事情都有主管的人,那么你是管什么的呢?"陈平严肃的回答说:"我的职责就是管理群臣。对外,镇抚四方;对内,爱护百姓,让文武百官都能各尽职守。"汉文帝听了,不禁笑着称赞陈平答得好。

散朝以后,周勃感到很羞愧,不由得埋怨陈平说:"你怎么不早教给我这些呢?"陈平听了也不禁笑了出来,说:"你做了丞相,却怎么不知道丞相的职责呢? 如果陛下问你这长安城中到底有多少盗贼,你也能强答吗?"周勃听了,心里更加清楚,陈平的才能远在自己之上,第二天,他就上书给汉文帝,交回了自己丞相的相印,仍然让陈平来做这个丞相。

后来,周勃就终老在家。他的儿子周亚夫在日后也出将入相,成了一代名臣。

周亚夫为什么被称为"真将军"

但凡历朝历代的皇帝,都有几个大臣,是自己的亲信,很受器重,能被重用。比如萧何之于刘邦,和珅之于乾隆等等。那么,在汉文帝一朝,周亚夫就是汉文帝赖以重用的臣子。

汉朝在高祖刘邦以来,一直对匈奴采取和亲的政策,没有发生过大规模的战事。但是到了匈奴军臣单于继位时,他听信了属下的谗言,与汉朝绝交了。

公元前158年的一天晚上,汉朝都城长安,皇宫里灯火通明,文武大臣全都聚集在大殿,汉文帝坐在中间,其余人排列两旁,气氛很是紧张。在这样诡异的氛围下,许久,汉文帝说,匈奴军臣单于受奸人挑唆,废毁了和我们大汉之间原有的和亲旧约,与我们断交了,来势很是凶猛。现在请大家商议一下对策。群臣听罢,个个义愤填膺。武将们都争着请命出征。当时的形

势已经非常严峻。事急从权,汉文帝调兵遣将,派三位将军率领三路汉朝大军前往边疆抵抗匈奴军队的侵略。而且为了保卫都城长安,特别加强了京都地区的防卫。汉文帝命令将军刘礼驻军在灞上地区,命令将军徐厉驻兵在棘门(今陕西省咸阳市东北)地区,命令将军周亚夫驻兵在细柳(今陕西省咸阳市西南)地区。于是三将军各自走马上任。

几天后,汉文帝在未事先通知的前提下,亲自到三处营帐去视察,并想慰劳将士,以鼓舞士气。

他先来到了棘门地区,守卫营门的卫兵一看到皇上亲自驾临,赶忙大开营门,迎接天子。汉文帝和随行的侍从们从营门飞驰而入,直抵营中,一路顺畅地来到了将军的营帐前,未见有任何人来阻拦他们。汉文帝视察了棘门大营后,发现有一些军纪不严的情况,觉得是小毛病,未加责怪,仅仅是指出了而已。慰劳完棘门的将士们,汉文帝赶往灞上大营。临行前,棘门的将士们全体列队恭送汉文帝,并且遥望着汉文帝远去,才回到各自的岗位上。

在灞上地区,汉文帝受到了同样的礼遇,飞马直抵营中将军大帐,未见有人阻拦,也有一些治军不严的现象,汉文帝也是未加批评,主要是想慰劳将士,鼓舞士气。从灞上大营离开时,汉文帝也受到了全营将士们的列队恭送,将士们也是一直遥望着汉文帝远去的方向。

最后,汉文帝一行来到了周亚夫将军驻兵的细柳军营。还未行至营前时,守营的卫士发现远处有一队人马过来,立刻做好了战斗的准备。汉文帝看见这里的将士们都身披铠甲,手持刀枪,张弓搭箭,如临大敌一般,心中不觉暗暗称奇。汉文帝派先行官来到营门前,只见大门禁闭,刀枪如林,根本就进不去。先行官对守营的将士说,皇上即刻就要抵达这里,你们还不赶快开门迎接。可没想到,守营的将士们回答说,我们只听周亚夫将军的命令,不服从皇上的诏令。先行官返回禀报汉文帝,文帝心想,准是周亚夫的守营将士怕是敌人有诈,所以需要验明身份,须得朕亲自去一趟儿,他们才会打开营门。于是,汉文帝亲自上营前来,可没想到的是,仍被阻挡在营门外。随同汉文帝一起来的臣子们都很气愤,怪周亚夫把皇上堵在营门外。

最后,汉文帝只好派使者拿着符节去见周亚夫,通知他皇上前来慰问将士们。使者卸去佩剑,来到细柳营中,见到了周亚夫,说明了一切。周亚夫

汉宫秘史

这才下令打开营门,让车队进来。守卫营门的士兵接到命令,郑重地向汉文帝宣布说,将军有令,军营内不许车马快跑。汉文帝的随行大臣们听到这样的话更生气了,可汉文帝却让大家服从命令,放松缰绳,缓缓前行。等到到了将军的营帐前面,才见周亚夫姗姗率将士们出迎。周亚夫全副武装,可谓是威风凛凛。他对汉文帝拱手作揖道,穿盔甲的军人不能跪拜,请准许我行军礼吧。汉文帝见此情景,听此言语,大为震动,也扶着车前的横木欠了欠身,向周亚夫表示答礼。接着,又派人向全军将士传达他的慰问。

随后,汉文帝一行视察了细柳军营,慰劳了将士们,鼓舞了他们的士气。细柳营中的将士们见到皇上亲自来慰劳自己都很激动。

之后,汉文帝离开了细柳军营。临行前,周亚夫也没有像棘门和灞上的将士们一样,出营门相送。汉文帝刚刚出了营门,他就命守卫营门的将士们把门关住了。

在回宫的路上,跟随着汉文帝的侍从们,都认为周亚夫对皇上很是失礼,应该治他的罪。然而汉文帝还不时的回头,望着细柳军营,感慨道,这才是真正的将军,棘门和灞上的将士们,和细柳的将士相比,简直就如同儿戏。敌人如果突然来袭击,只有细柳的将士们能够从容迎战,其他的不做了俘虏才怪呢。如果我大汉的将军都像周亚夫这样严谨地治军,敌人怎么还敢侵犯我们啊?

在这次危机过去后,不久,汉文帝就将周亚夫由将军提升为中尉,负责京城和皇宫内外的保卫和治安工作。

一年后,汉文帝病重,医治无效。在临终前,汉文帝把太子刘启叫到床前,嘱咐他说,周亚夫是真正的将军。将来一旦发生叛乱,你可以让他统帅军队,不必担心。随后,汉文帝就病逝了。太子刘启继位,就是汉景帝。有了文帝的嘱托,汉景帝对周亚夫也是十分的礼遇。从而文景两朝中,周亚夫都得到了重用。

周亚夫治军的严明,远近闻名。他一丝不苟、认真负责的态度是后世人应当认真虚心学习的。他的治军方法,对今天也有实际的参考意义。所以,汉文帝重视他,汉景帝重用他,也就不足为奇了。